VOLKER THIELER Praxiswissen Betreuung

Prof. Dr. **Volker Thieler**

Praxiswissen
Betreuung

Rat für **Angehörige**
und **Betreute**

LMV

Umschlaggestaltung: Susanne Schröder
Umschlagmotiv: © iStock.com/ shironosov
Satz: VerlagsService Dietmar Schmitz GmbH, Heimstetten
Druck und Binden: Friedrich Pustet GmbH & Co. KG, Regensburg
Printed in Germany
ISBN 978-3-7844-3559-6

www.langenmueller.de

Inhalt

Vorwort

Das Forschungsinstitut Betreuungsrecht der Kester-Haeusler-Stiftung in Fürstenfeldbruck, das ich vor 20 Jahren zum gleichen Zeitpunkt gegründet habe, als das Betreuungsrecht neu ins Gesetz kam, befasst sich seit vielen Jahren mit der Bewertung von negativen Aussagen zum Betreuungsrecht. Aufgrund zahlreicher Veröffentlichungen, Fernsehbeiträge und Internetdarstellungen haben die Stiftung und ich eine enorme Anzahl von Zuschriften erhalten, die teilweise inhaltlich erschütternd waren. Durch diese Zuschriften konnte eine wissenschaftliche Analyse der Problembereiche im Betreuungsrecht aufgestellt werden.

Die meisten Menschen in Deutschland kennen das Betreuungsrecht nicht. Sie wissen nicht, dass man in einer Sekunde – durch Verkehrsunfall, durch schwere Krankheit oder oftmals schleichend durch Alter – ein Betreuungsfall werden kann. Die meisten Bundesbürger glauben, dass in einer derartigen Situation der Ehepartner, die Kinder, der Lebenspartner jederzeit im Krankenhaus über den Grund der sofortigen Einweisung ins Krankenhaus Auskunft erhalten, dass sie sich jederzeit mit dem Arzt über die Behandlungsmethoden unterhalten können, dass sie zur Bank gehen und von dem gemeinsamen Konto, auf das der Ehepartner Vollmacht hat und wo die Bank bisher immer das Abheben des Geldes genehmigt hat, Geld abheben können etc.

Die wenigsten Bürger wissen, dass es grundsätzlich keine Stellvertretung durch Angehörige, Lebenspartner, Kinder, Eltern oder Geschwister gibt. Ohne Vollmacht sind Sie beispielsweise im Krankenhaus als aufgrund eines Unfalls besinnungsloser Mensch ein handlungsunfähiger Bundesbürger. Wenn Sie dann keine

Regelung getroffen haben, also keine Vorsorgevollmacht von Ihnen angefertigt wurde, droht Ihnen ein Betreuungsverfahren. Die Auswirkungen des Betreuungsverfahrens können Sie diesem Buch entnehmen. Viele glauben, dass dies nicht so schlimm ist, weil ja der Ehepartner, die Kinder oder Angehörige oder Freunde Betreuer werden. Dies ist nicht der Fall.

Oft werden Angehörige oder Kinder nicht als Betreuer ausgewählt, weil entweder eine wirtschaftliche Interessenkollision vorliegt oder weil Streit innerhalb der Familie herrscht oder weil die Angehörigen zu weit weg wohnen. Es kommt dann vielleicht ein völlig fremder Betreuer. Dieser ist genauso wie ein Angehöriger verpflichtet, ordnungsgemäß zu handeln. Das Handeln unterliegt der Kontrolle des Gerichts. Das Problem mit dem Fremden ist, dass er unglaubliche Rechte und auch Pflichten hat. Meistens wird ihm die gesamte Betreuung über Ihr Vermögen, über Ihren Aufenthalt, über Ihre ärztliche Versorgung übertragen. Einher geht in vielen Fällen die Post- und Telefonkontrolle, sodass oft von einer völligen Isolierung auszugehen ist. Der Betreuer hat u. a. das Recht, Ihre Unterlagen zu kontrollieren und Ihr Kontoguthaben auf sein Treuhandkonto zu transferieren.

Das Buch soll keinen vollständigen Überblick über das Betreuungsrecht geben. Es ist eine Sammlung all der Fragen, die in den letzten Jahren an das Forschungsinstitut geschickt wurden.

Die Problembereiche betreffen folgende Gebiete:

- Verhältnis Betreuer zu Betreuten
- Mangelnde Information der Angehörigen
- Mangelnde Beteiligung der Angehörigen am Betreuungsverfahren
- Besuchsverbote
- Isolierung der Betreuten – oft durch eigene Familienangehörige
- Beschwerden der Betreuten über zu wenig Kontakt zum Betreuer oder zu wenig Besuche

- Immobilienverkäufe ohne Information der Angehörigen und ohne Ankaufsrecht für die Angehörigen
- Räumung von Wohnung oder Immobilien, ohne Angehörigen das Recht zu geben, Liebhaberstücke oder Ähnliches aus Immobilie, Haus oder Wohnung an sich nehmen zu können bzw. notfalls auch zu kaufen. Die Entsorgung des letzten Lebensbereichs der Betreuten wird oft Entsorgungsfirmen übergeben.
- Zu geringe Information der Öffentlichkeit über das Betreuungsrecht
- Missbrauch der Vorsorgevollmachten
- Zu geringe Kontrolle der Betreuer und teilweise zu viele Fälle zur Bearbeitung bei den Betreuern zugewiesen
- Ein völlig kontraproduktives Abrechnungssystem, das dem Betreuer nicht die Möglichkeit gibt, sich um die Betreuten richtig zu kümmern.

Diese einzelnen Themen werden auch in diesem Buch nur teilweise angeschnitten. Es soll eine Hilfe für Betreute und Angehörige sein, die oftmals völlig ratlos vor dem Schwert des Betreuungsrechts stehen.

Ich habe versucht, die Tatbestände transparent zu machen, die die meisten Probleme bereiten und insbesondere auch die, zu denen ich bisher mehrere Tausend Zuschriften von Betreuten und deren Angehörigen erhalten habe.

Es muss allerdings auch darauf hingewiesen werden, dass es in Deutschland sehr viele nicht nur sehr gute, sondern ausgezeichnete Betreuer gibt, die sich weit über den Betrag, den sie für ihre Betreuung bezahlt bekommen, um die Betreuten kümmern. Die Betreuung selbst kann ein sehr schweres Amt sein, wenn der Betreute schwer krank ist, hilflos ist oder sonstige gesundheitlichen Probleme hat, die den Betreuer zusätzlich fordern. Gerade für diese Fälle hätte das Betreuungsbezahlsystem ganz anders aufgebaut werden müssen. Der Staat, der nur die Geldmittel an die Betreuer sparen wollte, hat ein System gewählt, wonach jeder Betreuer für jeden Betreuten eine Pauschale bezahlt bekommt, unabhängig von dem Zeitaufwand, den er verbrauchte.

Es besteht die Vermutung, dass deswegen auch die schnelle »Übersendung« der betreuten Menschen in Pflegeheime oder in generell für diese geeignete stationäre Einrichtungen auch mit den Pauschalsummenbezahlungen zusammenhängt, weil die Besuche bei den Betreuten dann nicht so oft sein müssen.

Ein großes Problem stellt auch die falsche Auffassung in der Bevölkerung über den Betreuerberuf dar. Die Prospekte, die die Justizämter teilweise verteilen und auf denen fröhliche alte Menschen mit jungen Menschen spazieren gehen, verkehren das Bild in einen völlig anderen Betreuungsbegriff, nämlich »Hilfe und Versorgung der alten Menschen«.

Prof. Dr. Volker Thieler

I. Regelungen im Betreuungsrecht

1. Die Rechtsgrundlage der Betreuung

Was bezweckt das Betreuungsrecht?

Das neue Betreuungsrecht hat ab dem Jahre 1992 das damalige Vormundschaftsrecht mit der Entmündigung und Gebrechlichkeitspflegschaft abgelöst. Geschaffen werden sollte eine Verbesserung für Menschen, die eine Betreuung benötigen. Es wurde die Funktion des Betreuers geschaffen, der die <u>rechtliche</u> Betreuung der betreffenden Person übernimmt, soweit ihm dies vom Gericht zugewiesen wird.

Welchen Vorteil hatte die Einführung des neuen Betreuungsrechts 1992?

Die pauschale Entrechtung durch die Entmündigung wurde abgeschafft. Nach der alten Rechtslage führte die Entmündigung wegen Geisteskrankheit zu Geschäftsunfähigkeit, was die Ehe- und Testierunfähigkeit zur Folge hatte sowie den Verlust des Wahlrechts. Die Entmündigung wegen Geistesschwäche, Verschwendung, Trunksucht und Rauschgiftsucht hatte nach dem alten Recht die beschränkte Geschäftsfähigkeit zur Folge. Entmündigten wurde ein Vormund bestellt, welchem die Vermögenssorge und die Personensorge zustand.

Nunmehr hat die Betreuung nicht diese Rechtsfolge, dass automatisch Geschäftsunfähigkeit besteht oder ein Betreuer für alle Gebiete, die möglich sind, bestellt wird. Es muss hingegen im Einzelfall entschieden werden, für welches Gebiet ein Betreuer bestellt wird. Die Betreuung selbst bedeutet keine Entmündigung.

Etwas anderes gilt, wenn Betreuung unter Einwilligungsvorbehalt angeordnet wurde. Dann ist der Betroffene in seiner Geschäftsfähigkeit eingeschränkt, und zwar auf den Gebieten, auf denen die Betreuung angeordnet wurde. Im Klartext bedeutet dies, dass wenn die betreute Person beispielsweise nicht in der Lage ist, ihre finanzielle Situation zu überblicken und zu regeln, der Betreuer ausschließlich in diesem Bereich handeln kann.

Es ist also festzuhalten: Die Einrichtung einer Betreuung hat keine pauschale Entrechtung mehr zur Folge, da sie keinen Einfluss auf die Geschäftsfähigkeit des Betroffenen nimmt.

Was sind die Gesetzesgrundlagen des Betreuungsrechts im BGB?

Die Voraussetzungen sind im Bürgerlichen Gesetzbuch (BGB), § 1896 festgelegt.

»(1) Kann ein Volljähriger auf Grund einer psychischen Krankheit oder einer körperlichen, geistigen oder seelischen Behinderung seine Angelegenheiten ganz oder teilweise nicht besorgen, so bestellt das Betreuungsgericht auf seinen Antrag oder von Amts wegen für ihn einen Betreuer. Den Antrag kann auch ein Geschäftsunfähiger stellen. Soweit der Volljährige auf Grund einer körperlichen Behinderung seine Angelegenheiten nicht besorgen kann, darf der Betreuer nur auf Antrag des Volljährigen bestellt werden, es sei denn, dass dieser seinen Willen nicht kundtun kann.

(1a) Gegen den freien Willen des Volljährigen darf ein Betreuer nicht bestellt werden.

(2) Ein Betreuer darf nur für Aufgabenkreise bestellt werden, in denen die Betreuung erforderlich ist. Die Betreuung ist nicht erforderlich, soweit die Angelegenheiten des Volljährigen durch einen Bevollmächtigten, der nicht zu den in § 1897 Abs. 3 bezeichneten Personen gehört, oder durch andere Hilfen, bei denen kein gesetzlicher Vertreter bestellt wird, ebenso gut wie durch einen Betreuer besorgt werden können.

(3) Als Aufgabenkreis kann auch die Geltendmachung von Rechten des Betreuten gegenüber seinem Bevollmächtigten bestimmt werden.

(4) Die Entscheidung über den Fernmeldeverkehr des Betreuten und über die Entgegennahme, das Öffnen und das Anhalten seiner Post werden vom Aufgabenkreis des Betreuers nur dann erfasst, wenn das Gericht dies ausdrücklich angeordnet hat.«

Welchen Sinn hat das Betreuungsrecht nicht?

Sinn und Zweck des Betreuungsrechts ist es nicht, dass ein Erwachsener und zur freien Willensbestimmung fähiger Bürger reglementiert wird. Es soll weiterhin nicht durch das Betreuungsgesetz verhindert werden, dass ein Bürger sich selbst schädigt (BayObLG 1994 S. 209, BayObLG 1993 S. 18/19).

Wann wird eine Betreuung angeordnet?

Eine Betreuung muss angeordnet werden, wenn der Betroffene zum einen nicht mehr die Einsichtsfähigkeit und zum anderen auch nicht die Fähigkeit hat, nach dieser Einsicht zu handeln. Wenn also die Einsichtsfähigkeit oder die Fähigkeit, nach der Einsicht zu handeln, fehlt, liegt kein freier Wille mehr vor. Der Betroffene ist dann ein Fall für die Anordnung der Betreuung.

Aber was ist überhaupt die Einsichtsfähigkeit? In der Rechtsprechung wird hierzu ausgeführt, dass im Grundsatz der Betroffene die für und gegen eine Betreuung sprechenden Kriterien erkennen muss. Er muss auch in der Lage sein, sie gegeneinander abzuwägen. Die Gerichte weisen auch immer wieder darauf hin, dass übertriebene Anforderungen an den Betroffenen nicht gestellt werden dürfen. Letztendlich bedeutet es, dass der Betroffene Grund, Bedeutung und Tragweite seiner Betreuung intellektuell erfassen können muss, um die entsprechende Handlungsfähigkeit zu haben. Er muss Defizite im Wesentlichen zutreffend einschätzen und auf dieser Einschätzungsgrundlage die für und gegen eine Betreuung sprechenden Kriterien abwägen können. Er muss zusätzlich in der Lage sein, nach dem vorgenannten Ergebnis handeln zu können, und muss auch in der Lage sein, sich von dem Einfluss interessierter Dritter (z. B. Angehörige) abgrenzen zu können.

Wer kann den Antrag auf Aufhebung einer Betreuung stellen?

Den Antrag auf Aufhebung einer Betreuung kann letztendlich jeder stellen. In der Praxis werden aber sicherlich oft nur die Anträge berücksichtigt, die von den Betreuten, vom Betreuer oder anderen Beteiligten gestellt wurden. Ist die Voraussetzung für eine Betreuung nicht mehr gegeben, ist die Betreuung aufzuheben.

Besteht eine rechtliche Verpflichtung, eine Vorsorgevollmacht oder Betreuungsverfügung zu veranlassen, um für den Bedarfsfall rechtlich vorzusorgen?

Nein, eine rechtliche Verpflichtung gibt es nicht. Oftmals scheitern die Vorsorgevollmachten auch daran, dass es keine Vertrauensperson gibt, die dem Vollmachtgeber für die Erteilung einer Vorsorgevollmacht angenehm und vertrauenswürdig wäre.

Auslandsbetreuung – Endet die Zuständigkeit der deutschen Betreuungsbehörden, wenn ein älterer Mensch ins Ausland gezogen ist?

Wenn ein Bundesbürger für einen gewissen Zeitraum im Ausland ist bzw. er sich in einem ausländischen Pflegeheim aufhält, ist für ihn entweder das deutsche oder das ausländische Betreuungsrecht zuständig. Das deutsche Recht kann, wenn dies im Interesse des Betreuten liegt, das Verfahren an den ausländischen Staat abgeben. Allerdings muss der Betreuer dann zustimmen. Verweigert der Betreuer die Zustimmung, muss das übergeordnete Gericht eine Entscheidung treffen.

Kann eine Betreuung eines Volljährigen gegen dessen Willen angeordnet werden?

Wenn beispielsweise bei einem psychisch erkrankten Betroffenen die Fähigkeit nicht mehr vorhanden ist, einen freien Willen zu bilden, dann kann das Gericht nicht automatisch eine Betreuung anordnen. Fakten zum Ausschuss der freien Willensbestimmungen müssen dann durch ein Sachverständigengutachten belegt sein.

Gilt das Betreuungsrecht auch für körperlich Behinderte?

Eine Betreuung darf gegenüber körperlich Behinderten nur mit deren Einwilligung eingerichtet werden.

Kann bei Körperbehinderung nur auf Antrag des zu Betreuenden eine Betreuung angeordnet werden?

Ein Betreuungsverfahren kann trotzdem angeordnet werden kann. Es kommt allerdings zu keiner Entscheidung, wenn der betroffene Behinderte der Betreuung nicht zustimmt bzw. seinen Antrag zurücknimmt. Hatte das Gericht auf den damals gestellten Antrag des zu Betreuenden eine Betreuung angeordnet, so kann er jederzeit auch den Umfang der Betreuung ändern lassen bzw. den Antrag ganz zurücknehmen.

Muss für die Anordnung einer Betreuung der Betreuungsfall aktuell schon aufgetreten sein?

Nein. Ob ein Betreuungsbedarf besteht, wird immer aufgrund der konkreten gegenwärtigen Lebenssituation des Betroffenen zu beurteilen sein. Dabei genügt es, wenn ein Handlungsbedarf in dem betreffenden Aufgabenkreis jederzeit auftreten kann (BGH, 23.1.2019, XII ZB 397/18).

Wann liegt eine Unbetreubarkeit vor?

Eine Unbetreubarkeit liegt dann vor, wenn der Betreute jeglichen Kontakt mit dem vom Gericht beauftragten Betreuer ablehnt. In einem solchen Fall kann unter Umständen die gesamte Betreuung aufgehoben werden, weil der Fall der »Unbetreubarkeit« vorliegt (BGH 18.12.2013, XII ZB 460/13).

Macht ein Betreuungsbeschluss jemanden geschäftsunfähig?

Nein. Durch den Beschluss, dass eine Betreuung angeordnet wird, ist man nicht automatisch geschäftsunfähig.

Welche Auswirkungen hat der in § 1896 II Satz 1 BGB niedergelegte Erforderlichkeitsgrundsatz für das Betreuungsverfahren?

Die Bestimmung soll verhindern, dass dem Betreuer formularmäßig und ohne eingehende Prüfung verhältnismäßig umfangreiche Arbeiten zugewiesen werden. Maßnahmen, die beispielsweise im Gesundheitsbereich notwendig sind, dürfen nicht ohne Weiteres auf die anderen Bereiche ausgedehnt werden. Der Richter muss in den einzelnen Aufgabenbereichen, also beispielweise Vermögenssorge, Aufenthalt, Ärzteversorgung, Post und Telefon immer prüfen, ob die Maßnahmen wirklich erforderlich sind. Dies wird oftmals bei Betreuungsfällen übersehen.

Was ist, wenn der Betreute sich generell weigert, betreut zu werden?

Es fehlt dann an der Erforderlichkeit der Betreuung, wenn der Betroffene jeden Kontakt mit seinem Betreuer verweigert und der Betreuer dadurch handlungsunfähig ist, also »Unbetreubarkeit« vorliegt. Der Bundesgerichtshof (BGH) hat in seinem Beschluss vom 23.1.2019 zu dem Fall ausdrücklich darauf hingewiesen, dass für die Annahme einer solchen Unbetreubarkeit

Zurückhaltung geboten ist. Hintergrund dieses Hinweises ist, dass natürlich letztendlich jeder Betreute, der keine Lust hat, betreut zu werden, die Betreuung mit dem Argument »er lehnt jede Art der Betreuung ab« beenden könnte. So einfach ist das sicher nicht zu sehen.

In dem vom BGH entschiedenen Fall war es weder dem Berufsbetreuer noch familiär vertrauten Personen möglich, die Betreuung in sachgerechte Bahnen zu lenken. Eine Kooperationsbereitschaft mit erfahrenen Berufsbetreuern war nicht herzustellen. Nach Ansicht des BGH kommt es entscheidend immer darauf an, ob der mit der Bestellung des Betreuers gewünschte Erfolg zu erreichen ist oder nicht. Kann der Betreuer seine Aufgaben nicht mehr wirksam wahrnehmen und zum Wohl des Betroffenen nichts bewirken, kann man von einer Unbetreubarkeit ausgehen, wenn der Betroffene auch jeden Kontakt mit seinem Betreuer verweigert und der Betreuer dadurch handlungsunfähig wird. Im Rahmen der Entscheidung weist das Gericht auch darauf hin, dass vorab der Weg geprüft werden muss, einen neuen Betreuer zu bestellen, der Zugang zu dem Betreuten hat.

Fehlt die Notwendigkeit einer Betreuerbestellung bei einer Unbetreubarkeit?

Die Notwendigkeit einer Betreuerbestellung fehlt laut Bundesverfassungsgericht (Band 22 Seite 180) dann, wenn der verfolgte Zweck dadurch nicht erreicht werden kann. Wenn sich also letztendlich für den Betroffenen durch die Betreuerbestellung nichts ändert und der Betreuer somit nicht in der Lage ist, irgendetwas konkret zu unternehmen oder zu bewirken, weil der Betreute nicht mitmachen will bzw. ihn permanent daran hindert. Das Landgericht Rostock (25.2.2003) hat entschieden, dass die Betreuung dann keine wirksame Hilfe darstellt, sondern nur eine übermäßige Belastung für den Betreuten, wenn der Betreute jeglichen Kontakt verweigert. In einem derartigen Fall ist die

Betreuung aufzuheben, da davon auszugehen ist, dass der beabsichtigte Zweck nicht erfüllt werden kann. Es müssen für die rechtliche Betreuung gewisse Erfolgsaussichten bestehen, dass durch die Betreuung die rechtlichen Belange des Betroffenen besser geregelt werden können. Das Amtsgericht Eschwege hat deswegen sogar die Betreuung bei einem zu Betreuenden zurückgenommen, weil er Querulant war und nicht daran dachte, von seinem Querulantentum Abstand zu nehmen (10 XVII 14/03).

Was ist bei Handlungsunfähigkeit des Betreuers, weil der Betreute nicht mitwirkt?

In diesem Fall kann unter Umständen die gesamte Betreuung aufgehoben werden, wenn ein sogenannter Fall der Unbetreubarkeit vorliegt. Es muss im Rahmen eines Gerichtsverfahrens immer geprüft werden, ob die Unbetreubarkeit Ausdruck der Erkrankung des Betroffenen ist, dann kommt die Aufhebung einer Betreuung nur in Betracht, wenn es gegenüber den sich für den Betroffenen aus der Krankheit oder Behinderung ergebenden Nachteilen unverhältnismäßig erscheint, die Betreuung weiter durchzuführen. Besteht objektiver Betreuungsbedarf, ist bei fehlender Kooperationsbereitschaft des Betroffenen entscheidend, ob durch die Betreuung eine Verbesserung der Situation des Betroffenen erreicht werden kann. Dabei ist zu berücksichtigen, inwieweit ein Betreuer durch rechtliche Entscheidungen für den Betroffenen positiven Einfluss nehmen könnte.

Die Gerichte, die damit befasst waren, haben es als nicht ausreichenden Grund angesehen, dass die fehlende Bereitschaft des Betroffenen zur Zusammenarbeit mit seinem Betreuer vorliegt und befassten sich im Weiteren mit der Frage, ob diese Bereitschaft überhaupt erforderlich sei. Hier ist ein Urteil des BGH vom 11.5.2016 bedenklich, weil dort ausgeführt wird, es handele sich ja nur um die rechtliche Betreuung (!), und diese umfasse ja nur die Stellung von Anträgen gegenüber Sozialversicherungsträgern oder Entscheidungen zur Aufenthaltsbestimmung und zu Wohnungsangelegenheiten im Interesse oder zum Wohl des Betroffenen, um den es hier in diesem Urteil ging. Eine zwingende Kommunikation zwischen dem Betroffenen und seinem Berater sei deswegen nicht notwendig. Die Aufrechterhaltung der Betreuung wird dann auch damit begründet, dass es in der Vergangenheit mehrfach zu einer zwangsweisen Unterbringung des Betroffenen nach den Landesgesetzen über die Unterbringung psychisch Kranker gekommen war. Es sei klar, dass auch in Zukunft viele Entscheidungen über die Erforderlichkeit einer geschlossenen Unterbringung des Betroffenen zu treffen seien. Auch unter diesen Gesichtspunkten sei eine Aufrechterhaltung der bestehenden Betreuung angezeigt, so der BGH.

In der Entscheidung wird dann ausgeführt, dass aufgrund dieser Fakten die ausfallende Bereitschaft des Betroffenen zur Zusammenarbeit mit dem Betreuer eine Betreuung weiterhin erforderlich mache. Ich finde dieses Urteil nicht nachvollziehbar, denn wenn der Betreute generell die Betreuung ablehnt, ist dadurch natürlich eine sehr schwierige Situation eingetreten. Man hätte vielleicht den Fall anders lösen können, nachdem in diesem Verfahren der Vater des Betroffenen bereit war, im Rahmen einer Vollmacht für seinen Sohn zu handeln. Dies wurde dann wegen fehlender Vollmachtsvorlage in der vorhergehenden Instanz abgelehnt!

Welches Risiko besteht, wenn jemand selbst eine Betreuung beantragt hat?

Abgesehen davon, dass Fälle bekannt geworden sind, bei denen Banken Konten gekündigt haben, sobald sie von dem Betreuungsverfahren wussten, ist noch ein besonderes Risiko darin zu sehen, dass vielfach die Auswirkungen von § 1902 BGB verkannt werden.

Nach § 1902 BGB vertritt der Betreuer in seinem Aufgabenkreis den Betreuten gerichtlich und außergerichtlich. Es steht in dieser Bestimmung nichts davon, dass dies nicht für Betreute gilt, die selbst einen Antrag auf Betreuung gestellt haben. Im Bereich des Sozialverwaltungsverfahrens hat der Betreuer, der das Verfahren übernommen hat, ein Recht zur Akteneinsicht. Entscheidend sind allerdings die Auswirkungen, wenn der Betreuer das Verfahren übernommen hat. Der Betreuer steht dann letztendlich an der Stelle des Betreuten und vertritt ihn gegenüber den Sozialbehörden bei allen Problemen im Bereich der Rente, ALGII, Krankenkasse und Krankengeld. Für den Betreuten kann dies auch ein großer Vorteil sein, wenn er sich aus Krankheits- oder Altersgründen nicht mehr um die Sachen kümmern kann. Letztendlich wird er aber bei Telefongesprächen mit den zuständigen Sozialämtern erfahren, dass er gar keine Auskunft mehr bekommt. Der voll geschäftsfähige Betreute, der selbst den Antrag auf Betreuung gestellt hat, wird also so behandelt, als wäre er geschäftsunfähig.

Kann eine Person, die für schwierige Rechtsgeschäfte geschäftsunfähig ist, für alle anderen, einfachen Rechtsgeschäfte geschäftsfähig sein?

Mit dieser Frage hatte sich der BGH schon 1970 zu befassen. Letztendlich geht es um die Frage, ob es nach dem Gesetz auch eine teilweise Geschäftsfähigkeit gibt, die nicht nach bestimmten Gegenständen in Bereichen, sondern nach dem Schwierigkeitsgrad der Infrage stehenden Rechtsgeschäfte abgegrenzt wird. Das hat der BGH bereits vorher verneint. Interessant sind die Ausführungen, die der BGH hierzu machte. Nach § 104 II BGB ist für die Beurteilung der Geschäftsfähigkeit nicht so sehr die Fähigkeit des Verstandes ausschlaggebend als die Freiheit des Willensentschlusses. Es kommt darauf an, ob eine freie Entscheidung aufgrund einer Abwägung des Für und Wider eine sachliche Prüfung der in

Betracht kommenden Gesichtspunkte möglich macht oder ob umgekehrt von einer freien Willensbildung nicht mehr gesprochen werden kann, etwa weil der Betroffene fremden Willenseinflüssen unterliegt oder die Willensbildung durch unkontrollierte Triebe und Vorstellungen ähnlich einer mechanischen Verknüpfung von Ursachen und Wirkung geleitet wird.

Wann muss die Betreuung wieder aufgehoben werden?

Die Betreuung muss immer nach einem Zeitraum von sieben Jahren nochmals geprüft werden. Es wird geprüft, ob die Betreuung aufzuheben ist oder ob sie verlängert wird. Selbstverständlich kann die Betreuung auch schon vorher aufgehoben werden, wenn die Voraussetzungen dafür weggefallen sind. Entweder geschieht dies auf Anregung des Betreuten, auf Anregung von Angehörigen oder Dritten oder des Betreuers. Im Rahmen des Aufhebungsverfahrens wird nochmals die gesamte Grundrechtslage geprüft, soweit die vorgetragenen Tatbestände wesentlich sind.

2. Wie kommt es zum Betreuungsverfahren?

Was ist eine Anregung zur Betreuung?

Jeder kann bei Gericht im Rahmen einer Anregung vortragen, dass eine gewisse Person unter Betreuung gestellt werden muss. Dieser lapidare Satz wird allerdings nicht ausreichend sein, dass das Gericht überhaupt in dieser Hinsicht tätig wird. Die Entscheidung, ob ein Richter ein Betreuungsverfahren einleitet, hängt in erster Linie davon ab, ob die Anregung hinreichend begründet wurde. Es müssen aus der Antragsstellung ausreichende Anhaltspunkte für einen Betreuungsbedarf vorgetragen werden, damit der Richter überhaupt eine Entscheidung treffen kann, welche Ermittlungen in welchem Umfang eingeleitet werden, um ein Betreuungsverfahren durchzuführen. Wenn beispielsweise eine Anregung völlig abwegig vorgetragen wird, kann der Richter auch ohne Anhörung des Betroffenen die Betreuerbestellung ablehnen (BGH, 6.9.2017, XII ZB 180/17).

Wo liegt das Kostenrisiko bei einer Betreuungsanregung durch Dritte?

Eine sehr wichtige Frage im Betreuungsrecht ist die Frage, ob man als unbeteiligter Dritter, der eine Anregung auf Betreuung stellt, auch damit rechnen kann, evtl. die Kosten des Betreuungsverfahrens zahlen zu müssen. Nach § 81 Abs. 4 FamFG können einem am Verfahren nicht beteiligten Dritten die Kosten eines Verfahrens ganz oder teilweise auferlegt werden, wenn dieser das Verfahren grob fahrlässig oder vorsätzlich veranlasst hat. Das Betreuungsgericht muss im Rahmen seiner Amtsermittlungspflicht prüfen, ob ein Verschulden des Anregungsstellers gegeben ist.

Muss man Schadensersatz zahlen, wenn man ein Betreuungsverfahren ohne triftigen Grund angeregt hat?

Wenn ein Dritter ein Betreuungsverfahren angeregt hat, die Anregung aber völlig abwegig war und er somit sich der schuldhaften Veranlassung des Betreuungsverfahrens schuldig gemacht hat, geht die Rechtsprechung davon aus, dass ihm die Kosten des Verfahrens auferlegt werden können (Amtsgericht Weinheim, 15.4.2019).

Kann die Betreuung auch teilweise aufgehoben werden?

Nach § 1908 BGB ist die Betreuung aufzuheben, wenn die Voraussetzungen weggefallen sind. Vielen Angehörigen und mit der Betreuung befassten Personen ist allerdings nicht bekannt, dass auch für einen Teil der Betreuung eine Aufhebung verlangt werden kann. Hat sich der Gesundheitszustand verbessert, ist aber der Betreute nach wie vor nicht in der Lage, seine finanziellen Angelegenheiten selbst zu regeln, so sollten die Angehörigen in dem Bereich, in dem die Situation wieder in Ordnung ist, die Aufhebung der Betreuung zu verlangen. Oftmals wird hier nur der Aufhebungsantrag für die gesamte Betreuung gestellt. Dieser Antrag wird dann aus gutem Grund abgelehnt, weil eben nicht die teilweise Aufhebung beantragt wurde oder seitens des Gerichts die teilweise Aufhebung nicht gesehen worden ist.

Kann es aufgrund eines Gerichtsverfahrens zur Einleitung eines Betreuungsverfahrens kommen?

Die Art und Weise, wie jemand einen Prozess führt – Stichwort »Querulantenwahn« – kann schnell dazu führen, dass eine Anordnung auf Betreuung gestellt wird. Wenn das Gericht während eines Gerichtsverfahrens völlig zugeschüttet wird mit Schreiben des Klägers oder Beklagten, kann das zu einer Anfrage seitens des Gerichts an das Betreuungsgericht führen, um zu prüfen, ob nicht ein Betreuungsfall vorliegt. Dieser Fall tritt insbesondere dann ein, wenn die zahlreichen Schreiben und Schriftsätze des Klägers oder Beklagten auch keine Aussicht auf Erfolg haben und er beispielsweise auf Hinweise des Gerichts, die Klage zurückzunehmen, nicht reagiert oder er augenscheinlich aufgrund einer psychischen Erkrankung einen Hang zu einer starken Rechthaberei hat und sein Unrecht nicht mehr einsehen kann. Es sind sogar Fälle im Rahmen eines Scheidungsverfahrens bekannt geworden, dass Scheidungsrichter aufgrund der Uneinsichtigkeit in die Akzeptanz einer Abfindungssumme versuchten, ein Betreuungsverfahren einleiten zu lassen. Es ist hier also äußerste Vorsicht geboten, und es sollte gerade in so einem Fall immer eine Person hinzugezogen werden, die sich im Betreuungsrecht gut auskennt.

Kann Querulantentum zu einer Betreuung führen?

Ja, aus der Praxis heraus sind immer wieder solche Fälle bekannt geworden. Personen beschweren sich – auch oft zu Recht – über staatliche Entscheidungen in irgendeiner Weise und entwickeln dabei oftmals eine unglaubliche Schreibwut. Aus Verärgerung über die negativen Entscheidungen, die oftmals in solchen Fällen kommen, wird die Situation immer aggressiver. Aus einer solchen Situation kann sehr schnell eine Anregung seitens des Gerichts oder von der Gegenpartei im Prozess auf Betreuung der betreffenden Person kommen.

Anregungen auf Betreuung können sich auch daraus ergeben, dass beispielsweise in einem Mietprozess der Vermieter auf Räumung der Wohnung klagt und der Mieter aufgrund einer gesundheitlichen Situation oder aufgrund von Alkoholismus oder sonstigen Problematiken überhaupt nicht reagiert. In diesem Fall bietet sich an, eine Anregung zur Betreuung zu stellen, damit ein derartiges Gerichtsverfahren überhaupt fortgesetzt werden kann.

Muss man sich schriftlich an das Betreuungsgericht wenden, um eine Betreuung anordnen zu lassen?

Nein, im Notfall kann man auch telefonisch den zuständigen Betreuungsrichter von dem Betreuungsfall informieren. Zuständig ist das Amtsgericht, in dessen Bezirk der Betreute wohnt.

Wird bei Suchterkrankungen automatisch gem. § 1896 BGB Betreuung angeordnet, wenn diese nachgewiesen sind/wurden?

Weder bei Alkoholismus noch bei Drogensucht wird automatisch die Betreuung nach einer entsprechenden Anregung angeordnet. Voraussetzung ist, dass eine entsprechende Schwere der Erkrankung vorliegt.

Wird oft durch ein Missverständnis eine Betreuung angeordnet?

Von der Praxis her kann man sagen, dass solche Fälle insbesondere bei Patienten im Krankenhaus oft vorkommen. Ältere Menschen werden nach Operationen oder bei ärztlichen Behandlungen gefragt, ob sie eine Betreuung benötigen. Sie antworten dann oft mit »Ja« und wissen gar nicht, dass der Fragende die rechtliche Betreuung meint und sie dadurch evtl. ihre Rechte – über ihr Vermögen zu verfügen, über ihre Gesundheit oder über ihren Aufenthalt zu entscheiden – verlieren. Der Hauptgrund für diese mehr als schlimmen Vorfälle liegt darin, dass man einfach den Begriff »Betreuung« falsch gewählt hat und die befragte Person oft nur eine Haushaltshilfe wollte.

Gibt es auch eine erstmalige Betreuungsanordnung ohne ärztliches Gutachten?

An sich ist ein ärztliches Gutachten notwendig. Ein bloßes ärztliches Attest anstelle eines Sachverständigengutachtens reicht nicht aus. Allerdings ist das Gutachten dann nicht notwendig und ein Attest möglich, wenn der Betroffene selbst die Betreuung beantragt und auf die Einholung eines Gutachtens verzichtet hat und die Einholung eines Gutachtens im Hinblick auf den Aufgabenkreis unverhältnismäßig wäre oder aber wenn ein Betreuer nur zur Geltendmachung von Rechten bestellt worden ist.

Reicht der dringende Verdacht auf eine psychische Krankheit, um einen Betreuer zu bestellen?

Nach der Entscheidung des Oberlandesgericht Köln reicht der dringende Verdacht auf eine psychische Krankheit nicht aus, um einen Betreuer zu bestellen.

3. Umfang der Betreuung

Bedeutet Betreuung, dass man auf allen Gebieten des Vermögens, Aufenthalts und ärztlicher Versorgung, Post und Telefon einen Betreuer bekommt?

Nein, das ist nicht der Fall. Entscheidend ist immer die jeweilige Hilfsbedürftigkeit eines Menschen, der in gewissen Bereichen seine Angelegenheiten nicht mehr regeln kann. Kann jemand sich nicht mehr um seine ärztliche Versorgung kümmern, so wird der Bereich ärztliche Versorgung dem Betreuer übertragen. Kann er sich nicht mehr um seinen Aufenthalt kümmern, so wird der Bereich Aufenthalt übertragen. Kann er sich nicht mehr um seine Überweisungen und seine Geldeingänge und -ausgänge kümmern, wird der Bereich Vermögen dem Betreuer übertragen.

Es ist in der Praxis festzustellen, dass in den meisten Fällen dann auch automatisch der Bereich empfangene Post entzogen wird und der Betreuer das Recht bekommt, die Gesamtpost zu erhalten. Meistens geht auch die Telefonumleitung an den Betreuer. Für den betreuungsrechtlich Erfahrenen ist es wichtig, sich nicht nur gegen die Betreuung als solche zu wenden, sondern auch gegen die einzelnen Bereiche, wenn diese durch Familienangehörige besser erledigt werden können und ein Betreuer hierfür gar nicht nötig ist.

Wo liegt der Zusammenhang zwischen Betreuung und der Erledigung »eigener Angelegenheiten«?

Eine Betreuung darf nur dann angeordnet werden, wenn der zu Betreuende seine eigenen Angelegenheiten nicht mehr erledigen kann. Kann sich der zu Betreuende beispielsweise nicht mehr um seine Kinder kümmern, dann ist dies nicht seine eigene Angelegenheit, sondern die Angelegenheit der Kinder. Aufgrund dessen kann keine Betreuung angeregt werden. Allerdings wird evtl. das Vormundschaftsgericht in dieser Angelegenheit tätig. Eine Betreuung darf für einen zu Betreuenden nur dann angeordnet werden, wenn er seine rechtlichen Angelegenheiten nicht mehr regeln kann. Kann er seinen Haushalt nicht mehr führen, so muss man sich evtl. um eine Haushaltshilfe kümmern. Eine Betreuung ist in einem derartigen Fall nicht möglich.

Welche Rechtswirkung hat die Betreuerbestellung?

Die Betreuerbestellung hat auf den Betreuten die Auswirkung, dass er dadurch einen gesetzlichen Vertreter gemäß § 1902 BGB hat.

Müssen freiheitsentziehende Maßnahmen in der Wohnung vom Gericht genehmigt werden?

In § 1906 Abs. 4 BGB wird die Wohnung nicht erwähnt. Wenn also freiheitsentziehende Maßnahmen länger andauern sollen oder regelmäßig erfolgen sollen und in der häuslichen Umgebung des Betreuten vorgenommen werden, dann ist fraglich, ob es sich um eine freiheitsentziehende Maßnahme nach § 1906 Abs. 4 BGB handelt und ob diese vom Gericht genehmigt werden muss. Das Amtsgericht Garmisch-Partenkirchen hat kürzlich entschieden, dass diese Maßnahmen nicht genehmigt werden müssen. Falls diese Frage innerhalb der Familie auftaucht, muss dringend ein Experte zur Beratung gesucht werden, da in der Rechtsprechung die Ansichten sehr unterschiedlich sind. Gegen die Entscheidung des Amtsgericht Garmisch-Partenkirchen hat eine große Anzahl von Experten Einwände erhoben. Sie sehen die Wohnung als sonstige Einrichtung im Sinne von § 1906 Abs. 4 BGB an und sehen darin die Notwendigkeit einer gerichtlichen Genehmigung.

Muss für die Pflege im Haus, die zur Freiheitsentziehung führt (meist durch Bettgitterfixierung und ruhigstellende Medikamente) eine gerichtliche Genehmigung erfolgen, falls die Betreuten einwilligungsunfähig sind?

Die unter Betreuung stehenden Angehörigen, die im Haus gepflegt werden, sind dem Risiko der freiheitsentziehenden Maßnahmen wie Bettgitterfixierung oder ruhigstellende Medikamente genauso ausgesetzt wie Betreute in Altenheimen. Die einzige Ausnahme ist, dass nach der bisherigen Rechtsprechung für die Pflege zu Hause für derartige Maßnahmen keine gerichtliche Genehmigung notwendig ist. Ob sich die Rechtslage anders darstellt, wenn die Pflege von Pflegefirmen durchgeführt wird, ist strittig. Ich neige dazu, dass durch die Pflege anderer professioneller Pflegekräfte die Genehmigung für die freiheitsentziehenden Maßnahmen wie Bettgitter oder Bettgurte bei Gericht eingeholt werden muss, weil die Wohnung nach § 1906 Abs. 4 BGB als sonstige Einrichtung zu verstehen ist.

Ist die Betreuung ein Grund, ein Mietverhältnis generell zu kündigen?

Die auferlegte Betreuung ist kein Grund für eine Wohnraumkündigung. Eine Ausnahme kann dann eintreten, wenn die Situation des Betreuten durch ständige Störungen des Hausfriedens oder durch Verwahrlosung der Wohnung so gravierend ist, dass dann ein Recht zur Kündigung gegeben sein könnte. Im Einzelfall sollte dies ein Jurist entscheiden, der sich mit Mietrecht und Betreuungsrecht auskennt.

Kann der Vermieter ein Mietverhältnis, beispielsweise wegen Demenz des Mieters, ohne Frist kündigen, selbst wenn der Mietvertrag langfristig abgeschlossen wurde?

Das Landgericht Berlin hat mit Beschluss vom 22.5.2019 entschieden, dass auch eine schwere Erkrankung des Mieters dem Vermieter keine Berechtigung gibt, das Mietverhältnis zu kündigen.

Kann man einen langfristigen Wohnraummietvertrag als Mieter außerordentlich kündigen, weil man aufgrund einer angeordneten Betreuung nicht mehr den Mietgebrauch fortsetzen kann, beispielsweise aufgrund eines Umzugs in ein Altenheim?

Hier gilt folgende Regelung: Ein normaler Wohnraummietvertrag ohne Zeitbestimmung kann mit einer Frist von drei Monaten gekündigt werden. Ein Zeitmietvertrag ist vor Ablauf der Mietzeit nicht kündbar.

Kann die Betreuung auch für Teilbereiche angeordnet werden?

Die Betreuung kann auch für Teilbereiche, wie Vermögen, ärztliche Versorgung oder nur für Aufenthalt angeordnet werden. Dies wird leider in der Praxis sehr oft übersehen. Wenn ein Betreuer seitens des Gerichts als ungeeignet dargestellt wird, wird ihm oft die Betreuungsmöglichkeit insgesamt entzogen, ohne die Teilaufspaltung zu prüfen.

Kann der Betreuungsvorschlag seitens des Gerichtes wegen Interessenkollision missachtet werden?

Diesen Fall hatte schon vor einiger Zeit das Bayerische Oberste Landesgericht zu entscheiden. Ein Ehepaar hatte gemeinsam ein Mehrfamilienhaus, die Ehefrau bekam nicht das Amt des Betreuers, weil hier evtl. eine wirtschaftliche Interessenkollision gegeben war.

Kann eine Betreuung aufgrund einer bloßen Verdachtsdiagnose angeordnet werden?

Eine die Betreuung erfordernde Krankheit oder Behinderung muss mit hinreichender Sicherheit feststehen, eine bloße Verdachtsdiagnose reicht nicht aus.

Wann ist die Unterbringung eines Betreuten durch den Betreuer, die mit Freiheitsentziehung verbunden ist, zulässig?

Nur solange dies zum Wohl und Interesse des Betreuten erfolgt. Der Betreuer darf die Unterbringung veranlassen, wenn eine psychische oder eine geistige bzw. seelische Behinderung des Betreuten besteht. Eine Vielzahl von Fällen betrifft Alkohol- und Drogensucht bzw. schizophrene Störungen. Auch Selbstmordgefahr ist ein Grund für eine Unterbringung. Gleiches gilt, wenn die Gefahr droht, dass der Betreute sich selbst durch sein Verhalten einen erheblichen gesundheitlichen Schaden zufügt. Erkennt der Betroffene seinen Krankheitsgrund nicht, kann auch aufgrund des erheblichen drohenden gesundheitlichen Schadens eine Einweisung erfolgen. Voraussetzung ist, dass ein Gutachten vorliegt und dass innerhalb der letzten 14 Tage eine Untersuchung stattgefunden haben muss. Ohne Genehmigung des Gerichts ist die Unterbringung nur zulässig, wenn mit dem Aufschub, den die Einholung der Genehmigung bei Gericht bedeuten würde, eine Gefahr – zum Beispiel für die eigene Gesundheit, die Gesundheit anderer oder für die öffentliche Sicherheit und Ordnung – droht. Die Genehmigung des Gerichts ist dann allerdings sofort nachzuholen.

Was ist, wenn im Rahmen einer genehmigten Unterbringung nach § 1906 Abs. 1 BGB dem Betreuten über einen längeren Zeitraum oder regelmäßig die Freiheit entzogen werden soll?

Der BGH hat mit Beschluss vom 28.7.2015 (XII ZB44/2015) festgestellt, dass es auch im Rahmen einer genehmigten Unterbringung nach § 1906 Abs. 1 BGB der gesonderten betreuungsgerichtlichen Genehmigung nach § 1906 IIII BGB bedarf, wenn dem Betroffenen durch mechanische Vorrichtung, Medikamente oder auf andere Art über einen längeren Zeitraum oder regelmäßig die Freiheit entzogen werden soll.

Wann geht öffentliche Unterbringung der Möglichkeit einer Unterbringung nach den Vorschriften des BGB vor?

Wenn der Betreuer oder Vorsorgebevollmächtigte den Umständen nach dringend gebotene Fürsorge für den Betroffenen vermissen lässt und er dem Schutzbefohlenen dadurch einen schweren Schaden zuzufügen droht, geht die öffentlich-rechtliche Unterbringung vor. Die öffentliche Unterbringung geht auch dann vor, wenn durch den Betreuten Gefahr für Dritte droht.

Darf trotz Gesundheitsgefährdung eine zwangsweise Vorführung erfolgen?

Nein. Hier muss eine intensive Verhältnismäßigkeitsprüfung seitens des Gerichts erfolgen. Wenn es um die Betreuung des Betroffenen geht, kommt die Annahme einer Unverhältnismäßigkeit nur dann in Betracht, wenn von der Vorführung und der Durchsetzung dieselbe Negativfolge in erheblichen Ausmaß für den Betroffenen zu erwarten ist, also insbesondere die durch einen Sachverständigen festgestellte Gefahr besteht, dass es durch die Vorführung zu erheblichen Nachteilen für die Gesundheit des Betroffenen kommt (BGH 12.10.2016, XII ZB 246/16).

Was ist, wenn für den Bereich Gesundheitssorge ein Betreuer bestellt wurde, aber es nur um einen Handlungsbedarf im psychiatrischen Bereich geht?

Auch hierauf muss ein Anwalt, der derartige Fälle bearbeitet, achten. Da die Betreuung über den psychiatrischen Bereich hinausgehen würde, ist die Betreuung so global nicht möglich und wäre nicht zulässig (so auch das Bayerische Oberlandesgericht 1995).

Was ist, wenn die begründete Gefahr besteht, dass ein Betreuer aufgrund der notwendigen Maßnahme sterben oder einen länger andauernden gesundheitlichen Schaden erleiden könnte?

Nach § 1904 I Satz 1 BGB muss der Betreuer die Einwilligung des Betreuungsgerichts einholen, wenn die Gefahr besteht, dass der Betreute aufgrund der Maßnahme stirbt oder einen schweren oder länger andauernden, gesundheitlichen Schaden erleidet.

Kann ein Antrag auf Umgangsrecht rechtsmissbräuchlich sein?

Derartige Fälle sind nicht unbekannt. Gerade über Heime werden oft Anträge beim Betreuungsgericht initiiert – meistens über die zuständigen Betreuer, die für das Heim generell oftmals tätig sind – mit der Begründung, dass der Betroffene sich in die Heimordnung nicht einfügen kann. Letztendlich will das Heim dadurch oftmals ein Besuchsverbot erreichen. Gegen dieses Besuchsverbot und gegen diesen Antrag muss ein versierter Rechtskundiger sofort einschreiten.

Kann ein Ehepaar mit Polizeigewalt getrennt werden?

Im *Münchner Merkur* war im August 2002 ein Fall erwähnt worden, der an Dramatik nicht zu übertreffen ist. Ein Ehepaar war 48 Jahre verheiratet. Die Ehefrau war in einem Pflegeheim. Der Ehemann lebte in der gemeinsamen Wohnung. Der Wunsch der

Ehefrau war, einmal wieder eine Stunde in der Wohnung leben zu können. Gegen die fehlende Einwilligung des Betreuers nahm der Ehemann die Ehefrau mit, um sie eine Stunde zum Kaffeetrinken nach Hause zu holen. Dies gefiel dem Betreuer nicht. Er holte die Polizei. Der Ehemann wurde von der Polizei festgehalten. Die Ehefrau wurde im Rollstuhl wieder weggeschickt. Zu Recht hat das Landratsamt entschieden, dass zu prüfen ist, ob nicht der Ehemann die Betreuung übernehmen kann.

Was bedeutet eine Postsperre, die durch das Betreuungsgericht angeordnet wird, und wann kann sie angeordnet werden?

Eine Postsperre bedeutet, dass der Betreuer in Zukunft die Post erhält und öffnen darf. Letztendlich gibt es in Deutschland ein Postgeheimnis, das dadurch verletzt wird. Durch die Postsperre hat der Betreuer das Recht, das Postgeheimnis zu verletzen. Meist wird die Postsperre zusammen mit der Entscheidung über den Fernmeldeverkehr angeordnet, sodass man auch nicht mehr telefonieren kann. Warum bei den meisten Gerichtsbeschlüssen diese Automatik gegeben ist, ist nicht nachvollziehbar.

Muss eine Betreuung bestellt werden, wenn jemand zur Besorgung seiner Vermögensangelegenheiten unfähig ist, aber keine Krankheit hat?

Nein. Die Unfähigkeit zur Besorgung der Vermögensangelegenheiten bei fehlender Erkrankung erfüllt die medizinische Voraussetzung zur Betreuerbestellung nicht (Amtsgericht Neuruppin). Wenn allerdings die Unfähigkeit, seine Vermögensverhältnisse zu regeln, dazu führt, dass der Betreute kein Geld mehr zum Leben hat, seine Miete nicht mehr bezahlt und finanziell verwahrlost, dann dürfte ein Betreuungsgrund gegeben sein.

Muss für Angelegenheiten der Sozialhilfe immer ein Betreuer bestellt werden?

Nein, dies muss nicht so sein. Wenn die Angehörigen des Betreuten in der Vergangenheit bereit und in der Lage gewesen sind, sich um entsprechende Belange des Betroffenen zu kümmern, bestehen keine Anhaltspunkte dafür, dass dies in der Zukunft nicht so sein sollte. Allein die bloße Befürchtung für die Zukunft, dass Mitwirkungs- und Mitteilungspflichten verletzt werden, reicht nicht für die Einrichtung einer Betreuung aus.

4. Gründe für eine Betreuung

Ist Alkoholismus ein Betreuungsgrund?

Alkoholismus ist kein Grund, eine Betreuung anzuordnen. Der BGH hat hierzu entschieden, dass hirnorganische Probleme hinzutreten müssen, damit Alkoholismus per se zur Betreuung führt.

Muss der Alkoholiker immer unter Betreuung gestellt werden?

Aus der Alkoholabhängigkeit für sich genommen und dem darauf beruhenden Mangel an Steuerungsfähigkeit in Bezug auf den Konsum von Alkohol kann nicht automatisch auf ein Unvermögen zur freien Willensbildung geschlossen werden. Erst wenn dieses Unvermögen nachgewiesen ist, kann eine Betreuung unter Umständen durchgesetzt werden, wenn ein entsprechendes Sachverständigengutachten einen Ausschluss der freien Willensbildung bestätigt.

Ist die Einnahme von Suchtmitteln Grund für eine Betreuung?

Die Unfähigkeit, den Konsum eines Suchtmittels steuern zu können, begründet nicht das Fehlen des freien Willens. Damit sich hieraus eine Betreuungsbestellung ergibt, muss bewiesen werden, dass der Süchtige nicht mehr in der Lage ist, seine Angelegenheiten ordnungsgemäß zu regeln.

Führt Schulden machen zur Betreuung?

Der Hang einer Person, ständig Schulden zu machen, also Verbindlichkeiten einzugehen, die sie nicht erfüllen kann und die eine Verschuldung bewirken, kann einen Betreuungsgrund darstellen (BGH 25.1.2016, XII ZB 519/15).

Kann allgemeine Verschuldung des Betreuten zu einer Betreuerbestellung führen?

Ja, auch die allgemeine Verschuldung, die aus der Tatsache herrührt, dass beispielsweise eine Person sich um nichts mehr kümmert oder wahnwitzige Geschäfte abschließt, kann dazu führen, dass ein Betreuer bestellt wird.

Können Geschäfte, die weit unter dem Wert abgeschlossen werden, zur Betreuung führen?

Wenn eine Person Geschäfte abschließt, die weit unter dem Wert liegen, dann kann auch dies zu einem Einwilligungsvorbehalt führen, wenn das Geschäft die Person erheblich schädigt. Allein ein kleiner Vermögensschaden ist nicht ausreichend, sondern es muss schon eine erhebliche Vermögensschädigung eintreten.

Kann das ständige Führen von Prozessen oder das Stellen von vielen unsinnigen Anträgen bei Gericht zu einer Betreuung führen?

Der BGH hat erst kürzlich entschieden, dass wenn ein Betroffener eine Vielzahl von unsinnigen Anträgen stellt oder Rechtsstreitigkeiten zu seinen Lasten führt und diese erhebliche Kosten für ihn verursachen, die Anordnung einer Betreuung und sogar die Bestimmung des Einwilligungsvorbehalts seitens des

Gerichts erfolgen kann. Dies gilt auch bei missbräuchlicher Rechtsverfolgung, wenn eine Gefahr für das Vermögen des Betroffenen besteht. Das ist eine gefährliche Situation, auf die ich immer wieder hinweise. Gerade viele Personen, die sich über Gerichtsentscheidungen entsetzen und veranlasst sehen, eine Fülle von Rechtsstreitigkeiten zu führen bzw. eine Fülle von Briefen zu schreiben, können immer wieder in das Risiko gelangen, dass eine Betreuung beantragt wird. Diesen Personen ist zu raten, sich an einen Experten zu wenden, der genau weiß, was er schreibt, und der ihnen auch die entsprechenden Empfehlungen für sinnvolle und nicht sinnvolle Prozesse gibt.

Welchen Sinn hat die Betreuung bei Handlungsunfähigkeit des Betreuten?

Wenn der Betreute krankheitsbedingt nicht mehr entscheiden kann und aufgrund einer eingeschränkten Eigenverantwortlichkeit sich selbst zu schädigen droht, ist die Betreuung dringend notwendig. Letztendlich werden dann durch den Betreuungsbeschluss die Handlungsfähigkeit des Betreuten und der Schutz vor Selbstschädigung oder Selbstmord gewährleistet, so weit dies im Rahmen der Betreuung durch den Betreuer möglich ist.

Ist Drogen- oder Alkoholsucht ein Grund, jemanden in einem psychiatrischen Krankenhaus unterzubringen?

In Fällen der stoffgebundenen Süchte kommt es erst in einer (vorübergehenden) Alkohol- oder Drogenintoxikation zu einer rechtlichen Verminderung der Schuldfähigkeit. Eine Unterbringung ist nach § 43 StGB nur ausnahmsweise dann gerechtfertigt, wenn eine krankhafte Alkohol- oder Drogensucht im Sinne der Überempfindlichkeit gegeben ist oder der Betroffene aufgrund eines von der Drogensucht unterscheidbaren psychischen Defekts alkohol- oder drogensüchtig ist, die einer schweren krankhaften seelischen Störung im Sinne der §§ 20, 21 StGB gleichsteht.

Welchen Einfluss hat die Geistesstörung auf den freien Willen?

Wenn jemand nicht imstande ist, einen freien Willen unbeeinflusst von einer vorliegenden Geistesstörung zu bilden und nach zutreffend gewonnener Einsicht zu handeln, liegt ein Ausschluss der freien Willensbestimmung vor (BGH, 5.12.1995, XI ZR 70/95).

Abzustellen ist dabei darauf, ob eine freie Entscheidung nach Abwägung des Für und Wider bei sachlicher Prüfung der in Betracht kommenden Gesichtspunkte möglich ist, oder ob umgekehrt von einer freien Willensbildung nicht mehr gesprochen werden kann, etwa weil infolge der Geistesstörung Einflüsse dritter Personen den Willen übermäßig beherrschen.

5. Einwilligungsvorbehalte

Wann wird Einwilligungsvorbehalt angeordnet?

Soweit dies zur Abwendung einer erheblichen Gefahr für die Person oder das Vermögen des Betreuten erforderlich ist, ordnet das Betreuungsgericht an, dass der Betreute zu einer Willenserklärung, die den Aufgabenkreis des Betreuers betrifft, dessen Einwilligung bedarf (Einwilligungsvorbehalt). Die §§ 108 bis 131 Abs. 2 und § 210 gelten entsprechend. Ist ein Einwilligungsvorbehalt angeordnet, so bedarf der Betreute dennoch nicht der Einwilligung seines Betreuers, wenn die Willenserklärung dem Betreuten lediglich einen rechtlichen Vorteil bringt. Soweit das Gericht nichts anderes anordnet, gilt dies auch, wenn die Willenserklärung eine geringfügige Angelegenheit des täglichen Lebens betrifft.

Aufgrund welcher Rechtslage wird Einwilligungsvorbehalt angeordnet?

Die Rechtsgrundlage ergibt sich aus § 1903 BGB:

»(1) 1Soweit dies zur Abwendung einer erheblichen Gefahr für die Person oder das Vermögen des Betreuten erforderlich ist, ordnet das Betreuungsgericht an, dass der Betreute zu einer Willenserklärung, die den Aufgabenkreis des Betreuers betrifft, dessen Einwilligung bedarf (Einwilligungsvorbehalt). 2Die §§ 108 bis 113, 131 Abs. 2 und § 210 gelten entsprechend.

(2) Ein Einwilligungsvorbehalt kann sich nicht erstrecken

1. auf Willenserklärungen, die auf Eingehung einer Ehe oder Begründung einer Lebenspartnerschaft gerichtet sind,

2. auf Verfügungen von Todes wegen,

3. auf die Anfechtung eines Erbvertrags,

4. auf die Aufhebung eines Erbvertrags durch Vertrag und

5. auf Willenserklärungen, zu denen ein beschränkt Geschäftsfähiger nach den Vorschriften der Bücher 4 und 5 nicht der Zustimmung seines gesetzlichen Vertreters bedarf.

(3) 1Ist ein Einwilligungsvorbehalt angeordnet, so bedarf der Betreute dennoch nicht der Einwilligung seines Betreuers, wenn die Willenserklärung dem Betreuten lediglich einen rechtlichen Vorteil bringt. 2Soweit das Gericht nichts anderes anordnet, gilt dies auch, wenn die Willenserklärung eine geringfügige Angelegenheit des täglichen Lebens betrifft.«

Im Klartext bedeutet dies, dass, wenn ein Einwilligungsvorbehalt seitens des Gerichts angeordnet worden ist, der Betreute kaum noch etwas entscheiden kann. Sehr wichtig ist Abs. 3 in § 1903 BGB. Entscheidend für die Frage, ob ein rechtlicher Vorteil vorliegt oder nicht, ist hier nicht, ob ihm rechtlich ein Vorteil durch die Entscheidung = Willenserklärung zukommt, sondern ob die Entscheidung ihm wirtschaftliche Vorteile bringt.

Welche Voraussetzungen müssen für den Einwilligungsvorbehalt gegeben sein?

1. Für den Kreis der betroffenen Angelegenheiten muss ein Betreuer bestellt sein.
2. In diesem Bereich muss der Betreute außerstande sein, selbstverantwortlich zu handeln.
3. Eine erhebliche Gefahr für Person oder Vermögen des Betreuten muss daraus resultieren.
4. Um die erhebliche Gefahr abzuwenden, muss die Anordnung des Einwilligungsvorbehalts geeignet und erforderlich sein.

Was ist unter »Gefahr für die Person« im Sinne des Einwilligungsvorbehalts zu verstehen?

Hier sind die Fälle genannt, die mit den Vermögensschäden nichts zu tun haben. Beispielsweise kann ein Einwilligungsvorbehalt angeordnet werden, wenn ein Betreuter seinen Mietvertrag ohne Grund kündigt und die Aussicht auf eine neue Wohnung kaum besteht. Solange der Betreute noch willensfähig ist, kann nicht ein Einwilligungsvorbehalt angeordnet werden, um beispielsweise eine Behandlungsart oder Operation durchzusetzen.

Wann darf ein Einwilligungsvorbehalt angeordnet werden?

Der Einwilligungsvorbehalt bedeutet, dass der Betreute praktisch nichts mehr selbst entscheiden kann. Ein Einwilligungsvorbehalt darf nur dann gegen den Willen eines Betreuten angeordnet werden, wenn der Betreute zu einer freien Willensentscheidung nicht mehr in der Lage ist. Ob dieser Tatbestand vorliegt, muss im Rahmen eines Gutachtens geprüft werden. Es reicht nicht aus, wenn beispielsweise nur die freie Willensbildung eingeschränkt ist. Gemeint ist hier die freie Willensbildung, die dazu führt, dass der Betreute auch den Einwilligungsvorbehalt ablehnen kann. Wenn er hierzu nicht in der Lage ist, dann darf dieser angeordnet werden. Wenn er nur erheblich eingeschränkt ist, dann darf der Einwilligungsvorbehalt nicht angeordnet werden (so auch BGH, 17.5.2017, XII ZB 495/16).

Kann der unter Einwilligungsvorbehalt Stehende noch bei der Eheschließung entscheiden, welcher Ehename geführt werden soll?

Ja, die Einschränkung bewirkt bei den unter Einwilligungsvorbehalt stehenden Personen nicht, dass der eheschließende Partner, der unter Einwilligungsvorbehalt steht, den Ehenamen nicht mehr mitbestimmen kann.

Darf ein Einwilligungsvorbehalt nur aufgrund eines Gutachtens angeordnet werden?

Wenn der zu Betreuende hinsichtlich des Einwilligungsvorbehalts keine freie Entscheidung mehr treffen kann, kann der Einwilligungsvorbehalt nur aufgrund eines Gutachtens angeordnet werden. Im Klartext bedeutet dies aber auch: Wenn aufgrund eines Gutachtens nicht mit der erforderlichen Sicherheit festgestellt werden kann, dass der Betroffene hinsichtlich der Ablehnung des Einwilligungsvorbehalts keine freie Entscheidung treffen kann, ist der Einwilligungsvorbehalt unzulässig.

Darf ein Einwilligungsvorbehalt als Disziplinarmaßnahme eingesetzt werden?

Bei großem Vermögen, wenn Meinungsverschiedenheiten zwischen Betreuer und Betreuten bestehen, kann es sehr schnell zur Anregung des Betreuers kommen, einen Einwilligungsvorbehalt anzuordnen, um eine Art Disziplinarmaßnahme gegen den Betreuten zu starten. Das ist letztendlich unzulässig (BGH, 28.9.2016, XII ZB 275/16).

Wann ist ein Verfahrenspfleger grundsätzlich beim Einwilligungsvorbehalt nötig?

Plant das Gericht, den Einwilligungsvorbehalt eines Betreuten in Vermögensangelegenheiten zu verlängern, und geht es dabei um eine Verlängerung eines umfassenden Einwilligungsvorbehalts, dann muss dem Betreuten grundsätzlich ein Verfahrenspfleger zur Seite gestellt werden (BGH, 23.1.2019, XII ZB 397/18).

Reicht die Verschwendungssucht des Betreuten aus, einen Einwilligungsvorbehalt anzuordnen?

Gerade dies ist oft ein Grund, dass Angehörige darauf drängen, einen Einwilligungsvorbehalt anzuordnen. Deswegen kann aber genauso wenig ein Einwilligungsvorbehalt im Interesse der Angehörigen angeordnet werden wie beispielsweise, weil der Betreute gerade in ein Gerichtsverfahren verwickelt ist, für dessen Ausgang hohe Zahlungen drohen, mit denen die Forderungen der Gegner des Gerichtsverfahrens erfüllt werden sollen.

Wird für den Ausschluss des freien Willens ein Sachverständigengutachten benötigt?

Im Betreuungsverfahren kommt es immer wieder vor, dass der Ausschluss des freien Willens behauptet wird und ggf. auch eine Gerichtsentscheidung über eine Betreuungsanordnung mit Einwilligungsvorbehalt erfolgt. Es muss allerdings klar dargelegt werden, dass die Feststellung, ob der freie Wille noch vorhanden ist oder nicht, ausschließlich in dem Verfahren durch einen Sachverständigengutachter nachgewiesen werden muss.

Was ist der Unterschied zwischen Geschäftsunfähigkeit und Einwilligungsvorbehalt?

Der Unterschied zwischen der Geschäftsunfähigkeit einer Person und einem Einwilligungsvorbehalt ist von großer Bedeutung. In vielen Betreuungsfällen wird die Geschäftsunfähigkeit in einem Gutachten festgestellt. Dies bedeutet aber nicht automatisch, dass der Betreute auch den Einwilligungsvorbehalt hat, sondern der Einwilligungsvorbehalt muss vom zuständigen Gericht extra beschlossen werden.

Kann ein Einwilligungsvorbehalt auch angeordnet werden, wenn noch nicht feststeht, ob die Person geschäftsfähig ist?

Ja, ein Einwilligungsvorbehalt kann auch angeordnet werden, ohne dass die Geschäftsfähigkeit festgestellt worden ist, wenn konkrete Vermögensgefährdungen entstehen und hier dringendes Handeln notwendig ist, damit der Betreute geschützt wird. Der typische Fall ist, dass der zu Betreuende seine Geschäfte oder seine privaten Finanzen so laufen lässt, dass sie im Insolvenzverfahren enden werden.

Kann ein Einwilligungsvorbehalt aufgehoben werden?

Ein Einwilligungsvorbehalt kann dann aufgehoben werden, wenn die Voraussetzungen hierfür nicht mehr gegeben sind. Auch eine teilweise Aufhebung oder Einschränkung des Einwilligungsvorbehaltes ist möglich.

Muss im Bereich Vermögenssorge ein Einwilligungsvorbehalt angeordnet werden, wenn der Betroffene nicht mehr geschäftsfähig ist?

Dieser Tatbestand genügt nicht, um einen Einwilligungsvorbehalt für den Aufgabenkreis der Vermögenssorge zu rechtfertigen. Der Anordnung des Einwilligungsvorbehalts steht nicht entgegen, dass der Betroffene möglicherweise geschäftsunfähig gem. § 104 Nr. BGB ist (vgl. BGH, 24.1.2018, XII ZB 141/17). Wichtig ist, dass auch bei einem geschäftsunfähigen Betroffenen ein Einwilligungsvorbehalt nur angeordnet werden kann, wenn konkrete Gefahr für dessen Vermögen festgestellt wurde, die nur auf diese Weise abgewendet werden kann. Das Amtsgericht oder auch die Beschwerdekammer beim Landgericht muss sich also in dem Beschuss, durch den der Einwilligungsvorbehalt angeordnet worden ist, mit der Frage befassen, ob die Anordnung eines Einwilligungsvorbehaltes für den Aufgabenkreis der Vermögenssorge tatsächlich erforderlich ist.

Wann ist Einwilligungsvorbehalt in Vermögensangelegenheiten zulässig?

Als Grund für die Anordnung eines Einwilligungsvorbehaltes im Bereich der Vermögenssorge muss eine konkrete Gefährdung des Vermögens des Betroffenen durch aktives Tun festgestellt werden, in dem er etwa vermögenserhaltende und schützende Maßnahmen des Betreuers konterkariert oder andere vermögensschädigende Maßnahmen trifft (BGH 20.7.2018, XII ZB 9918).

Kann der unter Einwilligungsvorbehalt stehende Betreute noch Geschäfte tätigen?

Nein, der Betreute kann keine Geschäfte mehr tätigen. Geschäftspartner oder Vertragspartner, die Verträge mit Betreuten, die unter Einwilligungsvorbehalt stehen, tätigen, müssen wissen, dass diese nichtig sind. Der Geschäftspartner hat die Beweislast und muss beweisen, dass der Betreute bei dem besagten Geschäft geschäftsfähig war. Der Betreute muss seine Geschäftsunfähigkeit nicht nachweisen.

Was versteht man unter »Erforderlichkeit« im Sinne von § 1903 BGB?

Unter Erforderlichkeit versteht man letztendlich den Maßstab, der zu setzen ist, wann ein Einwilligungsvorbehalt möglich ist. Sind weniger einschneidende Maßnahmen möglich, dann darf der Einwilligungsvorbehalt nicht angeordnet werden. Wichtig in diesem Zusammenhang ist, dass in der Gerichtsentscheidung auf jeden Fall auch genaue konkrete Darstellung erfolgen muss, für welchen Aufgabenkreis der Einwilligungsvorbehalt gilt und warum dieser angeordnet wird. Diese Überprüfung findet oftmals nicht statt.

Kommt ein Einwilligungsvorbehalt auch deswegen in Betracht, weil die betreffende Person nur eine körperliche Behinderung hat?

Für einen nur körperlich Behinderten kommt der Einwilligungsvorbehalt nicht in Betracht, weil der Einwilligungsvorbehalt vorsieht, dass psychische Probleme bestehen müssen.

Worauf darf sich der Einwilligungsvorbehalt nicht erstrecken?

Das BGB enthält hierzu folgende Regelungen:

»§ 1516 Zustimmung des anderen Ehegatten

(1) Zur Wirksamkeit der in den §§ 1511 bis 1515 bezeichneten Verfügungen eines Ehegatten ist die Zustimmung des anderen Ehegatten erforderlich.

(2) Die Zustimmung kann nicht durch einen Vertreter erteilt werden. Die Zustimmungserklärung bedarf der notariellen Beurkundung. Die Zustimmung ist unwiderruflich.

(3) Die Ehegatten können die in den §§ 1511 bis 1515 bezeichneten Verfügungen auch in einem gemeinschaftlichen Testament treffen.

§ 1600a Anfechtung bei fehlender oder beschränkter Geschäftsfähigkeit

(1) Die Anfechtung kann nicht durch einen Bevollmächtigten erfolgen.

(2) Die Anfechtungsberechtigten im Sinne von § 1600 Abs. 1 Nr. 1 bis 3 können die Vaterschaft nur selbst anfechten. Dies gilt auch, wenn sie in der Geschäftsfähigkeit beschränkt sind; sie bedürfen hierzu nicht der Zustimmung ihres

gesetzlichen Vertreters. Sind sie geschäftsunfähig, so kann nur ihr gesetzlicher Vertreter anfechten.

(3) Für ein geschäftsunfähiges oder in der Geschäftsfähigkeit beschränktes Kind kann nur der gesetzliche Vertreter anfechten.

(4) Die Anfechtung durch den gesetzlichen Vertreter ist nur zulässig, wenn sie dem Wohl des Vertretenen dient.

(5) Ein geschäftsfähiger Betreuer kann die Vaterschaft nur selbst anfechten.«

Außerdem darf sich der Einwilligungsvorbehalt nicht auf folgende Punkte erstrecken:

- Rechtshandlung im Rahmen der fortgesetzten Gütergemeinschaft
- Adoptionszustimmung der Eltern:
  - Ehegattenadoption
  - Adoptionsaufhebung, Adoptionsausschuss, Adoptionshindernisse
  - Adoptionsaufhebungsantrag
- Testamentserrichtung
- Widerruf wechselbezüglicher Verfügungen (Verfügungen von Ehepartnern in einem Testament, von denen anzunehmen ist, dass die Verfügung des einen nicht ohne die Verfügung des anderen getroffen sein würde)
- Erbvertragsanfechtung
- Aufhebung des Erbvertrags durch Vertrag
- Erbverzichtsvertrag.

Was versteht man unter erheblicher Gefahr als Voraussetzung für die Anordnung eines Einwilligungsvorbehalts?

Eine erhebliche Gefahr kann in einem Tun oder Unterlassen bestehen, das zu einer persönlichen oder wirtschaftlichen Schädigung des Betreuten führt. Die Gefahr muss konkret und bedeutend sein, es ist also auf den negativen Erfolg abzuzielen, der durch das Handeln oder Nichthandeln eintritt. Es soll nicht nur die Person, sondern auch das Vermögen des Betreuten und die persönliche Integrität durch den Einwilligungsvorbehalt geschützt werden.

Ab welchem Zeitpunkt wird der Einwilligungsvorbehalt wirksam?

Der Einwilligungsvorbehalt wird wirksam, wenn der Bescheid über den Einwilligungsvorbehalt dem Betreuer zugestellt worden ist.

Wann darf der Amtsrichter die Aufhebung des Einwilligungsvorbehalts ohne weitere Ermittlungen ablehnen?

Der Richter darf nur dann ohne weitere Ermittlungen die Aufhebung des Einwilligungsvorbehalts ablehnen, wenn die im Ausgangsverfahren getroffenen Feststellungen eine tragfähige Grundlage für die Beurteilung bilden und wenn der Tatbestand, der Voraussetzung für den Einwilligungsvorbehalt nach § 1903 Abs. 1 BGB ist, bei dem Betroffenen weiterhin vorliegt. (BGH-Beschluss vom 11.7.2018, 601/17).

Für das Gerichtsverfahren ist wichtig, dass in einem derartigen Verfahren allein die Frage maßgeblich ist, ob das Sachverständigengutachten inhaltlich geeignet ist und eine ausreichende Tatsachengrundlage für die nun neu zu treffende Entscheidung bildet. Sämtliche Verfahrensrügen, die im Anhörungsverfahren gegen das Sachverständigengutachten erhoben werden könnten, müssen nicht erhoben werden, wenn das Gutachten, wie oben dargestellt, ausreichend ist (siehe auch BGH, 27.6.2018, XII ZB601/17).

Was sind die wesentlichen Grundsätze des Einwilligungsvorbehalts?

Die wesentlichen Grundsätze des Einwilligungsvorbehalts sind, nachdem es sich um einen gravierenden Eingriff in die Grundrechte des Betroffenen handelt, dass die entsprechenden Feststellungen des Gerichts konkret getroffen und im Rahmen seiner Amtsermittlungspflicht festgestellt werden müssen. Der Umfang der Ermittlungen richtet sich auch danach, dass es sich bei dem Einwilligungsvorbehalt um einen gravierenden Eingriff in die Grundrechte handelt, der sich ohne weitere Feststellung nicht rechtfertigen lässt.

Es kommt nicht darauf an, ob der Einwilligungsvorbehalt von einer geringen Belastung für den Betroffenen ist oder ob der Einwilligungsvorbehalt dem Betreuer bei seiner Tätigkeit helfen würde. Diese Überlegung wäre völlig abwegig und darf nicht zu einem Einwilligungsvorbehalt führen.

Führt die Geschäftsunfähigkeit in Vermögensangelegenheiten immer zum Einwilligungsvorbehalt?

Allein die Unsicherheit darüber, ob der Betroffene geschäftsunfähig ist, vermag die Anordnung eines Einwilligungsvorbehalts in Vermögensangelegenheiten nicht zu rechtfertigen (BGH, 24.1.2018, XIIZB 141/17).

Können Betreute, die unter Einwilligungsvorbehalt stehen, wirksam Briefe und andere rechtsgestaltende Erklärungen entgegennehmen?

Nein, bei einer unter Betreuung mit Einwilligungsvorbehalt stehenden Person hat die Zustellung an den Betreuer zu erfolgen.

Hat der Betreute bei Einwilligungsvorbehalt keine Rechte mehr gegenüber seinen minderjährigen Kindern bzw. endet dadurch das elterliche Sorgerecht für seine Kinder?

Nein, der Betreute bleibt weiter gesetzlicher Vertreter seiner Kinder.

Hat der Einwilligungsvorbehalt auch Vorteile für einen Betreuten?

Letztendlich hat der Einwilligungsvorbehalt auch Vorteile für einen Betreuten, der geschäftsunfähig ist. Ein Geschäftsunfähiger kann keine Geschäfte tätigen. Durch den Einwilligungsvorbehalt kann der Betreuer für ihn Geschäfte tätigen.

Was ist, wenn der unter Einwilligungsvorbehalt stehende Betreute einen Vertag abgeschlossen hat, von dem der Betreuer nichts weiß?

Die Wirksamkeit des Vertrags hängt von der Genehmigung des Vertreters ab. Nach §108 BGB gilt dann Folgendes: Fordert der andere Teil den Vertreter zur Erklärung über die Genehmigung auf, so kann diese nur ihm gegenüber erfolgen. Eine vor der Aufforderung dem Betreuten gegenüber erklärte Genehmigung oder Verweigerung der Genehmigung wird unwirksam. Die Genehmigung kann nur bis zum Ablauf von zwei Wochen nach dem Empfang der Aufforderung erklärt werden. Wird sie nicht erklärt, so gilt sie als verweigert.

Wann endet der Einwilligungsvorbehalt?

Der Einwilligungsvorbehalt besteht nur so lange, wie die Betreuung angeordnet wurde. Wird die Betreuung aufgehoben, endet auch der Einwilligungsvorbehalt. Der Einwilligungsvorbehalt kann durch das Gericht während der Betreuung jederzeit aufgehoben werden.

Welche Rechtsmittel gibt es gegen Einwilligungsvorbehalte?

Gegen die Anordnung des Einwilligungsvorbehalts kann Beschwerde eingelegt werden. Hintergrund ist, dass gerade der Einwilligungsvorbehalt eine ganz erhebliche Verletzung der Grundrechte des Betreuten darstellt. Diese erhebliche Grundrechtsverletzung ist nur im engen Rahmen zulässig. Auf keinen Fall sind für den Einwilligungsvorbehalt Wertvorstellungen oder Maßstäbe des Betreuers zu beachten. Oftmals kommen gerade Einwilligungsvorbehaltsanregungen von Betreuern, weil sie sich mit dem Betreuten in gewissen Bereichen nicht einigen können. Dann muss gegen die Entscheidung Beschwerde eingelegt werden.

Was ist, wenn eine Willenserklärung gegenüber einer betreuten Person, die unter Einwilligungsvorbehalt steht, abgegeben wird?

Es kommt darauf an, ob die Person aus der Erklärung bzw. aus dem Geschäft einen rechtlichen Vorteil hat und ob der Vertreter vorher seine Einwilligung erteilt hatte. Hat der Betreuer seine Einwilligung zum dem Vertrag, den der geschäftsunfähige Betreute abgeschlossen hat, vorher erteilt, ist der Vertrag wirksam. Hat er die Einwilligung nicht erteilt, muss man trennen, zwischen einem Vertrag, der dem Betreuten einen rechtlichen Vorteil bringt (also geringfügige Geschäfte des täglichen Lebens), dann muss eine Einwilligung hierzu nicht erteilt werden. Bei anderen Fällen muss der Betreuer die Genehmigung erteilen. Erteilt er sie nicht, ist der Vertrag unwirksam (Ausnahme: der qualifizierte Einwilligungsvorbehalt, der auch Geschäfte des täglichen Lebens unmöglich macht).

Welche zwei Arten von Einwilligungsvorbehalten gibt es?

Es gibt zwei Alternativen des Einwilligungsvorbehalts. Man unterscheidet zwischen dem einfachen Einwilligungsvorbehalt und dem qualifizierten Einwilligungsvorbehalt. Für den einfachen Einwilligungsvorbehalt gilt die Regelung von § 1903 I Nr. 3 BGB, wonach »der Betreute dennoch nicht der Einwilligung seines Betreuers (bedarf), wenn die Willenserklärung dem Betreuten lediglich einen rechtlichen Vorteil bringt« oder »wenn die Willenserklärung eine geringfügige Angelegenheit des täglichen Lebens betrifft«.

Beim qualifizierten Einwilligungsvorbehalt ist diese Möglichkeit nach § 1903 I Nr. 3 BGB nicht mehr möglich, soweit dies das Gericht angeordnet hat. Der Einwilligungsvorbehalt gilt dann auch für die geringfügigen Angelegenheiten des täglichen Lebens.

Worin besteht das Risiko eines Anwaltsvertrag mit Betreuten, die unter Einwilligungsvorbehalt stehen?

Ein Betreuter ist nicht verpflichtet, bei einer Mandatsbegründung durch einen Rechtsanwalt ungefragt auf die angeordnete Betreuung oder auf den Einwilligungsvorbehalt hinzuweisen. Das Risiko, dass ein Anwalt dann in einem solchen Fall tätig wird und für seine Leistung kein Honorar erhält, hat der Anwalt zu tragen. Entscheidend ist, dass der Anwalt, der einen derartigen Prozess führt, mit dem Betreuer in Kontakt treten muss. Die Kontaktpflicht ergibt sich schon daraus, dass der Anwalt klären muss, ob der Betreuer nicht selbst eine Klage oder einen Anspruch über einen anderen Anwalt schon geltend gemacht hat.

Kann ein unter Einwilligungsvorbehalt stehender Betreuter noch Klagen führen bzw. verklagt werden?

Nein. Eine Person, die unter Betreuung mit Einwilligungsvorbehalt gestellt worden ist, kann weder verklagt werden noch klagen.

6. Der freie Wille und die Einsichtsfähigkeit

Was versteht man unter dem »freien Willen« eines Menschen?

Der Begriff »freier Wille« spielt eine große Rolle im Betreuungsrecht. Nach § 1896 I a BGB darf nämlich eine Betreuung nicht gegen den freien Willen eines Menschen angeordnet werden. Der freie Wille im Sinne des § 1896 I a BGB und deswegen auch § 104 Nr. 2 BGB sind im Kern gleich. Die Kriterien für das Vor-

liegen eines freien Willens sind, dass der Betroffene einsichts-
fähig und rechtsfähig ist. Des Weiteren muss er auch die Fähigkeit haben, nach dieser Einsicht zu handeln. Fehlt es an diesen
beiden Elementen, also an der Einsichtsfähigkeit und an der
Fähigkeit, nach seiner Einsichtsfähigkeit zu handeln, liegt kein
freier Wille, sondern nur noch ein »natürlicher Wille« vor.

▍ Wann liegt die Einsichtsfähigkeit vor?

Die Einsichtsfähigkeit setzt die Fähigkeit des Betroffenen voraus,
das Für und Wider entsprechender Gesichtspunkte zu erkennen
und gegeneinander abzuwägen. Überspannte Anforderungen
dürfen dabei nicht an die Auffassungsgabe eines Betroffenen
gestellt werden. Auch der an einer Erkrankung im Sinne des
§ 896 Abs. 1 BGB (wenn »ein Volljähriger aufgrund einer psychischen Krankheit oder einer körperlichen, geistigen oder seelischen Behinderung seine Angelegenheiten ganz oder teilweise
nicht besorgen« kann) leidende Betroffene kann in der Lage sein,
einen freien Willen zu bilden und ihn zu äußern.
Ist der Betroffene zur Bildung eines klaren Urteils zur Problematik der Betreuerbestellung in der Lage, muss es ihm weiter möglich sein, nach diesem Urteil zu handeln und sich dabei von den
Einflüssen interessierter Dritter abzugrenzen.

▍ Was heißt »Einsichtsfähigkeit«?

Hier kann man aus den zahlreichen Urteilen zusammenfassen:
Die Fähigkeit des Menschen, im Grundsatz die für und wider
sprechenden Gesichtspunkte zu erkennen und auch gegeneinander abzuwägen. Eine Erkrankung hat mit dem Vorliegen eines
freien Willens nichts zu tun. Der Betroffene muss Grund, Bedeutung und Tragweite einer Betreuung intellektuell erfassen können, was denknotwendig voraussetzt, dass er seine Defizite im
Wesentlichen zutreffend einschätzt und auf der Grundlage dieser Entscheidung die für oder gegen eine Betreuung sprechen-

den Gesichtspunkte gegeneinander abwägen kann. Letztendlich muss darüber, ob ein Betroffener einen freien Willen hat, ein Sachverständigengutachten eingeholt werden (siehe auch BGH, 14.10.2015, XII ZB 177/15).

Ist eine Person mit einem niedrigen IQ geschäftsunfähig, wenn sie ihren Willen noch frei bestimmen kann?

Der BGH hat am 19.6.70 dazu entschieden, dass eine Person, die in der Lage ist, ihren Willen frei zu bestimmen, deren intellektuelle Fähigkeiten aber nicht ausreichen, um bestimmte schwierige, rechtliche Beziehungen verstandesmäßig zu erfassen (im behandelten Fall ging es um einen IQ von 15–69, der bei Erwachsenen einem mentalen Alter von neun bis zwölf Jahren entspricht), deswegen noch nicht geschäftsunfähig ist. Diese Person könnte auch eine Vorsorgevollmacht erstellen.

Wann liegt der freie Wille nicht vor?

Nicht nur die Einrichtung, sondern auch die Fortführung einer Betreuung gegen den Willen des Betroffenen scheidet aus, wenn der Betroffene über einen freien Willen im Sinne des § 1896 Abs. 1a BGB verfügt und sich gegen die Betreuung wendet.

Was sind die entscheidenden Kriterien, die das Vorliegen einer freien Willensbestimmung ausmachen?

Zum einen die Einsichtsfähigkeit des Betroffenen und zum anderen seine Fähigkeit, nach dieser Einsicht zu handeln. Wenn eine dieser Fähigkeiten fehlt, liegt kein freier, sondern nur ein natürlicher Wille vor, und der Betroffene ist nicht dazu in der Lage, die Betreuung nach § 1896 Abs. 1a BGB abzulehnen.

Die Einsichtsfähigkeit setzt voraus, dass der Betroffene im Grundsatz die für und gegen eine Betreuung sprechenden Kriterien erkennen und gegeneinander abwägen kann. Wichtig ist, dass dabei keine übertriebenen Anforderungen an den Betroffenen gestellt werden, was seine Auffassungsgabe betrifft. Denn auch der an einer Erkrankung im Sinne des § 1896 Abs. 1 BGB leidende Betroffene kann sehr wohl in der Lage sein, einen freien Willen zu bilden und ihn zu äußern. Insoweit muss bei der Beurteilung der Einsichtsfähigkeit mit einem gewissen Fingerspitzengefühl vorgegangen werden. Jedenfalls muss der Betroffene Grund, Bedeutung und Tragweite einer Betreuung intellektuell erfassen können. Dies setzt voraus, dass er seine Defizite im Wesentlichen zutreffend einschätzen kann und auf dieser Einschätzungsgrundlage die für und gegen eine Betreuung sprechenden Kriterien abwägen kann. Wenn er dazu in der Lage ist, muss er weiterhin nach diesem Ergebnis handeln können und sich dabei auch beispielsweise von dem Einfluss interessierter Dritter (z. B. Angehöriger) abgrenzen können.

Wenn ein Betroffener – obwohl dies durch medizinisches Sachverständigengutachten belegt ist – unter Missachtung der tatsächlichen Umstände jedes Vorliegen einer Krankheit verneint und aufgrund dessen nicht einschätzen kann, inwieweit er eine gesetzliche Betreuung braucht, ist die Einsichtsfähigkeit zu verneinen. Bei bestehenden Zweifeln hat das Betreuungsgericht nach der Amtsermittlungspflicht nach § 26 FamFG weitere Erkenntnisgrundlagen (z. B. weiteres Gutachten) einzuholen (s. zu diesem Thema BGH, 18.10.2017, XII ZB 336/17).

7. Besuchsverbote

▍ Was ist ein Besuchsverbot?

Ein Besuchsverbot kann gegenüber den Angehörigen durch den Betreuer ausgesprochen werden, was im Betreuungsrecht nicht selten ist. Immer wieder werden die Besuchsverbote von Pflegeheimen gegenüber Angehörigen ausgesprochen. Begründet wird dies damit, dass ein Eingriff in die Pflege durch die Angehörigen vorliegt. Gegen diese Besuchsverbote, die dann meist durch die

Betreuer oder das Heim erfolgen, kann bei Gericht ein entsprechender Antrag gestellt werden, mit dem der Betreuer angewiesen wird, das Besuchsverbot aufzuheben. Gegebenenfalls ist dies auch ein Grund, dem Gericht gegenüber klarzumachen, dass der Betreuer ungeeignet ist. Aber nicht nur von Pflegeheimen sind Besuchsverbote bekannt, auch innerhalb der eigenen Familie passiert es immer wieder, dass ein Kind den dementen Elternteil zu sich nimmt und gegenüber den anderen Kindern Besuchsverbote ausspricht. Letztendlich geht es auch um die Frage, ob der Betreuer als Betreuer noch geeignet ist, wenn er mit Besuchsverboten Angehörige oder Dritte schikaniert.

Dürfen Pflegeheime Besuchsverbote aussprechen?

Pflegeheime können grundsätzlich die Besuchszeiten der Angehörigen bei den Patienten regulieren. Das Pflegepersonal ist im Rahmen des Heimrechts dazu befugt.

Des Weiteren können auch Hausverbote ausgesprochen werden, wenn es einen Grund dazu gibt (Corona-Virus – Ansteckungsgefahr!). Ein Hausverbot gründet sich meist auf die Tatsache, dass eine Person den Betrieb des Hauses massiv stört. Das Problem am Hausverbot liegt darin, wie man den Begriff des Störers auslegt. Angehörige verbringen oft viel Zeit mit den Familienmitgliedern im Heim und äußern daher auch Kritik oder besondere Wünsche, da sie die Vorgänge innerhalb des Pflegeheims direkt beobachten können. In den Augen des Pflegepersonals, die oft mit der Pflege der Patienten überlastet sind, werden sie daher schnell zu Störenfrieden, die im Heim nicht mehr willkommen sind.

Pflegeheime greifen manchmal zum Mittel des Hausverbots oder drohen ein Hausverbot an, wenn Angehörige Kritik an Missständen im Heim äußern. Ziel ist es dann, damit Probleme im täglichen Ablauf vertuschen zu können. Eine ehrliche Auseinandersetzung mit den von Angehörigen kritisierten Missständen erfolgt oft nicht.

Dennoch kann unter manchen Umständen ein Hausverbot gerechtfertigt sein. Das Hausverbot ist aber stets als Ultima Ratio zu sehen und darf nicht als eine Art Patentlösung für sämtliche Probleme betrachtet werden. In Bayern ist das Hausverbot auch in den betreffenden Gesetzen geregelt und darf nur ausgesprochen werden, wenn der Störer den Betrieb unzumutbar beeinträchtigt.

In manchen anderen Bundesländern wie Schleswig-Holstein oder Sachsen ist das Hausverbot nicht geregelt. Man sieht hier teilweise keinen Bedarf einer Regelung, da sich aus dem Grundgesetz bereits ergibt, dass ein Hausverbot nicht willkürlich ausgesprochen werden darf. Aus den Art. 5 Abs. 1 und 13 GG ergeben sich der Schutz der Ehe und Familie sowie die Unverletzlichkeit der Wohnung. Des Weiteren sieht auch die UN-Behindertenrechtskonvention keine Haus- oder Besuchsverbote vor. Pflegeheime sind an die Grundrechte gebunden und müssen die Unverletzlichkeit der Wohnung beachten.

Problematisch an der Beachtung der Grundrechte ist aber die tägliche Praxis in den Heimen, da sich der Pflegealltag oftmals sehr schwierig gestaltet. Im Jahre 2010 waren ca. 885 000 Personen in der Pflegebranche beschäftigt, die sich um ca. 2,25 Millionen Pflegebedürftige gekümmert haben. Allein aus diesen Zahlen ist schon ersichtlich, dass es ein krasses Missverhältnis zwischen den Pflegekräften und den zu versorgenden Betroffenen gibt. Dies erschwert eine einzelfallorientierte und zeitaufwendige Pflege. Kommen dann noch Angehörige auf das Pflegepersonal zu und verlangen zusätzliche Pflegeleistungen oder beschweren sich über Missstände, führt dies oft zu Streit und Missverständnissen zwischen den Parteien, infolgedessen kommt es oft zu Hausverboten, um die »ärgerlichen« Angehörigen von den Heimen fernzuhalten.

Pflegeheime müssen erkennen, dass nicht nur die Patienten am Ablauf innerhalb des Heims beteiligt sind, sondern auch deren

Angehörige. Eine gute Pflege hängt nicht nur damit zusammen, wie viel Zeit man in die Pflege investiert, sondern auch wie mit den Wünschen und Sorgen der Patienten umgegangen wird. Jedes Pflegeheim hat seine Mängel, und die konkrete Auseinandersetzung damit zeigt, dass man sich mit den Problemen der Patienten und deren Angehörigen befasst und diese auch ernst nimmt. Ein Kontakt mit den Personen, die dem jeweiligen Betroffenen wichtig sind, ist daher auch unumgänglich. Aus Sicht der Pflegeheime sollte man die Kritik von Angehörigen deswegen durchaus ernst nehmen und sie möglicherweise als kostenloses Feedback betrachten.

Der Patient ist als Individuum zu betrachten und muss über den reibungslosen Ablauf im Pflegeheim gestellt werden. Andernfalls befindet man sich in der alten Tradition der »Anstalten«, in denen man der Ansicht war, dass die Patienten gemaßregelt und erzogen werden müssen. Aus dieser Zeit stammt auch das Hausverbot.

Was ist, wenn Sie beim Besuch eines Betreuten Probleme mit der Organisation/Sauberkeit oder sonstige Probleme im Heim feststellen?

Bei Beschwerden direkt gegen das Heim besteht immer die Gefahr, dass man ein Besuchsverbot bekommt. Vielleicht ist es manchmal auch besser, sich gleich an die Heimaufsicht zu wenden. In den Bundesländern ist die Heimaufsicht aufgrund des föderalistischen Prinzips unterschiedlich geregelt. Jedes Bundesland hat bestimmte Anlaufstellen für die Heimaufsicht. Erkundigen Sie sich bei der zuständigen Gemeinde, wie die Adresse der Heimaufsicht ist, und wenden Sie sich notfalls an sie. Manchmal haben diese auch andere Namen und heißen nicht Heimaufsicht, sondern Fachstelle für Pflege- und Behinderteneinrichtungen. Letztendlich sollten Sie sich bei der Gemeinde erkundigen, wer für die Aufsicht und Kontrolle eines

Seniorenheims oder Heims für alte Menschen, eines Pflegeheims oder ähnlicher Einrichtungen zuständig ist. Grundlage ist das jeweilige Heimgesetz, das das bis 2009 in ganz Deutschland geltende Wohn- und Betreuungsvertragsgesetz abgelöst hat.

Muss im Bereich der Gesundheitssorge ein Betreuer erst dann bestellt werden, wenn aktueller Handlungsbedarf besteht, oder kann er schon vorher bestellt werden?

Es ist eine schwierige Frage, ab welchem Zeitpunkt ein Betreuer seitens des Gerichts bestellt werden darf. Der Rechtsanwalt, der einen derartigen Fall bearbeitet, sollte dringend darauf achten, dass der Zeitpunkt vom Gericht auch genau begründet wird. Wenn sich aber eine Gesundheitssituation abzeichnet, bei der Handlungsbedarf bestehen wird, kann auch schon vorher die Betreuung im Bereich Gesundheitsversorgung erfolgen.

II. Rechtstipps für Betreute

| Was bewirkt eine gute Betreuung für den Betreuten?

Forschungen belegen, dass bei qualitativ hochwertigen Betreuungen, die tatsächlich zum Wohle des Betroffenen geführt werden, eine Verbesserung der (gesundheitlichen) Situation der Betroffenen stattfinden kann. Krankheitsbedingte Einschränkungen können gemindert werden. Der Betreuungsbedarf kann sich reduzieren bzw. die Betreuung kann entbehrlich werden, wenn die Betreuung – gemessen am Einzelfall und den gesetzlichen Anforderungen – optimal geführt wird. Die Pflicht des Betreuers, dieses Ziel anzustreben, ergibt sich direkt aus dem im Gesetz formulierten Rehabilitationsgrundsatz nach § 1901 Abs. 4 BGB:

»Innerhalb seines Aufgabenkreises hat der Betreuer dazu beizutragen, dass Möglichkeiten genutzt werden, die Krankheit oder Behinderung des Betreuten zu beseitigen, zu bessern, ihre Verschlimmerung zu verhüten oder ihre Folgen zu mildern. Wird die Betreuung berufsmäßig geführt, hat der Betreuer in geeigneten Fällen auf Anordnung des Gerichts zu Beginn der Betreuung einen Betreuungsplan zu erstellen. In dem Betreuungsplan sind die Ziele der Betreuung und die zu ihrer Erreichung zu ergreifenden Maßnahmen darzustellen.«

Dies bedeutet, dass der Betreuer verpflichtet ist, die Rehabilitation des Betreuten in Bezug auf alle Defizite (medizinische, soziale, vermögensrechtliche) zu betreiben. Immer gemessen am Krankheitsbild der einzelnen Betroffenen ist eine mehr oder weniger gelungene Wiedereingliederung ein anschauliches Merkmal der Betreuungsqualität. Aus dem Rehabilitationsgrundsatz ergibt sich weiterhin, nicht nur in die akute Situation von Betreuten einzugreifen, sondern auch die Pflicht, präventiv für den Betreuten tätig zu werden. Er ist z. B. dazu verpflichtet, gesundheitliche und andere sich aus den allgemeinen Lebensverhältnissen ergebende Gefahren für den Betreuten schon im Ansatz zu verhindern.

▍Kann der zu Betreuende die Betreuung ablehnen?

Grundsätzlich gilt, dass gegen den Willen eines Volljährigen eine Betreuung nicht eingerichtet werden darf. Die Einrichtung einer Betreuung ist also ein Ausnahmefall. Ob bei einem zu Betreuenden eine Betreuung angeordnet werden muss, hängt davon ab, ob der Betroffene seinen Willen ohne Beeinflussung durch seine Erkrankung bilden kann. Ob dies bei einem zu Betreuenden der Fall ist, muss auf der Grundlage eines Sachverständigengutachtens entschieden werden.

▍Was ist, wenn das Vertrauensverhältnis zwischen Betreutem und Betreuer gestört ist?

Dann liegt ein wichtiger Grund vor, um einen Betreuerwechsel herbeizuführen. Entscheidend ist, dass dann jemand, entweder der Betreute selbst oder ein Dritter, den Antrag bei Gericht stellt, den Betreuer auszuwechseln. Das Gericht prüft dann, ob das Auswechseln möglich ist und insbesondere, ob der Betroffene aufgrund des gestörten Verhältnisses zu seinem Betreuer ernsthaft einen anderen Betreuer wünscht.

▍Warum muss der Betreuer den Betreuten besuchen?

Ein großer Teil der Beschwerden, die im Betreuungsrecht bekannt geworden sind, bezieht sich darauf, dass die Betreuer zu selten die Betreuten besuchen. Besonders intensiv sind Beschwerden dann, wenn die Betreuten in Alten- oder Pflegeheimen untergebracht werden. Die Besuchszeiten, die gesetzlich nicht fixiert sind, werden bei Heiminsassen oft immer weniger. Besuche alle drei oder alle sechs Monate sind nicht selten. Wie ein Betreuer sich dann über den Gesundheitszustand des Betreuten informieren kann, ist nicht nachvollziehbar.

Welches Verhältnis hat das Selbstbestimmungsrecht des Betreuten gegenüber gerichtlichen Anordnungen?

Grundsätzlich gilt, dass vor gerichtlichen Anordnungen immer das Selbstbestimmungsrecht des Betreuten geprüft werden muss. Für jeden Eingriff in die Rechte des Betreuten muss eine entsprechende Gesetzesgrundlage vorhanden sein – sogenannter »Vorbehalt des Gesetzes«!

Ist bei Anwaltsbeauftragung Kontakt zum Betreuer nötig?

Der Rechtsanwalt, der von einem Betreuten mit einem Auftrag zur Wahrnehmung seiner Rechte beauftragt wurde, kann keine Klage erheben, ohne vorher Kontakt mit dem Betreuer aufzunehmen, um die Interessenlage zu klären (OLG München, 18.9.2019, 15 U 127/19).

Kann der Betreute verlangen, dass ein Betreuer ausgewechselt wird, wenn er eine gleich geeignete Person gefunden hat, die auch zur Übernahme der Betreuung bereit wäre?

Das Gericht muss einen derartigen Antrag prüfen, da er dem Grundgedanken des Betreuungsrechts, nämlich das Selbstbestimmungsrecht des Betreuten zu wahren, entspricht. Im Einzelfall wird der Betreute hier auch behaupten, dass er mit dem bisherigen Betreuer nicht vertrauensvoll zusammenarbeiten kann. Das Gericht müsste in einem solchen Fall den neuen Betreuer benennen, falls gegen ihn keine Bedenken bestehen. Die Praxis sieht leider viel schlechter aus, da wir sehr wenige Fälle erlebt haben, bei denen dies reibungslos und schnell über die Bühne geht. Es empfiehlt sich, auf jeden Fall anwaltliche Hilfe zu holen.

Kann die Privatperson, über die Betreuung angeordnet wurde, nach Aufhebung der Betreuung die Rechtswidrigkeit feststellen lassen?

Die Person, in deren Rechte durch die Anordnung einer Betreuung eingegriffen wurde, kann die Feststellung der Rechtswidrigkeit der Betreuung verlangen. Das Gericht kann dann im Rahmen eines Beschlusses feststellen, dass die seinerzeit angeordnete Betreuung rechtswidrig war. Das Interesse der Personen, die derartige Verfahren führen, liegt meistens darin, dass sie den Makel der Betreuung aus ihren Personalpapieren oder -unterlagen heraushaben wollen. Mit einem Urteil, dass die Betreuung rechtswidrig war, besteht der entsprechende Anspruch gegen die einzelnen Behörden und Institutionen, die Betreuung zu löschen.

Kann der Betreute, der selbst seinen Betreuungsantrag gestellt hat, auch die Aufhebung der Betreuung beantragen?

Der Betreute kann auch selbst Antrag auf Aufhebung der Betreuung stellen. Die Betreuung würde dann aufgehoben. Allerdings geht das nicht, wenn sich der Gesundheitszustand so verschlechtert hat, dass die Betreuung dann sowieso notwendig wäre, also auch ohne eigenen Antrag des Betreuten. Das Gericht kann also den Antrag auf Aufhebung der Betreuung in Form eines Beschlusses gemäß § 1908 d Abs. 2 BGB zurückweisen.

Was kann der Betreute machen, wenn sich herausstellt, dass das Betreuungsverfahren rechtswidrig war?

Er kann innerhalb eines Monats gemäß § 62 I FamFG Antrag stellen, dass das Gericht ihn in seinen Rechten verletzt hat. Voraussetzung ist, dass ein berechtigtes Interesse an der Entscheidung des Gerichts beim Antragsteller liegt. Dies ist immer gegeben, wenn der Betreuungsbeschluss in die Grundrechte des Betreuten eingreift und seine Persönlichkeitsrechte verletzt. Die

Erklärung muss im schon anhängigen Beschwerdeverfahren vor dem Beschwerdegericht erfolgen. Der Antrag nach § 62 FamFG kann also nicht in der ersten Instanz gestellt werden, sondern muss im Rahmen einer Beschwerde gestellt werden.

Welche Rechtsfolge tritt ein, wenn das Betreuungsverfahren zu Unrecht von einer dritten Person angeregt wurde?

In derartigen Fällen, wenn die entsprechenden Gründe für eine Betreuung nicht vorliegen, insbesondere wenn völlig sachfremde Gründe gegeben waren, kann das Gericht dem Anzeigenerstatter die Kosten des Verfahrens auferlegen, der sich mit der Anregung an das Betreuungsgericht gewandt hat. Es werden oft Betreuungsanträge gestellt, nur um innerhalb der Familie ein Familienmitglied zu diffamieren oder zu einer gewissen Handlung zu zwingen oder weil Abkömmlinge befürchten, die Erbschaft könnte verloren gehen. In einem derartigen Fall ist das Betreuungsverfahren, wenn kein Betreuungsgrund vorliegt, unzulässig. Es kann auch passieren, dass dies für den Erblasser ein Grund für die Enterbung des Antragstellers ist.

Droht jemandem bezüglich des Führerscheins eine Gefahr, wenn eine Betreuung angeordnet wird?

Ja, das ist ein erhebliches Problem. Gerade bei den Fällen, bei denen ein willkürliches Betreuungsverfahren gestartet wird, ohne dass dieses erfolgreich ist, weil das Betreuungsverfahren als solches – wenn es bei der Verwaltungsbehörde bekannt wird – zu einer Führerscheinentziehung führen kann. Nach § 3 I S. 1 StVG muss die Fahrerlaubnisbehörde jedem die Fahrerlaubnis entziehen, der sich als ungeeignet oder nicht befähigt zur Führung von Kraftfahrzeugen erweist. Also gerade körperlich und geistige Mängel können zum Führerscheinentzug führen, wenn dadurch die Eignung zum Fahren nicht mehr gegeben ist.

Wenn eine Betreuung zu Unrecht angeordnet wird – welche Rechtsfolge hat dies?

Wenn eine gerichtliche Betreuung angeordnet wurde, obwohl die Voraussetzungen dafür überhaupt nicht gegeben waren, ist die Betreuung von Gericht wieder aufzuheben. Für viele Menschen bedeutet dieser Vorgang aber trotzdem einen unerhörten Eingriff in ihre Privatsphäre, denn die wenn auch nur kurzfristige Einrichtung einer Betreuung hat den Betroffenen in seiner allgemeinen Handlungsfähigkeit eingeschränkt und auch gewichtig in das Persönlichkeitsrecht eingegriffen.

Es ist nicht von der Hand zu weisen, dass die Anordnung einer Betreuung für den Betroffenen ein gewisses Stück Stigmatisierung in seinem privaten und beruflichen Umfeld verbreitet, denn mit Betreuung ist im Allgemeinen die Einschätzung verbunden, dass der Betroffene zumindest im bestimmten Rahmen nicht in der Lage ist, seine Angelegenheiten selbst zu regeln und seinen eigenen Willen zu bilden.

Auch wenn also erkannt wird, dass die Betreuung nicht erforderlich war und deshalb aufgehoben wird, kann dem Betroffenen trotzdem künftig immer noch der »Makel« oder die Stigmatisierung der Betreuung anhaften. Deshalb ist es für den Betroffenen in solchen Fällen möglich, sein dahingehendes Rehabilitationsinteresse gerichtlich geltend zu machen. Dies geschieht durch eine Feststellungsantrag bei Gericht nach § 62 FamFG. Der Betroffene hat ein entsprechendes Antragsrecht, weil er durch die nicht erforderliche Betreuungsanordnung in seinen Rechten verletzt wurde. Er kann deshalb von Gericht nachträglich feststellen lassen, dass diese Betreuungseinrichtung rechtswidrig war.

Auf welche Art und Weise muss der Betreuer mit Krankenhäusern oder Ärzten über gesundheitliche und medizinische Fragen kommunizieren?

In der Praxis kommt es oft vor, dass die Betreuer über Fax, Telefon oder auf sonstige Weise mit den Krankenhäusern oder Ärzten kommunizieren, wenn es um Behandlungsfragen geht. Die Pflicht für ein persönliches Gespräch mit dem behandelnden Arzt im Krankenhaus oder in der Praxis sollte als rechtliche Pflicht in einer Gesetzesänderung vereinbart werden. Dies wird aber derzeit aufgrund der Pauschalabgeltung seitens des Gesetzgebers verhindert.

Haben Menschen, die unter Vollbetreuung stehen, ein Wahlrecht?

Das Bundesverfassungsgericht hat kürzlich entschieden, dass Menschen mit Behinderungen, für die eine Betreuung angeordnet ist, wählen gehen dürfen. Also auch Menschen, die bisher unter Vollbetreuung standen und deshalb bisher von Wahlen ausgeschlossen waren, können nunmehr an Wahlen teilnehmen. Das Bundesverfassungsgericht hatte entschieden, dass die Betreuten, die in allen Angelegenheiten betreut werden, oder Schuldunfähige, die in einem psychiatrischen Krankenhaus untergebracht sind, wie Straftäter auch wählen dürfen. Als Folge dieser Entscheidung des Bundesverfassungsgerichts hat der Bundestag 2019 die ersatzlose Streichung der bestehenden Wahlrechtsausschlüsse im Bundeswahlgesetz und dem Europawahlgesetz beschlossen. Es gilt endlich das Wahlrecht für alle. Letztendlich hat die Entscheidung ca. 80 000 volljährige Menschen mit Behinderung betroffen, die von der Wahl ausgeschlossen waren.

Welche Auswirkungen hat die Betreuung auf Geschäfte oder Verträge, die der Betreute tätigen will?

Soweit nur eine einfache Betreuung, also kein Einwilligungsvorbehalt angeordnet wurde, kann der Betreute Verträge schließen, wie er will. Wenn der Einwilligungsvorbehalt angeordnet wurde, hat der Betreute diese Freiheit nicht mehr. In der Praxis sieht es allerdings anders aus. Oft bedeutet die Anordnung der Betreuung schon allein ein Stigma für die Privatperson. Deswegen sollte man sich immer überlegen, ob man Betreuung überhaupt beantragt oder ob man nicht die Hilfe von anderer Seite bekommen kann. Ein großes Problem besteht auch bei verwaltungs- und sozialrechtlichen Verfahren: Wenn die Betreuung sich auch auf die Vertretung gegenüber Ämtern und Behörden erstreckt, wird der Betreute hier nicht mehr als handlungsfähig angesehen, wenn der Betreuer in das Verfahren eingetreten ist.

Welche Rechte hat der Betreute, wenn ein weiterer Betreuer seitens des Amtsgerichts bestellt wurde?

Der Betreute kann dann gegen die Entscheidung Beschwerde einlegen. Diese Rechte haben auch die in § 274 FamFG genannten Personen, wenn sie an dem Verfahren beteiligt wurden (Ehegatte oder Lebenspartner, wenn die beiden nicht dauernd getrennt leben, sowie Eltern, Pflegeeltern, Großeltern, Abkömmlinge, Geschwister und eine Person des Vertrauens).

Welche Rechte hat der Betreute, wenn die Entlassung seines Betreuers abgelehnt wurde?

Der Betreute hat dann das Recht, gegen diese Entscheidung Beschwerde einzulegen.

Wann liegt ein Tatbestand der Freiheitsberaubung eines Betreuten vor?

Der Tatbestand der Freiheitsberaubung würde voraussetzen, dass die Beschuldigten den Betreuten, bewusst und gewollt und gegen dessen Willen, festhalten. Maßgeblich ist so weit der natürliche Wille des Betreuten. Es reicht aus, dass ein Betreuter in der Lage ist, einen solchen Willen zu bilden. Auf die Geschäftsfähigkeit kommt es nicht an. In derartigen Fällen kommt es darauf an, welchen Willen der Betroffene gegenüber Dritten geäußert hat. Nur dieser Wille ist strafrechtlich relevant.

Der Bearbeiter derartiger Fälle muss wissen, dass gerade, wenn es um die Freiheitsberaubung geht, auch zu prüfen ist, ob der Wille in Wirklichkeit auf Suggestion einer Person zurückzuführen ist, die den Betreuten gerne an der Stelle haben will, wo sie es wünscht. Diese Fälle kommen sehr oft innerhalb der Familie vor. Bekannt sind aber auch Fälle, in denen älteren Menschen lange zugeredet wird, in Heimen bleiben zu wollen bzw. zu erklären, dass sie dort bleiben wollen, und sie letztendlich gar nicht mehr den Willen haben, sich anders zu äußern, obwohl sie in Wirklichkeit oft bei Angehörigen leben wollen. Dies ist eine sehr schwierige Situation, die nur ein Experte mit klären kann.

Wie kann man Entscheidungen auf Herausgabe eines Betreuten aus der Familie, wenn dieser zwangsweise zurückgehalten wird, vollstrecken?

Eine Vollstreckung ist notfalls auch mit Gewalt möglich. Es können im Einzelfall auch polizeiliche Maßnahmen erfolgen. Mir ist ein Fall bekannt, bei dem ein Sohn mit seiner Mutter, die in einem geschlossenen Wohnbereich lebte, in ein Café fahren wollte. Während des Aufenthalts im Café wurde die unter Betreuung stehende Mutter von der Polizei zwangsweise zurückgebracht.

Insgesamt muss allerdings darauf hingewiesen werden, dass gegen den Betreuten selbst keine Gewalt angewendet werden darf. Die Vollstreckung richtet sich gegen die Personen, die den Betreuten festhalten. Falls der Betreute aufgrund eines Unterbringungsbeschlusses aus der Familie herausgeholt werden soll, gilt § 326 FamFG.

Ist gegen die Entscheidung über die Herausgabe des Betreuten, wenn dieser zwangsweise zurückgehalten wird, eine Beschwerde zulässig?

Ja, die Beschwerde gegen eine derartige Entscheidung ist nach § 58 FamFG zulässig.

Welches Risiko entsteht für die Betreuten aufgrund der Tatsache, dass der Betreuer nur rechtlicher Vertreter ist?

Es entsteht ein sehr großes Risiko, das darin begründet ist, dass das Betreuungsgericht nur Pflichtwidrigkeiten des Betreuers überprüft und gegen Pflichtwidrigkeiten mit Geboten oder Verboten einschreiten kann. Ob die Handlung eines Betreuers zweckmäßig ist, darf das Betreuungsgericht gar nicht überprüfen. Hierin liegt die besondere Problematik des Betreuungsrechts mit Blickrichtung auf die mangelnde Ausbildung der Betreuer. Wenn ein Betreuer nicht richtig ausgebildet ist oder keine richtige Erfahrung hat, dann ist die Gefahr gegeben, dass er seine Handlungen nicht nach Zweckmäßigkeit ausrichtet. Derartige Betreuer sind letztendlich vom Betreuungsgericht überhaupt nicht überprüfbar. Auch unter diesem Gesichtspunkt ist eine Gesetzesänderung dringend erforderlich und ein entsprechendes Ausbildungsprofil für Betreuer, die enorme Aufgaben wahrzunehmen haben, nötig. Der Gesetzgeber lässt hier die Menschen, die unter Betreuung gestellt wurden und in Zukunft stehen werden, allein.

Welche Rechte hat ein Betroffener gegen die Auswahl des Betreuers durch einen Verein oder eine Behörde?

Hier gilt die Sonderregelung des § 291 FamFG. Der Betroffene kann verlangen, dass die Auswahl der Person, der ein Verein oder eine Behörde die Wahrnehmung der Betreuung übertragen hat, durch gerichtliche Entscheidung überprüft wird. Das Gericht kann dem Verein oder der Behörde aufgeben, eine andere Person auszuwählen, wenn einem Vorschlag des Betroffenen, dem keine wichtigen Gründe entgegenstehen, nicht entsprochen wurde oder die bisherige Auswahl dem Wohl des Betroffenen zuwiderläuft.

▎ Welche Rechtsprobleme gibt es für Betreute im Mietrecht?

Immer wieder sind Fälle bekannt geworden, bei denen Vermieter Mietverhältnisse ordentlich und sogar fristlos kündigen, weil der Mieter unter Betreuung mit Einwilligungsvorbehalt gestellt wurde. Aber allein diese Tatsache reicht nicht aus. Es müssen seitens des Mieters erhebliche Pflichtverletzungen vorliegen, damit eine außerordentliche Kündigung des Mietverhältnisses möglich ist. Es muss eine Interessenabwägung stattfinden, ob die Interessen des Vermieters oder Mieters überwiegen. Ob eine fristlose Kündigung oder ordentliche Kündigung des Mietverhältnisses möglich ist, ist letztendlich Frage des Einzelfalls. Eine totale Vermüllung der Wohnung mit Ungezieferbefall im Haus, ständiges, lautes Schreien im Hausflur und nächtliche absichtliche Verschmutzung des Treppenhauses oder unerträgliche Belästigung anderer Mitmieter im Haus könnten in diesem Zusammenhang, auch wenn diese Vorfälle beim Mieter krankheitsbedingt sind, zu einer fristlosen oder ordentlichen Kündigung führen.

▎ Welche Rechte hat der Betreute, wenn ein vom Betreuer getätigtes Rechtsgeschäft, das der Genehmigung des Betreuungsgerichts bedurfte, nicht genehmigt wird?

Der Betreute kann in eigenem Namen Beschwerde einlegen. Der Betreuer darf nur im Namen des Betreuten Beschwerde einlegen.

▎ Welche Rechte hat der Betreute gegen die Genehmigung seiner Unterbringung?

Er kann gegen die Genehmigung des Betreuungsgerichts Beschwerde einlegen.

Kann sich ein durch ein Betreuungsverfahren Betroffener den Gutachter selbst aussuchen?

Das hängt im Einzelfall davon ab, ob das Gericht das Aussuchen mitmacht. Es gibt eine für dieses Thema sehr wichtige Entscheidung, dass die Aussagekraft und Qualität eines Gutachtens nicht dadurch gemindert wird, weil der Betroffene sich den Gutachter selbst aussucht (LG München, 5.9.2001, 13 T 14970/01).

Was ist, wenn der Betroffene einen Betreuer vorschlägt und das Gericht in den Entscheidungsgründen überhaupt nicht auf diesen eingeht?

Dann liegt ein Rechtsfehler vor. Man sollte gegen die Entscheidung aufgrund dieses Rechtsfehlers vorgehen. Das Gericht muss nämlich in der Entscheidung darlegen, warum die betreffende Person, die der zu Betreuende vorgeschlagen hat, nicht geeignet ist. Das Gericht muss auch im Rahmen eines Anhörungstermins den Betroffenen fragen, warum er die Person als besonders geeignet bezeichnet.

Was ist, wenn ein Betreuer dem Betreuten finanzielle Unterstützung verweigert?

Ein Betreuer, der den Wünschen des Betreuten nicht finanziell entgegenkommt oder der die vom Betreuten gewünschte Pflege aus finanziellen Gründen nicht unterstützt, obwohl die finanziellen Mittel vorhanden sind, ist als Betreuer abzulehnen.

Wie steht es mit dem Postgeheimnis der Betreuten?

Nach § 1896 IV BGB wird »die Entscheidung über den Fernmeldeverkehr des Betreuten und über die Entgegennahme, das Öffnen und das Anhalten seiner Post (…) vom Aufgabenkreis des Betreuers nur dann erfasst, wenn das Gericht dies ausdrücklich angeordnet hat.«

Diese Gesetzesregelung ist eine erhebliche Einschränkung des

Grundrechts der Betreuten, die nach Art. 10 Abs. des Grundgesetzes ein verfassungsrechtliches Recht auf Brief, Post und Fernmeldegeheimnis haben. In der Praxis kann man feststellen, dass viele Betreuungsanordnungen auch die Übertragung dieser Rechte an die Betreuer beinhalten. Darin liegt das große Problem des Betreuungsrechts. Auf der einen Seite ist es verständlich, dass der Betreuer, der für die vermögensrechtlichen Angelegenheiten zuständig ist, wissen muss, welche Zahlungen zu leisten sind. Auf der anderen Seite muss der Betreute, so weit er noch in der Lage dazu ist, die Post zum Lesen bekommen. Viele Straftatbestände der Betreuer hätten durch Kenntnis der Kontenbewegungen verhindert werden können.

Falls der Betreuer Anwalt ist – darf der Betreute dann trotzdem einen anderen Anwalt damit beauftragen, seine Interessen zu vertreten?

Der Betreuer – auch wenn er Anwalt ist – muss den Wunsch des Betreuten beachten. Der Betreute darf in bestimmten Aufgabenkreisen einen anderen Anwalt mandatieren. Der BGH hat in der Entscheidung vom 24.1.2018 nochmals ausdrücklich darauf hingewiesen, dass nach § 1901 Abs. 2 Satz 2 BGB zum Wohl des Betreuten auch die Möglichkeit gehört, im Rahmen seiner Fähigkeiten sein Leben nach seinen eigenen Wünschen und Vorstellungen zu gestalten. Ein beachtlicher Gegensatz zum Wohl und Willen des Betreuten entsteht erst dann, wenn die Erfüllung der Wünsche höherrangige Rechtsgüter des Betreuten gefährdet oder seine gesamte Lebens- und Versorgungssituation erheblich verschlechtern würde.

In einem zu entscheidenden Fall hatte der Betreuer den fremden Anwalt abgelehnt mit der Begründung, der Betreute würde dadurch sein Vermögen gefährden. Der BGH hat entschieden, dass der Wunsch, einen fremden Anwalt zu beauftragen, zu respektieren ist, selbst wenn der Betreute dadurch sein Vermögen erheblich schmälert. Ein Wunsch eines Betreuten ist lediglich dann unbeachtlich, wenn er in Folge seiner Erkrankung nicht in der Lage ist, eigene Wünsche und Vorstellungen zu bilden und zur Grundlage und Orientierung seiner Lebensgestaltung zu machen, oder wenn er diese Willensbildung infolge seiner Erkrankung verkennt.

Entsprechend erfordert das verfassungsrechtlich geschützte Selbstbestimmungsrecht des Betreuten, dass der Betreuer dessen Wunsch nicht wegen Vermögensgefährdung ablehnen darf, solange dieser sich von seinen Einkünften und aus seinem Vermögen voraussichtlich bis zu seinem Tod wird unterhalten können.

Eine Vermögensgefährdung ergibt sich schließlich nicht daraus, dass auch die anwaltliche Tätigkeit des Betreuers für den Betroffenen eine Vergütung nach dem RVG begründen kann. Denn dessen anwaltliche Tätigkeit geht der Tätigkeit eines anderen Rechtsanwalts nicht schon deshalb vor, weil er Betreuer ist. Vielmehr hat sich der Betreuer in Angelegenheiten, die bereits Gegenstand der Beauftragung eines anderen Rechtsanwalts sind, regelmäßig einer (weiteren) anwaltlichen Tätigkeit zu enthalten.

Ist für einen Betreuten eine Eheschließung möglich?

Auch eine betreute Person kann heiraten, ggf. sogar den gesetzlichen Betreuer. Entscheidend ist, ob die Eheschließungsfähigkeit bei der betreuten Person vorliegt. Die gesundheitliche Situation – letztendlich die Eheschließungsfähigkeit – muss geprüft werden, falls Bedenken bestehen. Im Vorfeld kann es zu einer gerichtlichen Anordnung kommen mit der Folge, dass ein entsprechendes Gutachten über die Eheschließungsfähigkeit beigebracht werden muss.

Kann ein Betreuter einen Rechtsanwalt beauftragen, wenn er den »natürlichen« Willen nicht mehr hat?

Es kommt hier auf den Einzelfall an. Wird durch Sachverständigengutachten festgestellt, dass der natürliche Wille nicht mehr vorhanden ist, dann dürfte es problematisch sein, einen Anwalt zu bestellen. Für den Anwalt ist auch von Bedeutung, ob er sein Honorar von dem Betreuer verlangen kann.

In einem vom Amtsgericht Mannheim am 4.5.2012 zu entscheidenden Fall hatte die Betreute einmal die Vollmacht erteilt, dann widerrufen. In den Ausführungen des Gutachtens folgte, dass sie keinen freien Willen mehr hatte, also nicht einmal ansatzweise eine Vorstellung davon hatte, was es bedeuten könnte, wenn sie etwas unterschrieb. Bei einer derartigen Entscheidung ist höchste Vorsicht geboten, da dadurch die Menschenrechte eines Betroffenen schnell ins Abseits gestellt werden. Das Amtsgericht begründete diese Entscheidung auch noch damit, dass ja kein Problem besteht, weil ihr ein Verfahrenspfleger zur Seite steht. Ob dies ausreichend ist, halte ich für mehr als bedenklich. Letztendlich wird der Verfahrenspfleger von dem Richter ausgesucht, gegen den eventuell sogar wegen Untätigkeit oder falscher Entscheidungen vorgegangen wird. Der Verfahrenspfleger verdient sein Geld über die Fälle, die er vom Gericht bekommt, und soll dann gegen den Richter vorgehen. Diese Lösung dürfte nicht die richtige sein.

Ob man hier nicht lieber eine neutrale Person als Verfahrenspfleger auswählen sollte, ist eine andere Frage. Die entscheidende Frage ist aber, dass letztendlich die Person, die einen Rechtsanwalt nicht mehr beauftragen kann, dann sicherlich völlig rechtlos gestellt wird. Ob man dies damit entschuldigen kann, dass sie wie in dem Fall hier nicht mehr einen freien Willen hat, ist mehr als fraglich und bedenklich und zeigt die Grenzen des Betreuungsrechts auf.

Ist ein Anwaltsauftrag durch den Betreuten möglich?

Immer wieder erlebt man es in der Praxis, dass die Betreuer sich weigern, Anwaltshonorare zu bezahlen für Anwälte, die der Betreute beauftragt hat. Begründet wird dies damit, dass der

Betreute aufgrund seiner Betreuung – selbst wenn er noch nicht den Einwilligungsvorbehalt hatte – einen Anwalt nicht beauftragen kann. Sobald ein Einwilligungsvorbehalt vorliegt, glauben auch viele Betreuer, dass sie dann dem Betreuten den Weg zum Anwalt versperren können, indem sie die Anwaltshonorare nicht zahlen. Diese Ansicht ist unrichtig, und das Verhalten des Betreuers dürfte sogar ein Grund sein, seine Ablösung anzuregen, wenn es mutwillig erfolgt, um eine Anwaltskontrolle durchzuführen. Nach § 105 Abs. 1 BGB ist zwar die Willenserklärung eines Geschäftsunfähigen nichtig (hier ist der Betreute gemeint, für den ein Einwilligungsvorbehalt bestellt wurde). Anscheinend kennen aber viele Betreuer nicht § 275 FamFG, wonach der Betreute, auch wenn er geschäftsunfähig ist, ohne Rücksicht auf seine Geschäftsfähigkeit einen Anwalt beauftragen kann!

Der Betreute ist ohne Rücksicht auf seine Geschäftsfähigkeit verfahrensfähig. Auch die Behauptung von manchen Betreuern, dass sie die Anwaltskosten nicht bezahlen, weil der Betreute deswegen nicht in der Lage war, einen Anwalt zu beauftragen, weil der Betreute keinen natürlichen Willen bilden kann, ist falsch. Auch wenn der Betreute keinen natürlichen Willen bilden kann, kann er eine wirksame Vollmacht für ein Betreuungsverfahren erteilen. Dies haben im Übrigen auch schon Gerichte entschieden (beispielsweise OLG Koblenz, 13.2.2014, 6 U 747/13). Es gilt also ungeachtet einer etwaigen Geschäftsunfähigkeit oder eines Einwilligungsvorbehalts, dass der Betreute die rechtliche Befugnis hat, mit einem Anwalt einen Vertrag für die anwaltliche Vertretung zu schließen.

Ist Betreuung anzuordnen, wenn ein älterer Mensch nicht mehr seine Wohnung in Ordnung halten kann?

Um die Wohnung in Ordnung zu halten oder um sich ein Essen zu kochen, braucht ein älterer Mensch keine Betreuung. Diese Angelegenheiten kann man auch durch Beauftragte regeln. Das

Einzige, was in einem solchen Fall vielleicht veranlasst werden müsste, um diese Art von Pflege- oder Haushaltsleistungen durchzuführen, wäre, dass ein Betreuer bestellt wird, der die Organisation im zeitlichen Rahmen vorgibt, wann diese Kräfte tätig sind und wann sie wie bezahlt werden.

Kann ich bei Gericht verlangen, die Daten zu erhalten, wie oft der Betreuer den Betreuten besucht hat?

Nein, gegen den Willen des Betroffenen nicht. Ein Rechtsanspruch hierauf besteht nicht. Es gibt zwar die Möglichkeit, dass ein Rechtspfleger vom Betreuer verlangen kann, dass im Rahmen der Berichterstattung auch die Zahlen der Besuche mit aufgeführt werden, es besteht aber kein Rechtsanspruch, dass der Rechtspfleger diese Daten erhält.

Kann eine Anhörung oder Begutachtung in der Wohnung eines Betroffenen gegen seinen Willen stattfinden?

Nein. In einem Betreuungsverfahren darf der Betroffene gegen seinen Willen in seiner Wohnung weder angehört noch begutachtet werden (BGH, 17.10.2012, XII ZB 181/12). Das Gericht kann höchstens, wenn er bei der Anhörung nicht mitwirkt, das heißt, wenn er nicht zu dem Gerichtstermin erscheint, seine Vorführung anordnen.

Wenn der betreute Mieter mit anderen Betreuten eine Wohngemeinschaft gründet, kann dann der Vermieter das Mietverhältnis kündigen?

Solange die Wohnung nicht einen Pflegeheimcharakter hat, können betreute Menschen zusammenwohnen. Erst wenn Schwerstpflegefälle in der Wohnung versorgt werden, kann eventuell ein Kündigungsrecht gegeben sein.

Was muss ich für den Fall einer drohenden Betreuung bezüglich meiner eigenen Wohnung oder Immobilie beachten?

Immer wieder erleben wir Fälle, dass Betreuer aufgrund der möglichen zusätzlichen Gebühren für Betreute Immobilien verkaufen, weil angeblich die Geldmittel für den Lebensunterhalt nicht ausreichend sind. Es empfiehlt sich, bei einem Spezialisten Rat zu holen, der entsprechende notarielle Vorsorgevollmacht und Betreuungsverfügung entwirft, die solche Handlungen untersagen.

Insbesondere ist wichtig, dass man im Testament und in der Vorsorgeverfügung schon festlegt, wer eines Tages die Immobilie räumt. Immer wieder erleben wir Fälle, die uns dramatisch geschildert werden, dass Wohnungen von Betreuern, wozu sie auch gesetzlich verpflichtet sind, geräumt werden, damit die Wohnung, nachdem der Betreute in ein Heim gezogen ist, an den Vermieter übergeben werden kann. Die Entsorgung des Inventars wird selten mit großer Feinfühligkeit vorgenommen. Die Angehörigen haben überhaupt keine Rechte, irgendwelche Gegenstände, die an den Betreuten erinnern – ein altes Familienbild oder Urkunden – an sich zu nehmen.

Es müsste hier in die Vorsorgevollmacht oder in die Betreuungsverfügung eine Regelung aufgenommen werden, dass bei Auflösung des Haushalts eine bestimmte Person, die zu benennen ist, ausschließlich zuständig sein soll, zu klären, wer wichtige Gegenstände (Unterlagen, Fotos etc.) bekommt. Es sind Fälle bekannt, bei denen Angehörige dann auf der Müllkippe ihre Familienbilder suchen mussten.

Kann die Betreuung das Wohnrecht zerstören?

Jeder ältere Mensch, der eine Immobilie verkaufen will, muss wissen, dass die Einräumung eines Wohnrechts als Gegenleistung für die Übertragung einer Immobilie für ihn einen großen Nachteil bedeuten kann. Ich empfehle, in diesem Fall ausschließlich Verträge zu formulieren, in denen ein Nießbrauchrecht enthalten ist, nämlich auch das Recht, die Immobilie zu vermieten, um mit den Mieterträgen im Alter beispielsweise im Altenheim zu leben.

Der BGH hatte sich mit einem Fall zu befassen, bei dem ein älterer Mensch in ein Pflegeheim kam. Er hatte das Haus auf Rente mit Wohnrecht an seinen Sohn übertragen. Der Sohn verlangte durch einen Betreuer, der für seine Mutter bestimmt war, die Auflösung des Wohnrechts, da die Wohnung leer stehe und nur Kosten verursache. Das Gericht hat hier entschieden, dass, wenn der ältere Mensch in die Wohnung nicht mehr zurückzieht, das Wohnrecht auch aufgelöst werden kann. Für diesen Fall ist eine spezielle Formulierung zu empfehlen, dass Sie im Alter aufgrund des Wohnrechts nicht aus dem Haus gedrängt werden, weil Sie beispielsweise nur vorübergehend in ein Pflegeheim gehen und wieder zurückwollen. Hierfür brauchen Sie unbedingt einen Experten, der Sie berät.

Welche Auswirkungen hat ein Wohnortwechsel für ein Betreuungsverfahren?

Ein Wohnortwechsel bedeutet regelmäßig einen wichtigen Grund zur Abgabe des Betreuungsverfahrens gem. § 273 FamFG. Manchmal bietet sich sogar deswegen ein Wohnortwechsel an, wenn der zu Betreuende mit dem Betreuer oder mit dem Betreuungsgericht nicht zurechtkommt. Bei einem durchgeführten Wohnortwechsel gibt es dann eine andere Gerichtszuständigkeit. In den meisten Fällen versuchen allerdings die Betreuer – wie in der Praxis erlebt –, sich gegen den Wohnortwechsel zu wenden.

Ist der Aufenthaltswechsel eines Betreuten ein wichtiger Grund, das Betreuungsverfahren an ein anderes Gericht abzugeben?

Ja. Dies ergibt sich aus § 273 FamFG. Nach dieser Bestimmung ist als wichtiger Grund für eine Abgabe im Sinne des § 4 Satz 1

BGB in der Regel anzusehen, wenn sich der gewöhnliche Aufenthalt des Betroffenen geändert hat und die Aufgaben des Betreuers im Wesentlichen am neuen Aufenthaltsort des Betroffenen zu erfüllen sind. Der Änderung des gewöhnlichen Aufenthalts steht ein tatsächlicher Aufenthalt von mehr als einem Jahr an einem anderen Ort gleich. An die Dauer von einem Jahr muss der Betreute sich dann nicht halten, wenn sich aus den gesamten Umständen die Tatsache ergibt, dass er auf Dauer seinen Wohnsitz an einem anderen Ort eingerichtet hat. Eine gewisse Mindestzeit von sechs Monaten ist oftmals als ausreichende Dauer anerkannt worden.

Antrag bei Auflösung der Wohnung

Ein großes Problem im deutschen Betreuungsrecht stellt die Auflösung der Wohnung dar. Es gibt leider keinerlei gesetzliche Vorschriften, dass Angehörige oder Verwandte des Betreuten über die Auflösung der Wohnung und die Verwertung des Inventars informiert werden müssen. Meistens erfahren die Angehörigen ja gar nicht von diesen Wohnungsauflösungen.

Wenn Angehörige merken, dass die Auflösung einer Wohnung droht und sie Interesse an alten Familienurkunden, Stammbaum, Bildern und Ähnlichem haben, sollten sie sich nicht nur an den Betreuer wenden, der manchmal derartige Wünsche nicht beachtet. Wichtig ist, dass die Angehörigen bei Gericht den Antrag stellen, dass die Betreuung, soweit es sich um die Wohnungsauflösung handelt, einem Angehörigen und nicht einem fremden Betreuer übertragen wird. Diesen Versuch zu starten ist zu empfehlen.

Haben Freundin oder Freund automatisch ein Besuchsrecht?

Der Freund oder die Freundin haben kein automatisches Besuchsrecht eines Betreuten in einem Heim oder Krankenhaus. Im Konfliktfall empfiehlt es sich zumindest, die Basis der Freundschaft sehr nachhaltig darzustellen, also am besten als nichtehe-liche Lebensgemeinschaft, weil das Gericht dann analog § 1353 Abs. 1 Satz 2 BGB von einem Besuchsrecht ausgehen könnte. Wird gegen dieses Besuchsrecht verstoßen, kann der Betreute sich an das Amtsgericht wenden und notfalls auch die Anregung stellen, den Betreuer auszuwechseln, weil letztendlich das Besuchsverbot die Menschenrechte des Betreuten verletzt.

Warum ist ein Besuchsverbot unzulässig?

Das Besuchsverbot verstößt gegen die UN-Behindertenkon-vention, das Besuchsrecht eines unter Betreuung stehenden Menschen ist ein Menschenrecht. Problematisch sind die Besuchsverbote, wenn sie auf einen Streit zwischen Geschwis-tern beruhen. Es sind in der Öffentlichkeit Fälle bekannt ge-worden, bei denen Kinder, die Vorsorgevollmachten haben, sich darüber streiten, wer die Mutter wie besuchen kann. Erteilt eine Schwester dann ein Besuchsverbot, dann muss das Heim, in dem die Mutter liegt, letztendlich dieses Besuchsverbot ak-zeptieren.

Welche Pflichten hat der Betreuer im Bereich der Gesundheitsvorsorge?

Im Bereich der Gesundheitsvorsorge, die der Betreuer meistens übertragen erhält, ist er auch verantwortlich, dass die Betreuten, die in Alten- oder Pflegeheimen wohnen, entsprechend gesund-heitlich versorgt werden, also dass sie auch die entsprechenden Möglichkeiten bekommen, damit ihre Krankheit oder ihr Zustand sich verbessert und insbesondere sich der Zustand auch nicht verschlechtert. Auch wenn der Betreute keinen freien Wil-len mehr hat, so kann er sich doch oft noch äußern, welche gesundheitliche oder pflegerische Unterstützung er haben will. Stellt der Betreuer fest, dass gerade in diesem Bereich Missstände innerhalb der Einrichtung, in der der Betreute untergebracht ist, vorhanden sind, dann ist er verpflichtet, diese abstellen zu lassen. Allein mit telefonischen Auskünften ist eine derartige Betreuung nicht durchzuführen.

Darf eine im Maßregelvollzug untergebrachte Person auch Besuche empfangen?

Grundsätzlich gilt, dass Besuche im Maßregelvollzug nicht genehmigt werden müssen. Eine Ablehnung des Besuchsrechts muss aber ausreichend begründet und angesichts der Umstände des Einzelfalles verhältnismäßig sein. Es muss also dargelegt werden, dass durch den Besuch eine Gefährdung der Sicherheit oder des geordneten Zusammenlebens eintreten kann. Insbesondere muss im Zusammenhang mit der Besuchszusage auch geprüft werden, ob hier nicht der Schutz aus Art. 6 Abs. 1 Grundgesetz von Familie und Ehe bei der Entscheidung einer Abwägung zugunsten des Besuchers wirkt.

Kann ein betreuter Jugendlicher (über 18 Jahren) vor den Besuchen seiner Eltern geschützt werden?

Diese Fälle kommen ab und zu vor. Das Bayerische Oberste Landesgericht hatte am 26.2.2003 einen Fall zu entscheiden, bei dem den Eltern verboten werden sollte, ihren geistig behinderten Sohn zu besuchen bzw. anzurufen, weil beide Handlungen seiner Gesundheit abträglich seien. Das Gericht hatte abzuwägen zwischen dem grundrechtlich gesicherten Schutz der Familie (Art. 6 I GG) und dem gesundheitlichen Schutz des Betreuten. Die Gesundheitserhaltung eines Betreuten kann demnach Vorrang haben vor dem Recht auf Umgang mit seinen Eltern bzw. dem Recht der Eltern, mit ihrem Kind Umgang zu haben. Wichtig ist allerdings, in diesem Zusammenhang darauf hinzuweisen, dass für die Befugnis zur Einschränkung des Umganges ein erheblicher Gesundheitsschaden des Betreuten abgewendet werden muss.

Welche Probleme haben Betreute mit den Banken?

Die Konten der Betreuten und insbesondere die Geldabhebungen der Betreuten können den Banken oftmals Probleme bereiten. So gibt es viele Fälle, bei denen Betreuer mit dem Betreuten vereinbaren, dass ein Geldbetrag von beispielsweise 200 Euro wöchentlich abgehoben werden kann, um die täglichen Bedürfnisse bezahlen zu können. Der Betreute geht dabei in der Woche dann zweimal zur Bank und will das Geld haben. Um Streitereien und Unannehmlichkeiten mit den Betreuten zu verhindern, kündigen oftmals die Banken deswegen das Konto eines Betreuten.

Sollte man die Bestattungsweise regeln?

Es sind Fälle bekannt geworden, bei denen Betreuer ohne Rücksprache mit den Angehörigen – zu der sie sowieso nicht verpflichtet sind – ein Bestattungsunternehmen schon zu Lebzeiten beauftragten und mit entsprechenden Geldmitteln versorgten, damit die Beerdigung später durchgeführt werden konnte. Die Erben haben dann oft keine Möglichkeit mehr, irgendeinen Einfluss auf die Art und Weise der Bestattung zu nehmen. Die Anweisung, wie man beerdigt werden will, also ob Feuer- oder Erdbestattung, entscheidet dann oft der Betreuer an den Erben vorbei. Aus diesem Grund sollte die Bestattungsangelegenheit rechtzeitig geregelt werden.

Darf ein Betreuter Mitglied eines Aufsichtsrats werden?

Solange der Betreute nicht unter Einwilligungsvorbehalt steht, kann er Mitglied eines Aufsichtsrats werden. Erfolgt die Anordnung des Einwilligungsvorbehalts, darf er nicht Mitglied des Vorstandes oder des Aufsichtsrats einer Aktiengesellschaft sein (§§ 76 Abs. 3 Satz 2, 100 Abs. 1 Satz 2 AktG).

Darf ein Betreuter Geschäftsführer einer GmbH sein?

Solange ein Einwilligungsvorbehalt nicht angeordnet wurde, kann ein Betreuter Geschäftsführer einer GmbH sein, sobald der Einwilligungsvorbehalt angeordnet wurde, darf er nicht mehr Geschäftsführer einer GmbH sein (§ 6 Abs. 2 Satz 1 GmbHG).

Welche Probleme können gemeinsame Konten von Betreuten und ihren Ehepartnern bereiten?

Große Probleme bereiten im Betreuungsrecht gemeinsame Konten, auf denen, wenn beispielsweise die Ehefrau unter Betreuung steht, auch ihr Guthaben liegt. In einem derartigen Fall werden die Betreuer meistens bei Gericht den Antrag stellen, die Vermögensmassen auch gegen den Willen des Ehepartners, der nicht betreut wird, trennen zu können, damit sie dann über das Vermögen der Ehefrau im Rahmen des Betreuungsverfahrens allein verfügen können. Auch hieran sieht man mal wieder, dass das Betreuungsverfahren auch einen ganz erheblichen Eingriff in das Leben von Eheleuten verursachen kann, wenn diese jahrzehntelang gemeinsame Konten hatten.

Darf der Arzt mit Angehörigen über Krankheiten des Betreuten überhaupt reden?

Der Arzt darf mit Angehörigen *nicht* darüber reden, weil er der Verschwiegenheitsplicht unterliegt. Es empfiehlt sich daher, schon zu Zeiten, in denen man noch Entscheidungen treffen kann, eine entsprechende Vorsorgevollmacht zu erstellen. In der kann auch dann ausdrücklich darauf hingewiesen werden, dass auf die ärztliche Schweigepflicht gegenüber der bevollmächtigten Person verzichtet wird. Will der Angehörige erreichen, dass der Betreute noch die Erklärung von der Entbindung der ärztlichen Schweigepflicht erteilt, muss der Betreute auch einwilligungsfähig sein.

Was ist, wenn eine Willenserklärung einem Geschäfts-unfähigen gegenüber abgegeben wird, bevor sie dem gesetzlichen Vertreter zugeht?

Wird die Willenserklärung einem Geschäftsunfähigen gegen-über abgegeben, so wird sie nicht wirksam, bevor sie dem gesetz-lichen Vertreter zugeht.

Muss eine Lebensversicherung dem Vermögen eines ansonsten mittellosen Betreuten hinzugerechnet werden (Schonvermögen)?

Das Thema ist in der Rechtsprechung teilweise umstritten, und es gibt die Tendenz, dass Vermögenswerte aus Lebensversiche-rungen dem Vermögen von Betreuten hinzugerechnet werden. Damit gelten in vielen Fällen die Betroffenen nicht mehr als mit-tellos, mit der Konsequenz, dass die Betreuervergütungen nicht (mehr) von der Staatskasse übernommen werden, bzw. die zuvor von der Staatskasse gezahlten Beträge im Rahmen des Rückgriffs von den Betreuten zurückgefordert werden.

Letztendlich handelt es sich immer um Einzelfallentscheidun-gen, in denen die Betreuungsgerichte zu prüfen haben, ob Zah-lungen aus Lebensversicherungen dem Vermögen hinzugerech-net werden müssen oder ob dies eine unzumutbare Härte für den Betroffenen bedeuten würde.

Eine Lebensversicherung kann dann dem Schonvermögen nach § 90 Abs. 3 SGB XII zugerechnet werden, wenn die Verwertung für den Betroffenen eine Härte bedeuten würde. Dies ist insbe-sondere dann der Fall, wenn eine angemessene Lebensführung oder die Aufrechterhaltung einer angemessenen Alterssicherung durch die Verwertung des Vermögens aus der Lebensversiche-rung wesentlich erschwert wird. Dabei kommt es nicht unbe-dingt darauf an, dass der Betroffene aus seiner ohnehin geringen Rente die vergleichsweise hohen Beiträge an die Versicherung bezahlt hat. Sondern maßgeblich kann vor allem sein, dass durch die Zahlungen aus der Versicherung eine geringe Rente aufgestockt wird, sodass der Betroffene auch in Zukunft seine (Alters-) Versorgung zumindest teilweise ohne die Inanspruchnahme von ergänzender staatlicher Hilfe zum Lebensunterhalt wird bestreiten können. Interessante und grundlegende Aussagen trifft in diesem Zusammenhang der Beschluss des Oberlandesgerichts München (27.1.2009, 33 Wx 197/08).

Muss man als Betreuter ärmlich leben oder darf man seinen bisherigen Lebensstandard aufrechterhalten?

Einen Grundsatz, dass man als Betreuter ärmlich leben muss, gibt es im gesamten deutschen Betreuungsrecht nicht. Ein Betreuter kann verlangen, dass sein bisheriger Lebensstandard aufrechterhalten bleibt, wenn die entsprechenden finanziellen Mittel vorhanden sind. Dies gilt auch für Ernährung, Kleidung etc. Der Betreuer ist nicht verpflichtet, Vermögen des Betreuten für etwaige Erben oder für Drittinteressen zurückzuhalten.

Kann seitens einer Behörde gegenüber einem Betreuten ein generelles Tierhaltungsverbot ausgesprochen werden?

Nein. Die Grundlage für ein geplantes Tierhaltungsverbot ist von der Behörde genau aufzuklären und gründlich in Bezug auf die Verhältnismäßigkeit des Eingriffs zu bedenken. Dabei muss der aus medizinischer Sicht hervorgehobene günstige Einfluss der Tierhaltung berücksichtigt werden.

Muss bei einer stationären Aufnahme eines Betreuten eine besondere Sicherung von Fenstern erfolgen?

Mit der stationären Aufnahme einer Patientin übernimmt die Klinik auch eine Obhut- und Schutzpflicht, um Betreute vor unzumutbaren Gefahren und Schäden zu schützen. Besteht bei einer Betreuten oder einem Betreuten eine Hin- und Weglauftendenz, kann eine Sicherung der Fenster geboten sein.

Ist die Zustellung an Personen, die unter Betreuung stehen, durch Gerichtsvollzieher möglich?

Hier muss unterschieden werden. Handelt es sich um Zustellung an Personen, die die Geschäftsfähigkeit nicht verloren haben, also bei denen noch die Einwilligungsfähigkeit existiert, dann ist die Zustellung möglich. Ist die Person aber nicht mehr geschäftsfähig oder ist dem Gericht bekannt, dass die Person die Geschäftsfähigkeit nicht mehr hat, dann kann der Gerichtsvollzieher die Zustellung verweigern (Amtsgericht Saarbrücken).

Ist eine zwangsweise Vorführung des Betroffenen möglich, wenn es nur um Aufhebung einer Betreuung oder einen Betreuerwechsel geht?

In einem derartigen Verfahren ist die Anordnung der zwangsweisen Vorführung nicht zulässig.

Wann gibt es Verfahrenskostenhilfe durch einen Rechtsanwalt?

Ein Rechtsanwalt ist dann einem Betroffenen im Rahmen der Verfahrenskostenhilfe beizuordnen, wenn der Betroffene bedürftig und in seinen eigenen Rechten betroffen ist. Ob einer einen Rechtsanwalt bei der bewilligten Verfahrenskostenhilfe beigeordnet bekommt, richtet sich insbesondere nach den subjektiven Fähigkeiten des Betroffenen, aber auch danach, wie der Einzelfall letztendlich zu entscheiden ist.

Ist eine Geldzuteilungsanordnung durch den Betreuer möglich?

Ein Betreuer, der die Vermögenssorge hat, kann auch mit der Bank vereinbaren, dass der Betreute – falls in der Vergangenheit Probleme mit den Geldausgaben bestanden – nur gewisse Geldbeträge von der Bank bekommt. So wird letztendlich der Betreute

völlig abhängig vom Betreuer, da der auch die Höhe der Geldein-
nahmen aufgrund des von ihm geschätzten Verbrauchsvolu-
mens schätzt.

Welche Rechte beinhaltet die UN-Behindertenkonvention für Betreute?

Artikel 12 der UN-Behindertenkonvention lautet:

Gleiche Anerkennung vor dem Recht

*(1) Die Vertragsstaaten bekräftigen, dass Menschen mit Behinde-
rungen das Recht haben, überall als Rechtssubjekt anerkannt zu
werden.*

*(2) Die Vertragsstaaten anerkennen, dass Menschen mit Behinde-
rungen in allen Lebensbereichen gleichberechtigt mit anderen
Rechts- und Handlungsfähigkeiten genießen.*

*(3) Die Vertragsstaaten treffen geeignete Maßnahmen, um Men-
schen mit Behinderungen Zugang zu der Unterstützung zu verschaffen, die sie bei der Ausübung ihrer Rechts- und Handlungsfähigkeit gegebenenfalls benötigen.*

*(4) Die Vertragsstaaten stellen sicher, dass zu allen die Ausübung
der Rechts- und Handlungsfähigkeit betreffenden Maßnahmen im
Einklang mit den internationalen Menschenrechtsnormen geeignete
und wirksame Sicherungen vorgesehen werden, um Missbräuche zu
verhindern. Diese Sicherungen müssen gewährleisten, dass bei den
Maßnahmen betreffend die Ausübung der Rechts- und Handlungsfähigkeit die Rechte, der Wille und die Präferenzen der betreffenden
Person geachtet werden, es nicht zu Interessenkonflikten und missbräuchlicher Einflussnahme kommt, dass die Maßnahmen verhältnismäßig und auf die Umstände der Person zugeschnitten sind, dass
sie von möglichst kurzer Dauer sind und dass sie einer regelmäßigen
Überprüfung durch eine zuständige, unabhängige und unparteii-
sche Behörde oder gerichtliche Stelle unterliegen. Die Sicherungen
müssen im Hinblick auf das Ausmaß, in dem diese Maßnahmen die
Rechte und Interessen der Person berühren, verhältnismäßig sein.*

(5) Vorbehaltlich dieses Artikels treffen die Vertragsstaaten alle geeigneten und wirksamen Maßnahmen, um zu gewährleisten, dass Menschen mit Behinderungen das gleiche Recht wie andere haben, Eigentum zu besitzen oder zu erben, ihre finanziellen Angelegenheiten selbst zu regeln und gleichen Zugang zu Bankdarlehen, Hypotheken und anderen Finanzkrediten zu haben, und gewährleisten, dass Menschen mit Behinderungen nicht willkürlich ihr Eigentum entzogen wird.

Was kann der Betroffene unternehmen, wenn er merkt, dass das Gericht eine Betreuung angeordnet hat?

Er kann nach § 58 Abs. I FamFG gegen die Entscheidung Beschwerde einlegen.

Sehr wichtig: Der Betroffene muss aufpassen. Es gibt Bundesländer, in denen die Landesregierung dem Rechtspfleger die Zuständigkeit für die Bestimmung der Betreuungsperson übertragen hat. Will der Betroffene sich gegen diese Entscheidung wenden, muss er dagegen Beschwerde einreichen. Wenn er sich auch über die Aufgaben, die der Betreuer bekommen hat, beschweren will, muss er Beschwerde gegen den Umfang der Aufgabenkreise einreichen. Man sieht, dass man hier dringend einen Anwalt braucht, um nicht etwas falsch zu machen.

Wann ist überhaupt eine Bestellung eines Betreuers für einen Betreuten möglich?

Betreuerbestellungen können nur für Personen über 18 Jahre, die im deutschen Rechtsgebiet wohnen, angeregt oder durch das Gericht beschlossen werden.

1. Voraussetzung ist, dass eine Betreuungsbedürftigkeit besteht. Dies heißt, dass der Betroffene nicht mehr in der Lage sein darf, seine Angelegenheiten ganz oder teilweise zu besorgen. Warum er nicht in der Lage ist, kann vielfältiger Natur sein. Es kann aufgrund seiner psychischen Situation oder einer

durch Altersgründe zwischenzeitlich eingesetzten Demenz, aufgrund einer psychischen Erkrankung, einer schweren körperlichen Erkrankung, beispielsweise durch einen Verkehrsunfall, oder einer schweren Krankheit und auch während einer Operation eingetreten sein. Entscheidend ist immer, dass der Betroffene nicht mehr seine Angelegenheiten ganz oder teilweise besorgen kann.

2. Eine weitere wichtige Notwendigkeit ist das Einverständnis des zu Betreuenden, wenn dieser das Einverständnis noch zeigen kann. Ist er nicht mehr in der Lage, aufgrund seines mangelnden Willens die Betreuung zu erkennen oder sich darüber zu äußern, dann kann auch gegen seinen Willen die Entscheidung getroffen werden.

3. Wenn die Betreuung nicht gegen den Willen des Betreuten – also mit seinem Einverständnis – geschieht, reicht ein ärztliches Attest aus. Ist die Entscheidung darüber zu treffen, ohne dass der zu Betreuende noch in der Lage ist, einen Willen hierzu zu äußern, dann ist ein Sachverständigengutachten für die Notwendigkeit der Betreuung einzuholen.

4. Des Weiteren muss auch der Betreute die Möglichkeit haben, sich vor einem Richter zur Betreuung zu äußern. Das Verlangen, dass die Anhörung vor einem Richter zu erfolgen hat, ist allerdings dann nicht durchzusetzen, wenn der Betreute gar nicht mehr in der Lage ist, das Gerichtsverfahren zu verstehen.

5. Die ehrenamtliche Betreuung durch Angehörige ist gegenüber der beruflichen Betreuung durch fremde Betreuer vorzuziehen (§ 1897 Abs. 5,6 BGB).

Was muss bei der Erfassung der Lebensqualität demenzkranker Betreuter beachtet werden?

Nach der medizinischen Forschung sollen folgende Faktoren miteinbezogen werden:

Räumliche Umwelt, Betreuungsqualität, Verhaltenskompetenz, medizinisch funktionaler Status, subjektives Erleben und emotionale Befindlichkeit, soziale Umwelt, kognitiver Status und Psychopathologie bzw. Verhaltensauffälligkeiten. Diese Punkte müssen beispielsweise geprüft werden, um letztendlich die Lebensqualität eines zu Betreuenden zu überprüfen und die Tatsache, ob dieser in einer Einrichtung bleiben will oder nicht oder ob dieser in einer Familie betreut werden will oder nicht. Gerade bei Betreuten, die vielleicht in irgendeiner Form manipuliert werden, weil sie im Haus gehalten werden sollen, damit sie weiterhin unter Kontrolle sind, kann durch diese Überprüfung, die nur ein Fachmediziner durchführen kann, festgestellt werden, ob es ihnen in Wirklichkeit dort gefällt oder nicht gefällt. Gerade bei Demenzkranken, bei denen eine erhöhte Suggestibilität (Empfindlichkeit für manipulative Beeinflussungen) vorhanden ist, sind die Äußerungen von Betreuten sehr vorsichtig zu bewerten. Im Rahmen eines entsprechenden Gerichtsverfahrens muss darauf hingewiesen werden, dass gerade Demenzkranke sich oft auch bedroht fühlen.

Vorstellbar sind Verhaltensauffälligkeiten wie herausforderndes Verhalten, Schlafstörungen, Unruhezustände, Einstellen der Nahrungs- und Flüssigkeitsaufnahme, depressive Verstimmungen, Selbstmordgedanken, verbale und körperliche Aggressionen, wahnhaftes Erleben mit entsprechenden Reaktionen. Diese Veränderungen bewirken oft gerade das Zunehmen von lautem Verhalten wie dauerndem Rufen und Schreien und führen zu einer erheblichen Verschlechterung des Gesundheitszustandes. Der Anwalt, der derartige Fälle vertritt, sollte im Rahmen eines Gutachtens prüfen, ob der Gutachter auch hierzu eine Stellungnahme abgegeben hat, oder ob er dies überhaupt geprüft hat.

Was tun, wenn ein Betreuer einem Betreuten nicht ausreichend Geldmittel zum normalen Leben zur Verfügung stellt, obwohl die Geldmittel vorhanden sind?

Diese Frage wurde in der Vergangenheit immer wieder von Angehörigen gestellt. Es gibt Fälle, bei denen Betreuer sogar, um ihre Betreuungstätigkeit finanzieren zu können, die Lebenszuschüsse reduzieren. Der Betreuer darf dem Betreuten keinen sparsamen Lebenswandel ohne entsprechende Rechtfertigungen auferlegen. Die Angehörigen haben zwar keine direkten Rechte gegen den Betreuer. Sie können allerdings aufgrund dieser Tatbestände Anregung bei Gericht stellen, den Betreuer abzulösen.

Was ist beim Datenschutz zu beachten?

Ein kaum erörtertes Rechtsgebiet im Betreuungsrecht ist das Rechtsgebiet des Datenschutzes der Betreuten, falls ohne Einwilligung des Betreuten, soweit dieser einwilligungsfähig ist, überhaupt eine Datenerhebung stattfinden kann. Die entsprechende Einwilligung zur Verwendung der persönlichen Daten ist nicht nur mündlich zu erteilen, sondern sie muss auch in Schriftform erteilt werden. Dem Betreuten ist vorher Sinn und Zweck der Speicherung genauer mitzuteilen. Insbesondere muss er auch wissen, um welche Daten es sich handelt und wann und wo diese gespeichert werden. Er muss auch wissen, an wen die Daten weitergegeben werden.

Ist die Vermittlung von personenbezogenen Daten von Gericht und Behörden an das Betreuungsgericht erlaubt?

Persönliche Daten sind vom Gesetz her geschützt. Gericht und Behörden dürfen dem Betreuungsgericht personenbezogene Daten nur dann übermitteln, wenn deren Kenntnis aus ihrer Sicht für familien- oder betreuungsgerichtliche Maßnahmen erforderlich ist. Entscheidend ist, dass für die übermittelnde Stelle erkennbar ist, dass schutzwürdige Interessen des Betroffenen an dem Ausschluss der Übermittlung das Schutzbedürfnis eines Minderjährigen oder Betreuten oder das öffentliche Interesse an der Übermittlung überwiegen. Die Übermittlung darf nicht erfolgen, wenn ihr eine besondere bundes- oder entsprechende landesgesetzliche Verwendungsregelung entgegensteht.

Hat der Betreute auch ein Recht darauf, dass seine persönlichen Daten gelöscht werden?

Der Betreute, soweit er noch entscheidungsfähig ist, hat das Recht, gemäß Artikel 17 DSGVO von den Verantwortlichen zu verlangen, dass sie personenbezogene Daten unverzüglich löschen. Voraussetzung ist, dass die personenbezogenen Daten, die für die Zwecke der Betreuung erhoben oder auf sonstige Weise verarbeitet wurden, nicht mehr notwendig sind. Dieses Recht können nach dem Tod des Betreuten auch die Erben geltend machen.

Wie oft wird vom Gericht geprüft, ob die Betreuung noch Bestand haben soll?

Wenn ein Betreuungsbeschluss rechtskräftig ergangen ist, prüft das Gericht alle sieben Jahre, ob die Betreuung unverändert fortzuführen ist. Ist die Betreuung vor dem 1.7.2005 angeordnet worden, prüft das Gericht alle fünf Jahre. In vielen Fällen wird jedoch eine individuelle, kürzere Überprüfungsfrist durch das Gericht bestimmt. Diese beträgt in der Regel zwei bis drei Jahre.

III. Rechtstipps für Angehörige der Betreuten

Sind Familienangehörige automatisch Beteiligte im Betreuungsverfahren?

Angehörige sind in einem Betreuungsverfahren nicht automatisch beteiligt. Immer wieder werden in der Praxis Fälle bekannt, bei denen Angehörige sich beschweren, dass sie weder bei dem Gerichtstermin dabei sein dürfen noch die Entscheidung überprüfen konnten.

Aber Eltern, Großeltern, Pflegekinder, Abkömmlinge, Geschwister und Lebensgefährten können sich am Betreuungsverfahren beteiligen lassen! Nur wenn sie sich an dem Betreuungsverfahren beteiligt haben, sind sie auch beschwerdeberechtigt, um gegen Entscheidungen in Betreuungsfällen vorgehen zu können. Die Beteiligung kann auch schon dadurch erfolgen, weil etwa Schriftstücke oder Ladung zu Terminen den Angehörigen zugeschickt worden sind.

Auf eine derartige Regelung sollte man sich aber nicht verlassen, sondern den Antrag stellen, an dem Verfahren beteiligt zu sein. Oft liegt auch ein Anwaltsfehler bei derartigen Fällen vor. Ein Anwalt, der einen Betreuungsfall übernimmt, müsste den Angehörigen raten, dass sie sofort beim zuständigen Amtsgericht, das die Betreuung angeordnet hat, Antrag auf Beteiligung stellen.

Was ist, wenn man als Angehöriger Antrag auf Beteiligung im Betreuungsverfahren gestellt hat und der Antrag abgelehnt wurde?

Wenn der Antrag auf Beteiligung zum Betreuungsverfahren abgelehnt wurde, kann man dagegen Rechtsmittel einlegen. Das zulässige Rechtsmittel ist die Beschwerde.

Wann sind Angehörige beschwerdeberechtigt?

Im Betreuungsverfahren sind Angehörige nur beschwerdeberechtigt, wenn sie im ersten Rechtszug als Beteiligte hinzugezogen wurden. Voraussetzung ist, dass sie einen Antrag bei Gericht auf Beteiligung gestellt hatten und über diesen Antrag dann auch zugunsten der Angehörigen entschieden wurde.

Wie werden die Angehörigen, die die Betreuung übernehmen, durch die gesetzliche Regelung unterstützt?

Die gesetzliche Regelung sieht an sich nur die Möglichkeit vor, dass der Angehörige sich bei Fragen an den Richter wenden kann, der sowieso meist völlig überlastet ist. Man hätte im Betreuungsrecht zumindest ein jährliches Treffen der ehrenamtlichen Betreuer mit dem Richter oder Mitarbeiter des Betreuungsvereins oder der Betreuungsstelle vereinbaren müssen, damit evtl. auch unverschuldetes Falschdenken und Falschhandeln schneller erkannt werden.

Haben Angehörige gegen die Auswahlentscheidung bei der Bestellung des Betreuers ein Beschwerderecht?

Für die Befugnis naher Angehöriger, in einem Betreuungsverfahren in eigenem Namen Beschwerde einlegen zu können (§ 303 Abs. 2 Nr. 1 FamFG), ist maßgeblich, ob die Beschwerde dem objektiven Interesse des Betroffenen dient. Dabei ist ausreichend, dass der Angehörige als Rechtsmittelführer Interessen des Betroffenen zumindest mitverfolgt.

Eine Entscheidung des BGH (8.1.2020, XII ZB 410/19) stellt klar, dass die Zulässigkeit einer durch einen Angehörigen eingelegten Beschwerde in einem Betreuungsverfahren nicht dadurch entfällt, dass er damit (auch) eigene Interessen verfolgt. Entscheidend für die Beschwerdebefugnis – und damit für die Zulässigkeit der Beschwerde – ist, ob sie darüber hinaus auch dem objektiven Interesse des Betroffenen dient. Selbst dann, wenn die Beschwerde gegen den erklärten Willen des Betroffenen eingelegt wird, entfällt dadurch nicht die Beschwerdebefugnis des Angehörigen. Denn auch in einem solchen Fall kann sie den objektiven Interessen des Betroffenen dienen (z. B. bei Interessenkonflikten). Nur dann, wenn der Angehörige als Beschwerdeführer erkennbar nur eigene Interessen verfolgt, entfällt die Beschwerdebefugnis und führt zur Unzulässigkeit der Beschwerde.

Bedeutet ein Familienstreit, dass aus der Familie keiner mehr als Betreuer bestellt werden kann?

Unter Umständen kann die Betreuerbestellung eines Fremden zwar nicht dem mutmaßlichen Willen des zu Betreuenden entsprechen, aber gerade um Familienstreitigkeiten zu verhindern oder die psychischen Belastungen des Betreuten durch die ständigen Familienstreitereien zu mindern, empfiehlt es sich, einen fremden Betreuer zu bestellen. Dagegen wird man wohl kaum etwas einzuwenden haben, wenn nicht sachliche Gründe bei Gericht dagegen vorgetragen werden können.

Darf der Betreuerwunsch des zu Betreuenden jederzeit übergangen werden?

Einen besonders erwähnenswerten Fall, der wieder einmal verdeutlicht, wie Angehörige (hier der Ehepartner) von Betreuungsgerichten bei der Auswahl der Betreuerperson übergangen werden können, hat der BGH mit Beschluss vom 14.3.2018 (XII ZB 589/17) entschieden:

Es ging um eine demenzkranke Betroffene, die ihren Lebensgefährten nach zwölf Jahren Verbundenheit geheiratet hatte. In der Vergangenheit hatte sie ihrer Nichte und ihrer Schwägerin Vorsorgevollmachten erteilt, die sie später widerrufen hatte. Tatsächlich unterstützt und betreut wurde sie seit Jahren durch ihren Lebensgefährten.

Auf Anregung der Angehörigen wurde vom Betreuungsgericht eine Betreuung für nahezu alle Angelegenheiten eingerichtet und ein fremder Berufsbetreuer bestellt. Dagegen legte die Betroffene Beschwerde ein, sie wollte, dass ihr Lebensgefährte – den sie während des laufenden Rechtsbeschwerdeverfahrens geheiratet hatte – zum Betreuer bestellt wurde.

Das Landgericht hatte die Beschwerde zurückgewiesen und entschieden, dass es bei der Betreuung durch den Berufsbetreuer bleiben solle, da der – damals noch – Lebensgefährte nicht zur Übernahme der Betreuung geeignet sei. Besonders unglaublich erscheint die Begründung des Gerichts insoweit, als das Gericht zwar hervorhebt, dass der Ehemann sich zuverlässig um die Betroffene kümmere und sich für sie einsetze, jedoch trotzdem eine neutrale Berufsbetreuung eher dem Wohle der Betroffenen diene. Hintergrund waren verschiedene Unstimmigkeiten zwischen den Angehörigen und dem Lebensgefährten bezüglich seines allgemeinen Verhaltens und bezüglich einer Kapitalanlage, die der Lebensgefährte für die Betroffene vornahm und damit »gewisse Risiken« in Kauf nahm, die aber darüber hinaus nicht beanstandet wurden und im Übrigen von der Betroffenen ausdrücklich gewollt waren. Die Betroffene sei krankheitsbedingt besonders schutzwürdig, und wenn der Lebensgefährte zum Betreuer bestellt werde, könnte es zu weiteren Konflikten zwischen ihm und der restlichen Verwandtschaft kommen, was eine Belastung für die Betroffene darstellen könnte. Deshalb wolle man durch die Bestellung eines Berufsbetreuers dafür sorgen, dass solche Situationen von Anfang an vermieden würden.

Dann sehe sich auch der Lebensgefährte selbst keinem Konflikt mit den restlichen Verwandten ausgesetzt und könne sich voll der Betroffenen widmen!

Der BGH beanstandete diese Entscheidung und wies den Fall zur erneuten Behandlung und Entscheidung an das Landgericht zurück. Zur Begründung führte er aus, dass bezüglich dem Betreuerwunsch der Betroffenen grundsätzlich kein Ermessensspielraum des Betreuungsgerichts besteht. Die Übergehung eines Betreuerwunsches ist nur dann möglich, wenn eine konkrete Gefahr besteht, dass der Vorgeschlagene die Betreuung nicht zu dessen Wohl führen kann oder will. Die Annahme einer solchen konkreten Gefahr muss auf einer Prognoseentscheidung des Gerichts beruhen, für die das Gericht sich auf Erkenntnisse stützen muss, die in der Vergangenheit wurzeln. Soweit es um die Eignung der vorgeschlagenen Person geht, müssen diese Erkenntnisse geeignet sein, einen das Wohl des Betroffenen gefährdenden Eignungsmangel auch für die Zukunft zu begründen.

Gemessen hieran konnte der BGH keine konkreten Gefahren aufgrund einer Betreuung durch den Ehemann feststellen. Weder durch die vorgenommene Geldanlage noch durch die Konflikte und Konkurrenzsituationen in der Verwandtschaft (zu der die Betroffene im Übrigen wenig bzw. keinen Kontakt hatte) noch durch die zu seiner Persönlichkeit getroffenen Feststellungen konnte eine konkrete Gefahr für die Betroffene festgestellt werden.

Bezüglich der Eignung des Ehemannes zur Übernahme der Betreuung im Aufgabenbereich »Gesundheitssorge« hatte das Landgericht lediglich »Bedenken« geäußert. Der BGH wies darauf hin, dass das Gericht diesbezüglich seiner Pflicht zur Sachverhaltsaufklärung nicht ausreichend nachgekommen ist. Der Ehemann wurde dazu nicht angehört, sondern das Gericht berief sich in diesem Zusammenhang auf die Aussagen Dritter. Dies genügt keinesfalls den besonderen Anforderungen an die gerichtliche Ermittlungspflicht, die besteht, wenn ein mit dem Betroffenen persönlich verbundener und von ihm wiederholt als Betreuer Benannter übergangen werden soll. Dies gilt insbesondere für den Ehepartner, der bei der Betreuerauswahl grundsätzlich besonders zu berücksichtigen ist und nur dann übergangen werden kann, wenn gewichtige Gründe des Wohls des Betreuten seiner Bestellung entgegenstehen.

Was bedeutet ein Geschwisterstreit für die Betreuungs- übertragung?

Immer wieder sind Fälle bekannt geworden, bei denen Geschwister völlig zerstritten waren. Im Endergebnis wurde dann ein fremder Betreuer bestellt, dem die Konfliktsituation der Kinder unbekannt war. Die Angehörigen müssen also wissen, bevor sie den Streit untereinander vor das Betreuungsgericht bringen, dass sie dadurch die Möglichkeit, einen Betreuer aus der Familie bestellen zu lassen, vernichten.

Können Angehörige einen Antrag stellen, dass die über ihren Verwandten angeordnete Betreuung rechtswidrig war?

Grundsätzlich ist nur der Betreute befugt, gemäß § 62 FamFG bei Gericht feststellen zu lassen, dass die Betreuung rechtswidrig war. Begründet wird dies damit, dass nur er in seinen eigenen Rechten durch die Anordnung der Betreuung betroffen wurde.

Kann das Gericht einen fremden Betreuer vorziehen, obwohl ein Angehöriger die Betreuung übernehmen würde?

Im Betreuungsrecht gilt grundsätzlich nach § 1897 Abs. 4 Satz 1 BGB, dass der Vorschlag der Person, die unter Betreuung gestellt werden soll, von dem Betreuungsgericht beachtet werden muss. Also selbst wenn ein noch so geeigneter Betreuer bereit wäre, die Betreuung zu übernehmen, ist der Wunsch des zu Betreuenden zu berücksichtigen (§ 1897 Absatz 4 Satz BGB).

Dies gilt im Übrigen auch dann, wenn die zu betreuende Person nicht geschäftsfähig ist. Ausreichend ist, wenn der natürliche Wille des zu Betreuenden im Augenblick, in dem er die Äußerung tätigt, eine bestimmte Person als Betreuer haben zu wollen, vorhanden ist. Vielfach wird der schon vor langer Zeit geäußerte Wunsch des zu Betreuenden, nämlich in einer Vorsorgevollmacht, in der auch eine Betreuungsverfügung enthalten ist, von den Gerichten übersehen bzw. nicht beachtet. Es wird dann ein fremder Betreuer bestellt, obwohl der zu Betreuende dies gar nicht wünschte.

Sind Verwandte, Ehepartner oder sonstige enge Freunde einem fremden Betreuer seitens des Gerichts vorzuziehen?

Das ist eine Frage, die immer wieder gestellt wird. Leider Gottes ist bei vielen Entscheidungen zu sehen, dass das Gericht bei der Betreuerbestellung Grundsätze des Betreuungsrechts nicht eingehalten hat. Diese sind, dass gerade die Personen, zu denen besonders enge persönliche Bindungen bestehen, wie Ehepartner (soweit sie nicht zerstritten sind), Kinder, Geschwister, aber auch Freunde oder sonstige Verwandte, in erster Linie als Betreuer infrage kommen. Entscheidend für das Gericht muss sein, wie weit aus diesem persönlichen Personenkreis jemand in der Lage ist, zum Wohl des Betreuten die Leistung zu erbringen. Nur wenn sehr wichtige Gründe gegen die Auswahl dieser Person seitens des Gerichts bestehen, darf das Gericht einen fremden Betreuer nehmen.

Es ist immer wieder festzustellen, dass diesem wichtigen Punkt in Gerichtsverfahren seitens der Anwälte, die das Verfahren führen, zu wenig Beachtung geschenkt wird. Dabei ist oftmals aufgrund der Entscheidungsgründe offensichtlich, dass das Gericht wichtige Grundsätze nicht beachtet hat. Man muss darauf hinweisen, dass letztendlich nach Artikel 6 Grundgesetz der Schutz der Familie eine große Rolle spielt und die Familie eben nicht durch einen fremden Betreuer zerrissen werden soll. In erster

Linie sollte jemand Geeignetes aus der eigenen Familie oder dem Freundeskreis ausgewählt werden und nicht ein fremder Dritter. In diesem Zusammenhang muss darauf hingewiesen werden – und dies wird immer wieder übersehen –, dass auch während des Betreuungsverfahrens jederzeit der entsprechende Antrag gestellt werden kann, die Betreuung teilweise oder ganz einem Familienangehörigen oder engsten Freund oder einer Person aus dem engen Kreis des Betreuten zu übertragen.

Ist die Ablehnung eines Angehörigen durch den Betreuten immer zu berücksichtigen?

Manchmal gibt es auch Gründe, dass das Gericht im Rahmen der Gesamtprüfung von dieser Anweisung abweichen kann. Grundsätzlich muss das Gericht auf den negativen Betreuerwunsch Rücksicht nehmen. Es muss in der Entscheidung auch die besonders darzulegenden Gründe vortragen und darlegen, um davon abzuweichen.

Allerdings kann es auch Gründe geben, dass etwa bis zur Krankheit sehr gefestigte persönliche Bindungen zwischen Angehörigen und Betroffenen lagen, die dieser nunmehr krankheitsbedingt verkennt. In diesem Fall kommt trotz ablehnenden Wunsches die Betreuerbestellung eines Angehörigen infrage.

Letztendlich liegt es am Anwalt, der den entsprechenden Sachverhalt vortragen muss. Aufgrund der Kompliziertheit des Betreuungsverfahrens wird dies oft in Verfahren verkannt.

Was muss man bei einer Betreuung durch Angehörige im Rahmen des Gerichtsverfahrens beachten?

Es muss geprüft werden bzw. im Termin muss der Angehörige befragt werden, was seine Motivation für die Übernahme der Betreuung ist. Oft kommt es vor, dass Angehörige nur deswegen die Betreuung übernehmen wollen, weil sie Angst um das Vermögen haben, das sie erben wollen. Geprüft werden muss auch, ob nicht durch die Betreuungsbestellung eine Willenseinschränkung oder Einschränkung der Willensverwirklichung des zu Betreuenden eintreten kann, weil beispielsweise innerhalb der Familie Streit existiert und der Angehörige, der die Betreuung übernehmen will, dadurch einen stärkeren Einfluss auf den zu Betreuenden erhält.

Haben die Angehörigen ein Recht auf Bestellung als Betreuer, wenn der Betreuer dies wünscht oder vorgeschlagen hat?

Es gibt kein subjektives Recht eines Angehörigen, die Betreuerbestellung für einen Angehörigen zu beantragen, um selbst als Betreuer ausgewählt und bestellt zu werden. Durch eine Betreuerentscheidung des Gerichts, durch die ein Fremdbetreuer bestellt wird, wird der Angehörige nicht in seinen Rechten verletzt. Eine Beschwerdeberechtigung des Angehörigen gegen die Betreuerentscheidung des Gerichts gibt es nicht. Nur der Betreute selbst ist dazu befugt, Beschwerde hiergegen einzulegen.

Kann ein Angehöriger, der die Betreuung übernehmen will, gegen die negative Entscheidung, dass ein fremder Betreuer ausgewählt wurde, vorgehen?

Nein. Er kann Antrag auf Entlassung des Betreuers nach §1908b BGB stellen, soweit er hierfür Gründe hat:

1) 1Das Betreuungsgericht hat den Betreuer zu entlassen, wenn seine Eignung, die Angelegenheiten des Betreuten zu besorgen, nicht mehr gewährleistet ist oder ein anderer wichtiger Grund für die Entlassung vorliegt. 2Ein wichtiger Grund liegt auch vor, wenn der Betreuer eine erforderliche Abrechnung vorsätzlich falsch erteilt oder den erforderlichen persönlichen Kontakt zum Betreuten nicht gehalten hat. 3Das Gericht soll den nach § 1897 Abs. 6 bestellten Betreuer entlassen, wenn der Betreute durch eine oder mehrere andere Personen außerhalb einer Berufsausübung betreut werden kann.

Haben Angehörige das Recht, nachträglich gem. § 62 FamFG feststellen zu lassen, dass die Betreuungsanordnung rechtswidrig war?

Nein. Die Angehörigen, die Betreuungsbehörde und der Verfahrenspfleger sind grundsätzlich nicht nach § 62 FamFG antragsbefugt – auch nicht nach dem Ableben des Betreuten. Eine solche Befugnis ergibt sich im Übrigen für diese Personen auch nicht aus § 303 FamFG.

Der Antrag auf Feststellung nach § 62 FamFG setzt voraus, dass der Beschwerdeführer (Betroffener) selbst in seinen Rechten verletzt wurde. Außerdem muss er als Beschwerdeführer darlegen können, dass er ein berechtigtes Feststellungsinteresse an dem Beschwerdeverfahren hat, also entweder selbst schwerwiegende Grundrechtseingriffe hinnehmen musste oder Wiederholungsgefahr besteht. Daraus folgt, dass grundsätzlich nur derjenige antragsbefugt ist, dessen eigene Rechtssphäre betroffen ist.

Haben Angehörige auch ein Recht auf Besuch des Betreuten?

Entscheidend ist immer das Wohl des Betreuten. Die Aufrechterhaltung persönlicher Kontakte zwischen dem Betreuten und seinen Angehörigen zählt hierzu. Führen die Besuche allerdings wiederholt zu Auseinandersetzungen aufgrund einer stark belasteten Familiensituation, kann das Amtsgericht das Besuchsrecht einschränken lassen bzw. Besuche ganz untersagen lassen. Die Entscheidung wird letztendlich dann von dem Betreuer vollzogen. Der Gesetzgeber geht allerdings davon aus, dass Betreuer sich bei den Besuchskontakten grundsätzlich an den Wünschen der Betreuten orientieren müssen.

Welche Probleme kann es mit Hausratvernichtung geben?

Immer wieder werden Fälle bekannt, bei denen Betreuer das Inventar der Wohnung des Betreuten einem »Entsorger« übergeben, entweder weil der Betreute in ein Heim kommt und deswegen die Wohnung aufgelöst wird oder weil die Immobilie des Betreuten verkauft worden ist. Es werden weder Listen angefertigt, was in dem Haus oder der Wohnung vorhanden war, noch wird darauf geachtet, dass man den Familienangehörigen Zutritt zu dem Miet- oder Verkaufsobjekt noch vor der Räumung gibt, um alte Familienurkunden oder Ähnliches herauszuholen. Es sind Fälle bekannt geworden, bei denen die Angehörigen auf der Müllhalde ihre persönlichen Unterlagen und alte Urkunden gefunden haben. Und leider hat der deutsche Gesetzgeber es bisher nicht für nötig gehalten, diesbezüglich eine Anbietungspflicht für Betreuer an Angehörige anzuordnen. Viele Angehörige erfahren erst nach der Beerdigung, dass zwischenzeitlich schon alles, was an altem Familiengut vorhanden war, verschwunden ist.

Es empfiehlt sich deswegen, eine Regelung in der Vorsorgevollmacht genauso wie in der Betreuungsverfügung darüber zu treffen, wer Zugriff auf das Inventar der letzten Wohnstätte haben soll, insbesondere wie mit der Verwertung umgegangen wird.

Kann das Anwaltshonorar, das im Rahmen einer Betreuung für den Verkauf einer Immobilie verlangt worden ist, von den Erben zurückgefordert werden?

Das Anwaltshonorar kann zurückgefordert werden, wenn der Anwalt, der gleichzeitig Betreuer war, die Verkaufstätigkeit als Anwalt in Rechnung stellte, obwohl keine rechtlichen oder tatsächlichen Schwierigkeiten zu bewältigen waren. Nur wenn die Tätigkeit des Anwalts erforderlich war, darf zusätzlich abgerechnet werden. Der BGH hat beispielsweise mit Beschluss vom 14.5.2014 eine zusätzliche Vergütung in einem Fall, in dem von dem Anwaltsbetreuer ein Erbauseinandersetzungsvertrag aufgesetzt und abgeschlossen wurde, abgelehnt, weil keine vertiefte Auseinandersetzung mit Rechtsfragen erforderlich war. Das Oberlandesgericht München hatte mit Beschluss vom 22.4.2009 ein Honorar von 10 000 Euro für einen Betreuer, der gleichzeitig Anwalt war, abgelehnt, weil er einen Grundstückskaufvertrag für den Betreuten aufgesetzt und durchgeführt hatte, der rechtlich nicht schwierig war. Jeder Berufsbetreuer hätte ohne Hinzuziehung eines Rechtsanwalts diese Tätigkeit erledigen können.

Haben die Angehörigen irgendwelche Rechte gegen den Betreuer, wenn sie Pflichtverletzungen des Betreuers feststellen?

Die Angehörigen haben keinerlei Rechte gegenüber dem Betreuer direkt. Der Betreuer ist nicht Vertreter der Angehörigen. Er ist ihnen gegenüber weder zur Auskunft verpflichtet noch zur Rechnungslegung oder zum Bericht, welche Gelder er für den Betreuten ausgegeben hat.

Muss eine »Weglaufsperre« genehmigt werden?

Bei einer Weglaufsperre handelt es sich um eine genehmigungspflichtige Maßnahme im Rahmen der Unterbringung des Betreuten. Die Genehmigung darf nicht erteilt werden, wenn sich eine Gefährdung bislang nicht tatsächlich konkretisiert hat und wenn wenige einzelne Maßnahmen (wie z. B. der Einsatz einer Personenortungsanlage oder einer GPS-Überwachung) nicht erprobt worden sind (Landgericht Fulda, 31.5.2016).

Wann haben die Angehörigen ein Recht, gegen einen Betreuerbeschluss oder Ablehnungsbeschluss Beschwerde einzulegen?

Die Angehörigen haben nach § 303 Abs. 2 Nr. 1 FamFG nur dann ein Recht, gegen eine von Amts wegen ergangene Entscheidung vorzugehen, wenn sie im ersten Rechtszug beteiligt worden sind. (BGH 16.1.2019, XII ZP 489/418)

Welche Rechte haben die Angehörigen, wenn ein Betreuer entlassen wurde oder verstorben ist und das Gericht einen neuen Betreuer bestellte?

Die Angehörigen können Beschwerde einlegen, soweit sie zu dem unter § 303 FamFG bevorzugten Personenkreis gehören (Ehegatten oder Lebenspartner, wenn beide nicht dauernd getrennt leben, sowie Eltern, Großeltern, Pflegeeltern, Abkömmlinge und Geschwister des Betroffenen sowie eine Person seines Vertrauens).

Welche Rechte haben Angehörige, wenn der Betreuer nach Genehmigung durch das Gericht eine medizinische oder ärztliche Maßnahme anordnen oder verhindern will, die evtl. zum Tode des Betreuten oder zu einem schweren gesundheitlichen Schaden führt?

In einem solchen Fall können der Arzt, der Betreuer oder Dritte (auch Angehörige) ein Verfahren beim Betreuungsgericht einleiten, um die Maßnahme zu verhindern oder die Genehmigung für die Maßnahme zu erreichen. Durch die Möglichkeit eines strafbaren Verhaltens werden in diesem Bereich sicherlich weder Betreuer noch Ärzte fahrlässig handeln.

Kann von einem Seniorenheim einem Angehörigen Besuchs- oder Kontaktverbot erteilt werden, weil dieser die überhöhten Abrechnungen des Seniorenheims bemängelt?

Dieser Fall hat sich bei einer Dame, die in einer Seniorenresidenz wohnte, zugetragen. Die Tochter beschwerte sich über die sehr hohen Kosten, die zwischenzeitlich von dem Heim für Einzelleistungen geltend gemacht wurden. Sie erhielt beim nächsten Termin ein Besuchs- und Telefonverbot. Der Mutter wurde auch geraten, die Vorsorgevollmacht gegenüber der Tochter genauso zu widerrufen wie die Bankvollmacht.

Ein solches mehr als unmögliches Verhalten habe ich in meiner Praxis sehr oft erlebt bzw. wurde mir sehr oft geschildert. In einem derartigen Fall muss man natürlich sagen, dass das Heim, bei dem es sich um eine Residenz handelte und ein eigener Mietvertrag über die Räume abgeschlossen worden war, überhaupt nichts gegen Beschwerden machen könnte, außer dass das Verhalten verbessert wird bzw. die Ausgaben verringert werden. Hier hat das Heim dann den Trick angewandt, dass über die Beeinflussung der Mutter der Antrag auf Betreuung gestellt wurde, weil der Mutter »eingeflößt« wurde, dass die Tochter nur Schlechtes von ihr wolle. Gerade ältere Menschen lassen sich sehr leicht beeinflussen. Bei einem derartigen Fall empfehle immer wieder nur, schnellstens einen Anwalt aufzusuchen, der sich in dieser Rechtsmaterie auskennt.

Hat der Ehepartner ein gesetzliches Beschwerderecht?

Die Ehegatten haben ein Beschwerderecht, allerdings nur dann, wenn sie nicht schon auf längere Zeit getrennt lebten.

Ist die Kündigung eines Heimplatzes möglich?

Eine ältere Dame, die in einem Heim untergebracht war, wurde mehr oder minder komplett isoliert. Die Kündigung des Heimplatzes wurde deswegen zu Recht ausgesprochen.

Welche Folgen kann eine Verleumdung des Betreuers durch Angehörige haben?

Ein Großteil der Fälle, die in Fernsehauftritten von mir geschildert wurden, hatte immer den gleichen Inhalt. Durch Verleumdungen und Diffamierungen der Person, die Betreuer werden soll, und durch Streuung von Gerüchten in der Umgebung entwickelt sich oft ein krankhafter Verleumdungswahn, insbesondere bei Personen, die Angst um das Vermögen haben, das sie vielleicht erben könnten. Diffamierung macht vor niemandem halt, sie erfolgt in der Familie, in der Verwandtschaft, bei der Betreuungsstelle, beim Betreuungsgericht, im Wohnstift, Kliniken, Banken, der Erfindungsgeist der Diffamierer ist enorm. Es handelt sich um eine Art Gehirnwäsche. Nach einigen Wochen der Diffamierung glauben die meisten die Vorwürfe, die in die Luft gestreut wurden.

Ein Vorgehen dagegen ist sehr schwierig, weil die meisten Angriffe nur mündlich erfolgen und auch die meisten Personen, die diese Angriffe hören, nicht bereit sind, irgendwo bei Gericht auszusagen. Wir empfehlen, in dieser Angelegenheit sofort einen Anwalt zu beauftragen, der Experte auf diesem Gebiet ist. Man sollte hier mit umfangreichen Strafanzeigen gegen die Person arbeiten, die die Beleidigung ausspricht. Das Forschungsinstitut der Kester-Haeusler-Stiftung Fürstenfeldbruck ist auch gerne bereit, Kontakt zu Presseorganen herzustellen, um derartige Fälle öffentlich zu machen. Oft gehen die Diffamierungen zurück, sobald der Fall in einer Zeitung oder im Fernsehen dargestellt wurde.

Haben Ehegatten ein Recht auf Akteneinsicht?

Aus dem Grundsatz des rechtlichen Gehörs, Artikel 103 I GG, steht dem Ehegatten ein Recht auf Akteneinsicht zu. Der Ehepartner kann demzufolge auch Verfahrensbeteiligter sein, wenn er den Antrag auf Beteiligung gestellt hat. Ihm ist Kenntnisnahme sowohl vom Ergebnis als auch von den Ermittlungen in Form von Akteneinsicht zu gewähren. Ehegatten müssen kein besonderes, berechtigtes Interesse zur Begründung der Akteneinsicht vortragen. Jedoch entscheidet das Gericht auch in diesen Fällen nach pflichtgemäßem Ermessen. Das bedeutet, dass die Akteneinsicht auch gegenüber Ehegatten abgelehnt werden kann, wenn wichtige Interessen entgegenstehen. In Betracht kommen in diesem Zusammenhang ein gegebenenfalls bestehendes Geheimhaltungsinteresse des Betreuten und etwaiger Dritter.

Was ist, wenn dem Betreuer das Aufenthaltsbestimmungsrecht zugewiesen wurde und der Betreute bzw. Angehörige des Betreuten den Aufenthaltsort verschleiern?

Der Betreuer muss sich in einem solchen Fall an das Gericht wenden und klären lassen, ob die Durchsetzung des Aufenthaltsbestimmungsrechts richtig ist. In einem solchen Fall wird die Betreuungsentscheidung nochmals überprüft im Hinblick darauf, ob die zwangsweise Durchsetzung des Aufenthaltsbestimmungsrechts im Interesse des Betreuten liegt.

Was ist, wenn Angehörige oder Dritte den zu Betreuenden verstecken?

In einem solchen Fall ist das Betreuungsgericht zuständig. Der Betreuer muss beim Betreuungsgericht einen Antrag stellen, dass der Betreute herausgegeben werden muss. Das Betreuungsgericht wird in einem solchen Fall nochmals in das Betreuungsrecht einsteigen und prüfen, ob die Herausgabe im Sinne und zum Wohl des Betreuten erfolgen muss.

Hier handelt es sich um ein wichtiges Verfahren, weil das Betreuungsgericht auch in diesem Verfahren prüft, ob der Betreuer in der Vergangenheit überhaupt sein Amt korrekt ausgeübt hat. Ganz wichtig ist in diesem Zusammenhang auch, dass dieser Anspruch des Betreuers nur dann durchsetzbar ist, wenn der Betreute aufgrund von Krankheit oder Behinderung gar nicht über seinen Aufenthalt entscheiden kann. Es muss also in diesem Fall wieder eine erneute Interessenabwägung stattfinden.

Können Eltern eines behinderten Kindes verlangen, dass sie gemeinsam als Betreuer bestellt werden?

Die Rechtsprechung geht davon aus, dass aufgrund des Schutzes der Familie nach Artikel 6 GG nach Vollendung des 18. Lebensjahres ein behindertes oder psychisch krankes Kind von beiden Elternteilen vertreten werden sollte. Voraussetzung ist natürlich, dass die Eltern bis zur Entscheidung für das Wohl ihres Kindes zuständig waren und auch diesbezüglich harmonierten.

Haben die Eltern bzw. Kinder ein Beschwerderecht gegen Entscheidungen des Betreuungsgerichts?

Eine grundrechtskonforme Auslegung des § 1897 Abs. 4 BGB, in Verbindung mit § 59, 60 FamFG, gewährt den Kindern/Eltern ein Beschwerderecht.

Muss ein Arzt Ehepartnern oder Angehörigen von Betreuten alles von der Krankheit des Angehörigen oder Ehepartners erzählen bzw. mit ihnen die medizinischen Fragen durchsprechen?

Der Arzt darf ohne Vorliegen einer Entbindungserklärung von der ärztlichen Verschwiegenheitspflicht keinerlei Gespräche über eine medizinische Behandlung führen, weil er zur Verschwiegenheit verpflichtet ist und sich strafbar machen würde. Die Rechtsprechung geht von einer Duldungsvollmacht aus, wenn die Parteien dabei sind und der Betreute es wissentlich duldet, dass der Arzt über die Krankheit spricht.

Kann der Angehörige sich an das Betreuungsgericht wenden und verlangen, dass eine pflichtwidrige Handlung eines Betreuers durch das Gericht verboten wird?

Ja. Der Rechtsanspruch des Angehörigen ergibt sich aus § 1837 BGB. Das Betreuungsgericht führt über die gesamte Tätigkeit des Betreuers und Gegenbetreuers die Aufsicht und hat gegen Pflichtwidrigkeiten durch geeignete Gebote und Verbote einzuschreiten.

Was ist, wenn ein Ehepartner, der die Immobilie allein besitzt, unter Betreuung gestellt wird?

Dieser Fall kann sehr dramatisch sein. Stirbt der alleinige Eigentümer der Immobilie, der unter Betreuung gestellt wurde, dann hängt es davon ab, wer Erbe wird. Tritt gesetzliche Erbfolge ein, hängt es von dem Güterstand ab. Der Ehepartner hat eventuell keine Möglichkeit, seinen Auszug aus der Wohnung zu verhindern, weil Miterben die Versteigerung der Immobilie verlangen können. Für einen derartigen Fall ist dringend empfehlenswert – auch unabhängig davon, ob ein Betreuungsfall vorliegt oder nicht –, dass man sich bei Immobilien auf den Eigentumsanteil des anderen Partners zumindest ein Wohnrecht eintragen lässt.

Bedeutet die Einrichtung einer Betreuung ein Risiko für Immobilien, die Betreute mit dem Lebenspartner haben?

Dieses Risiko ist sehr groß, und es wird meistens übersehen. Hat der Betreute das Eigentum an einer Wohnung beispielsweise allein, und veranlasst der Betreuer, dass der Betreute in ein Altenheim zieht, dann kann es passieren, dass der Lebenspartner die Wohnung verlassen muss, etwa, um für den Erlös die künftigen Betreuungskosten bezahlen zu können.

Wenn bei Lebenspartnerschaften nur einer von beiden Eigentümer der Immobilie ist, empfiehlt es sich, dass der andere ein Nießbrauchrecht bekommt. Wohnrecht ist nicht empfehlenswert, weil das nicht auch die Vermietung bis zum Lebensende erlaubt. Somit hat auch der Lebenspartner eventuell eines Tages keine Möglichkeit, ein etwaiges Pflegeheim aufgrund der Vermietung der Immobilie zu bezahlen. Der Nachteil des Wohnrechts ist auch, dass man nicht fremde Personen in der Wohnung aufnehmen darf.

Kann gegen Entscheidungen in einem Betreuungsverfahren auch die getrennt lebende Ehefrau Beschwerde einlegen?

Nein. Gegen die Entscheidung in einem Betreuungsverfahren hat die getrennt lebende Ehefrau kein Beschwerderecht nach § 303 II Nr. 1 FamFG.

Ist die Ehefrau, die einen Scheidungsantrag gestellt hat, automatisch am Betreuungsverfahren beteiligt, wenn ein Antrag auf Anordnung der Betreuung ihres Ehemannes gestellt wird?

Nein, sie muss beim zuständigen Amtsgericht, bei dem der Antrag auf Betreuung gestellt wurde, beantragen, dass sie am Verfahren beteiligt wird.

Dieser Antrag ist wesentlich, falls z. B. der Ehemann schwerer Alkoholiker ist, der dringend unter Betreuung gestellt werden muss. Die Ehefrau kann dann gegen eine ablehnende Entscheidung, bei der also die Betreuung nicht zulasten des Ehemannes entschieden wurde, keine Beschwerde einlegen, weil sie nicht beschwerdebefugt war.

Welche Rechte bestehen gegenüber einem Rechtspfleger, der sich persönlich gegenüber dem Betreuten oder Angehörigen falsch verhält?

Im Rahmen einer Dienstaufsichtsbeschwerde, die an den Vorgesetzten geht, kann sich der Angehörige über den Rechtspfleger beschweren, wenn er am Verfahren beteiligt ist.

Für den Antrag reicht aus, dass man einen entsprechenden Antrag an das Betreuungsgericht stellt und sich über gewisse Handlungsweisen des Rechtspflegers beschwert, weil beispielsweise das persönliche Verhalten des Rechtspflegers nicht in Ordnung war. Das wäre beispielsweise bei ungehörigem Verhalten eines Rechtspflegers gegenüber einem Betreuten, einem Angehörigen, einem Anwalt oder bei abwertenden Äußerungen eines Rechtspflegers möglich. Aufgrund der großen Belastung der Rechtspfleger sollte hier auch berücksichtigt werden, dass man enge Grenzen bezüglich der Vorwürfe ziehen sollte und nur tatsächliches Fehlverhalten als Anlass für eine Dienstaufsichtsbeschwerde nimmt.

Woraus ergibt sich das Akteneinsichtsrecht der am Betreuungsverfahren Beteiligten?

Das Akteneinsichtsrecht ergibt sich aus § 13 Abs. 1 FamFG:
Die Beteiligten können die Gerichtsakten auf der Geschäftsstelle einsehen, soweit nicht schwerwiegende Interessen eines Beteiligten oder eines Dritten entgegenstehen.

Achtung: Es muss ein Antrag auf Beteiligung im Betreuungsverfahren gestellt werden! Wenn Personen an dem Verfahren nicht beteiligt sind, kann ihnen Akteneinsicht nur dann gestattet werden, soweit sie ein berechtigtes Interesse glaubhaft machen und schutzwürdige Interessen eines Beteiligten oder eines Dritten nicht entgegenstehen.

Muss das Gericht Ehepartner als Betreuer bevorzugt berücksichtigen?

Bei Auswahl eines Betreuers muss das Gericht in erster Linie auch den Ehepartner berücksichtigen. Das Gericht kann nur dann den Ehepartner nicht als Betreuer einsetzen, wenn dem Gericht entsprechende triftige Gründe vorliegen, dass dieser ungeeignet ist und damit eine Auswahl des Ehepartners nicht dem Wohl des Betreuten entsprechen würde.

Können Angehörige sich gegen die Anordnung der zwangsweisen Vorführung des zu Betreuenden durch ein Rechtsmittel wehren?

Nein, an sich gilt in diesem Bereich der Grundsatz der Unanfechtbarkeit. Die Unanfechtbarkeit betrifft alle am Verfahren Beteiligten und den Betreuten, auch Angehörige, sogar unabhängig davon, ob die Vorführung mit der Polizei erfolgte. Wenn allerdings die Anordnung krass rechtsfehlerhaft oder offensichtlich objektiv willkürlich ist, kann sie mit der Beschwerde durch den Betreuten angegriffen werden.

Hat der Miterbe ein Recht auf Akteneinsicht?

Ja. Wenn einer der Miterben unter Betreuung steht, dann ist es für den Miterben ja wichtig, festzustellen, welche Ausgaben und welche Rechtshandlung der Betreuer beispielsweise im Zusammenhang mit einem Mehrfamilienhaus getätigt hat, das den Miterben gehört. Bei der wirtschaftlichen Auseinandersetzung der Erbengemeinschaft sind Rechtsfragen notwendig, die sich eventuell aus der Akteneinsicht klären lassen. Die Miterben haben deswegen ein Akteneinsichtsrecht. Gegen die Genehmigung der Akteneinsicht kann der Betreuer, wenn er diese für ungerechtfertigt hält, Beschwerde einlegen.

Wann sollte ein Angehöriger am Betreuungsverfahren beteiligt sein?

Laut BGH vom 15.2.2012 (XII ZB 133/11) sollte die Beteiligung eines Angehörigen im Interesse des Betroffenen am Verfahren veranlasst werden, wenn sie sachgerecht und verfahrensfördernd ist. Dies dürfte im Regelfall bei Familienangehörigen und Ehepartnern der Fall sein. Gleiches gilt, wenn der Betroffene den Angehörigen als Betreuer vorschlägt. Dann kann davon ausgegangen werden, dass eine Beteiligung des Angehörigen am Betreuungsverfahren ebenfalls im Interesse des Betroffenen liegt. Die Beteiligung des Angehörigen am Verfahren dient auch dem Wohl des Betroffenen. Der Umfang der Hilfsbedürftigkeit des Betroffenen kann am besten von Angehörigen eingeschätzt werden, die in einem konstanten Nähefeld zum Betroffenen stehen.

Warum werden Angehörige als Betreuer nicht ausgewählt?

Oftmals werden Angehörige als Betreuer nicht ausgewählt, weil angeblich die notwendigen Mitwirkungshandlungen nicht zu erwarten sind. Ohne dass Fakten vorgelegt werden, kann aber diesbezüglich der Angehörige, der als Betreuer gewünscht war, nicht abgelehnt werden.

Welchen Auskunftsanspruch haben Erben gegenüber einem Betreuer?

Grundsätzlich haben die Rechtsnachfolger – beispielsweise die Erben – eines Betreuten gegenüber dem Betreuer einen Auskunfts- und Rechenschaftsanspruch gemäß den §§ 1908i, 1890, 1922 BGB. Der Betreuer muss also, wenn sein Betreuungsamt beendet ist, das von ihm für den Betreuten verwaltete Vermögen an die Erben herausgeben, und er muss Rechenschaft ablegen über die Verwaltung des Vermögens.

IV. Betreuer – Aufgaben, Befugnisse, Pflichten

1. Rahmenbedingungen

▌ **Was ist das Hauptproblem der Betreuung in Deutschland?**
Als Verfasser des Buches habe ich mich auf die in Deutschland negativ gelaufenen Betreuungsfälle spezialisiert. Natürlich gibt es hervorragende Betreuer, die einen Großteil ihrer Freizeit – der nicht bezahlt wird – für ihre Betreuungsfälle opfern, weil ihnen letztendlich die Betreuten leidtun. Sie wissen, dass der Staat durch die Pauschalregelung eine völlig unterirdische Regelung getroffen hat.

Es wird nicht nach Leistung bezahlt, sondern nach Kopf oder Fall, egal wie viel Zeitaufwand anfällt. Der Staat hat mit Sicherheit keinerlei Kalkulation, wie viele Stunden von den wenig zu Betreuenden übrig bleiben, um intensiv zu Betreuende betreuen zu können. Der hierfür notwendige Aufwand, teilweise mit der Suche nach Papieren, nach der Krankenversicherung, mit dem Aufräumen von vermüllten Wohnungen, der Übernahme von Betreuungsfällen von psychisch Kranken, Drogensüchtigen oder Alkoholikern, die eine intensive Betreuungszeit benötigen – all das bedeutet, dass viele Betreuer letztendlich oft rund um die Uhr tätig sind – ohne dass sie hierfür bezahlt werden.

Dies ist skandalös und müsste in Deutschland geändert werden. Der Staat hat das Pauschalsystem eingeführt, um letztendlich auf Kosten der Betreuer und der Betreuten Geld zu sparen. Dies ist unglaublich. Empfehlenswert ist das Buch von Irmela Nagel »Ihr Schicksal verwalte ich. Rechtliche Betreuung im Zwielicht«

(ISBN 978-3-8423-4216-3). Sie schildert sehr objektiv und verständlich, welchen Belastungen und Problemen sie als Betreuerin ausgesetzt ist. Wenn Sie mit Betreuung mal etwas zu tun haben wollen bzw. auch private Betreuung übernehmen sollten, sollten Sie dieses Buch lesen.

Was ist die Pauschalbezahlung?

Ab 1.7.2005 wurde durch das zweite Betreuungsrechtsänderungsgesetz das Abrechnungssystem der Betreuer geändert. Die Dauer der Arbeitsleistung der Betreuer für den einzelnen Betreuten, auch die Auslagen, werden nunmehr im Rahmen einer Pauschale bezahlt. Abhängig ist nunmehr die Bezahlung von dem Zeitraum der Betreuung und von der Frage, ob der Betreute in einem Heim lebt oder zu Hause und ob der Betreute vermögend ist.

Zielsetzung des Gesetzes war letztendlich nur, den Behörden zu helfen, da sie nunmehr anhand der Pauschale nicht mehr Einzelabrechnungen prüfen müssen. Ob die jetzige Art der Bezahlung der Betreuer richtig ist, ist mehr als fraglich. Die Betreuer bekommen für schwere Fälle nicht mehr als für leichte bezahlt, sondern leben letztendlich durch das Pauschalsystem von der Summe aller Betreuungsfälle, die sie bearbeiten. Dies dürfte sicherlich nur im Interesse der Staatskasse und nicht im Interesse der Betreuten sein.

Was ist der Nachteil der Pauschalgebühr?

Aufgrund der Pauschalgebühren ist es praktisch unmöglich geworden, zu kontrollieren, ob der Betreuer in einem einzelnen Fall richtig oder falsch, viel oder wenig tätig war und entsprechend der Notwendigkeit der umfangreichen Stundentätigkeit die Stunden überhaupt erbracht hat, da eine Kontrolle der Betreuer durch das Pauschalsystem nicht möglich ist.

Das Pauschalsystem hat zur Folge, dass die Betreuer viele Betreuungsfälle annehmen müssen, um davon leben zu können. Der Berufsverband der Betreuer geht davon aus, dass ein Betreuer mindestens 50 bis 60 Fälle übernehmen muss, um ein vernünftiges Einkommen zu haben. Pro Betreutem heruntergerechnet heißt das, dass dem Betreuer drei Stunden im Monat für einen Heimbewohner bleiben. Diese drei Stunden reichen aber bei Weitem nicht aus, um sich um alle Belange sorgfältig kümmern zu können. Daher bleibt auch nicht viel Zeit, den Betreuten im Heim zu besuchen. Im Wesentlichen verhält es sich bei den Betreuern ähnlich wie bei den Pflegeheimen: Der Zeitdruck wird immer größer, die Angehörigen äußern Kritik oder wollen, dass der Betreuer mehr Zeit mit dem Betroffenen verbringt. Es erfolgt keine Auseinandersetzung mit den eigentlichen Problemen, und der Betreuer spricht ein Besuchsverbot aus, um sich die Angehörigen vom Hals zu halten.

Hat die ehrenamtliche Betreuung Vorrang?

Der Vorrang der ehrenamtlichen Betreuung vor einer berufsmäßig geführten Betreuung wird im § 1897 Abs. 6 BGB betont. Ein Berufsbetreuer soll nur dann eingesetzt werden, wenn die Führung der Betreuung besondere berufliche Fachkenntnisse, Fähigkeiten oder Erfahrungen erfordert.

Um diesem Vorrang ehrenamtlich geführter Betreuungen Geltung zu verschaffen, obliegt dem Berufsbetreuer eine Pflicht zur Mitteilung gegenüber dem Gericht, wenn ihm Umstände bekannt werden, dass die Betreuung auch außerhalb einer Berufsausübung ehrenamtlich geführt werden kann.

Im § 1908 b Abs. 1 BGB wird darauf hingewiesen, dass der Berufsbetreuer zu entlassen ist, wenn durch eine oder mehrere andere Personen außerhalb der Berufsausübung betreut werden kann. Besonders in den Fällen, in denen ehrenamtliche Betreuer den persönlichen Kontakt zu den Betreuten wesentlich besser wahrnehmen können und die sonstigen notwendigen Aufgaben für den Betreuten ohne besonderen Schwierigkeitsgrad erledigt werden können.

Gibt es bestimmte Formalien, die seitens des Gerichts zu beachten sind, um einen Betreuer zu bestellen?

Nein, der Richter kann sogar im Rahmen eines Telefonanrufs den Betreuer bestellen. Die Betreuerbestellung ist wirksam, auch wenn der Betreuer erst später den Betreuungsbeschluss erhält.

Warum werden Berufsbetreuer den ehrenamtlichen Betreuern vorgezogen?

In der Gerichtspraxis können wir feststellen, dass die Gerichte doch lieber auf die Berufsbetreuung zurückgreifen als auf die ehrenamtlichen Betreuer. Hintergrund ist, dass die Berufsbetreuer – so die Information seitens eines Richters an den Verfasser – weniger Arbeit machen als die ehrenamtlichen Betreuer, die mit ständigen Anfragen das Gericht blockieren. Diese Handhabung widerspricht an sich dem Gesetzesgrundsatz, weil der Berufsbetreuer nur dann bestellt werden soll, wenn ein ehrenamtlicher Betreuer nicht vorhanden ist.

Hat der Betreuer die gleiche Stellung wie ein Familienangehöriger?

Nein. Die Betreuung beschränkt sich auf die Besorgung rechtlicher Angelegenheiten des Betreuten, also die Organisation der verschiedenen Aufgabenkreise. Fürsorge und Besuche etc. gehören nicht zu den Pflichten des Betreuers. Er hat im Sinne des § 13 StGB keine Garantenstellung gegenüber dem Betreuten. Das bedeutet, dass der Betreuer sich um die Gefährdung seiner Betreuten nicht kümmern muss.

Um die Bedeutung dieses Paragrafen zu verstehen, hier die sehr wichtige, für viele sicherlich nicht nachvollziehbare Darstellung eines Gerichts in einem konkreten Fall. Dort war eine Anwältin, die als Betreuerin tätig war, angeklagt worden, weil eine von ihr Betreute in ihrer Wohnung von dem Pflegepersonal, das ihr Tabletten bringen sollte, nicht kontrolliert wurde und nach 14 Tagen erst schwer krank gefunden wurde und dann starb. Die Anwältin wurde freigesprochen, weil eben das Gericht in der Entscheidung erklärte, dass die Betreuerin im Sinne des § 13 StGB nicht die Pflicht hat, dafür einzustehen, dass die Betreute ungefährdet bleibt.

Wer führt die Aufsicht über die Betreuer in Deutschland?

Unabhängig davon, ob die Betreuer ehrenamtlich oder beruflich das Betreuungsamt durchführen, unterstehen sie der Kontrolle des jeweilig zuständigen Rechtspflegers bei dem Betreuungsgericht, durch das der Betreuer als Betreuer benannt wurde. Aufgrund der großen Anzahl der Fälle, die bei den meisten Gerichten anhängig sind, kann man davon ausgehen, dass der Rechtspfleger 800 bis 1000 Fälle bearbeiten muss bzw. auch Betreuer kontrollieren sollte.

Muss die Betreuungsbehörde zur Bestellung eines Betreuers eine Erklärung abgeben?

Ja. Nach § 279 II FamFG muss der Betreuungsrichter vor der Entscheidung über das Betreuungsverfahren die Stellungnahme der Betreuungsbehörde einholen.

2. Ausbildungsprofil

Welche Betreuerarten gibt es in Deutschland?

Nach dem Gesetz (§ 1897 BGB) gibt es zwei Gruppen von Betreuern: Einmal können natürliche Personen Betreuer werden. Das sind entweder Einzelpersonen, die als ehrenamtliche Betreuer tätig werden – meistens Familienangehörige. Es gibt aber auch Berufsbetreuer, die im Rahmen eines richtigen Berufes Betreuer werden. Es gibt aber auch Mitarbeiter von juristischen Personen, die die Betreuung übernehmen können. Die Gruppe der Mitarbeiter der juristischen Personen unterteilt sich wieder in Vereinsbe-

treuer und Behördenbetreuer. Anstelle der natürlichen Personen
können auch juristische Personen Betreuer werden, wie ein
Betreuungsverein oder eine Betreuungsbehörde/-stelle.

Was ist ein Vereinsbetreuer?

Vereinsbetreuer werden nur ausgewählte Mitarbeiter eines anerkannten Betreuungsvereins. Diese Mitarbeiter müssen ausschließlich oder teilweise als Betreuer tätig sein. Voraussetzung für den
Vereinsbetreuer ist, dass er im Rahmen eines Dienst- oder Arbeits-
verhältnisses bei dem Betreuungsverein angestellt ist.

Wann sollte ein Berufsbetreuer ausgewählt werden?

Nicht jede rechtliche Betreuung kann durch ehrenamtliche
Betreuer geführt werden, sodass auf die Bestellung von beruflich
tätigen Betreuern nicht verzichtet werden kann.

Die Berufsbetreuer werden von der Betreuungsbehörde vorgeschlagen und in ihrer Tätigkeit gefördert und unterstützt. Die
Betreuungsbehörde hat eine Lenkungsfunktion zur Qualitäts-
sicherung der beruflich geführten Betreuungsarbeit.

Kriterien für die Bestellung eines Berufsbetreuers können sein:

- Betreuungen für psychisch kranke Menschen
- Schwierige, altersdemente Personen
- Komplexe medizinische Fragestellungen
- Schwieriges Umfeld
- Ständige Verschiebung der Problembereiche
- Unklare Betreuungsprognose
- Neigung zu Gewalt
- Komplexe Vermögensverwaltung
- Interessenkollision.

Wer kann alles Berufsbetreuer werden?

Als Berufsbetreuer muss man keine spezielle Ausbildung haben,
da ein Ausbildungsprofil in Deutschland fehlt. Vornehmlich

besteht die Gruppe der Berufsbetreuer aus Rechtsanwälten, Soziologen, Theologen, Sozialarbeitern, Sozialpädagogen oder im Gesundheitswesen ausgebildeten Personen.

Welche Eignung benötigt man als Berufsbetreuer?

Im § 1897 BGB wird zwar darauf hingewiesen, dass das Gericht nur eine Person auswählen soll, die für eine Berufsbetreuung geeignet ist. Allerdings gibt es überhaupt keine gesetzliche Definition, wann eine Person geeignet ist. In einschlägigen Kommentaren zu der »Geeignetheit« werden nur schwammige Ausführungen gemacht. Man kann die Geeignetheit nur prüfen im Zusammenhang damit, welche Aufgabe der Betreuer wirklich hat: im Rahmen des Aufgabenbereichs, den er vom Gericht bekommt, die rechtliche Vertretung zu übernehmen. Sicherlich muss er auch die intellektuellen und sozialen Fähigkeiten haben, derartige wichtige Aufgaben zu übernehmen. Er muss allerdings auch die persönliche Fähigkeit haben, gerade Problemfälle psychisch auszuhalten und zu verstehen.

Das Problem, das das Betreuungsrecht nach wie vor hat, ist, dass keine ordnungsgemäße Ausbildung für Betreuer in Deutschland existiert. Die Situation ist völlig unglaublich. Gerade die wichtigen Aufgabenbereiche wie Gesundheitsversorgung, Fürsorge, Vermögensverwaltung, aber auch Aufenthaltsbestimmungsrecht werden unter Umständen Personen übergeben, denen jegliche fachliche Eignung fehlt. Oftmals ist auch für die Entscheidung ein fachliches Wissen des Richters notwendig. Im Einzelfall kann dieses auch fehlen.

Die Probleme des Betreuungsrechts liegen in erster Linie an der fehlenden fachlichen Ausbildung der Betreuer und der fehlenden Information in der Öffentlichkeit über die tatsächliche Tätigkeit des Betreuers.

Wann ist man im Sinne des Gesetzes geeignet, Betreuer zu werden?

Unabhängig von der Staatsangehörigkeit ist jede natürliche Person in Deutschland geeignet, Betreuer zu werden. Kriterien, die seitens der Gerichte hier kontrolliert werden sollten, sind natürlich die intellektuellen und sozialen Fähigkeiten. Auch die persönlichen und finanziellen Lebensumstände und die berufliche Auslastung müssten theoretisch kontrolliert werden. Allerdings sagen die einzelnen Kommentare hierzu auch, dass Spezialwissen nicht erforderlich ist. Nach welchen Kriterien die Richter Betreuer aussuchen, ist im Einzelfall oft nicht nachvollziehbar und überhaupt nicht transparent.

Besser wäre es, wenn die entsprechende Position öffentlich ausgeschrieben würde und die Verfahren auch öffentlich wären, damit man weiß, wie viele Betreuungsfälle und Qualifikationen jemand hat. Vielleicht wäre auch gut, die Kritikpunkte der Angehörigen bei vergangenen Betreuungen zu überprüfen. Im Übrigen wird das Verlangen nach fachlichen Qualifikationen regelmäßig abgelehnt mit der Begründung, dass man ja nie wisse, welche Qualifikation in dem Betreuungsfall notwendig sei. Aber kann das eine Rechtfertigung dafür sein, dass der gesetzliche Weg an sich überhaupt keine grundsätzliche Qualifikationsanforderung verlangt!?

Was ist das Anforderungsprofil für beruflich tätige rechtliche Betreuer?

Die Auswahl der Betreuer hat der Gesetzgeber 1992 dem pflicht gemäßen Ermessen des Vormundschaftsgerichtes überlassen. Das Vormundschaftsgericht soll bei der Auswahl der Betreuer die Unterstützung der Betreuungsbehörde in Anspruch nehmen. Da der Gesetzgeber keine Kriterien für die Eignung zum rechtlichen Betreuer festgelegt hat, bedarf es aber normklarer und einheitlicher Kriterien der Betreuungsbehörden/-stellen zur Eignung und Auswahl von beruflich tätigen Betreuern sowie fachlicher Standards der Berufsbetreuung.

Die gesetzlichen Ansprüche an die Qualität von Betreuungsarbeit sind im Wesentlichen in den §§ 1836, 1897, 1901 und 1908 b BGB geregelt.

Ein wichtiger Anspruch für die Arbeit des Betreuers ergibt sich aus § 1897 1 BGB; danach muss die zum Betreuer bestellte Person geeignet sein, in dem gerichtlich bestimmten Aufgabenkreis die Angelegenheiten des Betreuten zu besorgen und ihn hierbei im erforderlichen Umfang persönlich zu betreuen.

Weitere gesetzliche Ansprüche an die Qualität von Betreuungsarbeit ergeben sich aus dem § 1901 BGB. Nach diesen Vorschriften hat der Betreuer die Angelegenheiten des Betreuten so zu besorgen, wie es dessen Wohl entspricht. Dabei gehört nach § 1901 II BGB zum Wohl des Betreuten auch die Möglichkeit, im Rahmen seiner Fähigkeit sein Leben nach seinen eigenen Wünschen und Vorstellungen zu gestalten. Der Betreuer muss also zulassen können, dass der Betreute sein Leben nach anderen Vorstellungen und Grundsätzen gestaltet, als er selbst oder die Allgemeinheit es tut.

Die Fähigkeit und die Bereitschaft des Betreuers, unter Beachtung der Würde und Vorstellungen des Betreuten persönlich zu betreuen, stellen einen wichtigen Standard der rechtlichen Betreuung dar.

Des Weiteren wird von einem Betreuer erwartet, dass er gem. § 1901 Abs. 4 BGB alle Möglichkeiten nutzt, die Krankheit oder Behinderung des Betreuten zu beseitigen, zu bessern, ihre Verschlimmerung zu verhindern oder ihre Folgen zu mindern.

Eine solche Förderung setzt voraus, dass der Betreuer Verständnis und Fachwissen bzgl. der Erkrankung bzw. Behinderung seines Betreuten besitzt.

Welche Anforderungen an berufliche Betreuung ergeben sich aus dem gewandelten Aufgabenverständnis des Betreuungsrechts?

Aus dem gewandelten Aufgabenverständnis des Betreuungsrechtes ergeben sich andere und höhere Anforderungen an die Fähigkeit eines Betreuers. Das Anliegen des Betreuungsrechtes ist, dass sich der Betreuer an den persönlichen Bedürfnissen und Notlagen, aber auch an den Fähigkeiten des einzelnen Betreuten zu orientieren hat. Eine wirksame Hilfe setzt voraus, dass der Betreuer in der Lage ist, die individuellen Bedürfnisse der Betreuten wahrzunehmen und deren Defizite und Probleme aufzufangen. Dabei soll der Betreuer dem Grundsatz der persönlichen Betreuung entsprechend den Wünschen eines erheblich kommunikationsbeeinträchtigten Menschen aus dessen Perspektive und Lebenswelt wahrnehmen. Er muss deshalb die Fähigkeit haben, eigene Emotionen und Lebensnormen mit der notwendigen Distanz zu reflektieren, statt sie einem anderen Menschen »überzustülpen«.

Welche Auswahlkriterien gibt es?

Nach § 1897 Abs. 7 Satz 2 BGB sind als Voraussetzung für die Bewerbung eines Berufsbetreuers nur ein polizeiliches Führungszeugnis und eine Auskunft aus dem Schuldnerverzeichnis vorzulegen. Das Forschungsinstitut Betreuungsrecht der Kester-Haeusler-Stiftung geht davon aus, das dies zu wenig ist.

- Warum wird die Bewerbung nicht öffentlich ausgeschrieben?
- Warum findet nicht eine Prüfung statt?
- Die gesetzlichen Voraussetzungen für das Amt des Berufsbetreuers, der doch enorme Pflichten und Aufgaben hat, sind viel zu gering.

Welche Berufskenntnisse sollte ein Betreuer haben?

Berufliche Voraussetzungen:

In der Regel sollen beruflich tätige rechtliche Betreuer über nutzbare Fachkenntnisse und über ein abgeschlossenes einschlägiges Studium an einer Fachhochschule oder einer Universität verfügen. In begründeten Ausnahmefällen können auch Personen anerkannt werden, die über keinen Hochschulabschluss verfügen.

In erster Linie kommen Angehörige folgender Berufsgruppen in Betracht:

- Dipl.-Sozialarbeiter
- Dipl.-Sozialpädagoge
- Dipl.-Verwaltungswirt
- Jurist mit zweitem Staatsexamen
- Dipl.-Betriebswirt bzw. -Kaufmann
- Dipl.-Pädagoge
- Dipl.-Psychologe.

Alle beruflich tätigen rechtlichen Betreuer sollten sich regelmäßig fortbilden und an Supervision teilnehmen, z. B. bei Fortbildungsveranstaltungen der Betreuungsbehörden oder anderer Institutionen.

Welches Berufsbild ist für die Betreuung notwendig?

Im Jahre 2003 wurde das Berufsbild der Betreuer formuliert. Ein Satz daraus lautet:

Berufsbetreuer erbringen als Vertrauenspersonen des fürsorgenden Staates aufgrund ihrer besonderen persönlichen, fachlich-methodischen und rechtlichen Qualifikationen persönlich, eigenverantwortlich und fachlich unabhängig geistig-ideelle Leistungen im gemeinsamen Interesse ihrer Betreuten und dem Allgemeinwohl.

Ein Ausbildungsprofil gibt es in diesem Berufsbild nicht. Es gibt auch keine entsprechenden Überprüfungen im Rahmen der Auswahl der Betreuer bei Gericht und auch keine Erfahrungswerte bei den Richtern, die letztendlich auch in diesem Bereich geschult werden müssten, ob die Betreuer diese Ausbildungsqualifikationen überhaupt haben.

Das Berufsbild der Berufsbetreuer ist nach wie vor rechtlich nicht geregelt. Dies ist unerhört, wenn man bedenkt, welche Aufgabenbereiche dem Berufsbetreuer zustehen. Das Berufsbild ist auch deswegen beschädigt worden, weil die Berufsbetreuer nicht nach der tatsächlichen Leistung im einzelnen Fall bezahlt werden, sondern nach einer Pauschale. Nicht die Leistung führt zu einem höheren Einkommen, sondern die Anzahl der Betreuten, was letztendlich völlig abwegig ist. Im Klartext bedeutet dies, wenn ein Berufsbetreuer 25 Patienten betreut, dann verdient er weniger, als wenn er 100 Betreute hat. Der Verdienst kann also nicht durch die Qualifikation und die bessere Tätigkeit erhöht werden, sondern durch die Anzahl der Betreuten!

Kann auch ein Ausländer Betreuer werden?

In Deutschland kann auch jeder Ausländer Betreuer werden. Er ist wie jeder andere vom Betreuungsgericht Ausgewählte sogar verpflichtet, die Betreuung zu übernehmen, wenn er zur Betreuung geeignet ist und ihm die Übernahme unter Berücksichtigung seiner familiären, beruflichen und sonstigen Verhältnisse zugemutet werden kann (§ 1898 Abs. 1 BGB).

Dürfen Heimmitarbeiter auch Betreuer werden?

Nicht nur Mitarbeiter von Seniorenheimen sind davon ausgeschlossen, als Betreuer bestellt zu werden. Auch eine Person, die in einem Abhängigkeitsverhältnis oder in einer anderen engen Beziehung zu einer Anstalt, einem Heim oder einer sonstigen Einrichtung steht, in der der betreute Mensch untergebracht werden soll, darf nicht als Betreuer tätig werden.

Daran ändert sich auch nichts, wenn der Betroffene es selbst wünscht, da er eine Person besonders als Betreuer bevorzugen würde. Dieser Ausschluss betrifft im Übrigen auch nahe Angehörige desjenigen, der unter Betreuung gestellt werden soll, die in der entsprechenden Einrichtung beschäftigt sind. Die einzige

Ausnahme hat soweit erkennbar das Bundesverfassungsgericht zugelassen. Bei diesem Fall hatte das Gericht für die Mutter als Betreuerin entschieden, die im gleichen Heim wie ihr Kind, das unter Betreuung stand, arbeitete.

3. Aufgabenbereich

In welchen Bereichen wird der Berufsbetreuer oder ehren-amtliche Betreuer tätig?

Im Einzelnen kann dies hier nicht genau definiert werden, weil sich die Bereiche aus der Situation des zu Betreuenden ergeben. Die üblichen Bereiche sind:

1. Personensorge
2. Vermögenssorge
3. Gesundheitssorge
4. Post
5. Telefon.

Diese Bereiche können sich aber verändern, wenn bestimmte Aufgabenbereiche notwendig sind, die von den üblichen fünf Gruppen nicht erfasst werden. Es entscheidet also immer der Einzelfall, ob der zu Betreuende in einem Bereich nicht in der Lage zu handeln ist, und diesen Bereich kann der Richter, wenn die Notwendigkeiten und Voraussetzungen gegeben sind, dem Betreuer als Aufgabe übertragen. Es gibt allerdings auch Aufgaben, die hier gar nicht schriftlich erwähnt werden müssen, weil sie sich aus der Rechtsnatur der Betreuung als rechtliche Vertretung für den Betreuten ergeben. Hierunter fallen beispielsweise die Abschlüsse von Krankenhausverträgen, Arztverträgen, die Auflösung von Mietverträgen, soweit die gerichtliche Genehmigung vorliegt, der Verkauf von Immobilien, soweit die Genehmigung vorliegt, etc.

Der Betreuer ist der gesetzliche Vertreter – was heißt das?

Der Betreuer ist bekanntlich der gesetzliche Vertreter des Betreuten. Der Ausdruck »gesetzlicher Vertreter« ist nach meiner Ansicht falsch, weil er irreführend ist und auch international teilweise heftig kritisiert wird. Im deutschen Recht bedeutet nämlich der gesetzliche Vertreter bei minderjährigen Kindern beispielsweise, dass die Eltern nicht die Entscheidung des Kindes vertreten, sondern für das Kind die Entscheidung treffen. Der gesetzliche Betreuer trifft aber nicht eigenmächtig Entscheidungen für den Betreuten, sondern sollte (?) die Selbstbestimmung, den Willen des Betroffenen erkennen, dementsprechend handeln oder diesen durchsetzen und nach außen kommunizieren. Es sollte kein System der Fremdbestimmung geschaffen werden, sondern ein System der Selbstbestimmung.

Welche Interessen hat der Betreuer zu vertreten?

Der Betreuer darf nur die Interessen des Betroffenen vertreten. Fordert jemand den Betreuer auf, Drittinteressen gegenüber dem Betreuten geltend zu machen, ist dies unzulässig bzw. darf der Betreuer auf dieses Verlangen nicht reagieren.

Ist der Betreuer als rechtlicher Vertreter nur für Rechtsverträge zuständig oder auch in anderen rechtlichen Bereichen?

Der Betreuer ist für alle Rechtsangelegenheiten und Rechtsgeschäfte des Betreuten (wenn er dafür bestimmt worden ist) zuständig und, was ganz wichtig ist, auch für die Ausführungen und Wahrnehmungen der Rechte des Betreuten. Dies bedeutet, dass der Betreuer die Rechte des Betreuten gegenüber den Familienangehörigen, Heimen oder Krankenhäusern geltend machen muss. Entscheidend ist, für welche Bereiche der Betreuer bestellt wurde. Wurde er für die ärztliche Versorgung, für Vermögen und Aufenthalt bestellt, so ist er in diesen Bereichen auch für die Auslegung und Wahrung der Rechte des Betreuten zuständig.

Darf der Betreuer Bestattungsvorsorgeverträge abschließen?

Der Betreuer darf nur Bestattungsvorsorgeverträge für den Betreuten abschließen, wenn er dazu die Sondergenehmigung des Betreuungsgerichts bekommen hat.

Welchen Umfang hat die Betreuungstätigkeit?

Der Betreuer muss den Wünschen des Betreuten entsprechen. Vor Erledigung wichtiger Angelegenheiten sollte er sich mit ihm besprechen, sofern dies dessen Wohl nicht zuwiderläuft. Er hat nach § 1901 Abs. 4 BGB innerhalb der ihm übertragenen Angelegenheiten dazu beizutragen, dass Möglichkeiten genutzt werden, die Krankheit oder Behinderung des Betreuten zu beseitigen, zu bessern, ihre Verschlimmerung zu verhüten oder Folgen zu mildern. Sehr wichtig sind der Rahmen bzw. die Grenzen, die das Gesetz für den Betreuer aufzeigt. Der Betreuer hat mitzuwirken, dass die Betreuung immer (nur) im erforderlichen Ausmaß besteht und hierfür maßgebliche Umstände dem Vormundschaftsgericht mitgeteilt werden (§ 1901 Abs. 5 BGB).

Welche Aufgaben umfasst die Gesundheitssorge, die ein Betreuer hat?

Gesundheitssorge umfasst alle Bereiche der Medizin, das heißt, innerhalb dieses Aufgabenkreises hat sich der Betreuer in jeder Hinsicht um die gesundheitlichen Belange des Betreuten zu kümmern. Er muss diese Aufgaben und Pflichten ggf. auch an entsprechend ausgebildete Berufsträger übertragen.

a) *Die Inanspruchnahme von Leistungen der Gesundheitsfürsorge, sei es ärztliche oder andere Beratung, sei es die Versorgung mit Medikamenten.*

b) *Die Einwilligung in eine ärztliche Behandlungsmaßnahme.*

c) *Das Einverständnis mit einem Klinikaufenthalt zwecks Durchführung einer medizinischen Maßnahme.*

d) Der Abschluss eines Behandlungsvertrages.

*e) Die Sicherstellung der zur Finanzierung ärztlicher oder pflege-
rischer Maßnahmen erforderlichen Versicherung.*

Die Entscheidungskompetenz ist enorm. Man muss hier immer
wieder darauf hinweisen, dass viele Betreuer nicht die entsprechenden Kenntnisgrundlagen für die Fragen haben, die hier
angesprochen werden. Es empfiehlt sich daher dringend, von-
seiten der Personen, die den Betreuten unterstützen, Spezialisten
hinzuzuziehen, wenn Entscheidungen aus dem Gesundheitsbereich zu treffen sind.

Was macht ein Betreuer im Bereich Gesundheitssorge?

Im Bereich der Gesundheitssorge muss der Betreuer mit den
Ärzten die bestmögliche Behandlung absprechen. Natürlich
muss er vorher auch die Risiken einer Behandlungsmethode
oder einer Operation besprechen. Auch etwaige Reha-Maßnah-
men nach der Operation muss der Betreute besprechen. Gerade
bei einem erkrankten Betreuten, der mit der gesundheitlichen
Versorgung Probleme hat, ist der Betreuer besonders gehalten,
auch auf persönlichen Kontakt mit dem Betreuten zu achten. Er
muss sich auch über die Versorgung und Pflege im häuslichen
Bereich ein Bild machen.

Wann ist ein Betreuer für ärztliche Maßnahmen
notwendig?

Vorab muss gesagt werden, dass jede Art von ärztlichen Maßnahmen immer der Genehmigung bzw. Einwilligung des Patienten bedarf. Ist der Patient nicht unter Betreuung gestellt worden, dann muss er selbst entscheiden. Kann er aufgrund der
schweren Verletzung oder aufgrund der Demenz die entsprechende Entscheidung nicht mehr treffen, dann muss ein
Betreuer bestellt werden, oder der Bevollmächtigte hat die Entscheidungen zu treffen. In einem derartigen Fall darf der Arzt

ohne Erklärung, dass der Betreuer oder der Bevollmächtigte zustimmt, nicht tätig werden. Die Einschätzung, ob dieser Fall vorliegt, ist sehr kompliziert. Nicht ausreichend ist, dass beispielsweise der Patient nicht mehr geschäftsfähig ist. Entscheidend ist, ob der Patient die Fähigkeit hat, die Handlungen, die getätigt werden sollen, noch zu erkennen. Voraussetzung ist allerdings, dass der behandelnde Arzt der entsprechenden notwendigen Aufklärungspflicht nachkam und der Patient diese auch verstehen konnte.

Können die Ärzte aufgrund der Patientenverfügung die Zustimmung zu der entsprechenden Behandlung erkennen, dann ist die entsprechende Genehmigung des Vollmachtnehmers nicht mehr notwendig. Es hängt von dem Inhalt der Vorsorgevollmacht ab, dass eine derartige Situation nicht eintritt, weil die Praxis gezeigt hat, dass oftmals gerade deswegen Ärzte sich oft nur an die Patientenverfügung halten und den Bevollmächtigten »vor der Tür stehen lassen«. Empfehlenswert ist daher eine Kombination zwischen Patientenverfügung und Vorsorgevollmacht, nämlich in der Weise, dass die Behandlungswünsche aus der Patientenverfügung mit dem Bevollmächtigten auch entsprechend besprochen werden müssen.

Wann benötigt der Betreuer bei medizinischen Eingriffen die Genehmigung des Gerichts?

Wenn die medizinisch angezeigte ärztliche Maßnahme die begründete Gefahr beinhaltet, dass der Betreute aufgrund dieser Maßnahme stirbt oder einen schweren gesundheitlichen Schaden erleidet, muss der Betreuer vorher die gerichtliche Genehmigung einholen. Problematisch ist allerdings, wie der Betreuer dies überhaupt merken soll, wenn der Arzt ihn hierüber nicht aufklärt und der Betreuer auch den Arzt nicht diesbezüglich fragt. Eine Genehmigung ist allerdings dann nicht erforderlich, wenn der behandelnde Arzt und der Betreuer sich einig sind, dass die geplante Maßnahme vom Willen des Patienten gedeckt ist (Vier-Augen-Prinzip).

Diesen nachzuweisen ist allerdings schwierig, wenn der Patient nicht mehr entsprechend äußerungsfähig ist. Hier kann oft eine Patientenverfügung helfen. Liegt diese nicht vor, weil der Inhalt beispielsweise unwirksam ist, dann gilt es, den mutmaßlichen Willen des Patienten evtl. auch durch Befragung Dritter zu erforschen. Entscheidend sind dann für die Genehmigung des Gerichts auch frühere Erklärungen, die der Schwerkranke innerhalb der Familie oder gegenüber Dritten gemacht hat.

Welche Pflicht hat der Erbe bei Tod des Betreuers?

Die Pflicht ergibt sich aus § 1894 BGB. Danach muss der Erbe den Tod des Betreuers dem Betreuungsgericht unverzüglich anzeigen. Dies gilt auch bezüglich eines Todes des Gegenbetreuers oder Mitbetreuers.

Was ist, wenn der Betreuer Rechtsanwaltsgebühren nicht bezahlt?

Immer wieder sind in der Praxis Fälle bekannt geworden, dass Betreuer einfach die Vertretung des Betreuten durch einen Rechtsanwalt für das anwaltliche Stellen eines Antrags auf Aufhebung der Betreuung dadurch verhindern, dass sie die finanziellen Mittel verweigern. Eine derartige Verweigerung ist eine Pflichtverletzung des Betreuers. Bei einem derartigen Fall sollte man auch Anregung stellen, den Betreuer abzulösen.

Was ist in Notfällen, wenn eigentlich eine Entscheidung des Betreuungsgerichts notwendig ist, der Betreuer das Gericht aber nicht erreichen kann und die Entscheidung treffen muss?

Im Notfall, den er nachweisen muss, kann er eine notwendige gerichtliche Entscheidung selbst treffen. Er muss allerdings die gerichtliche Entscheidung einholen, wenn die angeordnete Maßnahme länger als zwei Tage dauert.

Kann der Betreuer auch die Besuchszeiten des Betreuten oder der Betreuten im Altenheim/Klinik festlegen?

Ja. Ich dokumentiere im Anhang »Hinweise und Musterentscheidungen« eine Entscheidung des Amtsgerichts Wolfenbüttel. In dieser wurde entschieden, dass die Tochter die Mutter nur in den Zeiten besuchen kann, die der Betreuer festgelegt hat. Das Gericht, das den Beschluss erlassen hat, und auch die Beschwerdeinstanz hielten die Regelung für richtig. Sie war mit medizinischen Gründen erklärt worden. Gleichzeitig wurde ein Zwangsgeld von bis zu 50 000 – damals – DM angedroht.

Ist es gesetzlich geregelt, was der Betreuer zu veranlassen hat, wenn der Betreute gestorben ist?

Es gibt hier keinerlei gesetzliche Regelungen, was oft auch zu Unklarheiten führt. Der Betreuer ist auch nicht verpflichtet, irgendwelche Schritte zur Beerdigung des Betreuten zu übernehmen. Er muss seinen Betreuerausweis zurückgeben und einen Schlussbericht einreichen (§ 1803 II 1, § 1840 I BGB).

Für welche Verträge benötigt der Betreuer die Genehmigung des Betreuungsgerichts?

Für bedeutsame Verträge oder Geschäfte wie beispielsweise Verfügungen über Erbteile, langfristige Verträge, die Aufnahme eines Kredits oder solche, die die Übernahme von Fremdverbindlichkeiten als Bürge oder Mitschuldner beinhalten. Im Einzelfall sollte immer ein Rechtsexperte, der diesen Fall bearbeitet, prüfen, ob der Betreuer überhaupt im Rahmen seiner übertragenen Aufgaben handeln durfte.

Kann der Betreuer aufgrund des Betreuungsbeschlusses gegen Bußgeldbescheide Einspruch einlegen?

Dies hängt davon ab, welchen Aufgabenkreis ihm das Gericht übertragen hat. Zumindest sollte ein Rechtsvertreter, der in dieser Angelegenheit die Überprüfung vornimmt, dies klären. Die Rechtsprechung ist nicht ganz einheitlich, ob eine ausdrückliche Vertretung in Bußgeldsachen oder Strafsachen in dem Betreuerbestellungsbescheid enthalten sein muss, oder ob es ausreichend ist, den Aufgabenkreis für allgemeine Behördenaufgaben zu haben.

Wer stellt im Erbrechtsfall den Erbscheinsantrag – der Betreute oder der Bevollmächtigte?

Den Erbscheinsantrag muss der Betreuer stellen, falls der Betreute nicht mehr in der Lage ist, eine entsprechende Entscheidung zu treffen bzw. die Willensentscheidung hierfür nicht mehr hat. Auch zur Abgabe der eidesstattlichen Versicherung für den Betreuten ist der Betreuer verpflichtet. Ein Vorsorgebevollmächtigter kann den Vollmachtgeber ebenfalls bei der Abgabe der eidesstattlichen Versicherung vertreten, vorausgesetzt, er ist durch die Vollmacht dazu befugt. Eine Verpflichtung hierzu besteht für den Bevollmächtigten jedoch nicht.

Darf der Betreuer auch die Post des Anwalts lesen, wenn er den Aufgabenkreis »Entgegennahme der Post« vom Gericht übertragen bekommen hat?

In der Übertragung der Befugnisse zur Entgegennahme, zum Öffnen und Anhalten der Post eines Betreuten auf den Betreuer ist auch das Recht des Betreuers enthalten, die Post des Anwalts, Pfarrers oder Steuerberaters zu lesen – egal, in welchem Zustand sich der Betreute befindet – egal, ob er geschäftsfähig oder nicht geschäftsfähig ist.

Ein Rechtsanwalt, Steuerberater oder Geistlicher unterliegt der

Verschwiegenheitspflicht. Der Betreuer unterliegt keiner Verschwiegenheitspflicht. Inwieweit der Betreuer dann die Inhalte der Post weitergeben darf, ist oft fraglich. Das rechtliche Gut der Schweigepflicht eines Rechtsanwalts wird dadurch verletzt. Hier liegt ein Mangel des Gesetzes vor.

Hat der Betreuer eine Schweigepflicht?

Nein. Leider ist diese Schweigepflicht des Betreuers nirgendwo geregelt. Der Betreuer erhält in jedem Betreuungsfall Daten, Fakten und Informationen, die auch den intimen und den persönlichen Bereich des Betreuten betreffen. Oft werden diese Daten weitergegeben, weil der Betreuer nicht der Schweigepflicht unterliegt. Hier liegt ein Fehler im Gesetz vor, da die gesetzliche Schweigepflicht nicht eingeführt wurde.

Kann die Rechnungslegungspflicht vor rechtswidrigen Vermögensaktionen des Betreuers schützen?

Nein, in einer Fernsehsendung hat ein Richter einmal erklärt, dass Rechnungslegungen nur rein rechnerisch geprüft werden. Die Frage, wie viel Geld wohin transferiert worden ist, ist aufgrund des personellen Aufwandes gar nicht überprüfbar. In dem Fall, zu dem der Richter in der Fernsehsendung interviewt wurde, hat der Betreuer über eine fiktive Firma das Geld an sich weitergeleitet.

Warum besuchen Betreuer die Betreuten nicht öfter?

Die Antwort ist einfach: weil dies an dem Abrechnungssystem der Betreuer für ihre Tätigkeit liegt. Wenn der Betreuer, der eine Pauschale im Jahr erhält, wöchentlich einmal den Betreuten besuchen würde, würde die Pauschale nur für die Besuche verwendet werden müssen. Der Betreuer würde an sich für seine sonstige Tätigkeit nichts bekommen. Das Bezahlsystem ist so unmöglich, dass deswegen kein Anreiz für die Betreuer, die

Betreuten öfter zu besuchen, gegeben ist. Selbst wenn eine entsprechende Pflicht zwar nicht im Gesetz, aber vielleicht doch aus moralischen Gründen besteht – letztendlich würde der Betreuer dann erheblich draufzahlen.

Sind Besuchsverbote durch Betreuer zulässig?

Nicht nur die Pflegeheime können Familienmitglieder und Freunde davon abhalten, die Betroffenen zu besuchen. Ein Besuchsverbot kann genauso von einem Betreuer ausgesprochen werden.

Ein Betreuer muss sich grundsätzlich an den Willen des Betreuten halten. Diese Pflicht gilt für alle Aufgabenbereiche, für die eine Betreuung angeordnet worden sind. Dennoch werden häufig die Wünsche der Betreuten übergangen, die dann selbst nicht wissen, was mit ihnen passiert. Die Betroffenen fügen sich in ihr Schicksal und wehren sich nicht gegen die Vorkommnisse.

Allgemein bietet das Mittel des Besuchsverbots auch einigen Raum für Missbrauch. Oft genug werden Fälle bekannt, in denen der Betreuer den Angehörigen ein Besuchsverbot erteilt, um den Betroffenen zu isolieren.

Die Betreuer nutzen in diesem Zusammenhang die Macht, die ihnen durch die Bestellung zum Betreuer übertragen wurde. Viele dieser Betreuer sind Berufsbetreuer, die mit möglichst wenig Zeitaufwand möglichst viele Fälle übernehmen wollen, die sie aber vom Schreibtisch aus erledigen. Die Angehörigen fordern teilweise dann mehr Mitspracherecht, was der Betreuer ihnen durch Besuchsverbote und Informationssperren verweigert. Oftmals bemerkt der Betroffene auch, dass etwas nicht stimmt, und versteht die Abwesenheit der nächsten Angehörigen nicht. Dies führt dazu, dass die Betroffenen unruhig werden. Diese Verhaltensauffälligkeiten werden dafür genutzt, weiter Besuche von Angehörigen zu unterbinden. Von dem Besuchsverbot betroffen sind meist die nächsten Angehörigen, die die engsten Kontakte zu den Betroffenen haben und auch am ehesten auf deren Wünsche eingehen können.

Des Weiteren nutzen Betreuer oft Informationen von Dritten, um die Angehörigen von den Betroffenen fernzuhalten. Behauptungen von Pflegediensten, wie etwa Inkontinenzspuren oder laute Gespräche (bei Schwerhörigkeit allerdings unvermeidbar) sind ein Beispiel.

Eine Betreuung darf grundsätzlich nur für die Bereiche eingerichtet werden, für die sie notwendig ist. Insofern gilt im Betreuungsrecht der verfassungsrechtliche Grundsatz der Verhältnismäßigkeit. Damit ein Betreuer über Besuche beim Betreuten entscheiden darf, muss ihm der Aufgabenkreis des Umgangsrechts übertragen worden sein. Dieser ist aber dem gesamten Bereich der Personensorge zuzuordnen, sodass schließlich ein Betreuer nur Besuchsverbote aussprechen darf, wenn er den Aufgabenkreis »alle Angelegenheiten« übertragen bekommen hat.

Damit der Betreuer über den Umgang des Betroffenen entscheiden kann, müssen mehrere Voraussetzungen vorliegen.

Zunächst ist die Bestimmung des Umgangs durch den Betreuer nur zulässig, wenn der Betroffene nicht mehr in der Lage ist, über seinen Umgang zu bestimmen bzw. Gefahren nicht erkennt. Des Weiteren muss die Befürchtung bestehen, dass durch die Besuche Gefahren oder gesundheitliche Beeinträchtigungen entstehen.

Wenn der Betreuer den Umgang mit dem Betroffenen rechtmäßig untersagt hat, kann man gegen Zuwiderhandlungen vorgehen. Entweder man spricht ein Hausverbot aus oder bemüht sich zivilrechtlich um eine Unterlassungsverfügung oder strafrechtlich um eine Strafanzeige wegen Hausfriedensbruchs.

Hat der Betreuer den Umgang rechtswidrig untersagt, so muss das Betreuungsgericht einschreiten oder den Aufgabenkreis des Betreuers erweitern.

Wie bereits oben bei den Hausverboten durch die Pflegeheime erwähnt, ist auch im Kontext der Besuchsverbote durch Betreuer auf die Anwendung der Grundrechte zu achten.

Insbesondere einschlägig bezüglich des Besuchsverbots von Angehörigen ist Art. 6 GG, der den Schutz der Ehe und Familie gewährt. Die Schutzintensität variiert sowohl mit dem Alter als auch mit den Lebensumständen der Familienmitglieder. Insbesondere sind hohe Anforderungen an die Beeinträchtigung des Schutzes im Eltern-Kind-Verhältnis zu stellen. Mögen die Bindungen zwischen den Beteiligten auch nicht immer sehr eng sein, so rücken Familien in Krisensituationen doch enger zusammen. Der Kontakt zwischen Eltern und Kindern darf nur eingeschränkt werden, wenn der Schutz der Familie hinter anderen Grundrechten zurücktreten muss.

In der Praxis sind viele Fälle bekannt, bei denen der Betreuer die Angehörigen oder Freunde des Betroffenen daran hindert, diese zu besuchen.

In einem Fall wurde der Neffe des Betroffenen zu dessen Betreuer bestimmt. Nachdem sich dieser zuvor einer Operation unterziehen musste, konnte der Neffe auf das Konto seines Onkels zugreifen. Nach dem Krankenhausaufenthalt forderte der Betroffene seine EC-Karte zurück, was ihm von seinem Neffen verweigert wurde. In der nächsten Zeit isolierte der Betreuer seinen Onkel vor seiner Umwelt. Nicht nur entzog er ihm eine Liste mit Adressen seiner Bekannten und Freunde, sondern leitete auch alle eingehenden Anrufe auf sein eigenes Telefon um.

In einem anderen Fall wurde eine Frau von ihrem Betreuer in einem Altenheim in München untergebracht, ohne dass die Tochter informiert wurde. Die Frau starb schließlich in diesem Altenheim; die Tochter hatte keine Ahnung, wo sich ihre Mutter befand, weil der Betreuer letzten Endes derjenige war, der die Entscheidungen traf. Die Tochter wurde von ihm zu keiner Zeit informiert. Des Weiteren gab es in diesem Fall auch Anzeichen dafür, dass die Mutter gegen ihre eigene Tochter aufgebracht wurde, was die Einsetzung der Erben betrifft. Diese beiden Fälle stehen beispielhaft dafür, wie ältere Menschen durch ihre Betreuer isoliert werden, obwohl der Besuch der Angehörigen erwünscht ist.

Wenn der Betreuer das Recht hat, den Aufenthalt des Betreuten zu bestimmen, kann er dann auch untersagen, dass der Betreute Besuch erhält?

Nein, das Aufenthaltsbestimmungsrecht gibt dem Betreuer nicht das Recht, die Besucheranzahl zu kontrollieren oder den einzelnen Besuchern Hausverbot zu erteilen. Nur wenn ein wichtiger Grund vorliegt, darf der Betreuer ein Besuchsverbot aussprechen.

Welche Bedeutung hat das Umgangsbestimmungsrecht des Betreuers?

Das Gericht kann dem Betreuer aufgrund des Umgangsbestimmungsrechts, das sich aus § 1632 Abs. 2 BGB ergibt, das Recht übertragen, über den Umgang mit bestimmten Personen bzw. über deren Besuch zu entscheiden. Der Betreuer kann ein Kontaktverbot gegenüber dritten Personen aussprechen, wenn dies im Interesse des Betreuten oder aus gesundheitlichen Gründen für den Betreuten notwendig ist. Bedeutsam dürfte das Umgangsrecht für Suchtkranke sein.

Leider kommen derartige Kontaktverbote oft auch in Altenheimen oder Betreuungseinrichtungen vor, wenn die Angehörigen sich hier über die Art der Pflege oder Medikamentenvergabe beschweren. In einem derartigen Fall empfiehlt es sich, einen Anwalt einzuschalten, der sofort die entsprechenden Rechtsmittel ergreift. Letztendlich müsste er die Ablösung des Betreuers beantragen, wenn ein Grund für Kontaktverbot nicht gegeben ist.

Muss der Betreuer, ähnlich wie der Bevollmächtigte, eine Vollmachtsurkunde vorlegen, damit ein einseitiges Rechtsgeschäft wirksam wird?

Nein. Hier gilt §174 BGB nicht. Wenn der Betreuer seine Betreuungsurkunde beispielsweise bei der fristlosen Kündigung eines Mietvertrags nicht vorlegt, wird die fristlose Kündigung dadurch nicht unwirksam.

Haftet der Betreuer auch für Schäden, die der Betreute verursacht?

Eine Haftung ist nur dann möglich, wenn der Betreuer ausdrücklich die Aufsicht über die Person erhielt oder diese wegen ihres körperlichen oder geistigen Zustandes der Beaufsichtigung bedarf. § 832 BGB lautet folgendermaßen:

(1) Wer kraft Gesetzes zur Führung der Aufsicht über eine Person verpflichtet ist, die wegen Minderjährigkeit oder wegen ihres geistigen oder körperlichen Zustands der Beaufsichtigung bedarf, ist zum Ersatz des Schadens verpflichtet, den diese Person einem Dritten widerrechtlich zufügt. Die Ersatzpflicht tritt nicht ein, wenn er seiner Aufsichtspflicht genügt oder wenn der Schaden auch bei gehöriger Aufsichtsführung entstanden sein würde.

(2) Die gleiche Verantwortlichkeit trifft denjenigen, welcher die Führung der Aufsicht durch Vertrag übernimmt.

Diese Vorschrift ist auf Betreuer anwendbar. Voraussetzung ist allerdings immer, dass dem Betreuer die Beaufsichtigung des Betreuten übertragen war. Dies muss ausdrücklich im Beschluss erfolgen. Eine Übertragung der Aufsichtspflicht kann nicht durch Auslegung konstruiert werden, weil der Betreuer im Beschluss die Aufenthaltsbestimmung oder gewisse Bereiche der Personensorge übertragen bekam. Die Rechtsmaterie ist in diesem Bereich sehr kompliziert. Die Überprüfung sollte einem Anwalt überlassen bleiben.

Kann ein Betreuer eine Vorsorgevollmacht für den Betreuten erstellen?

Die Frage kann nur mit Nein beantwortet werden. Ein gesetzlicher Betreuer ist für den Bereich zuständig, der ihm vom Gericht als Aufgabenkreis übertragen worden ist. Eine Übertragung der Befugnis zur Erstellung einer Vorsorgevollmacht für den Betreuten auf den Betreuer ist weder bei einem Geschäftsunfähigen noch bei sonst einem Betreuten zulässig und gehört nicht zum Aufgabenbereich des Betreuers.

Sind Schenkungsversprechen durch Betreuer möglich?

Der Betreuer darf in Vertretung des Betreuten wegen § 1908 BGB in Verbindung mit § 1804 BGB keine Schenkungen vornehmen. Eine vom Betreuer unter Verstoß gegen § 1908 BGB durchgeführte Schenkung ist nichtig und kann unter Umständen wegen Untreue strafbar sein. Ausgenommen sind Schenkungen, durch die einer sittlichen Pflicht oder einer aus Anstand zu nehmenden Rücksicht entsprochen wird.

Das Landgericht Kassel hatte beispielsweise mit Beschluss vom 12.10.2012 ausnahmsweise eine Schenkung des Betreuers als zulässig angesehen, weil der Betreuer aus einem Hausverkauf je 40 000 Euro an die beiden Söhne der Betreuten zahlte. In der Begründung führte das Gericht aus, dass nach § 1908 i Abs. 2 Satz 1, § 1804 Satz 1 BGB der Betreuer zwar grundsätzlich keine Schenkung vornehmen darf, aber von dem Schenkungsverbot sind Schenkungen ausgenommen, durch die einer sittlichen Pflicht oder einer aus Anstand zu nehmenden Rücksicht entsprochen wird. Die Schenkung ist ausnahmsweise nach § 1804, Satz 2 BGB erlaubt, weil sie unter Berücksichtigung von Vermögen, Lebensstellung und persönlicher Beziehung der Beteiligten zueinander nicht als sittlich anstößig anzusehen ist. Ein weiterer Grund war auch, dass die Söhne, die das Geld erhielten, seinerzeit auf ihren Pflichtteil verzichtet hatten.

Gibt es für den Betreuer Schenkungsverbote?

Ein Betreuer, der das gesamte Vermögen eines Betreuten im Rahmen eines Testaments einer Stiftung verspricht, unterliegt dem Schenkungsverbot (§§ 1908 Abs. 2, § 1804 Satz 1 BGB). Es nützt auch nichts, wenn der Betreuer eine derartige Schenkung notariell beurkunden lässt. Die Schenkung ist unwirksam (so auch BGH, 2.10.2019, XII ZB 164/19).

Wann ist ein Schenkungsversprechen eines Betreuers unwirksam?

Ein Schenkungsversprechen, das von einem Betreuer für eine unter Betreuung stehende Person abgegeben wird, beispielsweise mit dem Inhalt, dass der gesamte bestehende Nachlass der betreuten Person zum Todestag einer Stiftung versprochen wird, unterliegt dem Schenkungsverbot der §§ 1908i Abs. 2, 1804 BGB (s. BGH, 2.10.2019, XII ZB 164/19).

In dem zitierten Fall ging es um eine von Geburt an schwerbehinderte Betroffene, für die eine Betreuung eingerichtet wurde und nach dem Tod ihrer Mutter ihr Vater zum Betreuer (u. a. für Vermögensangelegenheiten) bestellt wurde. In seiner zusätzlichen Stellung als Ergänzungsbetreuer gab er im Namen der Betreuten zur Niederschrift eines Notars ein Schenkungsversprechen ab, wonach die Betroffene ihren gesamten Nachlass nach ihrem Tod einer von den Eltern gegründeten Stiftung, die mit dem Tod des Vaters entstehen sollte, verspricht. Die betreuungsrechtliche Genehmigung dieser Schenkung wurde abgelehnt, auch der BGH entschied, dass dies nicht genehmigungsfähig ist.

Im Ergebnis wurde dies in diesem Fall damit begründet, dass die Betroffene aufgrund ihrer geistigen Behinderung weder geschäfts- noch testierfähig ist. Damit konnte sie persönlich ein Schenkungsversprechen von Todes wegen nicht abgeben. Eine wirksame Vertretung der Betroffenen durch den Ergänzungsbetreuer ist bei der Abgabe eines Schenkungsversprechens von Todes wegen weder möglich, wenn die erbvertraglichen Formvorschriften angewendet werden, noch wenn die für eine Testamentserrichtung geltenden Vorschriften Anwendung finden.

Auch wenn davon ausgegangen wird, dass es sich nicht um ein Schenkungsversprechen von Todes wegen, sondern um ein Schenkungsversprechen unter Lebenden handelt, kann die betreuungsrechtliche Genehmigung nicht erteilt werden. Denn dann greifen die Regelungen der §§ 1908 i i. V. m. § 1804 BGB, wonach der Betreuer in Vertretung keine Schenkungen vornehmen darf.

Darf der Betreuer eine Nebentätigkeit ausüben?

Es gibt leider keinerlei Regelungen in Deutschland, welche Nebentätigkeiten der Betreuer ausüben darf. So sind Fälle bekannt geworden, bei denen der Betreuer als Kreditvermittler über seinen Media-Service tätig war und nebenbei als Betreuer. Das zuständige Betreuungsgericht erklärte, dass die Firma des Betreuers keinen Einfluss auf seine Betreuungstätigkeit nimmt.

Darf der Betreuer jederzeit Strafanträge stellen?

Der Betreuer darf nur dann Strafantrag stellen, wenn die Tat, von der er meint, dass sie bei der Staatsanwaltschaft angezeigt werden muss, zu seinem Aufgabenkreis zählt. Stellt beispielsweise der Betreuer fest, dass im vermögensrechtlichen Bereich Straftaten vorliegen, kann er, auch ohne dass in dem Betreuungsbeschluss eine Strafantragsbefugnis enthalten ist, Strafanzeige erstatten (BGH, 29.7.2014, 5 StR 46/14).

Ist der Aufgabenbereich des Betreuers klar definiert?

Der Betreuer ist an sich der rechtliche Vertreter des Betreuten. Dadurch, dass immer mehr soziale Leistungen seitens des Staates nicht mehr erbracht werden oder auch die Heime unter Personalknappheit leiden, sind die Betreuer nicht in der Lage, den Betreuten richtig zu helfen. Es werden Aufgaben auf Betreuer übertragen, die überhaupt nicht in deren Zuständigkeitsbereich fallen, wie Besuche beim Arzt, Einkauf von Kleidung oder persönlichen Gegenständen etc. Viele Betreuer übernehmen derartige Aufgaben, obwohl sie nicht dafür zuständig sind und auch nicht dafür bezahlt werden. Durch die nicht klare Begrenzung des Aufgabenbereichs bleibt der Bereich der rechtlichen Betreuung sehr vage.

Hat der Betreuer eine staatliche Aufgabe?

Der Betreuer nimmt nicht Angelegenheiten des Staates wahr. Die eigentlichen Aufgaben, die der Betreuer übernimmt bzw. die ihm vom Gericht übertragen werden, sind die persönlichen Angelegenheiten des Betreuten, die er zum Wohl des Betreuten wahrnehmen muss.

Was ist ein Ergänzungsbetreuer?

Soll die Betreuungsentscheidung schnell getroffen werden und ist der Betreuer verhindert, dann kann nach §1899 IV BGB ein Ergänzungsbetreuer bestellt werden, damit dieser von seiner Entscheidungsverantwortung Gebrauch machen kann.

Worin liegt der Vorteil eines Ergänzungsbetreuers?

Diese Fälle sind in der Praxis oft gegeben. Meistens passieren sie in der eigenen Familie, wenn beispielsweise ein Kind ein Haus verkaufen will, das noch im Eigentum des betreuten Vaters steht. Das Kind ist Betreuer, der Vater ist betreut. Der Vater ist gegen den Verkauf, das Kind ist für den Verkauf. In diesem Interessenkonflikt besteht letztendlich die Frage, ob das vorliegende Geld ausreicht, um den Unterhalt des Vaters zu sichern. Der Sohn sagt Nein, der Vater sagt Ja. Dann kann das Gericht einen Ergänzungsbetreuer bestellen und dem Betreuer durch die

Bestellung des Ergänzungsbetreuers für den betreffenden Aufgabenkreis, nämlich den Verkauf des Hauses, die Betreuung entziehen.

Welche Funktion hat der Betreuer?

Der Betreuer ist <u>nur</u> der rechtliche Vertreter des zu Betreuenden. In anderen Bereichen – beispielsweise in pflegerischen Bereichen – ist der Betreuer nicht verpflichtet, tätig zu werden. Im Rahmen seiner Tätigkeit ist er aber verpflichtet, den Willen des Betreuten zu beachten und zu respektieren.

4. Betreuerpflichten

Was bedeutet im Betreuungsrecht die »Besprechungspflicht« des Betreuers?

Unter der Besprechungspflicht versteht man die Pflicht des Betreuers, dass er wichtige Angelegenheiten mit dem Betreuten besprechen muss, bevor er sie für ihn erledigt. Eine Ausnahme besteht nur dann, wenn die Besprechung gegen das Wohl des Betreuten wäre. Hier taucht eine besondere Problematik auf. Geht es um das objektive Wohl des Betreuten oder geht es um seine subjektiven Empfindungen? Es ist ein Unterschied, ob ein Außenstehender die Handlungen zum Wohl des Betreuten sieht oder ob der Betreuer selbst subjektiv für sich die Handlung nicht zu seinem Wohl sieht.

Hierzu hat der BGH schon am 22.6.2009 entschieden, dass der Begriff des Wohles nicht losgelöst von den subjektiven Vorstellungen und Wünschen des Betreuten bestimmt werden darf, denn zu dessen Wohl gehört es auch, im Rahmen seiner Fähigkeit sein Leben nach seinen Wünschen und Vorstellungen zu gestalten.

Was ist unter dem Begriff »Wohl des Betreuten« zu verstehen?

Nach dem Gesetz soll der Betreuer zum Wohl des Betreuten handeln, aber was unter dem Wort »Wohl« genau zu verstehen ist, ist völlig unklar. In der Praxis bedeutet dies allerdings oft, dass der Betreuer bestimmen kann, was er letztendlich will. Er wird es in den meisten Fällen damit entschuldigen, dass dies zum Wohl des Betreuten war. Soweit die Angehörigen eine andere Ansicht vertreten, müssen sie eben Antrag auf Bestellung eines neuen Betreuers stellen, soweit sie dem Verfahren beigetreten sind.

Hat der Betreuer keine Vermögensfürsorgepflicht gegenüber den Erben oder Angehörigen eines Betreuten?

Diese besteht ausschließlich gegenüber dem Betreuten. Aus diesem Grund können auch Erben oder künftige Erben oder Angehörige nicht mitreden, wenn es um den Verkauf einer Immobilie geht oder beispielsweise um finanzielle Anlagen geht.

Die Vermögensbetreuungspflicht besteht allerdings auch nach dem Tod der betreuten Person gegenüber den Erben fort und umfasst nach § 1908 i in Verbindung mit § 98 BGB die Verpflichtung, Rechnung zu legen und das Vermögen herauszugeben.

Von welchen Pflichten sind die befreiten Betreuer befreit?

Sie sind von der jährlich zu bringenden Rechnungspflicht, aber nicht von der jährlich zu erbringenden Berichtspflicht befreit. Die Berichtspflicht bezieht sich auf die persönlichen Verhältnisse des Betreuten. Der Bericht, der im Rahmen der jährlich zu bringenden Berichtspflicht erfolgen muss, muss inhaltlich Angaben zu den persönlichen Verhältnissen des Betreuten beinhalten, auch Angaben zu den Einkommens- und Vermögensverhältnissen. Unter Umständen können auch Einzelauskünfte verlangt werden, die Einsicht in Sparbücher oder Verträge geben. Entscheidend ist, dass der Richter ausreichende Informationen bekommt, um die Turnusgemäßheit der Betreuung prüfen zu können.

Muss der Betreuer bei Veröffentlichung von Bildern oder Filmen über den Betreuten einwilligen?

Immer wieder werden Betreuer aufgefordert, zu irgendwelchen Berichten über betreute Menschen oder der Veröffentlichung von Bildern Zustimmung zu geben. Nach § 22 Abs. 1 KunstUrhG darf grundsätzlich ein Bild nur mit Einwilligung der abgebildeten Person verbreitet oder öffentlich zur Schau gestellt werden. Ohne Bedeutung ist es, ob hier auf dem Bild ein oder mehrere Personen gezeigt werden.

Hat der Betreute noch die Einwilligungsfähigkeit, muss die Einwilligung von ihm vorliegen. Ist der Betreute bezüglich der Entscheidung, ob sein Bild oder ein Film über ihn veröffentlicht wird, nicht mehr einwilligungsfähig, ist in erster Linie zu klären, ob der Betreuer überhaupt in diesem Bereich durch das Gericht eine Befugnis zur Einwilligung erhalten hat.

Muss der Betreuer verkaufen oder vermieten, wenn er feststellt, dass die Immobilie schon längere Zeit leer steht, der Betreute aber weder Verkauf noch Vermietung will?

Auch hier gilt wieder, dass die Wünsche und Vorstellungen des Betreuten im Betreuungsrecht oberste Priorität haben. Auch unvernünftige wirtschaftliche Entscheidungen und Vorstellungen vom Betreuten sind zu respektieren. Entscheidend ist, ob der Betreute sich dies leisten kann. Hat der Betreute genügend Vermögen und ist seine finanzielle Lebensgrundlage auch für die Zukunft gesichert, so ist die Entscheidung des Betreuten ausschlaggebend.

Wann ist der Betreuer von der Rechnungslegungspflicht befreit?

Bestimmte Betreuerinnen und Betreuer sind gemäß § 1908 i Abs. 2 Satz 2 in Verbindung mit § 1857 a, 1854 BGB von der Pflicht zur Rechnungslegung befreit. Zu diesem Personenkreis zählen Behörden, Vereinsbetreuer sowie Ehegatten, Lebenspartner, Vater, Mutter und Abkömmlinge der Betreuten. Der Grund, warum der Gesetzgeber diese Befreiung eingeführt hat, liegt darin, dass, wenn diese Befreiung nicht vorhanden wäre, viele von der Übernahme einer Betreuung durch die Rechnungslegungspflicht abgeschreckt würden. Bei den Behörden- und Vereinsbetreuern ist der Grund für die Befreiung darin zu sehen, dass der Gesetzgeber davon ausgeht, dass bereits die Kontrolle durch die Behörden und Vereine ausreichend ist. Das Betreuungsgericht verlangt gemäß § 1854 Abs. 2 BGB lediglich eine Übersicht über den Bestand des dem Betreuer bei der Betreuung unterliegenden Vermögens. Das Betreuungsgericht kann somit auch nicht einzelne Positionen bzw. Vermögenszuflüsse und -abflüsse prüfen. Wenn also der ehrenamtliche Betreuer hier Abbuchungen und Überweisungen vorlegt, die den Betreuungsfall betreffen, ist eine Kontrolle nachträglich nicht möglich. Die Rechnungslegungspflicht ist auch nicht gegeben, wenn der Betreute vermögenslos ist.

Was versteht man unter jährlicher Rechnungslegungspflicht für den befreiten Betreuer?

Der befreite Betreuer ist schon von der Rechnungslegungspflicht befreit, aber er hat trotzdem ein Vermögensverzeichnis zu erstellen, zu aktualisieren und dem Gericht in regelmäßigen Abständen (alle zwei Jahre, verlängert auf fünf Jahre) vorzulegen. Die Befreiung tritt nicht automatisch ein, sondern es handelt sich um eine Ermessensentscheidung des Gerichts. Die Entscheidung ist meistens abhängig von der Höhe des Vermögens, aber auch von den Fähigkeiten des Betreuers, wobei man darauf hinweisen muss, dass immer das Wohl des Betreuten entscheidend ist. Gerade bei Angehörigen, die zu Betreuern bestellt werden, ist oft eine Interessenkollision im finanziellen Bereich gegeben, sodass hier oft zu Recht den Angehörigen die Rechnungslegungspflicht auferlegt wird.

Ist eine Entbindung von der Rechnungslegungspflicht durch die betreute Person möglich?

Der Betreute oder die Betreute können generell nicht den Betreuer von der Rechnungslegungspflicht befreien. Dies gilt auch, wenn ein Einwilligungsvorbehalt nicht vorliegt, also der Betreute letztendlich sowieso entscheiden könnte, was er will. Sobald eine Betreuung angeordnet ist, ist die Rechnungslegungspflicht gegeben.

Was bedeutet die Betreuerauskunftspflicht gegenüber dem Vormundschafts-/Betreuungsgericht?

Gemäß § 1908i Abs. 1 und 1839 BGB ist der Betreuer gegenüber dem Vormundschaftsgericht zur Auskunftserteilung oder zu Bericht und Rechnungslegung verpflichtet.

Wie oft sind Betreuerbesuche durchzuführen?

Immer wieder hören wir Beschwerden, dass Betreuer die Betreuten nicht besuchen. Hintergrund ist sicherlich der Glaube in der Bevölkerung, dass Betreuer sich um das persönliche Leben des Betreuten kümmern. Die Betreuer sind aber nur rechtliche Stellvertreter des Betreuten. Sie haben keine Verpflichtung, diesen ständig zu besuchen oder mit den Betreuten Spaziergänge oder Fahrten zu unternehmen. Der Irrtum kommt auch teilweise daher, dass in Veröffentlichungen der Ministerien oder Behörden oder sonstigen öffentlich-rechtlichen Institutionen immer Bilder abgedruckt werden, bei denen ältere Menschen mit einem Betreuer spazieren gehen. Wahrscheinlich liegt es auch daran, dass der Ausdruck »Betreuer« falsch ist. In Österreich heißt der Betreuer »Sachwalter«. Dieser Ausdruck wäre in Deutschland besser. Betreuung hat mit Betreuung an sich in der Form, wie wir Betreuung in der deutschen Sprache verstehen, überhaupt nichts zu tun.

Wie oft muss der Betreuer den Betreuten besuchen?

Das ist eine der am meisten umstrittenen Fragen. Die Rechtsprechung und die Literatur gehen hier von sehr schwammigen Begriffen aus. Es wird hierzu angeführt, dass sich die Art und die Anzahl der Besuche nicht festlegen lässt, auch nicht in welcher Form die Betreuung durchzuführen ist – also brieflich, durch Besuche oder Telefonanrufe. Letztendlich ist dies auch gar nicht falsch, da es ja von der Art der Person des Betreuten abhängt. Nach meiner Ansicht sind aber Besuche sicherlich notwendig, um die persönliche Situation des Betreuten festzustellen. Bei einigen Betreuungen besteht die Gefahr, dass Betreuer die Betroffenen schnell in Heime abschieben, um den Betreuten nicht allzu oft besuchen zu müssen. Das Betreuungsgericht sollte zwar kontrollieren, ob ausreichende persönliche Kontakte zwischen Betreutem und Betreuer stattfinden, aber ob die Kontrolle in der Praxis wirklich stattfindet, ist nicht bekannt.

Wie lange muss der Betreuer, der die Vermögenssorge hat, Kontoauszüge des Betreuten aufbewahren?

Man kann generell von einer Pflicht zur Aufbewahrung der Unterlagen von zehn Jahren nach Beendigung der Betreuung ausgehen.

Was ist, wenn der Betreuer die Sozialhilfe zu spät beantragt?

Für die verspätete Beantragung der Sozialhilfe haftet der Betreuer. Das Problem für die Betreuer liegt darin, dass die Sozialhilfe nicht rückwirkend, sondern erst ab Antragstellung gewährt werden kann. Der Betreuer hat daher die Pflicht, sich schnell einen Überblick der Verhältnisse des Betreuten zu verschaffen.

Welche Auskunftspflichten hat der Betreuer?

Erfüllt der Betreuer seine Pflicht zur Auskunftserteilung oder zu Bericht oder Rechnungslegung gegenüber dem Vormundschaftsgericht nicht, kann ihm gegenüber sogar ein Zwangsgeld erhoben werden (§ 1908i Abs. 1, § 1837 Abs. 3 BGB). Natürlich ist dies auch ein Grund, den Betreuer zu entlassen.

Welche Pflicht hat der Betreuer am Ende der Betreuung gegenüber den Erben?

Er muss eine ordnungsgemäße Abrechnung erstellen, er muss die Unterlagen, die in seinem Besitz sind, herausgeben, und er muss auch die Gegenstände, die vermögensrechtliche Werte haben, sofort an die legitimen Erben herausgeben.

Welche Aufgaben hat der Betreuer im Rahmen der Kranken- und Pflegeversicherung?

Der Betreuer muss die Kranken- und Pflegeversicherung weiterführen oder auch eine neue begründen, falls kein Versicherungsschutz mehr besteht.

Muss der Betreuer auch Steuererklärungen für die Vergangenheit abgeben?

Ja. Der Betreuer muss auch Steuererklärungen nicht nur für den aktuellen Veranlagungszeitraum ab Betreuerbestellung, sondern auch für zurückliegende Veranlagungszeiträume vor Betreuung abgeben. Wenn der Betreute die entsprechenden Unterlagen nicht hat, muss der Betreuer eben beim Finanzamt nachfragen.

Wann müssen Betreuer Ortungsanlagen und Weglaufsperren gerichtlich genehmigen lassen?

Solche Maßnahmen sind, selbst wenn sie von dem Betroffenen nicht bemerkt werden, keine Freiheitsentziehung im Sinne von § 1906 BGB. Ein Unterschied ist allerdings dann zu machen, wenn diese Weglaufsperren oder Ortungsanlagen mit Zusperreinrichtungen verbunden sind, weil dann der Betroffene eingesperrt wird und es sich dann um eine genehmigungspflichtige Maßnahme im Sinne von § 1906 BGB handelt.

Das Gleiche gilt auch, wenn die Betreuten aufgrund des Sensorsignals regelmäßig oder über einen längeren Zeitraum gehindert werden sollen, die Unterbringungsstätte zu verlassen. So geht die Rechtsprechung davon aus, dass entscheidend ist, ob es sich hier nur um eine technische Einrichtung handelt, die das zuständige Personal in dem Heim über den Versuch informieren soll, oder ob es sich um eine Anlage handelt, die nur zur Erleichterung der Tätigkeit des Pflegepersonals installiert wurde. In diesem Fall handelt es sich, soweit die Maßnahme länger als drei Tage andauert, um eine von Gericht zu genehmigende Maßnahme.

Welcher Konflikt kann auftauchen, wenn der Betreute noch einwilligungsfähig ist?

Ist der Betreute unter Einwilligungsvorbehalt gestellt worden, dann entscheidet der Betreuer. Ist der Betreute hingegen noch einwilligungsfähig, gibt es kein Problem, solange Betreuer und Betreuter dieselbe Entscheidung im Bereich der Gesundheitsvorsorge treffen. Es kann aber das Problem auftauchen, dass sich Betreuer und Betreuter nicht einig sind. Trifft der Betreuer dann eine Entscheidung und willigt der Betreute ein, dann ist die Sache nicht schwierig, weil er ja die Entscheidung des Betreuers annimmt. Wenn der Betreute allerdings, obwohl der Arzt auch der Behandlung zustimmen würde, in Selbstschädigungsabsicht die Behandlung ablehnt, während der Betreuer zustimmt, wird man wohl von einer Genehmigungsverpflichtung des Betreuers ausgehen, wenn auch der Arzt diese im Gesundheits- und Überlebensinteresse des Betreuten für erforderlich hält.

5. Betreuer und Immobilien

Darf der Betreuer die Kündigung eines Mietverhältnisses des Betreuten annehmen?

An sich darf der Betreuer nur im Interesse des Betreuten tätig werden. Ist der Betreute allerdings geschäftsunfähig, dann können Willenserklärungen an ihn nicht wirksam zugestellt werden. So ist beispielsweise die Kündigung eines Vermieters nicht möglich, weil dieser dem Betreuten aufgrund der mangelnden Geschäftsfähigkeit eine Kündigung nicht zustellen kann. In diesem Fall kann der Betreuer die Kündigung – wenn sie auch im Interesse des Betreuten ist – annehmen und die Rechtsfolgen, die mit der Kündigung verbunden sind, durchsetzen.

Darf ein Betreuer Immobilien vom Betreuten verkaufen?

Es gibt hier zwei Möglichkeiten: Entweder hat das Betreuungsgericht schon den Aufgabenkreis »Veräußerung der Eigentumswohnung« an den Betreuer übertragen, dann darf der Betreuer den Verkauf ohne vorherige Genehmigung des Amtsgerichts durchführen.

Falls dies nicht der Fall war, muss der Betreuer sich die Genehmigung bei dem zuständigen Amtsrichter einholen.

Dürfen Rechtsanwälte, die Immobilienverkäufe für Betreute tätigen, dafür auch extra Gebühren verlangen?

Rechtsanwälte als Betreuer dürfen, soweit die Notwendigkeit besteht und seitens des Gerichts eine Erlaubnis vorliegt, als Betreuer auch Immobilien der zu Betreuenden verkaufen. Sie dürfen als Berufsbetreuer neben der Pauschale, die sie für die Betreuung erhalten, grundsätzlich auch anfallende Anwaltsgebühren abrechnen, wenn sie für den Betreuten als Anwalt tätig werden. Der Anwalt kann also selbst aus dem Vermögen des Betreuten seine Anwaltsgebühren entnehmen. Eine rechtliche Kontrolle, in welcher Form der Anwalt hier beim Verkauf richtig gehandelt hat oder ob überhaupt die Anwaltseinschaltung notwendig war, erfolgt in der Praxis nur bei der Entscheidung, dass der Verkauf möglich ist. Ob die Vertragsgestaltung so schwierig ist, dass hier ein Anwalt nötig ist, ist oft fraglich. Ich halte die Regelung, dass ein Anwalt sich seine eigenen Gebühren aus der Kasse des Betreuten entnehmen kann und dass niemand da ist, um ihn zu kontrollieren, ob er rechtlich fehlerfrei gearbeitet hat, für unglaublich. Der Anwalt müsste zur Rechtfertigung darlegen, ob eine vertiefte Auseinandersetzung mit Rechtsfragen notwendig war. Dies Verlangen wird allerdings, soweit dem Unterzeichner bekannt ist, bisher ganz selten von den Gerichten gestellt (so auch BGH, 14.5.2014, XII ZB 683/11). Der normale Immobilienverkauf durch einen Anwalt-Betreuer erlaubt nicht pauschal eine Gebührenabrechnung. In der Praxis werden leider die Angehörigen über die Gebührenstruktur erst nach dem Tod des Betreuten informiert.

Welche Probleme gibt es beim Immobilienverkauf durch Betreuer?

Aus aktuellem Anlass möchten wir darauf hinweisen, dass das Forschungsinstitut vermehrt von Fällen erfährt, bei denen Immobilien von Betreuten durch Betreuer verkauft werden, obwohl dies weder notwendig ist noch von dem Betroffenen selbst oder von Familienangehörigen gewünscht wird, um angeblich die laufenden Kosten für Pflege, Unterhalt, Kosten der Betreuung etc. zu bezahlen. Natürlich kommt es vor, dass ein Immobilienverkauf unumgänglich ist, wenn z. B. noch laufende

Kreditzahlungen von dem Betreuten zu erbringen sind, die nicht anders aufgebracht werden können. Unsere Erfahrung zeigt aber, dass die Haltung in der Betreuungsszene leider dahin geht, vorschnell und vor allem verknüpft mit erheblichen Eigeninteressen die Wünsche der Betroffenen nicht ernst zu nehmen bzw. mit einem Handstrich vom Tisch zu fegen. Denn dass zum einen in vielen Fällen auch andere Möglichkeiten im Raum stehen würden, die Kosten für den Betreuten zu decken, beispielsweise die finanzielle Unterstützung durch Angehörige, Vereinbarungen einer Leibrente etc., wird von Betreuern oft überhaupt nicht in Erwägung gezogen. Wie und warum auch, denn zum einen scheinen der Kontakt und die Zusammenarbeit mit Angehörigen, die in die ganze Betreuungsarbeit und Planung miteinbezogen werden müssten, um eine andere Lösung als den Verkauf des Elternhauses zu erreichen, unter den Betreuern geradezu »verpönt« zu sein. Diese Art von Zusammenarbeit wird von Betreuern offenbar nur extrem selten überhaupt in Erwägung gezogen. Denn der einfachere und vor allem auch lukrativere Weg für den Berufsbetreuer ist der Verkauf der Immobilie. Dazu muss man wissen, dass viele Betreuungen von Rechtsanwälten geführt werden, die dann den Verkauf der Immobilie durchführen und den Betroffenen die dafür anfallenden Rechtsanwaltsgebühren in Rechnung stellen bzw. sich selbst aus dem Vermögen der Betreuten entnehmen. Denn Rechtsanwälte als Berufsbetreuer dürfen neben der Pauschale, die sie für die Betreuung erhalten, grundsätzlich nach § 1835 Abs. 3 BGB zusätzlich auch anfallende Anwaltsgebühren abrechnen, wenn sie für den Betreuten als Anwalt tätig werden. Wichtig für alle Betroffenen und Angehörigen ist aber zu wissen, dass es sich dabei um eine Ausnahmevorschrift handelt, die deshalb zurückhaltend anzuwenden ist. Das heißt, dass nicht jede Tätigkeit des Anwaltsbetreuers auch extra abgerechnet werden darf. Wir mahnen hier ausdrücklich zur Kontrolle.

Der zusätzliche Anspruch darf nämlich nur dann anerkannt werden, wenn es sich um eine spezifische Leistung im Kernbereich der Anwaltstätigkeit mit entsprechender Schwierigkeit und entsprechendem Aufwand handelt. Nicht jede Tätigkeit eines anwaltlichen Betreuers kann extra abgerechnet werden. Es kommt darauf an, ob rechtliche oder tatsächliche Schwierigkeiten zu bewältigen sind. Für die Beurteilung des Schwierigkeitsgrades darf kein genereller Maßstab angelegt werden, sondern die im Einzelfall zu erledigenden Aufgaben sind entscheidend. Nur wenn diese die Hinzuziehung eines Anwalts erfordern, darf zusätzlich abgerechnet werden. Der BGH hat beispielsweise eine zusätzliche Vergütung in einem Fall abgelehnt, in dem von dem Anwaltsbetreuer ein Erbauseinandersetzungsvertrag aufgesetzt und abgeschlossen wurde, weil keine vertiefte Auseinandersetzung mit Rechtsfragen erforderlich war (BGH, 14.5.2014, XII ZB 683/11).

Genauso wenig rechtfertigt ein Immobilienverkauf durch einen Anwaltsbetreuer pauschal eine zusätzliche Gebührenabrechnung. Hierzu gibt es eine sehr interessante Entscheidung des Oberlandesgerichts München (22.4.2009, 33 Wx 85/09), mit der es abgelehnt wurde, dass sich ein Anwaltsbetreuer zusätzliche Gebühren über mehr als 10 000 Euro aus dem Vermögen des Betreuten entnehmen durfte, weil er einen Grundstückskaufvertrag für den Betreuten aufgesetzt und durchgeführt hatte. Die entsprechende Schwierigkeit war nicht gegeben, und auch ein anderer Berufsbetreuer hätte ohne Hinzuziehung eines Rechtsanwalts die Immobilien verkaufen können.

Es ist aber üblich, dass gerade bei Immobilienverkäufen gar nicht groß nachgefragt wird, ob der Anwalt dafür zusätzliche Gebühren abrechnen darf oder nicht. Die Angehörigen sind oft nicht einmal darüber informiert, dass überhaupt ein Verkauf stattfindet, die Betreuten können die Lage oft aus eigener Kraft nicht überschauen. Damit fällt eine gerichtliche Prüfung, ob die zusätzlichen Anwaltskosten überhaupt gerechtfertigt sind, unter den Tisch. Wo kein Kläger, da kein Richter.

Muss der Betreuer, wenn der Betreute nicht mehr handlungsfähig ist, den Abschluss eines Wohn- und Betreuungsvertrages vom Betreuungsgericht genehmigen lassen?

Wenn im Vertrag eine Verpflichtung auf einen länger als vier Jahre dauernden Zeitraum eingegangen wird, ist nach § 1907 III BGB die Genehmigung des Vormundschaftsgerichts notwendig. Der Verkauf muss genehmigt werden.

Immobilienverkauf ohne Genehmigung des Betreuungsgerichts

Wenn ein Betreuer ohne die erforderliche Genehmigung des Familiengerichts eine Immobilie verkauft, so hängt die Wirksamkeit des Immobilienkaufvertrages davon ab, ob das Familiengericht später die Genehmigung gemäß § 1829 Abs. 1 BGB erteilt. Nach einer Entscheidung des Kammergerichts Berlin ist für die Bewilligung eines Grundstücksgeschäftes ausreichend, wenn im Grundbuchamt die Bewilligungserklärung des Betreuers und der Genehmigungsbeschluss des Betreuungsgerichts und dessen Rechtskraft in der Form des § 29 Abs. 1 GBO nachgewiesen worden sind.

Hat der Betreuer beim Immobilienverkauf auch eine Belastungsvollmacht?

Der Betreuer kann auch beim Verkauf einer Immobilie im Kaufvertrag mit unterschreiben, dass er dem Käufer das Recht gibt, die Immobilie mit Grundschulden zu belasten, um den Kaufpreis des Käufers zu finanzieren. Der dem Betreuer von dem Betreuungsgericht übertragene Aufgabenkreis »Veräußerung der Eigentumswohnung« umfasst auch eine im Zusammenhang damit erteilte Belastungsvollmacht.

Wohnraumkündigung – Kann der Betreuer einen Wohnraummietvertrag jederzeit kündigen?

Ein Betreuer kann nur dann ein Wohnraummietverhältnis kündigen, wenn die Genehmigung des Betreuungsgerichts gemäß § 1907 Abs. 1 BGB vorliegt. Gibt er die Wohnung auf, ohne dass diese Genehmigung vorliegt, liegt eine Pflichtverletzung des Betreuers vor. Dies dürfte ein Grund sein, ihn als Betreuer abzulösen.

Was muss der Betreuer bei der Wohnungsauflösung beachten?

Die Wohnungsauflösung kann dazu führen, dass der Betreuer in Haftung gerät. Leider ist in der Praxis der Haftungsanspruch oft nicht durchzusetzen, da die betroffenen Erben oder Personen, die hier befugt wären, die Ansprüche zu stellen, oft nicht nachweisen können, was für Gegenstände in der Wohnung waren. Hier sollte das Gesetz geändert werden, dass bei Wohnungsauflösungen Zeugen automatisch hinzugezogen werden müssen und Fotos der Wohnung gemacht werden müssen. Eine Anbietungspflicht gegenüber den Angehörigen, private Familiengegenstände und Erinnerungen aus der Wohnung zu bekommen, existiert bisher nicht und sollte gesetzlich vorgeschrieben werden!

Muss bei einem beabsichtigten Grundstücksverkauf durch den Betreuer die Notwendigkeit der Grundstücksveräußerung schon endgültig feststehen?

Nein. Dies muss aufgrund der konkreten, gegenwärtigen Lebenssituation des Betroffenen beurteilt werden. Ein aktueller Handlungsbedarf muss nicht zwingend erforderlich sein. Es genügt, dass dieser Bedarf jederzeit auftreten kann und für diesen Fall die begründete Besorgnis besteht, dass ohne den Verkauf der Immobilie nicht das Notwendige veranlasst wird (BGH, 3.2.2016, XII ZB 4545/15).

Muss der Betreuer eine Wohnung oder ein Haus des Betreuten, der im Heim lebt, vermieten, wenn der Betreute dies gar nicht will?

Dies ist eine Frage, die immer wieder an das Forschungsinstitut für Betreuungsrecht der Kester-Haeusler-Stiftung gestellt wird, weil den Betreuern immer wieder vorgeworfen wird, dass sie dies nur machen, um hier besondere Gebühren kassieren zu können. Hier muss eindeutig gesagt werden, dass die Rechtslage klar ist. Wenn der Betreute ausreichend finanzielle Mittel hat und überhaupt keine Notwendigkeit dafür besteht, eine Immobilie zu verkaufen oder zu vermieten und der Betreute beides nicht will, muss der Betreuer sich an diesen Wunsch halten und kann nicht trotzdem den Verkauf oder die Vermietung durchführen. Das Wohl des Betreuten, also auch seine Wünsche sind zu beachten und nicht eventuell kaufmännische Interessen des Betreuers oder egal welche Interessen.

Darf der Betreuer jederzeit das eingeräumte Wohnrecht im Grundbuch löschen lassen?

Nach dem Gesetz darf er dies sowieso nicht, sondern muss eine gerichtliche Zustimmung hierfür einholen. Da die Auflösung des Wohnrechts zugleich auch eine Wohnungsauflösung beinhaltet, muss auch nach § 1907 BGB deswegen die gerichtliche Genehmigung zusätzlich eingeholt werden. Das Gericht hat die Entscheidung zu prüfen, ob die Löschung des Wohnrechts überhaupt im Interesse des Betreuten steht, da aufgrund des Unterschieds zwischen Wohnrecht und Nießbrauch eine Vermietung gegen Geld nicht infrage kommt. Es muss entscheiden, ob der Betreute überhaupt den Willen gefasst hat, die Wohnung aufzugeben, nachdem er beispielsweise in ein Altenheim gezogen ist, oder ob er die Wohnung behalten will. Wenn er den endgültigen Willen gefasst hat, in die frühere Wohnung oder das frühere Haus nicht mehr zurückzukehren, dann kann das Gericht die Löschung des Wohnrechts genehmigen.

Der Verzicht auf das Wohnrecht erfüllt übrigens auch nicht den Begriff der für einen Betreuer verbotenen Schenkung im Sinne des § 1812 BGB. Wenn der ältere Mensch die Wohnung ganz aufgegeben hat, ist auch der Wohnungswert nicht mehr gegeben. Ein Gericht, das in so einem Fall entschieden hatte, hat einen ganz interessanten Satz dazu gefällt: »Je unwahrscheinlicher eine Rückkehr in die frühere Wohnung ist, desto mehr entspricht die Auflösung des Wohnrechts dem Interesse des Betreuten, um sich der monatlichen Kostenlast für die Wohnung zu entledigen.«

6. Betreuerrechte

> **Sind dem Betreuer Insichgeschäfte, also Geschäfte im Namen des Betreuten und mit sich selbst erlaubt?**

Nach § 181 BGB kann der Betreuer nicht mit sich und dem Betreuten einen Vertrag schließen. Er kann dieses Verbot auch nicht dadurch umgehen, indem er für dieses Rechtsgeschäft einen Unterbevollmächtigten beauftragt, weil die Rechtshandlung des Unterbevollmächtigten letztendlich ja die Rechtshandlung des Betreuers ist. Der Betreuer kann auch nicht beim Betreuungsgericht den Antrag stellen, von dem Insichgeschäftsverbot befreit zu werden. Insoweit liegt eine rechtliche Verhinderung des Betreuers vor, und es muss ggf. ein Ergänzungsbetreuer bestellt werden, dem nur der Aufgabenkreis übertragen wird, dieses Geschäft vorzunehmen.

Kann der Betreuer, dem das Aufenthaltsbestimmungsrecht übertragen wurde, die Herausgabe des Betreuten beispielsweise von der Familie verlangen, die den zu betreuenden älteren Menschen in der Familie zurückhält?

Ja. Der Anspruch ergibt sich aus §1632 BGB. Hat der Betreuer die Personensorge und das Aufenthaltsbestimmungsrecht, dann kann er die Herausgabe der betreuten Person verlangen.

Kann der Betreuer sein Amt jederzeit niederlegen?

Der Betreuer kann sein Amt nicht jederzeit niederlegen. Er muss bei Gericht den Antrag stellen, von seiner Funktion als Betreuer entlassen zu werden.

Dürfen Rechtsanwälte, die Betreuungen übernehmen, auch fremde Betreute in Betreuungsverfahren vertreten?

Ich sehe dies als bedenklich an. Anwälte, die regelmäßig eine große Anzahl der Betreuungsfälle von einem Richter erhalten, dürften in der Praxis Probleme bekommen, wenn sie beispielsweise die Aufforderung von den Mandanten erhalten, gerade diesen Richter wegen Befangenheit abzulehnen.

Kann der Betreuer auch in eine Unternehmensführung des Betreuten eingreifen?

Wenn dem Betreuer dieser Bereich übertragen wurde, ist der Betreuer verpflichtet, vermögenserhaltende und vermögensschützende Maßnahmen durchzuführen. Stellt der Betreuer fest, dass der betroffene Unternehmensinhaber Verhaltensweisen zeigt, die das Vertrauen in die Unternehmensführung und damit die Aufrechterhaltung der Geschäftskontakte und Kreditlinien gefährdet, kann er eingreifen (BGH, 15.3.2017, XII ZB 563/16).

Warum darf der Betreuer für seine Tätigkeit einen pauschalen Geldbetrag vergüten?

Hintergrund der Pauschale ist, dass Betreuer und Rechtspfleger nicht die zeitaufwendigen Abrechnungen vornehmen müssen. Deswegen wurde ein vom tatsächlichen Aufwand, also von der im konkreten Fall tatsächlich verwendeten Zeit unabhängiges Vergütungssystem geschaffen. Nicht erforderlich ist, dass der Betreuer in dem zu vergütenden Zeitraum auch tatsächlich für den Betreuten in dem vom Gesetz pauschalierend unterstellten Umfang tätig geworden ist. Auf den konkreten Zeitaufwand im Einzelfall kommt es daher nicht an. Hat der Betreuer 100 Betreute, bekommt er monatlich 100-mal die derzeit festgelegte Pauschalvergütung, egal, mit welchem Stundenaufwand er für den einzelnen Betreuten tätig wurde. Ich halte das Verfahren für verfassungswidrig, weil es doch nicht sein kann, dass ein Betreuter, für den der Betreuer keinerlei Betreuungstätigkeit verbraucht hat, für einen anderen Betreuten aufgrund der Pauschale mit bezahlt.

Gegenüber wem hat der Betreuer Ansprüche auf Vergütung?

Aus der Rechtsnatur der Betreuung als privatrechtliche Personen- und Vermögenssorge für den Betreuten ergibt sich, dass der Betreuer Ansprüche wegen Aufwendung, Ersatz oder Vergütung nur gegen das Vermögen des Betreuten und nicht gegen den Staat geltend machen kann.

Darf der Betreuer in einer Eigentümerversammlung den Betreuten vertreten?

Ob ein Betreuer für den Betreuten in der Eigentümerversammlung auftreten kann, ist fraglich. Entscheidend ist die Gemeinschaftsordnung. Sieht diese die Vertretung nur durch Miteigentümer oder Ehepartner vor, so ist die Vertretung nicht möglich.

7. Rechte gegen Betreuer

**Welche Gründe gibt es, einen Berufsbetreuer
zu entlassen?**

Hierzu gibt es verschiedene Möglichkeiten oder Gründe, die in
§ 1908 b BGB niedergelegt sind. Danach ist der Betreuer vom
Betreuungsgericht zu entlassen, wenn seine Eignung, die Angelegenheiten des Betreuten zu besorgen, nicht mehr gewährleistet
ist. Ein weiterer Grund ist, wenn eine andere Person aus dem
Privatkreis des Betreuten oder dem Freundeskreis die Betreuung
genauso gut übernehmen könnte. Ein wichtiger Grund ist in
§ 1908 b BGB noch genannt, indem ein Betreuer dann entlassen
werden muss, wenn er eine erforderliche Abrechnung vorsätzlich falsch erteilt oder den erforderlichen persönlichen Kontakt
zum Betreuten nicht gehalten hat. Ganz wichtig ist also hier der
Hinweis, dass auch dann ein Entlassungsgrund gegeben ist,
wenn der persönliche Kontakt durch Besuche nicht in entsprechend notwendigem Maße erfolgt. Oftmals kann auch ein Inter-
essenskonflikt der Grund für eine Entlassung sein.

Das Gericht kann zwar bei der Entscheidung ein gewisses Ermessen ausüben, es muss also nicht automatisch bei Vorliegen dieser
vorgenannten Tatbestände die Entlassung erfolgen, sondern es
können auch Gründe da sein, die verlangen, dass der Betreuer
weiterhin Betreuer bleibt, wenn eine besonders starke Bindung
zu dem Betreuten oder zu einem der Kinder existiert.

Letztendlich hat das Gericht ein Ermessen und darf das Ermessen nicht falsch gebrauchen. An vorderster Stelle steht aber wie
immer das Wohl des Betreuten, das das Gericht beachten muss.
Unter § 1908 b Abs. 1 Satz 3 BGB fallen sehr viele Entscheidungen, die bei Gericht getroffen werden müssen. § 1908 b BGB ist
eine ganz wichtige Bestimmung im Betreuungsrecht, weil sie die
Grundlage für die Entlassung des Betreuers darstellt.

Kann ein Betreuer auch entlassen werden, wenn kein Einigungsmangel vorliegt?

Ein Betreuer kann auch dann entlassen werden, wenn kein Einigungsmangel vorliegt, aber der Betreuerwechsel im Interesse des Betreuten liegt.

Was kann der Betreuer gegen seine vorzeitige Entlassung unternehmen?

Der Betreuer hat die Möglichkeit, gegen seine Entlassung Beschwerde gemäß § 59 Abs. 1 FamFG einzulegen (BGH 25.3.2015, XII ZB 621/14).

Welche Rechte hat der Betreuer bei einer Teilentlassung?

Der Betreuer hat das Recht, dagegen Beschwerde einzulegen. Soweit der Betreute auch nicht damit einverstanden ist, kann er auch im Namen des Betreuten Beschwerde einlegen (§ 304 Abs. 1 FamFG). Die Angehörigen haben in einem derartigen Fall nur dann ein Beschwerderecht, wenn sie als Angehörige gemäß § 303 II FamFG an der ersten Instanz beteiligt waren.

Kann ein Betreuer bestellt werden, um einen anderen Betreuer zu kontrollieren?

Nein. Ein zusätzlicher Betreuer darf deswegen nicht bestellt werden, weil die Überwachung eines Betreuers ausschließlich dem Betreuungsgericht obliegt und nicht einem Betreuer, der zusätzlich bestellt wurde.

Wie kann das Betreuungsgericht gegen Pflichtverletzungen, die durch den Betreuer begangen werden, einschreiten?

Das Vormundschaftsgericht hat gemäß § 1837 Abs. 2, § 1908i Abs. 1 Satz 1 BGB gegen Pflichtwidrigkeiten des Betreuers durch geeignete Gebote und Verbote einzuschreiten. Pflichtwidrigkeiten sind Verstöße gegen konkrete, sich aus dem Gesetz oder einer Anordnung des Gerichts ergebende Handlungspflichten bzw. allgemein gegen die Pflicht zur gewissenhaften Führung der Betreuung.

Das Vormundschaftsgericht ist damit in der Erteilung von Weisungen, die ein Gebot oder ein Verbot enthalten, auf die Fälle pflichtwidrigen Verhaltens des Betreuers beschränkt. Der Betreuer führt sein Amt selbstständig und in eigener Verantwortung. Daraus folgt, dass dem Vormundschaftsgericht bei der Ausübung seiner Aufsichtätigkeit Zurückhaltung geboten ist und es in Zweckmäßigkeitsfragen, die im Ermessen des Betreuers liegen, nicht an seiner Stelle entscheiden darf.

Was tun, wenn ein Betreuer einem Betreuten nicht ausreichend Geldmittel zum normalen Leben zur Verfügung stellt, obwohl die Geldmittel vorhanden sind?

Diese Frage wurde in der Vergangenheit immer wieder von Angehörigen gestellt. Es gibt Fälle, bei denen Betreuer sogar, um ihre Betreuungstätigkeit finanzieren zu können, die Lebenszuschüsse reduzieren. Der Betreuer darf dem Betreuten keinen sparsamen Lebenswandel ohne entsprechende Rechtfertigungen auferlegen. Die Angehörigen haben zwar keine direkten Rechte gegen den Betreuer, sie können allerdings aufgrund dieser Tatbestände Anregung bei Gericht stellen, den Betreuer abzulösen.

Was ist, wenn der Betreuer aus Krankheitsgründen untätig ist?

Es kann sein, dass ein Betreuer auch aus Krankheitsgründen nicht tätig werden kann. Dann besteht die Möglichkeit nach einem Urteil des BGH vom 25.9.2019, einen Ergänzungsbetreuer zu bestellen, falls dringend eine Entscheidung vom Betreuer zu erwarten ist.

Welche Ansprüche ergeben sich aus Fehlern des Betreuers?

Die gängige Ansicht, dass der Staat für Fehler des Betreuers haftet, ist falsch. Der Betreuer nimmt keine staatlichen Aufgaben wahr. Der Grad der Betreuung ist eine privatrechtliche Personen- und Vermögenssorge. Vermögensrechtliche Verfehlungen des Betreuers lösen deswegen keine Ansprüche gegen den Staat (also in Form von Amtshaftungsansprüchen nach Artikel 34 Grundgesetz in Verbindung mit § 839 BGB) aus. Der Betreuer haftet nach den Regeln des Privatrechts gegenüber dem Betreuten. Auch Erben können nach dem Tod des Betreuten die Ansprüche geltend machen.

Kann der Betreuer auch aus vermögensrechtlichen Gründen entlassen werden?

Ein Betreuer kann auch aus vermögensrechtlichen Gründen entlassen werden, wenn gegen ihn Vollstreckungstitel vorliegen. Hier wird den Bearbeitern von Betreuungsfällen empfohlen, sich immer wieder Kreditauskünfte über den Betreuer einzuholen, was in der Praxis fast immer vergessen wird. Sobald hier eine Gefährdung des Betreutenvermögens nachgewiesen werden kann, ist der Betreuer nach § 1908b BGB zu entlassen. Die Eignung des Betreuers muss sowohl in sachlicher als auch in persönlicher Hinsicht gegeben sein.

Werden bei der Prüfung, ob Schadensersatzansprüche gegenüber Betreuern bestehen, unterschiedliche Sorgfaltsmaßstäbe angesetzt?

Betreuer können auch Schadensersatzansprüchen der Angehörigen, wenn diese Erben wurden, ausgesetzt sein. Eine besondere Haftung kann sich daraus ergeben, dass der Betreuer als Rechtsanwalt die Tätigkeit ausübte und damit aufgrund seiner beruflichen Kenntnisse die im Betreuungsverfahren gemachten Fehler hätte erkennen müssen.

Was ist, wenn der Betreuer den Betreuten »im Stich« lässt, also sich nicht um ihn kümmert?

Wenn sich der Betreuer innerhalb der ihm übertragenen Aufgabenkreise – besonders im Bereich der Gesundheitssorge – nicht oder nur unzureichend um den anvertrauten zu Betreuenden kümmert, ist immer die Möglichkeit einer strafbaren Handlung denkbar. Möglich ist schwere Körperverletzung, Freiheitsberaubung bis zur Tötung und Aussetzung – und die vorgenannten Delikte auch als Unterlassungsdelikte.

Der Betreuer hat aber aufgrund seines Amtes keine besondere Pflicht, die von ihm beauftragten Personen im Rahmen der Gesundheitssorge zu überprüfen. Es gibt also keine besondere Überprüfungspflicht für den Betreuer, sich um gesundheitliche und körperliche Unversehrtheit zu kümmern, wenn er dritte Personen oder Firmen hiermit beauftragt hat.

Was versteht man unter pflichtwidrigem Handeln des Betreuers neben Verstößen gegen gesetzliche Vorschriften?

Darunter fallen auch Verletzungsdelikte wegen Vernachlässigung von persönlichen oder wirtschaftlichen Interessen des Betreuten.

Kann der Betreuer auch aufgrund der mangelnden Eignung entlassen werden?

Ja, dies ergibt sich aus § 1908 b BGB. Danach hat das Betreuungsgericht den Betreuer zu entlassen, wenn seine Eignung, die Angelegenheiten des Betreuten zu besorgen, nicht mehr gewährleistet ist oder ein anderer wichtiger Grund für die Entlassung vorliegt. Die Eignung des Betreuers muss sowohl in fachlicher als auch in persönlicher Hinsicht gegeben sein.

Welche Rechtswirkung hat es auf die Entlassung eines Betreuers, wenn ein Beschwerdeberechtigter gegen die Entlassung eine Beschwerde eingelegt hat?

Die Entlassung wird dadurch rückwirkend unwirksam, mit der Folge, dass das Amtsgericht keinen neuen Betreuer bestellen muss.

Wer kann gegen den Betreuer Schadensersatzansprüche geltend machen, wenn der Betreuer fehlerhaft arbeitet?

Man muss hier verschiedene Perspektiven betrachten. Ist der Betreute selbst in der Lage, aufgrund seiner Geschäftsfähigkeit eine Schadensersatzforderung geltend zu machen, kann er auch in eigenem Namen klagen. Es gibt auch die Möglichkeit, dass ein Ergänzungsbetreuer nach § 1899 Abs. 4 BGB bestellt wird. Der Aufgabenkreis des Ergänzungsbetreuers müsste dann die Geltendmachung von Schadensersatzansprüchen wegen pflichtwidrigen Verhaltens des Betreuers sein. Wenn der neue Betreuer, der das Amt erhält, aufgrund der Tatsache, dass der alte Betreuer entlassen wurde, Pflichtwidrigkeiten feststellt, besteht auch die Möglichkeit, dass dieser dann im Namen des Betreuten Schadensersatzansprüche gegen den ehemaligen Betreuer geltend macht. Natürlich können auch Erben, wenn der Betreute verstorben ist, wegen Pflichtwidrigkeiten des Betreuers diesen verklagen. In allen Fällen muss die Verjährungsfrist beachtet werden.

Was kann ich machen, wenn ich feststelle, dass der Betreuer die gesundheitliche Situation des Betreuten nicht richtig beurteilt bzw. nicht überwacht?

Hier empfiehlt es sich, sich direkt an das Gericht zu wenden oder an die zuständige Betreuungsbehörde, damit eine Kontrolle des Betreuers eingeleitet wird. Gegebenenfalls erfolgt dann auch seitens des Gerichtes ein Hinweis, wie die Behandlung oder Reha durchgeführt werden soll. Die Angehörigen oder betroffenen Personen, die an einem Betreuungsverfahren beteiligt sein könnten, sollten sich auf jeden Fall an dem Betreuungsverfahren beteiligen lassen, da ansonsten die Angehörigen gar keine Rechte haben.

Kann der Betreuer auch seine Entlassung selbst verlangen?

Wenn ihm das Amt aus verschieden Gründen, wie beispielsweise aus Altersgründen oder aufgrund der Entfernung zum Betreuten oder aufgrund seiner privaten persönlichen Probleme, nicht mehr zugemutet werden kann, kann der Betreuer selbst seine Abberufung verlangen.

Kann der Betreute auch die Entlassung des Betreuers verlangen, weil er eine andere geeignete Person hierfür gefunden hat?

Nach § 1908 b Abs. 3 BGB kann das Gericht den Betreuer entlassen, wenn der Betreute eine gleich geeignete Person, die zur Übernahme bereit ist, als neuen Betreuer vorschlägt. Die Formulierung ist deswegen so gewählt worden, weil das Gericht keine Betreuungsanträge haben will, nur weil der Betreute mit dem Betreuer unzufrieden ist, sondern das Gericht erwartet von den Betreuten auch einen neuen Betreuervorschlag. Es handelt sich um eine wichtige Bestimmung im Betreuungsrecht, die in sehr vielen Fällen die Rechtsgrundlage für Anregungen oder Anträge seitens des Betreuten ist.

Ist der neue Betreuer bereit, den Posten zu übernehmen, dann findet keine automatische Auswechslung des Betreuers statt, sondern das Gericht hat noch ein gewisses Ermessen und prüft, ob die Änderung der Betreuerfunktion im Interesse des Betreuten ist. Das Gericht wird insbesondere im Zusammenhang mit dem Betreuerwechselantrag prüfen müssen, ob nicht der Antrag von dritter Seite provoziert wurde, weil beispielsweise ein Familienmitglied einen anderen Betreuer haben will, um dadurch eine größere Erbschaft oder einen größeren Vermögensvorteil zu erlangen.

Was geschieht bei Pflichtverletzung des Betreuers gegenüber dem Betreuungsgericht?

Erfüllt der Betreuer seine Pflicht zur Auskunftserteilung oder zu Bericht oder Rechnungslegung gegenüber dem Vormundschaftsgericht nicht, kann ihm gegenüber sogar ein Zwangsgeld erhoben werden (§ 1908i Abs. 1, § 1837 Abs. 3 BGB). Natürlich ist dies auch ein Grund, den Betreuer zu entlassen.

Darf das Betreuungsgericht eine erforderliche Maßnahme selbst anordnen, weil der Betreuer die Maßnahme nicht für erforderlich hielt?

§ 1846 BGB soll nicht dazu dienen, dass der Betreuer umgangen wird. Wenn der Betreuer die Maßnahme nicht für erforderlich hält, darf das Betreuungsgericht diese Maßnahme nicht tätigen. Gegebenenfalls muss das Betreuungsgericht, wenn die Ablehnung der Maßnahme durch den Betreuer unbegründet ist, den Betreuer ablösen.

Kann die Entlassung des Betreuers auch auf Teilbereiche beschränkt werden?

Gerade dies ist eine Frage, die sehr selten auch von Juristen, die die Betreuungsfälle bearbeiten, geprüft wird. Man kann auch in gewissen Bereichen die Entlassung des Betreuers verlangen, wenn beispielsweise Angehörige diesen Bereich besser erledigen können. Gerade in solchen Fällen kann die Unterscheidung von fachlicher und persönlicher Eignung des Betreuers eine Rolle spielen. Ein ehrenamtlicher (familienangehöriger) Betreuer kann z. B. für die Vermögenssorge nicht geeignet sein, dafür aber persönlich und fachlich für die Gesundheitssorge in besonderem Maße. Er kann dann für den Bereich der Vermögenssorge entlassen und ein anderer Betreuer bestellt werden, für die Gesundheitssorge kann es bei der Betreuung durch den Angehörigen bleiben.

8. Gegenbetreuer

Welchen Sinn und Zweck hat die Gegenbetreuung?

Die Gegenbetreuer sollen letztendlich die Vermögensverwaltung durch den Betreuer überprüfen. Die Kontroll- und Nutzungsrechte, die der Gegenbetreuer neben der allgemeinen Aufsichtspflicht hat, sind in § 1802 Abs. 1 Satz 2 BGB niedergelegt: »Der Betreute kann sich bei der Aufnahme des Verzeichnisses der Hilfe eines Beamten, eines Notars oder eines anderen Sachverständigen bedienen.«

Die Pflicht zur Schlussrechnung ist in § 1891 Abs. 1 BGB niedergelegt: »Ist ein Gegenbetreuer vorhanden, so hat ihm der Betreuer die Rechnung vorzulegen.«

Aus § 1854 BGB ergibt sich noch, dass, wenn ein Gegenbetreuer vorhanden oder zu bestellen ist, ihm dann der Betreuer die Übersicht unter Nachweisung des Vermögensbestandes vorzulegen hat. Der Gegenbetreuer hat die Übersicht mit den Bemerkungen zu versehen, zu denen die Prüfung ihm Anlass gibt.

Aus § 1812 Abs. 1 BGB ergibt sich auch, dass der Betreuer bei bestimmten Rechtsgeschäften den Gegenbetreuer um Genehmigung bitten muss. So steht in § 1812 BGB Folgendes:

Der Betreuer kann über eine Forderung oder über ein anderes Recht, kraft dessen der Betreute eine Leistung verlangen kann, sowie über ein Wertpapier des Betreuten nur mit Genehmigung des Gegenbetreuers verfügen, sofern nicht nach den §§ 1819 bis 1822 BGB die Genehmigung des Familiengerichts erforderlich ist.

Die weiteren Handlungen, die der Gegenbetreuer genehmigen muss, ergeben sich aus § 1813 BGB. Falls der Gegenbetreuer nicht tätig werden will oder aus anderen Gründen nicht tätig wird, kann auch das Betreuungsgericht die Genehmigung anstelle des Gegenbetreuers erteilen.

Muss bei hohen Vermögen automatisch ein Gegenbetreuer bestellt werden?

Nein, eine erhebliche Vermögensverwaltung kann nur dann einen Gegenbetreuer notwendig machen, wenn der Betreuer den Umfang nicht bewältigen kann – unabhängig von der Höhe. Auch ein erhebliches Vermögen, das gemischt ist, also aus Wertpapieren oder sonstigen Anlagen besteht, kann einen Gegenbetreuer erforderlich machen.

Welche Pflichten hat der Gegenbetreuer?

Die Pflichten des Gegenbetreuers ergeben sich aus § 1908 i Abs. 1 Satz 1 BGB i. V. m. § 1837 Abs. 2, § 1839 BGB.

Ein Gegenbetreuer wird meistens dann bestellt, wenn der Betreute über erhebliches privates Vermögen verfügt und dieses kompliziert zu verwalten ist. Sehr oft wird auch ein Gegenbetreuer bestellt, wenn der unter Betreuung Kommende ein Unternehmen geführt hat und zur Weiterführung dieses Unternehmens auch gewisse Kenntnisse erforderlich sind. Der Gegenbetreuer soll den Betreuer kontrollieren und beaufsichtigen. Er ist nicht Betreuer im Sinne des Betreuungsgesetzes.

Welche Rechtsmittel hat der Betreuer gegen die Bestellung eines Gegenbetreuers?

Der Betreuer kann in seinem Namen gegen die Bestellung des Betreuers Beschwerde einlegen. Er kann aber auch als Vertreter des Betreuten gegen die Bestellung des Gegenbetreuers im Namen des Betreuten Beschwerde einlegen. Gegen die Anord-

nung oder Ablehnung eines Gegenbetreuers können auch die
unter § 303 Abs. 2 FamFG erwähnten Angehörigen des Betreuten (Ehegatten oder Lebenspartner, wenn beide nicht dauernd
getrennt leben, sowie Eltern, Großeltern, Pflegeeltern, Abkömmlinge und Geschwister des Betroffenen sowie eine Person seines
Vertrauens) Beschwerde einlegen.

Wann muss ein Gegenbetreuer beantragt werden?

Nach § 1792 BGB soll ein Gegenbetreuer bestellt werden, wenn
mit der Betreuung eine Vermögensverwaltung verbunden ist, es
sei denn, dass die Verwaltung nicht erheblich oder dass die
Betreuung von mehreren Betreuern gemeinschaftlich zu führen
ist. Ist die Betreuung von mehreren Betreuern nicht gemeinschaftlich zu führen, so kann der eine Betreuer zum Gegenbetreuer des anderen bestellt werden.

Wer ist für die Bestellung des Gegenbetreuers zuständig?

Hier hat die Gesetzesänderung bewirkt, dass die Zuständigkeit
des Richters auf den Rechtspfleger übertragen wurde (§ 15
RPflG).

9. Allgemeine Rechtsfragen zu Betreuern

Darf der Betreuer Bezahlung für berufliche Tätigkeiten verlangen?

Ein Betreuer, der im Rahmen seiner beruflichen Tätigkeit notwendige Tätigkeiten für den Betreuten übernimmt, kann die für
diese Tätigkeit übliche Bezahlung verlangen. Wenn z. B. dringend eine Elektroleitung in der Wohnung des Betreuten zu er-
neuern ist, darf der Betreuer, der selbst Elektriker ist, diese Arbeit
durchführen und die Kosten geltend machen, die er im Rahmen
seiner Firma auch geltend machen würde.

Kann der Betreuer die Übernahme der Betreuung auch ablehnen?

Nach § 1898 BGB muss der vom Gericht Ausgewählte die Betreuung übernehmen, wenn er hierzu geeignet ist und wenn ihm die Betreuung aufgrund seiner familiären, beruflichen und sonstigen Verhältnisse zugemutet werden kann. Es ist jeweils die zu klärende Frage, ob der Grund hierfür ausreichend ist, die Betreuung abzulehnen. Die Erfahrung zeigt, dass die Gerichte in fast allen Fällen die Ablehnung der Betreuung akzeptieren, wenn diese entsprechend begründet wird, beispielsweise durch Arbeitsüberlastung, durch zu viel Arbeit in der Familie mit mehreren Kindern oder auch aufgrund von Streitigkeiten, die dadurch in der Familie entstehen könnten.

Eine unberechtigte Ablehnung führt auch nicht dazu, dass der Ausgewählte gezwungen werden kann, die Betreuung zu übernehmen. Es besteht dann nur das Risiko, dass evtl. der Grund der Ablehnung zu einem Schadensersatz verpflichtet, weil wichtige Entscheidungen, die Vermögensfragen betreffen, deswegen nicht getroffen werden konnten.

Ist die zusätzliche Bezahlung durch Betreute an den Betreuer erlaubt?

Es gibt ein Pauschalisierungssystem mit einer Anzahl von Stunden, die der Betreuer bezahlt bekommt. Eine zusätzliche Zahlung darf der Betreuer nicht entgegennehmen, auch wenn er noch so viele Stunden für die Betreuung aufwendet. Der Betreute kann, auch wenn er noch so reich ist, nicht dem Betreuer einige weitere Arbeitsstunden abkaufen. Hintergrund war, dass der Gesetzgeber hier Angst hatte, dass reiche Betreute von dem Betreuer gezwungen werden, mehr zu zahlen mit der Androhung, sonst in ein Heim eingewiesen zu werden. Aus diesem Grund gibt es nur die gesetzlich vorgesehenen Betreuungspauschalen. Eine sehr bedenkliche Regelung.

Hat ein Rechtsanwalt, der Betreuer ist, mehr Rechte als andere Anwälte, einen Prozess oder eine Rechtsangelegenheit für einen Betreuten zu führen?

Zu dem Thema hat der BGH vom 24.1.2018 (XII ZB 141/17) entschieden, dass allein die Tatsache, dass jemand einen Anwalt als Betreuer hat, nicht bedeutet, dass der Betreuer als Anwalt konkret für den Betreuten tätig sein muss.

Können ehrenamtliche Betreuer für ihre Betreuertätigkeit in besonderen Einzelfällen von ihrem Arbeitgeber freigestellt werden?

Aufgrund der Tatsache, dass das gesamte Betreuungsrecht ohne die ehrenamtlichen Betreuer nicht funktionieren würde, stellt sich zu Recht die Frage, ob ehrenamtliche Betreuer von ihrem Arbeitgeber freigestellt werden müssen, wenn sie aufgrund der Betreuung, die sie führen, Termine wahrnehmen müssen, die in ihre Arbeitszeit fallen.

Explizite Regelungen im Betreuungsrecht oder in den Landesverfassungen gibt es hierzu nicht. In der Bayerischen Landesverfassung beispielsweise kommt zum Ausdruck, dass das Ehrenamt im Allgemeinen große Wertschätzung erfährt, besondere Regelungen gerade im Zusammenhang mit dem Betreuungsrecht gibt es aber nicht.

Grundsätzlich ist es so, dass ehrenamtliche Mitarbeiter von ihrem Arbeitgeber freigestellt werden müssen, wenn es sich um Ämter handelt, die im öffentlichen Interesse liegen, also z. B. bei Mitgliedern der Freiwilligen Feuerwehr, THW etc. Diese Personen genießen in diesem Zusammenhang verhältnismäßig hohen Schutz. Sie nehmen für die Gesellschaft wichtige Funktionen wahr, eine Vielzahl dieser Organisationen kann überhaupt nur durch die Mitwirkung der ehrenamtlichen Mitarbeiter bestehen und ihre Aufgaben wahrnehmen.

Müsste dies nicht auch für das Betreuungsrecht gelten? Schließlich ist mittlerweile eine große Anzahl an Menschen auf eine Betreuung angewiesen, in der Zukunft wird diese Erforderlichkeit eher noch ansteigen. Die Übernahme einer ehrenamtlichen Betreuung steht unserer Meinung nach ohne Zweifel im öffentlichen Interesse und muss folglich auch entsprechend bewertet werden. Auch für die Zukunft steht außer Frage, dass die auf die Gesellschaft zukommenden Herausforderungen des Betreuungsrechts ohne die Mitwirkung ehrenamtlicher Betreuungen nicht bewältigt werden kann.

Dazu kommt, dass das Gesetz die Figur der ehrenamtlichen Betreuung favorisiert. Folglich ist es zumindest verwunderlich, warum zur Frage der Freistellung der Betreuer keine explizite Regelung eingeführt wurde. Denn bisher gibt es keine Aussagen hinsichtlich einer etwaigen Verpflichtung des Arbeitgebers, den Betreuer für den Zeitraum, in dem er wichtige Termine mit oder für den Betreuten wahrnehmen muss, freizustellen. Nach derzeitigem Kenntnisstand sind Betreuer in dieser Hinsicht wohl auf den guten Willen und die freiwillige Unterstützung durch den (sozial engagierten) Arbeitgeber angewiesen.

Für die zu diesem Thema befragten Betreuungsvereine, Landratsämter und auch Betreuungsgerichte ist diese Thematik offenbar bisher nicht praxisrelevant.

Was haben die Betreuer zu beachten, wenn das Gericht mehrere Betreuer mit demselben Aufgabenkreis betraut hat?

Sie können nach § 1899 III BGB nur gemeinsam handeln, es sei denn, es ist im Betreuungsbeschluss etwas anderes bestimmt, oder es besteht Gefahr, die Handlungen aufzuschieben.

Gegenüber wem hat der Betreuer Ansprüche auf Vergütung?

Aus der Rechtsnatur der Betreuung, nämlich als privatrechtliche Personen- und Vermögenssorge für den Betreuten, ergibt sich, dass der Betreuer Ansprüche wegen Aufwendung, Ersatz oder Vergütung nur gegen das Vermögen des Betreuten und nicht gegen den Staat geltend machen kann.

Welche Regelung gibt es für die Anzahl der Betreuungen eines Betreuers?

Nach dem zweiten Betreuungsrechtsänderungsgesetz (§§ 1897, § 8100, 897 Abs. 8 BGB) sollen die Berufsbetreuer Zahl und Umfang der Betreuungsfälle dem Gericht mitteilen. Bei der Bestimmung handelt es sich um eine Soll-Bestimmung, also keine Verpflichtung des Betreuers. Dies ist sehr problematisch, weil manche Betreuer sich sogar an verschiedenen Wohnorten anmelden, um an eine große Anzahl von Betreuungen zu kommen.

Gibt es eine Deckelung bezüglich der Anzahl der Fälle, die ein Betreuer übernehmen kann?

Nein, diese Deckelung gibt es leider nicht. Aber sie wäre dringend erforderlich, weil kaum ein Betreuer mehr als 100 Fälle bearbeiten kann, wobei 100 schon die maximale Grenze ist, die allerdings von einigen Betreuern erreicht wird. Der Gesetzgeber wäre gefordert, hier eine gesetzliche Regelung zu schaffen, dass beispielsweise mehr als 50 Betreuungsfälle nicht übernommen werden können bzw. dürfen.

Kann jemand zum Betreuer bestellt werden, der weit entfernt wohnt?

Die Weite der Entfernung des Betreuers von dem zu Betreuenden spielt keine Rolle, weil der Betreuer ja der rechtliche Vertreter ist und diese Vertretung auch von einem anderen Wohnort aus durchführen kann. Problematisch könnte allerdings sein, ob eine ausreichende persönliche Betreuung möglich ist. Sollte der Betreuer sich allerdings dann jemanden zu Hilfe holen, ist dies auch eine Regelung, mit der das Gericht einverstanden sein sollte. Diese Frage taucht immer wieder dann auf, wenn Angehörige als Betreuer in der Betreuungsverfügung bestimmt werden sollen, die weiter vom Wohnsitz des zu Betreuenden entfernt wohnen.

Welche Rechtsfolge tritt ein, wenn in der nichtigen Vorsorgevollmacht eine Betreuungsverfügung enthalten ist, dass der Vollmachtnehmer auch Betreuer werden sollte?

Hieraus ergibt sich kein Rechtsanspruch der Person, die in der Betreuungsverfügung genannt worden ist.

Kann das Betreuungsgericht auch als Betreuer tätig werden?

Letztendlich nicht, mit Ausnahme von § 1846 BGB. Dieser Sonderfall kann dann eintreten, wenn der Betreuer nicht handeln kann und die Maßnahme sofort getroffen werden muss, um dem Betreuten zu helfen, beispielsweise bei Selbstmordgefahr oder Einweisung in eine geschlossene Anstalt. Das Gericht kann diese Entscheidung also nur in dem Ausnahmefall treffen, wenn die medizinische Maßnahme nicht aufgeschoben werden kann. Die Entscheidung darf nicht deswegen erfolgen, weil das Gericht selbst entscheiden will und deswegen die Betreuerbestellung verzögert oder behauptet, die Betreuerbestellung dauere zu lange. Die Maßnahme hat unverzüglich zu enden, wenn ein Betreuer bestellt wurde.

Das Gericht darf allerdings nicht die Maßnahme treffen, wenn der Betreuer aus Krankheit an der Erfüllung seiner Pflicht verhindert ist. In einem solchen Fall muss die Maßnahme durch einen vom Gericht zu bestellenden Ergänzungsbetreuer durchgeführt werden.

Kann das Gericht, wenn der Betreuer nichts macht, die Maßnahmen des Betreuers selbst übernehmen?

Nein. Das Gericht darf die Maßnahmen nicht selbst übernehmen, wenn der Betreuer – aus welchem Grund auch immer – in dem Betreuungsfall einfach nichts macht und dem Gericht hierüber Informationen vorliegen. Es besteht nur die einzige Möglichkeit des Gerichts, das Verfahren auf Enthebung des Betreuers aus seinem Amt einzuleiten. Ob das Gericht die entsprechende Entscheidung trifft, hängt von den durchgeführten Versäumnissen des Betreuers ab und auch von den Fakten, die dem Gericht bekannt geworden sind. In Notfällen kann das Gericht aber die Maßnahmen selbst übernehmen.

Wann kann eine Behörde als Betreuer bestellt werden?

Nach § 1900 Abs. 4 BGB kann eine Behörde nur dann als Betreuer bestellt werden, wenn keine natürliche Person vorhanden ist, die als Betreuer bestellt werden kann.

Gibt es viele Straftaten der Betreuer?

Immer wieder hören wir von Straftaten der Betreuer, sei es im Rahmen von Fernsehsendungen oder durch Zeitungsartikel. Grundsätzlich muss gesagt werden, dass es natürlich in jedem Beruf kriminelle Elemente gibt und im Betreuungsrecht besonders einfach die Möglichkeit gegeben ist, auf Vermögen zuzugreifen. Kritisch ist allerdings, dass wir festgestellt haben, dass ein Großteil der Straftaten, die angeklagt und teilweise zur Verurteilung kamen, ausschließlich von Angehörigen oder neu eingesetzten Betreuern nach einem Betreuungswechsel angezeigt wurden. Dies zeigt deutlich, dass die Kontrolle der Gerichte nicht ausreichend ist. Viele Betroffene, die sich nicht selbstständig wehren können oder die keine Angehörigen haben, sind derartigen Straftaten sehr leicht ausgesetzt.

Wann liegt Untreue im Betreuungsrecht vor?

Eine der Hauptpflichten eines Betreuers ist die Vermögensbe-treuungspflicht nach § 266 StGB. Das Oberlandesgericht Celle hat 2013 einen interessanten Fall entschieden. Hier hatte ein Betreuer einen Testierunfähigen bewegt, eine letztwillige Verfü-gung (Testament) anzufertigen, um den Betreuer als Erben ein-zusetzen. Das Oberlandesgericht Celle wies darauf hin, dass Teilnahme an einer Untreue vorliegen kann, wenn man den Tes-tamentserrichtenden als absichtslos doloses Werkzeug (dolos = Tatvorsatz, absichtslos = ihm fehlt die deliktspezifische Absicht) gegen sich selbst benutzt, falls man an einem derartigen Geschäft beteiligt ist. Dies gilt insbesondere dann, wenn der Testaments-errichtende, also der Betreute, nicht mehr in der Lage war, selbst das Testament zu errichten, und der Zustand vom Betreuer gegenüber dem Betreuten ausgenutzt wurde.

Kann der Betreuer sich auch wegen Untreue strafbar machen?

Es gibt beispielsweise einen Fall, der in Augsburg abgehandelt wurde. In diesem Fall hatte der Betreuer ein Grundstück erheb-lich billiger an seine Freundin verkauft, um es dann selbst billi-ger von ihr zu bekommen. Ein Strafmaß von zweieinhalb Jahren war in Anbetracht der Schwere der Tat gering. Besonders gravie-rend war auch, dass der Betreuer als Teilzeitbeamter bei der Stadt Augsburg arbeitete. Der Betreuer wurde dann im weiteren Ver-fahren mit einer weiteren Freiheitsstrafe von zehn Monaten (auf Bewahrung!) verurteilt, weil er 10 000 Euro unterschlagen hatte. Man sieht an diesem Augsburger Fall, wie gering die Strafen gegen Betreuer sind. Am Schluss bekam der Betreuer übrigens als Gesamtstrafe zwei Jahre und elf Monate.

Welche vermögensrechtlichen Straftaten durch Betreuer sind bekannt?

Betreuungsverfahren bergen zahlreiche Möglichkeiten für Straftaten, die durch Betreuer aufgrund ihrer Machtposition begangen werden können. Vor allem der Aufgabenkreis »Vermögenssorge« bietet zahlreiche Gelegenheiten für Betreuer, auf das Vermögen der Betroffenen zuzugreifen, um sich selbst zu bereichern.

Zu der Frage, ob und wie viele vermögensrechtliche Straftaten durch einzelne »schwarze Schafe« unter den Betreuern begangen werden und wie die verfahrensrechtlichen Kontrollmechanismen der Gerichte dagegenwirken, gibt es in Deutschland nur vereinzelte Erhebungen. Es bestehen nur einzelne regional durchgeführte Untersuchungen, die auf der Auswertung von Akten basieren. Es handelt sich demnach nicht um grundsätzlich wissenschaftlich belastbare Untersuchungsergebnisse, da die untersuchten Fälle nur einen Ausschnitt darstellen und nicht das Gesamtaufkommen der bei den Staatsanwaltschaften geführten Strafakten gegen Betreuer zugrunde legen.

Jedenfalls wird aus diesen Erhebungen aber deutlich, dass innerhalb der untersuchten Fälle weit mehr Vermögensdelikte von Berufsbetreuern begangen werden als von ehrenamtlichen Betreuern. Dies liegt naturgemäß darin, dass Berufsbetreuer zahlreiche Betreuungsverfahren bearbeiten, ehrenamtliche dagegen meistens nur für ein Betreuungsverfahren bestellt werden.

Besonders beachtlich ist die unterschiedliche Anzahl der Straftaten. Es wurde festgestellt, dass manche Betreuer nur eine Straftat innerhalb eines Betreuungsverfahrens begingen, anderen wurden mehrere Hundert einzelne Straftaten zur Last gelegt.

Beachtenswert ist auch, dass die meisten durch den Betreuer begangenen Delikte nicht von dem Betreuungsgericht – welches innerhalb jedes Betreuungsverfahrens die Aufgabe der Kontrolle des Betreuers hat – aufgedeckt wurde, sondern vielmehr von engagierten Angehörigen oder von neu eingesetzten Betreuern nach einem Betreuerwechsel. Dies zeigt einmal mehr, dass die gesetzlich Betroffenen, die sich nicht selbst wehren können oder die keine Angehörigen haben, die sich darum kümmern, geschädigt werden.

Was ist, wenn das Amtsgericht einen neuen Betreuer bestellt hat?

Der Betreute und die unter § 303 FamFG genannten Personen können dann, soweit sie dem Verfahren beigezogen wurden, Beschwerde bei dem zuständigem Landgericht einlegen.

Muss der Betreuer sich um die Beihilfe eines von ihm betreuten Beamten kümmern?

Ja. Der Betreuer, der die vermögensrechtliche Verwaltung des Betreuten hat, muss sich darum kümmern, dass der Betreute die Beihilfe möglichst sofort bekommt.

Wie muss ein Betreuer mit Schwarzgeld des Betreuten umgehen?

Der Betreuer ist gesetzlicher Vertreter des Betreuten und muss daher auch dessen steuerliche Pflichten erfüllen. Unterlässt der Betreuer die Versteuerung von Schwarzgeldern, die ihm bei der Durchsicht der Unterlagen bekannt werden, würde er sich selbst wegen Steuerhinterziehung durch Unterlassung strafbar machen. An der Rechtslange ändert sich nichts, wenn der Betreute nicht die Anzeige wünscht oder dringend auf Unterlassung der Anzeige drängt. Problematisch kann die Situation dann werden, wenn es sich um Ehepartner oder enge Familienangehörige handelt.

Kann ein Angehöriger auch eine Beschwerde gegen das Betreuungsverfahren weiterführen, obwohl er die Betreuung angeregt hat?

Auch wenn der Angehörige selbst die Betreuung beantragt hat und der Betreuungsbeschluss ergangen ist und später im Beschwerdeverfahren der Angehörige darauf drängt, dass das Betreuungsverfahren beendet wird, kann er dennoch die Beschwerde weiterführen. Die Beschwerdebefugnis entfällt nicht dadurch, dass der Angehörige selbst die Betreuung angeregt hat (BGH, 21.6.2017, XII ZB 36/17).

Darf der Betreuer dem Betreuten ohne Weiteres das Handy wegnehmen oder Anrufe untersagen oder ihm generell die Möglichkeit des Handygebrauchs verbieten?

Dies wäre nur im Rahmen des § 1896 Abs. 4 BGB möglich, wenn in dem Betreuungsbeschluss vom Gericht das Recht der Betreuung des Post- und Fernmeldeverkehrs ausschließlich dem Betreuer übertragen wird.

Warum werden Angehörige oftmals als Betreuer nicht ausgewählt?

Oftmals werden Angehörige als Betreuer nicht ausgewählt, weil angeblich die notwendigen Mitwirkungshandlungen nicht zu erwarten sind. Ohne dass Fakten vorgelegt werden, kann aber diesbezüglich der Angehörige, der als Betreuer gewünscht war, nicht abgelehnt werden.

Kann ein Betreuter im Rahmen einer Straftat auch als schuldloses Werkzeug zur Erfüllung der Straftat eingesetzt werden?

Ja. Hier liegt eine Entscheidung von 2013 vor, die sehr interessant ist: Wenn ein Betreuter nicht mehr im Sinne von § 2229 (4) BGB in der Lage ist, ein Testament zu errichten, und der Zustand des Betreuten zur Testamentserrichtung zu Gunsten von beeinflussenden Person bewusst ausgenutzt wurde, könnte der Tatbestand der Untreue vorliegen (§266 StGB). Zu überprüfen in einem solchen Fall ist auch, ob der Geschädigte (der Betreute) zum Zeitpunkt des Verfassens der jetzigen Verfügungen wegen krankhafter Störung der Geistestätigkeit, wegen Geistesschwäche oder wegen Bewusstseinsstörung nicht in der Lage war, die Bedeutung einer von ihm abgegebenen Willenserklärung einzusehen und nach dieser Ansicht zum Handeln und somit zum Testieren nicht fähig war.

Führt die Tatsache, dass jemand seine Post nicht liest, zur Notwendigkeit einer Betreuung?

Wenn jemand seine Post nicht liest, wird die Postsperre angeordnet, wenn das Nichtlesen der Post zu einer Schädigung des Betreuten führt oder wenn das Nichtlesen der Post psychiatrische Gründe hat. Es muss also vor der Entscheidung ein Gutachten eines Facharztes für Psychiatrie darüber eingeholt werden.

Das Nichtlesen der Post im Rahmen eines Betreuungsbeschlusses kommt bei vielen Menschen relativ oft vor und hat sicherlich fast immer psychiatrische Gründe. Diese »Nichtleser« wissen aber nicht, welches große Risiko sie damit eingehen. Nicht nur, dass sie Fristen versäumen, sich selbst schaden, Schäden für Dritte verursachen, sondern auch immer das Risiko haben, unter Betreuung gestellt zu werden!

Da doch viele glauben werden, dass dies gar nicht möglich ist, habe ich im Anhang »Hinweise und Musterentscheidungen« einen Beschluss des Amtsgerichts München zu der Postsperre beigefügt.

Was ist die Aufgabe der Betreuungsbehörde gegenüber den Betreuten?

Es ist die originäre Aufgabe der Betreuungsbehörde in Zusammenarbeit mit den Betreuungsvereinen, geeignete ehrenamtli-

che Betreuer zu gewinnen und auf Anfrage des Vormundschaftsgerichtes eine Ersatzbetreuungsperson vorzuschlagen, falls der
Betreuer ausgewechselt werden soll.

Der Vorrang der ehrenamtlichen Betreuung vor Berufsbetreuung kann nicht bedingungslos gelten. Es ist die Aufgabe der
Betreuungsbehörde, in Zusammenarbeit mit dem Vormundschaftsgericht im Rahmen der Sachverhaltsermittlung eine Feststellung darüber zu treffen, ob eine Person durch einen ehrenamtlichen Betreuer oder eine ehrenamtliche Betreuerin betreut
werden kann oder ob hierfür nur eine beruflich tätige Betreuerin
oder ein beruflich tätiger Betreuer in Betracht kommt.

Was muss bei dem Vorhaben eines Betreuers, einen älteren Menschen in ein Heim zu verlegen, beachtet werden?

Nicht nur die medizinische Versorgung und auch die Versorgung durch Fachpersonal ist wichtig, auch die Umgebung, in die
die betreuten Personen kommen, sollte genau untersucht werden. Kann der ältere Mensch, der in ein derartiges Heim kommen soll, noch kommunizieren, kann er sich noch unterhalten,
dann sollte auf jeden Fall darauf geachtet werden, dass in dem
Heim nicht nur Personen sind, die so schwer krank sind, dass sie
sich gar nicht mehr äußern können.

Dem Forschungsinstitut der Kester-Haeusler-Stiftung Fürstenfeldbruck wurde ein Fall aus dem Bereich des Amtsgerichts Hei-
delberg mitgeteilt, der sehr interessant ist und zum Nachdenken
führt. Eine Dame, die in ein Heim gebracht wurde, erlitt durch
einen Sauerstoffmangel einen schweren Gehirnschaden. Die
Betreuerin kümmerte sich kaum um die Betreute, sie besuchte
sie kaum, noch regelte sie die finanziellen Angelegenheiten. Sie
war nie erreichbar. Die erbetenen Rückrufe erledigte sie nicht.
Der eingesetzte Gehirnschaden hätte in weiten Bereichen teilweise behoben werden können, wenn ordentliche medizinische

Unterstützung veranlasst worden wäre. Die Problematik war so stark, dass sogar die einstigen Arbeitskollegen der Betreuten für die notwendigen Dinge im Leben Geld spendeten, da sie sonst keine Bezugsperson hatte. Sie wurde in ein Altersheim gebracht (55 Jahre), indem nur demente Menschen, die nicht mehr kommunizieren konnten, ihren Aufenthalt hatten. Dadurch wurde die letzte Lebensader abgeschnitten. Man sieht also, dass auch gerade der Bereich der Umgebung und der Personen, die mit im Heim sind, für die Frage, ob die Betreuungsunterkunft richtig ist, eine große Rolle spielt.

Wer haftet für Fehler des Betreuers?

Die Ansicht, dass der Staat für Fehler des Betreuers haftet, ist falsch. Der Betreuer nimmt keine staatlichen Aufgaben wahr. Der Grund der Betreuung ist eine privatrechtliche Personen- und Vermögenssorge. Vermögensrechtliche Verfehlungen des Betreuers lösen deswegen keine Ansprüche gegen den Staat (also in Form von Amtshaftungsansprüchen nach Artikel 34 Grundgesetz in Verbindung mit § 839 BGB) aus. Der Betreuer haftet nach den Regeln des Privatrechts gegenüber dem Betreuten. Auch Erben können nach dem Tod des Betreuten die Ansprüche geltend machen.

Wann ist die Rechtsbeschwerde gegen eine Betreuervergütung möglich?

Will der Betreute gegen eine Vergütungsentscheidung des Betreuers eine Rechtsbeschwerde an den BGH einlegen, so ist das nur zulässig, wenn das Landgericht sie zugelassen hat. Lehnt das Landgericht die Zulassung ab, gibt es dagegen keine Rechtsmittel.

Wann ist der Betreuer aus persönlichen Gründen abzulehnen?

Die Gründe sind vielfach und können hier aufgrund der großen Anzahl von Praxisfällen, die ich erlebt habe, nur vereinzelt dargestellt werden.

Es gibt Betreuer, die zeigen ein autoritäres Verhalten und führen sich auf wie ein Armee-Unteroffizier, der gerade seine Soldaten zum Aufstellen anschreit. Diese Betreuer sind genauso abzulehnen wie Betreuer, die weder kritik- noch gesprächsfähig sind und überhaupt kein Interesse haben, mit dem Betreuten zu sprechen, weil es ja für sie nur einen Zeitverlust darstellt. Auch die Isolierung ohne Grund und das teilweise Fernhalten der betreuten Person von den Angehörigen sind sicherlich Gründe, den Betreuer abzulehnen.

Der Betreuer, der den Betreuten nicht ausreichend besucht, obwohl die Notwendigkeit gegeben ist, ist abzusetzen. Manchen Betreuern ist es auch völlig egal, wie es um das Vermögen des Betreuten steht. Sie lassen Immobilien verwahrlosen, es wird innen nichts renoviert, obwohl dies dringend notwendig wäre, es wird nicht repariert, obwohl dies dringend notwendig wäre, es werden nicht die normalen Säuberungen der Wohnung organisiert. Letztendlich ist die Beratung eines Anwalts erforderlich, um dem Gericht darzulegen, dass der Betreuer, der sich nicht gemäß verhält, ersetzt wird.

V. Betreuungsverfahren/ Gerichtsverfahren

1. Das Verfahren allgemein

▌ Welche Gründe kann es für ein Verfahren geben?

Das Gerichtsverfahren im Rahmen der Anordnung einer Betreuung wird bei dem Amtsgericht geführt, das für den Wohnsitz des zu Betreuenden zuständig ist. Warum das Verfahren anfängt, kann durch verschiedene Gründe bedingt sein.

Einmal kann es auf Anregung einer dritten Person sein, einmal auf Anregung der eigenen Familie, des Krankenhauses, das dringend eine Entscheidung für wichtige Operationen benötigt, oder eines Altenheims erfolgen. Sobald also das Betreuungsgericht davon Kenntnis hat, dass eventuell die Notwendigkeit für die Anordnung einer Betreuung besteht, wird das Betreuungsverfahren eingeleitet. Das Betreuungsverfahren wird auch dann eingeleitet, wenn eine Vorsorgevollmacht vorliegt, da das Betreuungsgericht auch die Aufgabe hat, die Wirksamkeit der Vorsorgevollmacht zu überprüfen. So lange, bis die Wirksamkeit der Vorsorgevollmacht nicht festgestellt worden ist, bleibt es bei dem Betreuungsverfahren.

Auch der zu Betreuende selbst kann den Antrag auf Betreuung stellen.

▌ Welche Personen sind am Betreuungsverfahren beteiligt?

Die am Betreuungsverfahren beteiligten Personen sind: Der zuständige Richter, die Betreuungsbehörde, soweit ein entsprechender Antrag gestellt wurde und wenn die Notwendigkeit auch gegeben ist. Auch der Betroffene selbst ist Beteiligter im

Betreuungsverfahren – soweit er überhaupt handeln kann. Im Notfall, wenn er gar nicht mehr handeln kann, z. B. aufgrund eines Unglücks, wird auch ohne seine Genehmigung ein Betreuungsverfahren eingeleitet. Dies gilt meist gerade in Notfällen im Krankenhaus, wenn die Ärzte nicht wissen, wer die notwendigen Entscheidungen treffen kann.

Soweit ein Betreuer schon bestellt wurde, ist der Betreuer von dem Betreuungsverfahren zu informieren. Information kann allerdings nur dann erfolgen, wenn sich aus der Betreuungsverfügung auch der Aufgabenbereich des Betreuers für den abzuhandelnden Fall ergibt. Dieses Problem wird oft in der Praxis übersehen. Soweit das Gericht einen Verfahrenspfleger angeordnet hat, ist auch der Verfahrenspfleger zu bestellen. Soweit der Betroffene oder seine Familie einen Bevollmächtigten bestellt hat, wird dieser ebenfalls zu laden sein. Ehegatten, Lebenspartner, Eltern, Pfleger, Großeltern und Abkömmlinge der Geschwister oder eine Person des Vertrauens können auf Antrag beteiligt werden. Das Gericht kann den Antrag genehmigen, wenn es die Teilnahme als sachdienlich erachtet. Gegen die Genehmigung ist eine Beschwerde möglich.

Wann sind die deutschen Betreuungsgerichte in Auslandsfällen zuständig?

Wenn sich der Betreute dauerhaft in einem ausländischen Pflegeheim aufhält – sind dann die deutschen Betreuungsgerichte für Betreuungsverfahren weiterhin zuständig?

Grundsätzlich kann in einem solchen Fall die Zuständigkeit der deutschen Betreuungsgerichte an die Behörden oder Gerichte des anderen Staates abgegeben werden.

Wenn es sich um einen Staat handelt, der das »Haager Übereinkommen über den internationalen Schutz Erwachsener (ESÜ)« ratifiziert hat, ergeben sich Zuständigkeitsregelungen, die denen des FamFG vorgehen.

Wenn es sich um einen Staat handelt, der das ESÜ nicht ratifiziert hat, ist die Abgabe des Verfahrens an die ausländischen Behörden nicht zwingend, dann sind die Regelungen der §§ 104, 99 FamFG maßgebend. Dies bedeutet, dass die Zuständigkeit entweder bei den deutschen oder bei den ausländischen Gerichten liegt. Für diese Fälle bestimmt § 99 Abs. 3 FamFG i. V. m. § 104 FamFG, dass das deutsche Gericht das Verfahren an den anderen Staat abgeben kann. Voraussetzung ist, dass dies im Interesse der Betroffenen liegt, der Vormund (Betreuer) seine Zustimmung erteilt und der andere Staat sich zur Übernahme bereit erklärt. Wenn der Betreuer seine Zustimmung verweigert, entscheidet das übergeordnete Gericht über die Zuständigkeit.

Ansatzpunkte für die Begründung zur Belassung des Betreuungsverfahrens in Deutschland können sich demnach in Bezug auf die aufgeführten Kriterien des § 99 Abs. 3 FamFG ergeben: Zunächst muss die Frage gestellt werden, ob es im Interesse der Betreuten liegen würde, die Betreuung über ausländische Behörden zu führen, also beispielsweise, ob im Rahmen des Betreuungsverfahrens viele schnelle Entscheidungen des Gerichts erforderlich sind, was z. B. die Gesundheitssorge der Betroffenen betrifft (Vermögenssorge etc.) und ob ggf. diese Entscheidungen und Maßnahmen von den Gerichten beider Staaten gleich gut und mit wenig bzw. zumutbarer Verzögerung getroffen werden können.

Weiter kann auch eine Rolle spielen, ob das Betreuungsverfahren für das Gericht im Wesentlichen ohne unverhältnismäßig großen »Aufwand« zu bewältigen ist und so ohne Nachteile für die Betroffenen auch von Deutschland aus geführt werden kann. Darüber hinaus ist die Zustimmung des Betreuers von besonderer Bedeutung. Wenn er seine Zustimmung zur Abgabe des Verfahrens ins Ausland verweigert, entscheidet das übergeordnete Gericht über die Zuständigkeit.

Woraus ergibt sich die Zuständigkeit der deutschen Gerichte für Ausländer?

Aus § 104 FamFG ergibt sich, dass die deutschen Gerichte zuständig sind, wenn der Betreute seinen gewöhnlichen Aufenthalt im Inland hat.

Welches Gericht ist zuständig, wenn ein Deutscher im Ausland lebt und ein Betreuungsfall wird?

Nach § 272 FamFG ist das Amtsgericht Schöneberg zuständig für die Deutschen, die im Ausland leben.

Wie ist der Ablauf des Gerichtsverfahrens?

Für viele Laien ist schon das Wort »Gericht« Angst einflößend. Schlimm ist es, wenn einer als Betroffener schon krank oder nicht mehr in der Lage ist, seine Angelegenheiten zu regeln. Wie kann man ihm dann überhaupt beibringen, dass er in dieser Situation noch zu Gericht gebracht werden muss oder gebracht werden soll, obwohl schon das Gehen und Leben schwerfallen? Die Gerichtsverfahren im Betreuungsrecht sind aber von großer Bedeutung, weil sie letztendlich auch den einzelnen am Gerichtsverfahren beteiligten Personen die Möglichkeit geben, das Für und Wider einer zu errichtenden Betreuung zu erläutern.

Der Gerichtstermin findet in einem Raum im zuständigen Amtsgericht statt. In dem Raum befinden sich der Richter, der die Anhörung vornimmt, ein Protokollführer, der zu Betreuende mit einer Hilfsperson, soweit diese zugelassen wurde, ein Anwalt, soweit der zu Betreuende einen Anwalt beauftragt hat, ein Verfahrensbevollmächtigter, der zu bestellende Betreuer und weitere Beteiligte, die sich aus § 274 FamFG ergeben:

(1) Zu beteiligen sind

1. der Betroffene,

2. der Betreuer, sofern sein Aufgabenkreis betroffen ist,

3. der Bevollmächtigte im Sinne des § 1896 Abs. 2 Satz 2 des Bürgerlichen Gesetzbuchs, sofern sein Aufgabenkreis betroffen ist.

(2) Der Verfahrenspfleger wird durch seine Bestellung als Beteiligter zum Verfahren hinzugezogen.

(3) Die zuständige Behörde ist auf ihren Antrag als Beteiligte in Verfahren über

1. die Bestellung eines Betreuers oder die Anordnung eines Einwilligungsvorbehalts,

2. Umfang, Inhalt oder Bestand von Entscheidungen der in Nummer 1 genannten Art

hinzuzuziehen.

(4) Beteiligt werden können

1. in den in Absatz 3 genannten Verfahren im Interesse des Betroffenen dessen Ehegatte oder Lebenspartner, wenn die Ehegatten oder Lebenspartner nicht dauernd getrennt leben, sowie dessen Eltern, Pflegeeltern, Großeltern, Abkömmlinge, Geschwister und eine Person seines Vertrauens,

2. der Vertreter der Staatskasse, soweit das Interesse der Staatskasse durch den Ausgang des Verfahrens betroffen sein kann.

Bevor die Parteien und der Richter in das Gerichtsverfahren einsteigen, müsste auf jeden Fall noch mal geprüft werden, ob das Gericht für das Wohl des Betreuten überhaupt zuständig ist und ob zudem das deutsche Gericht überhaupt zuständig ist?

Welche Aufgabe hat das Gericht gegenüber einem vom Betreuungsverfahren Betroffenen zu Beginn des Verfahrens?

Gemäß § 278 II FamFG unterrichtet das Gericht den Betroffenen über den möglichen Verlauf des Verfahrens. In geeigneten Fällen hat es den Betroffenen auf die Möglichkeit der Vorsorgevollmacht, deren Inhalt sowie die Möglichkeit einer Registrierung hinzuweisen.

Das Gericht hat den Umfang des Aufgabenkreises und die Frage, welche Person oder Stelle als Betreuer in Betracht kommt, mit dem Betroffenen zu erörtern.

Die gleiche Informationspflicht gilt auch dann, wenn der Betroffene im anberaumten Anhörungstermin unentschuldigt fehlt. Dann kann das Verfahren – muss aber nicht – ohne seine persönliche Anhörung beendet werden. Voraussetzung hierfür ist allerdings, dass der Beteiligte auf die Folgen seines Ausbleibens hingewiesen wird.

Wann kommt im Betreuungsrecht eine Verweisung des Verfahrens vor?

Das ergibt sich aus§ 3 FamFG:

(1) Ist das angerufene Gericht örtlich oder sachlich unzuständig, hat es sich, sofern das zuständige Gericht bestimmt werden kann, durch Beschluss für unzuständig zu erklären und die Sache an das zuständige Gericht zu verweisen. Vor der Verweisung sind die Beteiligten anzuhören.

(2) Sind mehrere Gerichte zuständig, ist die Sache an das vom Antragsteller gewählte Gericht zu verweisen. Unterbleibt die Wahl oder ist das Verfahren von Amts wegen eingeleitet worden, ist die Sache an das vom angerufenen Gericht bestimmte Gericht zu verweisen.

(3) Der Beschluss ist nicht anfechtbar. Er ist für das als zuständig bezeichnete Gericht bindend.

(4) Die im Verfahren vor dem angerufenen Gericht entstehenden Kosten werden als Teil der Kosten behandelt, die bei dem im Beschluss bezeichneten Gericht anfallen.

Wann ist die Beiordnung eines Verfahrensbevollmächtigten im Betreuungsverfahren notwendig?

Im Betreuungsverfahren ist die Notwendigkeit der Beiordnung eines Verfahrensbevollmächtigten dann anzunehmen, wenn schwerwiegende Eingriffe in die Rechte und die Lebensstellung des Betreuten drohen und wenn dieser wegen der rechtlichen oder tatsächlichen Schwierigkeiten der Angelegenheit unter Berücksichtigung seiner persönlichen Fähigkeiten nicht in der Lage ist, sich ohne fachkundige Hilfe sachgerecht im Betreuungsverfahren einzulassen. Ein schwerwiegender Eingriff in die Rechte der Lebensstellung des Betroffenen ist anzunehmen, wenn eine umfassende Betreuung im Raum steht. Die Beiordnungspflicht gilt auch, wenn die Aufhebung der Betreuung oder die Verlängerung der Betreuung geprüft wird.

Kann ein Dritter auch durch die Verhaltensweise des Gerichts Beteiligter in einem Betreuungsverfahrens sein?

Ja, das ist möglich. Eine konkludente Hinzuziehung eines Angehörigen oder eines Dritten zu einem Betreuungsverfahren kann dann gegeben sein, wenn dem Dritten die Möglichkeit eingeräumt wird, auf das Betreuungsverfahren Einfluss zu nehmen.

Wann kommt eine Abgabe des Betreuungsverfahrens infrage?

Eine Abgabe kommt nur dann in Betracht, wenn das Verfahren bereits bei einem Gericht anhängig ist und sich beispielsweise durch einen Wohnsitzwechsel die Notwendigkeit ergibt, dass das Gericht, in dessen Bezirk der Betreute nun wohnt, hierfür zuständig sein sollte.

Das ergibt sich aus § 273 FamFG:

Als wichtiger Grund für eine Abgabe im Sinne des § 4 Satz 1 ist es in der Regel anzusehen, wenn sich der gewöhnliche Aufenthalt des Betroffenen geändert hat und die Aufgaben des Betreuers im Wesentlichen am neuen Aufenthaltsort des Betroffenen zu erfüllen sind. Der Änderung des gewöhnlichen Aufenthalts steht ein tatsächlicher Aufenthalt von mehr als einem Jahr an einem anderen Ort gleich.

Hat der bisherige Betreuer bei der Abgabe des Betreuungsfalls an ein anderes Gericht mitzureden?

Ja, wenn der Betreuungsfall besser von dem bisherigen Betreuer bearbeitet werden könnte, gibt es ein gewisses Mitspracherecht. Dieses Mitspracherecht kann sich auch aus den persönlichen Verhältnissen ergeben. Hat der Betreute beispielsweise ein erhebliches Vermögen, das am Ort des Betreuers angelegt wurde, dann könnte eventuell ein Mitspracherecht des Betreuers, zumindest im Bereich der Vermögenssorge, bestehen.

Hier sollten Rechtsberater dringend darauf achten, dass die Betreuer derartige Abgabeverfahren nicht durch sachfremde Überlegungen blockieren. In der Praxis wird davon auszugehen sein, dass die Betreuungsgerichte aufgrund der großen Arbeitsüberlastung froh sind, wenn sie die Fälle an ein anderes Gericht abgeben können und wenn das andere Gericht auch bereit ist, die Fälle zu übernehmen. Die Abgabe kann auch ohne Einverständnis des Betreuers erfolgen. Wichtig in dem Zusammenhang ist auch, dass der Betreute und die im Betreuungsrecht zulässigen Beteiligten gehört werden sollen. Aus der Sollvorschrift folgt wieder, dass sie nicht gehört werden müssen.

2. Anhörung

Wer hat im Betreuungsverfahren ein Recht auf Anhörung?

Die Angehörigen (Ehe- und Lebenspartner, Kinder und Eltern) haben ein Recht auf Anhörung vor Gericht.

Wann ist die persönliche Anhörung des zu Betreuenden nötig?

Nach § 278 FamFG ist eine persönliche Anhörung des zu Betreuenden im Betreuungsverfahren durch das Gericht erforderlich. Das Gericht muss sich von der zu betreuenden Person einen persönlichen Eindruck verschaffen können. Dies kann am besten durch die persönliche Anhörung erreicht werden.

Nur ausnahmsweise kann von der persönlichen Anhörung abgesehen werden. Dies ist z. B. in den Fällen möglich, in denen sich der Betroffene der persönlichen Anhörung widersetzt und eine zwangsweise Vorführung zum Anhörungstermin unverhältnismäßig wäre. Vor der Anordnung zur Vorführung nach § 278 Abs. 5 FamFG muss das Gericht sämtliche nicht mit Zwang verbundenen Versuche unternommen haben, den Betroffenen doch noch zu einer freiwilligen Anhörung zu bewegen. Dazu gehört auch, dem Betroffenen anzubieten, ihn in seiner gewöhnlichen Umgebung anzuhören.

Die Gerichte in Deutschland verlangen, dass alle verfügbaren Erkenntnisse und Möglichkeiten ausgeschöpft sein müssen, bevor auf persönliche Anhörung generell verzichtet wird. Des Weiteren muss das Gericht auch ohne die bisher durchgeführte Anhörung und damit ohne persönlichen Eindruck aufgrund der vorliegenden Erkenntnisse davon überzeugt sein, dass die Betreuungsvoraussetzungen vorliegen und eine Betreuung für den Betroffenen eingerichtet werden muss.

Gibt es einen Zeitpunkt für die erste Anhörung durch das Betreuungsgericht?

Manchmal kommen Betreute völlig durcheinander, weil sie erfahren, dass die Betreuungsbehörde sich bereits mit einem medizinischen Sachverständigen und einem potenziellen Betreuer in Verbindung gesetzt hat, ohne dass es allerdings schon eine Anhörung seitens des Gerichts gegeben hat. Ein bestimmter Zeitpunkt für die Anhörung ist im Gesetz nicht festgelegt. Will ein Betreuter das Betreuungsverfahren möglichst schnell beendet haben, empfiehlt es sich, bei Gericht auf einen Anhörungstermin zu drängen. Für einen Berater in diesem Bereich kann es auch wichtig sein, dass der Anhörungstermin so früh wie möglich stattfindet, damit er Einfluss darauf nehmen kann, welche konkreten Fragestellungen durch das Gericht an den medizinischen Gutachter gestellt werden. Der Berater wird darauf drängen, den Fragenkatalog mitzubestimmen.

Ist jedoch ersichtlich, dass die Betreuungsvoraussetzungen gegeben sind und eine Betreuung sowieso eingerichtet werden wird, gibt es keinen Grund, auf eine schnelle Anhörung zu drängen.

Wann muss eine Anhörung des zu Betreuenden oder Betreuten stattfinden?

Wenn eine Betreuerbestellung erst ansteht, also noch nicht erfolgt ist, muss vor der Anordnung der Betreuerbestellung eine Anhörung erfolgen. Gleiches gilt, wenn eine Unterbringungsmaßnahme geplant ist oder ein Einwilligungsvorbehalt zusätzlich zur normalen Betreuung kommen soll.

Wann muss der erste Anhörungstermin stattfinden?

Hierfür gibt es keine gesetzliche Grundlage. Durch das Gesetz ist kein bestimmter Zeitpunkt festgelegt worden. Findet die Anhörung möglichst schnell statt, also noch bevor das Sachverständigengutachten oder Ähnliches eingeholt worden ist, dann ist dies oftmals auch für den Betreuten, der überhaupt nicht unter Betreuung gestellt werden muss, von Vorteil.

Generell kann in diesem frühen Stadium des Verfahrens die Anhörung für den Betroffenen von Vorteil sein. Dies insbesondere dann, wenn der Betroffene eine Vorsorgevollmacht erstellt hat, von der das Betreuungsgericht bis jetzt noch keine Kenntnis hat. Wird eine wirksame Vollmacht, die alle infrage stehenden Aufgabenkreise regelt, bei der ersten Anhörung sofort vorgelegt, ist die Einrichtung einer Betreuung nicht erforderlich, und das Betreuungsverfahren wird beendet, ohne dass es überhaupt zu einer ärztlichen Begutachtung des Betroffenen kommt.

Aber auch wenn keine Vorsorgevollmacht erstellt wurde, kann

darüber hinaus im Rahmen einer vorzeitigen und schnellen Anhörung die Möglichkeit gegeben sein, zumindest zu verhindern, dass die Betreuung für sämtliche zu regelnde Aufgabenkreise eingerichtet wird. Es kann sich aus der Anhörung nämlich ergeben, dass für alle oder einzelne Aufgabenkreise sogenannte »mildere Mittel« ausreichen können. Diese bestehen im Allgemeinen darin, dass Angehörige zur Verfügung stehen, die entweder auch ohne die Einrichtung einer Betreuung von diesen genauso gut erledigt werden können, oder, falls dies nicht möglich ist, dann eben ein Angehöriger zum ehrenamtlichen Betreuer bestellt wird. Die Bestellung eines fremden Betreuers könnte unter diesen Voraussetzungen also verhindert werden.

Was ist, wenn die Anhörung im Rahmen des einzelnen Verfahrens nicht erfolgte und auch nicht mehr nachgeholt wird?

Wird ein Betroffener im Betreuungsverfahren durch das Gericht nicht angehört, liegt eine Verletzung seines Anspruchs auf rechtliches Gehör vor. Selbst wenn aufgrund einer Notsituation eine Anhörung nicht möglich war, so muss diese nachgeholt werden. Wenn sie nicht erfolgt, kann die Rechtsverletzung nicht mehr geheilt werden. Die Entscheidung ist dann rechtswidrig.

Was ist, wenn man als Betroffener zu dem Termin zur Anhörung im Betreuungsverfahren nicht erscheint?

Wenn Sie als Betroffener zum Anhörungstermin nicht erscheinen, ist mit der Anordnung zur Vorführung zu rechnen. Es kann passieren, dass hier Zwangsmittel eingesetzt werden in Form von körperlicher Gewalt, Öffnen und Betreten der Wohnung, und zwar um zu garantieren, dass Sie zum Termin gebracht werden. Die zwangsweise Vorführung muss verhältnismäßig sein und darf dann nicht erlassen werden, wenn die Tatbestände, die dem Gericht zur Einleitung des Betreuungsverfahrens vorgetragen wurden, nicht ausreichend sind. Der Richter kann also nur im äußersten Notfall die zwangsweise Vorführung verlangen. Gegen den Beschluss der zwangsweisen Vorführung gibt es auch Rechtsmittel, um zu klären, ob die Vorführung unverhältnismäßig und deswegen zu unterlassen ist.

Es könnten hier erhebliche Eingriffe in Ihre grundrechtlich geschützten Freiheitsrechte und in das Recht der Unverletzlichkeit der Wohnung passieren. Obwohl zu diesem Zeitpunkt, wenn die Vorführung zwangsweise durchgesetzt wird, gar nicht feststeht, ob überhaupt ein Betreuungsfall vorliegt, gibt es gegen diese zwangsweisen Mittel überhaupt keine Rechtsmittel, was nicht nachvollziehbar ist.

Was ist, wenn der zu Betreuende zum Anhörungstermin unentschuldigt nicht erscheint und er darauf hingewiesen wurde, dass das Verfahren in diesem Fall ohne seine persönliche Anhörung beendet werden kann?

Wenn der zu Betreuende zu dem Anhörungstermin, der gemäß § 34 I FamFG bestimmt wurde, unentschuldigt nicht erscheint und er darauf hingewiesen wurde, dass das Verfahren in diesem Fall ohne seine persönliche Anhörung beendet werden kann, geht die Rechtsprechung davon aus, dass die Anhörung des Betroffenen nicht erfolgen muss. Es handelt sich hier absolut um einen Ausnahmefall.

Wann kann das Gericht von einer Anhörung des zu Betreuenden absehen?

Eine Ausnahme, die persönliche Anhörung der Person anzuordnen, für die die Betreuung bestellt werden soll, liegt dann vor, wenn schon bei Gericht keine hinreichenden Anhaltspunkte gegeben sind, um die Betreuung anzuordnen (BGH 8.5.2019, XII ZB 506/18).

Wann darf die Anhörung ausnahmsweise entfallen?

Die Anhörung kann nach §§ 278 Abs. 4, 34 Abs. 2 FamFG dann unterbleiben, wenn hiervon <u>erhebliche</u> Nachteile für die Gesundheit des Betroffenen zu befürchten sind. Diese Entscheidung darf aber nur auf der Grundlage eines ärztlichen Gutachtens (ärztliches Attest reicht nicht aus) getroffen werden. Gleiches gilt für die Anordnung einer Unterbringungsmaßnahme nach §§ 319 Abs. 3, 34 Abs. 2 FamFG. Dabei muss das Gutachten für das Gericht nachvollziehbar darlegen, um welche konkreten Tatsachengrundlagen und um welche konkrete Gefahr es sich handelt. Falls sich diese gesundheitlichen Gefahren dadurch kompensieren lassen, dass Vertrauenspersonen des Betroffenen bei der Anhörung anwesend sein dürfen, muss sie durchgeführt werden.

Ferner ist erforderlich, dass der eventuell vorhandene Verfahrensbevollmächtigte (Rechtsanwalt) des Betroffenen und/oder ggf. der Verfahrenspfleger von dem Anhörungstermin benachrichtigt werden. Falls diese Benachrichtigung nicht stattfindet, liegt ein Verfahrensfehler vor (Verletzung des Anspruchs auf rechtliches Gehör).

Muss ein Bevollmächtigter, von dem der zu Betreuende wünscht, dass er zum Betreuer bestellt werden soll, bei einer Betreuung, die trotz Vorliegens einer Vorsorgevollmacht eingerichtet werden soll, durch das Gericht angehört werden?

Ja. Es verstößt gegen den Amtsermittlungsgrundsatz, wenn der Tatrichter in seiner Entscheidung ausdrücklich die Eignung der benannten Person zum Betreueramt in Zweifel zieht und sich hierbei auf Mitteilungen Dritter beruft, ohne zuvor die als Betreuer vorgeschlagene Person zu den von Dritten mitgeteilten Tatsachen anzuhören (BGH, 15.12.2010, XII ZB 165/10).

3. Anträge bei Gericht

Welche Rechte haben die Lebensgefährten im Betreuungsverfahren?

Sie können die Beiziehung zum Verfahren beantragen. Sie haben aber kein Recht, gegen negative Entscheidungen Beschwerde einzulegen.

Was muss ich in den Antrag auf Aufhebung der Betreuung aufnehmen?

Es empfiehlt sich, in den Antrag sämtliche Gründe aufzunehmen, die der Betreuung entgegenstehen. Es empfiehlt sich aber auch bei Anregung auf Ablösung des Betreuers, die entsprechenden Gründe vorzutragen.

Wie ist der Zusammenhang zwischen einem Antrag auf Aufhebung einer Betreuung und einer Feststellung der Rechtswidrigkeit der Betreuungsanordnung?

Der Antragsteller muss die Feststellung der Rechtswidrigkeit der Anordnung seiner Betreuung beantragen. Er muss auch die Befreiung von der Betreuervergütung beantragen. Er kann auch beantragen, dass die Rechtswidrigkeit der Betreuung festgestellt wird und der Staatskasse die Kosten der Betreuervergütung auferlegt werden und die zur entsprechenden Rechtsverfolgung notwendigen Auslagen erstattet werden. Die Anträge dürfen nicht isoliert gestellt werden, sondern sie müssen im Beschwerdeverfahren mit gestellt werden (BGH, 20.1.2011, V ZB 116/C). Es gibt kein isoliertes Feststellungsverfahren, die Feststellung muss im Beschwerderechtszug erfolgen (BGH, 10.10.2012, XII ZB 660/ 11).

Muss ein Verfahrenspfleger im Unterbringungsverfahren bei der Anhörung des Betroffenen Gelegenheit zur Teilnahme haben?

Ja. Wenn die Anhörung im Unterbringungsverfahren ohne den Verfahrenspfleger erfolgt, ist der entsprechende Beschluss verfahrensfehlerhaft und kann mit der Beschwerde angegriffen werden (BGH, 21.9.2016, XII ZB 57/16).

4. Entscheidungen des Gerichts in erster Instanz

Wann ist die Bekanntgabe des Betreuungsbeschlusses an den Betreuten erforderlich?

Nach § 41 FamFG muss der Betreuungsbeschluss dem Betroffenen zugestellt werden, wenn dieser nicht dem erklärten Willen des Betreuten entspricht. Ist dies nicht erfolgt, läuft auch nicht die Beschwerdefrist gegen den Beschluss.

Was ist, wenn im Betreuungsbeschluss zu den einzelnen Aufgabenbereichen wenig oder gar keine Ausführungen gemacht werden?

Ein Bearbeiter von Betreuungsfällen muss darauf achten, dass für jeden Aufgabenkreis konkret darzulegen ist, welcher Regelungsbedarf besteht. Die Zweckdienlichkeit beispielsweise einer Vermögensbetreuung genügt dabei nicht. Selbst wenn es ungewiss ist, ob ein Betreuer den Betroffenen in den von ihm wahrgenommenen Aufgabenkreisen effektiv unterstützen kann, kann die Erforderlichkeit bejaht werden, wenn die Betreuung die Chance bietet, den Betroffenen positiv zu unterstützen.

Was muss der Richter bei dem Wunsch des Betreuten, den Betreuer zu entlassen, besonders berücksichtigen?

Der Richter muss hier alle Tatbestände prüfen, die ihm vorgetragen wurden oder bekannt gemacht worden sind oder sich aus dem Akteninhalt ergeben. Er muss aber auch prüfen – und dies sollten die Anregungssteller dringend beachten –, dass es immer um die Person des Betreuten geht. Ist die Anregung in dessen Interesse und wünscht er dies wirklich, oder wurde er von dritter Seite – vielleicht aus Vermögensinteressen – entsprechend manipuliert?

Darf das Betreuungsgericht auch Zweckmäßigkeitsfragen im Bereich des Handelns des Betreuers überprüfen?

Nein. Die Aufsicht des Vormundschaftsgerichts über einen Betreuer ist auf eine Kontrolle der Rechtmäßigkeit seines Handelns beschränkt. In Zweckmäßigkeitsfragen, die im Ermessen des Betreuers liegen, darf es nicht an seiner Stelle entscheiden. Das Betreuungsgericht hat gemäß §§ 1837 II, 1918i I S. 1 BGB gegen Pflichtwidrigkeiten des Betreuers durch geeignete Gebote und Verbote einzuschreiten. Pflichtwidrigkeiten sind Verstöße gegen konkrete sich aus dem Gesetz oder einer Anordnung des Gerichts ergebenden Handlungspflichten bzw. allgemein gegen die Pflicht zur gewissenhaften Führung der Betreuung. Das Betreuungsgericht ist damit in der Erteilung von Weisungen, die ein Gebot oder Verbot enthalten, auf die Fälle pflichtwidrigen Verhaltens des Betreuers beschränkt. Der Betreuer führt sein Amt selbstständig und in eigener Verantwortung aus. Daraus folgt, dass dem Betreuungsgericht bei der Ausübung seiner Aufsichtstätigkeit Zurückhaltung geboten ist und es in Zweckmäßigkeitsfragen, die im Ermessen des Betreuers liegen, nicht an seiner Stelle entscheiden darf.

Gibt es eine Bindung des Gerichts an seine Entscheidung?

Das Gericht ist nicht an eine einmal getroffene Entscheidung in einem Betreuungsverfahren gebunden (z. B. Einstellung des Betreuungsverfahrens nach Vorlage einer wirksamen Vorsorgevollmacht). Wenn neue Tatsachen vorgebracht werden und sich aus dem seitens des Gerichts eingeholten Sachverständigengutachten ergibt, dass die Einrichtung einer Betreuung erforderlich ist, muss das Gericht den Sachverhalt neu prüfen und eine neue Entscheidung fällen. Es besteht keine Bindungswirkung an bisherige Gerichtsentscheidungen.

Welche Rechtswirkungen hat es, wenn über eine Betreuungsverlängerung entschieden wird?

Es handelt sich bei einer Verlängerungsentscheidung um die erneute Anordnung einer Betreuung, einschließlich der Entscheidung über die Person des Betreuers, auch wenn der bisherige Betreuer bestellt wird! Die bisherige Betreuung und damit die Bestellung des bisherigen Betreuers endet mit der Wirksamkeit der Verlängerungsentscheidung und wird durch die in dieser getroffenen Anordnung abgelöst (BGH, 15.9.2010, XII ZB 166/10). Dies bedeutet auch, dass im Verlängerungsverfahren natürlich Einwendungen vorgetragen werden können, die auch schon im vorhergehenden Betreuungsverfahren vorgetragen worden sind – die dann allerdings mit der Begründung abgewiesen werden können, dass über die Tatbestände schon entschieden wurde.

Welche Rechte habe ich, wenn eine Entscheidung des Betreuungsgerichts zwar unanfechtbar, aber objektiv willkürlich war?

Es gibt noch das Rechtsinstitut der Gegenvorstellung. Im Rahmen der Gegenvorstellung kann man das Gericht nochmals bitten, sachlich zu klären, ob bei der Entscheidung das Willkürverbot oder Verfahrensgrundsätze verletzt wurden. Dieses Rechtsmittel ist sehr kompliziert und sollte von einem Rechtsanwalt, der sich im Betreuungsrecht auskennt, geprüft werden.

Was ist, wenn das Gericht im Unterbringungsverfahren von der vollständigen schriftlichen Bekanntgabe eines Gutachtens gegenüber einem anwaltlich nicht vertretenen Betroffenen absieht, weil das Gericht die Gefahr sieht, dass dadurch die Gesundheit des Betroffenen geschädigt oder ernsthaft gefährdet wird?

In diesem Fall muss ein Verfahrenspfleger bestellt werden. Dieser muss das Gutachten erhalten. Das Gericht muss auch davon ausgehen, dass der Verfahrenspfleger mit dem Betroffenen über das Gutachten spricht (BGH 21.11.2018, XII ZB 5718).

Führt ein Betreuungsbeschluss zur Geschäftsunfähigkeit?

Die Geschäftsfähigkeit ist bei erwachsenen Personen der gesetzliche Regelfall. Auch ein Betreuungsbeschluss macht eine Person nicht geschäftsunfähig.

5. Verfahrensbevollmächtigte

Was ist die gesetzliche Grundlage der Bestellung eines Verfahrenspflegers?

Rechtsgrundlage für die Bestellung eines Verfahrenspflegers ist § 276 FamFG. Wenn es zur Wahrnehmung der Interessen des Betroffenen im Betreuungsverfahren erforderlich ist, ist dann ein Verfahrenspfleger zu bestellen, wenn der Betroffene nicht mehr in der Lage ist, selbst zu erkennen, um was es im Verfahren geht, und wenn er nicht entsprechend nach außen artikulieren kann, was er will und was er nicht will, und wenn Einwilligungsvorbehalt zu regeln ist.

Die Rechtsgrundlage ist § 276 FamFG:

(1) 1Das Gericht hat dem Betroffenen einen Verfahrenspfleger zu bestellen, wenn dies zur Wahrnehmung der Interessen des Betroffenen erforderlich ist. 2Die Bestellung ist in der Regel erforderlich, wenn

1. von der persönlichen Anhörung des Betroffenen nach § 278 Abs. 4 in Verbindung mit § 34 Abs. 2 abgesehen werden soll oder

2. Gegenstand des Verfahrens die Bestellung eines Betreuers zur Besorgung aller Angelegenheiten des Betroffenen oder die Erweiterung des Aufgabenkreises hierauf ist; dies gilt auch, wenn der Gegenstand des Verfahrens die in § 1896 Abs. 4 und § 1905 des Bürgerlichen Gesetzbuchs bezeichneten Angelegenheiten nicht erfasst.

(2) 1Von der Bestellung kann in den Fällen des Absatzes 1 Satz 2 abgesehen werden, wenn ein Interesse des Betroffenen an der Bestellung des Verfahrenspflegers offensichtlich nicht besteht. 2Die Nichtbestellung ist zu begründen.

(3) Wer Verfahrenspflegschaften im Rahmen seiner Berufsausübung führt, soll nur dann zum Verfahrenspfleger bestellt werden, wenn keine andere geeignete Person zur Verfügung steht, die zur ehrenamtlichen Führung der Verfahrenspflegschaft bereit ist.

(4) Die Bestellung eines Verfahrenspflegers soll unterbleiben oder aufgehoben werden, wenn die Interessen des Betroffenen von einem Rechtsanwalt oder einem anderen geeigneten Verfahrensbevollmächtigten vertreten werden.

(5) Die Bestellung endet, sofern sie nicht vorher aufgehoben wird, mit der Rechtskraft der Endentscheidung oder mit dem sonstigen Abschluss des Verfahrens.

(6) Die Bestellung eines Verfahrenspflegers oder deren Aufhebung sowie die Ablehnung einer derartigen Maßnahme sind nicht selbständig anfechtbar.

(7) Dem Verfahrenspfleger sind keine Kosten aufzuerlegen.

Wann wird ein Verfahrenspfleger für einen Betreuten bestellt?

Je weniger der Betroffene in der Lage ist, seine Interessen selbst wahrzunehmen, je eindeutiger erkennbar ist, dass die geplanten Betreuungsmaßnahmen gegen seinen natürlichen Willen erfolgen und je schwerer und nachhaltiger der beabsichtigte Eingriff in die Rechte des Betroffenen ist, umso dringender erforderlich ist die Bestellung des Verfahrenspflegers.

Wann kommt ein Verfahrenspfleger?

Gemäß § 276 Abs. 1 Satz 1 FamFG muss ein Gericht für den Betroffenen im Betreuungsverfahren einen Verfahrenspfleger bestellen, wenn dies zur Wahrnehmung seiner Interessen erforderlich ist. Nach § 276 Abs. 1 Satz 2 Nr. 2 FamFG ist die Bestellung in der Regel erforderlich, wenn Gegenstand des Verfahrens die Bestellung eines Betreuers zur Besorgung aller Angelegenheiten des Betroffenen oder die Erweiterung des Aufgabenkreises hierauf ist. Gemäß § 276 Abs. 2 Satz 1 FamFG kann von der Bestellung in den Fällen des Absatzes 1 Satz 2 abgesehen werden, wenn ein Interesse des Betroffenen an der Bestellung des Verfahrenspflegers offensichtlich nicht besteht. Nach § 276 Abs. 2 Satz 2 FamFG ist die Nichtbestellung zu begründen. Bei der Überprüfung durch das Rechtsbeschwerdegericht ist zu überprüfen, ob die den Tatsacheninstanzen obliegende Entscheidung ermessensfehlerfrei getroffen worden ist (BGH, 23.8.2017, XII ZB 611/16).

Wann muss ein Verfahrenspfleger immer bestellt werden?

Wenn im Verfahrensgegenstand die Anordnung einer Betreuung in allen Angelegenheiten als möglich erscheint, ist die Bestellung eines Verfahrenspflegers notwendig (BGH, 17.5.2017 XII ZB 546/16).

Wer entscheidet, ob der Verfahrenspfleger bestellt wird?

Die Entscheidung über die Bestellung des Verfahrenspflegers trifft der Richter (§ 15 RPflG).

Wie steht es um die Unabhängigkeit der Verfahrenspfleger?

Die Verfahrenspflege soll dem Betreuten im Betreuungsverfahren vor Gericht helfen bzw. soll seine Interessen vertreten. Die Vertretung müsste auch gegen Entscheidungen des Richters wirken. Ob dies in der Praxis möglich ist, wird stark bezweifelt, weil die Verfahrenspfleger vom Richter ausgesucht werden. Ein Rechtsanwalt, der als Verfahrenspfleger ausgesucht wird, lebt letztendlich auch von den Aufträgen, die er als Verfahrenspfleger vom Gericht bekommt. Die Möglichkeit, dass der Verfahrenspfleger dann beispielsweise den Richter zugunsten des Betreuten wegen Befangenheit ablehnt, weil der Richter sich unsachgemäß über den Betreuten äußert, dürfte fast aussichtslos sein.

Wann muss bei einem Verfahren über die Aufhebung einer Betreuung ein Verfahrenspfleger bestellt werden?

Im Verfahren über die Aufhebung einer Betreuung muss ein Verfahrenspfleger bestellt werden, wenn dem Gericht neue Tatsachen vorliegen und das Gericht auch in die Ermittlung dieser neuen Tatsachen eintritt.

Muss der Verfahrenspfleger immer die Interessen des Betreuten vertreten?

Nein. Es kann jederzeit sein, dass er anderer Ansicht ist als der Betreute. Er soll die objektiven Interessen des Betroffenen wahrnehmen und auch Interessen, die nur im Sinne des Betroffenen sind. Er ist allerdings nicht weisungsgebunden. Er unterliegt auch nicht der Aufsicht des Betreuungsgerichts.

Unter objektiven Interessen ist die Fähigkeit eines Bürgers zu verstehen, der selbstständig seine eigenen Angelegenheiten zu regeln vermag und sich dadurch frei entfalten darf, ohne sich zu schädigen. Unter die objektiven Interessen fällt beispielsweise die Freiheitsgestaltung des Lebens, wo man leben will, wie man leben will, in welcher Wohnung man leben will und auch, mit wem man zusammen sein möchte.

Muss der Verfahrenspfleger bei der Anhörung des Betroffenen anwesend sein?

Ja, er muss die Gelegenheit haben, an der Anhörung des Betroffenen teilzunehmen. Wenn er nicht dabei war, liegt ein wesentlicher Verfahrensfehler vor. Wenn das Gericht die Ladung des Verfahrenspflegers übersehen hat und er deswegen nicht zu der Anhörung geladen wurde, kann auf Wunsch des Verfahrenspflegers die Anhörung wiederholt werden.

Muss ein Verfahrenspfleger gestellt werden, wenn der Betroffene die Aufhebung der Betreuung oder des Einwilligungsvorhalts verlangt?

Die Rechtsprechung geht hier von zwei verschiedenen Alternativen aus. Liegen Gründe vor, die schon bisher bekannt waren und hat sich an den Tatbeständen nichts verändert, dann muss das Gericht nicht unbedingt einen Verfahrenspfleger bestellen. Will das Gericht allerdings in neue Tatsachenermittlungen einsteigen, muss der Verfahrenspfleger bestellt werden.

Wann ist ein Verfahrenspfleger nicht mehr nötig?

Ein Verfahrenspfleger ist dann nicht mehr notwendig, wenn für das Verfahren ein Rechtsanwalt durch den Betreuten beauftragt wurde.

Ist der Verfahrenspfleger gesetzlicher Vertreter des Betreuten?

Der Verfahrenspfleger hat nicht die Funktion eines gesetzlichen Vertreters. Die Rechtsfolge ist, dass er deswegen auch für die Einleitung von Verfahrenshandlungen für den Betreuten, beispielsweise für Rechtsmittel, einen besonderen Auftrag haben muss. Legt er Rechtsmittel ohne Auftrag ein, sind diese unzulässig.

Wann ist der Verfahrenspfleger nicht nötig?

Plant das Gericht, für einen Betroffenen in allen Angelegenheiten eine Betreuung anzuordnen, so ist nach dem Gesetz ein Verfahrenspfleger zu bestellen. Wird der Betroffene durch einen Rechtsanwalt vertreten oder durch einen anderen geeigneten Verfahrensbevollmächtigten, ist kein Verfahrenspfleger zu bestellen (§ 2764 Abs. 4 FamFG). In der Praxis kommt es oft vor, dass die Bestellung eines Verfahrenspflegers von den Gerichten unterlassen bzw. vergessen wird, obwohl die Voraussetzungen dafür eigentlich vorliegen. Dabei kann es sich um einen schwerwiegenden Verfahrensfehler handeln, der dazu führen kann, dass die gesamte Betreuung aufgehoben wird. Falls das Gericht bewusst davon absehen will, einen Verfahrenspfleger zu bestellen, muss dies im Betreuungsbeschluss ausführlich dargelegt und begründet werden.

6. Beschwerde

Was können der Betroffene bzw. die hierzu bevollmächtigten Personen gegen eine Entscheidung des Gerichts unternehmen?

Hier gibt es das sogenannte Rechtsmittel der Beschwerde. Unter Rechtsmittel versteht man letztendlich, dass man sich an das nächsthöhere Gericht wenden kann. Im Rahmen der Beschwerde kann derjenige, der meint, dass er durch den Beschluss in seinen Rechten benachteiligt wurde oder dass der Beschluss rechtswidrig ist, Beschwerde einlegen.

▎Was ist eine Beschwerde?

Beschwerde wird das Rechtsmittel genannt, das man gegen eine Entscheidung des Betreuungsgerichts einlegen kann. Aufgrund der Beschwerde wird die Entscheidung des Amtsgerichts entweder als richtig bestätigt oder aufgehoben.

▎Bei welchem Gericht muss die Beschwerde eingereicht werden?

Die Beschwerde gegen einen Betreuungsbeschluss, beispielsweise wenn dieser im Rahmen einer einstweiligen Anordnung erlassen wurde, erfolgt durch Einreichung einer Beschwerdeschrift oder zur Niederschrift der Geschäftsstelle des zuständigen Amtsgerichts. Die Beschwerde kann auch zur Niederschrift eines anderen Amtsgerichts erklärt werden. Die Beschwerdefrist ist jedoch nur gewahrt, wenn die Niederschrift rechtzeitig bei dem Gericht, bei dem die Beschwerde einzulegen ist, eingeht. Wichtig ist für den Betroffenen, der die Beschwerde einlegt, dass die Beschwerde von dem Beschwerdeführer oder seinem Bevollmächtigten unterzeichnet wurde.

▎Kann man neue Tatsachen in der Beschwerde vorbringen?

Das Vorbringen neuer Tatsachen in der Beschwerdeinstanz darf nicht berücksichtigt werden. Notfalls muss eine neue Anregung beim Amtsgericht auf Aufhebung der Betreuung gestellt werden. Aufgrund der neuen Tatsachen ist dann eventuell die Betreuung aufzuheben. Die Beschwerdeinstanz kann tatsächliche Verhältnisse nicht nachträglich prüfen. Es gibt allerdings eine Ausnahme hierfür: wenn die Vermeidung eines neuen Verfahrens aus Gründen der Verfahrensökonomie im Interesse einer möglichst raschen und kostensparenden Erledigung der Sache ist und wenn die Berücksichtigung neuer tatsächlicher Umstände keinen nennenswerte Mehrarbeit verursacht.

Wer ist beschwerdeberechtigt, wenn der Betreute oder ein Familienangehöriger einen Betreuer vorschlägt und dieser Vorschlag vom Gericht abgelehnt wird?

Entscheidend ist hier bezüglich der Beschwerdeberechtigung, wer den Vorschlag tätigte. Kam der Vorschlag vom Betreuten, hat er ein Beschwerderecht. Hat ein Familienangehöriger den Vorschlag gemacht, um sich selbst als Betreuer vorzuschlagen, dann kann der vorgeschlagene Familienangehörige keine Beschwerde einreichen.

Kann man, wenn eine Betreuung angeordnet wurde, das Rechtsmittel auch einschränken auf gewisse Entscheidungsteile, die man nicht will?

Grundsätzlich ja. Man kann das Rechtsmittel auf den Aufgabenkreis einschränken, den der Betreuer zugewiesen bekam, oder auch auf die Person des Betreuers, die ausgewählt wurde, wenn man beispielsweise einen anderen Betreuer wünscht als den, den man vorgeschlagen hat und der besser geeignet wäre. Die Beschränkung könnte aber einen Nachteil beinhalten, weil eventuell der Fehler der Entscheidung in dem Bereich liegt, der außerhalb der Beschränkung war.

In welcher Form wird eine Beschwerde eingelegt?

Üblicherweise werden die Beschwerden schriftlich bei Gericht eingelegt. Zuständig ist das Gericht, das den Beschluss erlassen hat. Anstelle einer Beschwerdeschrift können Sie auch bei der Geschäftsstelle des zuständigen Amtsgerichts, das den Betreuungsbeschluss erlassen hat, die Beschwerde einlegen. Die Beschwerde muss die Bezeichnung des angefochtenen Beschlusses sowie die Erklärung enthalten, dass die Beschwerde gegen diesen Beschluss eingelegt wird. Sie ist vom Beschwerdeführer gemäß § 64 des FamFG oder von seinem Bevollmächtigten zu unterzeichnen.

Welche Bedeutung hat die Zustellung bei einer Beschwerde?

Ist gegen eine Person eine Betreuung angeordnet worden, so kann diese Person dagegen Beschwerde einlegen. Die Beschwerdefrist wird nur dann in Gang gesetzt, wenn der Beschluss, mit dem die Aufhebung der Betreuung abgelehnt wird, wirksam an den Betroffenen selbst förmlich zugestellt wurde (BGH, 24.10.2018, XII ZB 188/18).

Kann eine Beschwerde auch per E-Mail eingereicht werden?

Wenn eine Beschwerde nur in Form eines Bildes der Beschwerdeschrift über E-Mail erfolgt, ist die gesetzliche Schriftform des § 64 FamFG nicht eingehalten. Die Beschwerde ist dann nicht rechtswirksam eingelegt.

Ab wann beginnt die Beschwerdefrist gegen eine Entscheidung des Betreuungsgerichts?

Die Beschwerdefrist beginnt erst dann zu laufen, wenn die Zustellung an den zu Betreuenden oder Betreuten erfolgt ist.

Muss der Betreute nochmals im Beschwerdeverfahren gehört werden, wenn ein neuer Sachverständiger ein Gutachten erstellt?

Ja, wenn das Beschwerdegericht ein neues Sachverständigengutachten eingeholt hat, auf das es seine Entscheidung zu stützen beabsichtigt, ist der Betroffene vor der Entscheidung erneut persönlich anzuhören.

Im Hinblick auf dessen Verfahrensfähigkeit (§ 316 FamFG) ist das in einem Unterbringungsverfahren eingeholte vollständige Gutachten grundsätzlich auch dem Betroffenen persönlich zur Verfügung zu stellen.

Wann ist eine Beschwerde unzulässig?

Nach § 68 FamFG ist eine Beschwerde unzulässig, wenn sie nicht in der gesetzlichen Form und Frist eingelegt wurde. War dies der Fall, wird sie als unzulässig »verworfen«.

Kann nach Tod eines Betreuten der Angehörige einen Feststellungsantrag gemäß § 62 FamFG auf Feststellung der Rechtswidrigkeit der Betreuerbestellung stellen?

Nein. Der Antrag nach § 62 FamFG kann von den Angehörigen nicht gestellt werden.

Kann man die Beschwerde auch gegen fehlerhafte Ausführungen in den Entscheidungsgründen eines Beschlusses einreichen?

Nein. Die Beschwerde im Betreuungsrecht darf nur gegen die tatsächliche Entscheidung, also ob die Betreuung abgelehnt oder angeordnet worden ist, eingelegt werden. Gegen Fehler ist das nicht möglich. Änderungen in der Entscheidungsbegründung können nicht durch eine Beschwerde erreicht werden.

Kann ein Betreuungsgericht jederzeit das Betreuungsverfahren zur Bearbeitung an ein anderes Gericht abgeben?

Nein. Nach § 4 FamFG kann das Gericht die Rechtssache nur aus wichtigem Grund an ein anderes Gericht abgeben. Voraussetzung ist, dass sich das andere Betreuungsgericht zur Übernahme der Sache bereit erklärt hat. Vor der Abgabe *sollen* die Beteiligten angehört werden. Leider bedeutet dies nicht, dass sie angehört werden *müssen*. Man sollte als Rechtsvertreter aber auf jeden Fall darauf drängen, dass die Anhörung stattfindet.

Ist es schädlich, wenn man bei Einlegung der Beschwerde vergessen hat, zu erklären, ob man die Beschwerde im eigenen oder fremden Namen einlegt?

Nein, nach der Literatur zum Betreuungsrecht muss der Richter anhand der Beschwerdebegründung prüfen, ob die Beschwerde im eigenen oder fremden Namen eingelegt wurde.

Kann es sein, dass nach einer Beschwerde die Entscheidung schlechter ist als die Entscheidung des Amtsgerichts, die man angegriffen hat?

Es handelt sich hier um einen Fall der Verböserung, die Verschlechterung der Rechtslage. Bisher ging man davon aus, dass die Verschlechterung nicht stattfinden kann. Durch eine Entscheidung des Bundesverfassungsgerichts vom 7.12.2016 XII ZB 458/15 könnte sich aber die Rechtslage geändert haben. Wichtig in diesem Zusammenhang ist, dass ein Anwalt das Risiko klären muss – hier sind wirkliche Fachkenntnisse notwendig –, ob die neue Entscheidung eine Verschlechterung darstellt. Ich gehe davon aus, dass ein Verschlechterungsverbot nach wie vor besteht.

Was muss man bei einer Beschwerde nach der Betreuerbestellung durch das Gericht beachten?

Der Beschwerdeführer, der innerhalb der Beschwerdefrist die Beschwerde eingelegt hat, muss darlegen, ob sich diese nur gegen die Auswahl des Betreuers richtet oder gegen die Betreuung insgesamt. Wenn die Beschwerde allein gegen die Auswahl des Betreuers eingelegt wird, handelt es sich nur um die Beschwerde gegen die Betreuerperson, jedoch nicht um eine Beschwerde gegen die Betreuung insgesamt. Es muss also bei der Formulierung der Beschwerde darauf geachtet werden, ob die Betreuung insgesamt aufgehoben werden soll oder ob die Betreuung bestehen bleiben soll und nur kein Einverständnis mit der Person des Betreuers besteht, weshalb der eingesetzte Betreuer entlassen werden soll.

Welche Rechtsfolge kann das Beschwerdegericht aufgrund einer eingelegten Beschwerde gegen einen Beschluss des Amtsgerichts erster Instanz veranlassen?

Gemäß § 64 Abs. 2 FamFG kann das Beschwerdegericht vor der Entscheidung eine einstweilige Anordnung erlassen. Ein Schnellverfahren, in dem beispielsweise eine Entscheidung zur Wohnungsräumung ausgesetzt werden kann. Es kann auch die Vollziehung der Unterbringung ausgesetzt werden. Hier handelt es sich um Rechtsfragen, die ein Spezialist für den Betreuten prüfen sollte.

Wie ist der weitere Gang des Verfahrens, wenn Beschwerde eingelegt wurde?

Das Amtsgericht hat die Möglichkeit, seine Entscheidung nochmals zu überprüfen und ggf. die Betreuerbestellung aufzuheben. In der Praxis ist mir kein derartiger Fall bekannt geworden. Üblicherweise gibt das Amtsgericht die Beschwerde unverzüglich an das Beschwerdegericht weiter.

Welche aufschiebenden Rechtswirkungen hat die im Betreuungsrecht mögliche Beschwerde gegen eine in der ersten Instanz ergangene Endentscheidung des Betreuungsgerichts?

Durch die Einreichung der Beschwerde erreicht man nicht, dass die Entscheidung dadurch nicht vollzogen wird, da die Beschwerde keine aufschiebende Wirkung hat, außer es würde sich um eine Unterbringungsgenehmigung nach § 324 FamFG und um einen Beschluss, der die Genehmigung eines Rechtsgeschäfts zum Gegenstand hat, handeln. Allerdings ist auch dann seitens des Bearbeiters von Betreuungsfällen darauf zu achten, ob nicht die sofortige Vollziehung entschieden wurde.

Welchen Antrag sollte man im Rahmen einer Beschwerde beim Beschwerdegericht stellen?

Empfehlenswert ist immer, einen Antrag nach § 64 FamFG auf Erlass einer einstweiligen Anordnung zu stellen. Aus § 64 ergibt sich nämlich, dass man auch damit rechnen muss, dass die Entscheidung im Beschwerdeverfahren länger dauert und dass das Beschwerdegericht anordnen kann, dass die Vollziehung des angefochtenen Beschlusses ausgesetzt wird. Derartige Anträge im Unterbringungsverfahren sind sehr wichtig zur Klarstellung. Es muss also im Verfahren dargelegt werden, dass durch die Entscheidung erhebliche Nachteile für den Betroffenen drohen, wenn diese sofort vollzogen wird.

Kann ich mich als Beteiligter im Betreuungsverfahren für alle künftigen Verfahren melden?

Die Beteiligtenstellung hat man nur für das konkret anhängige Verfahren, nachdem man entweder einen entsprechenden Antrag bei Gericht gestellt hat oder konkludent durch das Gericht an dem Verfahren beteiligt wurde. Bei den darauffolgenden Verfahren muss der Beteiligtenantrag immer wieder neu gestellt werden. Es ist nicht davon auszugehen, dass man durch das Gericht darauf hingewiesen wird.

Hat ein Abkömmling ein Beschwerderecht?

Ein Abkömmling (direkter Nachkomme einer Person: Kinder, egal ob ehelich oder nichtehelich, auch Adoptivkinder, Enkel, Urenkel, Ururenkel) kann gegen die Ablehnung der Anordnung einer Betreuung keine Beschwerde einreichen, wenn er nicht im ersten Rechtszug an dem Verfahren beteiligt war (BGH, 21.8.2019, XII ZB 156/19).

Worin liegt das Problem, Anwälte beim BGH zu finden?

Für Betreute, die eine Rechtsbeschwerde beim BGH einlegen müssen, ist es oft sehr schwierig, einen Anwalt zu finden, der sich im Betreuungsrecht auskennt. Zumal auch zusätzliche Kosten dadurch verursacht werden, dass der BGH in Karlsruhe seinen Sitz hat. Viele Betreute wohnen nicht in Karlsruhe und haben dadurch einen zusätzlichen Kostenaufwand, um mit dem Anwalt am BGH sprechen zu können.

Muss die Beschwerdeeinlegung durch einen Bevollmächtigten im Namen des Betroffenen oder in eigenem Namen erfolgen?

Nach § 303 Abs. 4 FamFG kann der Vorsorgebevollmächtigte im Namen des Betroffenen, also des Vollmachtgebers, Beschwerde einlegen. Falls er in eigenem Namen Beschwerde einlegt, ist fraglich, ob dies zulässig ist.

Wenn der Bevollmächtigte nicht im Namen des Vollmachtgebers, sondern in eigenem Namen Beschwerde einlegt, muss das Beschwerdegericht jedoch vor der Verwerfung der Beschwerde als unzulässig zumindest in Erwägung ziehen, dass sich die Beschwerdeberechtigung aus § 303 Abs. 2 Nr. 2 FamFG ergeben kann (s. BGH, 11.12.2019, XII ZB 357/19).

Nach § 303 Abs. 2 Nr. 2 FamFG kann sich die Beschwerdeberechtigung des Bevollmächtigten nämlich auch daraus ergeben, dass er für den Vollmachtgeber eine »Person des Vertrauens« ist. Entsprechende Anhaltspunkte können sowohl aus der Beschwerdeschrift hervorgehen als auch aus dem gesamten Akteninhalt. Von einem derartigen, aktuell bestehenden Vertrauensverhältnis ist dann auszugehen, wenn der Betroffene mit einer Person eng verbunden ist und ihr daher in besonderem Maße Vertrauen entgegenbringt. Dies kann sich aus Äußerungen des Betroffenen, aber auch aus sonstigen Umständen ergeben, es ist hierzu in jedem Fall eine Einzelfallprüfung durchzuführen (BGH, 25.1.2017, XII ZB 438/16). Es ergibt sich aus der Amtsermittlungspflicht, dass das Beschwerdegericht dieser Frage nachgehen muss. Es muss an den Bevollmächtigten einen Hinweis erteilen, sich darüber zu erklären, ob ein solches Vertrauensverhältnis evtl. vorliegen könnte.

Darüber hinaus ist Voraussetzung, dass der Bevollmächtigte im ersten Rechtszug an dem Betreuungsverfahren beteiligt wurde. Dies ergibt sich für den Vorsorgebevollmächtigten schon aus dem Gesetz. § 274 Abs. 1 Nr. 3 FamFG, wonach er Beteiligter an dem Betreuungsverfahren ist, soweit sein Aufgabenkreis betroffen ist.

Muss man bei der Beschwerderücknahme eindeutig erklären, dass man die Beschwerde nicht wirksam eingelegt hat und zurücknehmen will?

Es muss zwar nicht eindeutig und ausdrücklich klar diese Erklärung erfolgen, aber es muss sich unzweideutig hieraus ergeben, dass eine Rücknahme einer wirksam eingelegten Beschwerde gewünscht ist (BGH, 21.11.18, XII ZB 243/18).

7. Einstweilige Anordnung

Ist die Anordnung einer Betreuung auch im Schnellverfahren möglich?

Kann eine Betreuung auch im Schnellverfahren, ohne Anhörung des zu Betreuenden beantragt werden?

Entscheidend ist der Zustand des zu Betreuenden. Ist dieser nicht in der Lage, irgendwelche Entscheidungen zu treffen oder seine Angelegenheiten ausreichend zu besorgen, liegt beispielsweise ein psychisches Erschöpfungssyndrom vor oder die in § 1896 Abs. 1 Satz 1 BGB aufgeführten Krankheiten wie Behinderung, kann auch vor Erlass eines förmlichen Betreuungsbeschlusses im Wege des Schnellverfahrens die Betreuung angeordnet werden. Dieser Betreuungsbeschluss wäre dann sofort wirksam (§ 287 Abs. 2 Satz 1 FamFG).

Was ist eine einstweilige Anordnung im Betreuungsrecht?

Im Schnellverfahren kann im Rahmen einer einstweiligen Anordnung, wenn eine Notsituation für den Betreuten gegeben ist, eine Betreuung auch ohne seine Anhörung angeordnet werden. Der Betreute muss sich also in einem Zustand befinden, dass er nicht mehr in der Lage ist, Entscheidungen zu treffen.

Wann endet die einstweilige Anordnung auf Betreuung?

Die einstweilige Anordnung tritt, sofern das Gericht keinen früheren Zeitpunkt bestimmt, ohne gesonderten Beschluss automatisch nach sechs Monaten außer Kraft (§ 302 FamFG). Sie kann jedoch unter Umständen mehrfach verlängert werden, wenn bei der Sachverhaltsermittlung besondere Schwierigkeiten bestehen. Besondere Schwierigkeiten können z. B. darin zu sehen sein, dass mehrere und/oder umfassende Sachverständigengutachten eingeholt werden müssen und dies mehr Zeit in Anspruch nimmt.
Ziel einer einstweiligen Anordnung ist es, eine Notsituation für eine Person schnell in den Griff zu bekommen und – ggf. auch ohne Anhörung des Betroffenen – einen vorläufigen Betreuer zu bestellen, der den Betroffenen vertritt. Entgegen der gesetzlichen Anforderung, dass bei der Auswahl des Betreuers den Vorschlägen des zu Betreuenden entgegenzukommen ist, muss im einstweiligen Anordnungsverfahren der Wunsch des Betroffenen, einen bestimmten Betreuer zu erhalten, nicht berücksichtigt werden.

Der Betroffene muss im Rahmen einer einstweiligen Anordnung zwangsläufig auf verschiedene rechtsstaatliche Verfahrensgarantien verzichten, wodurch massiv in seine Rechte eingegriffen wird. Daraus ergibt sich auch die Beschränkung des Zeitraums auf grundsätzlich sechs Monate. Innerhalb dieser Zeit muss das Gericht alles dafür tun, den Sachverhalt umfassend aufzuklären, um im Hauptsacheverfahren einen endgültigen, geeigneten Betreuer zu bestellen. Wenn diese Aufgabe erledigt ist, ist die einstweilige Anordnung ggf. auch vor Ablauf der sechsmonatigen Frist zu beenden.

Welche Rechtsmittel gibt es gegen eine Betreuungsanordnung im Schnellverfahren?

Gegen eine Betreuungsanordnung im Schnellverfahren kann im einstweiligen Anordnungsverfahren innerhalb einer Frist von zwei Wochen bei dem Amtsgericht, das den Beschluss erlassen hat, Beschwerde eingelegt werden. Für die Berechnung der Frist ist das Datum der Zustellung maßgeblich. Erfolgt die schriftliche Bekanntgabe durch Aufgabe der Post und soll die Bekanntgabe im Inland bewirkt werden, gilt das Schriftstück drei Tage nach Aufgabe zur Post als bekannt gegeben, wenn nicht der Beteiligte glaubhaft macht, dass ihm das Schriftstück nicht oder erst zu einem späteren Zeitpunkt zugegangen ist.

Kann die einstweilige Anordnung im Betreuungsverfahren verlängert werden, nachdem sie nicht länger als sechs Monate befristet sein darf?

Die einstweilige Anordnung kann durch eine weitere einstweilige Anordnung bis zu einer Gesamtdauer von einem Jahr verlängert werden. Voraussetzung ist allerdings, dass hierfür der Sachverständige angehört wird.

Kann durch eine einstweilige Anordnung ein Betreuer bestellt werden?

Ja, im Rahmen der einstweiligen Anordnung kann das Betreuungsgericht einen vorläufigen Betreuer für maximal sechs Monate bestellen. Wenn der Zustand des zu Betreuenden die Notwendigkeit dafür aufzeigt, ist für denselben Zeitraum auch die Anordnung eines vorläufigen Einwilligungsvorbehaltes möglich. Voraussetzung ist, dass es die Betreuungsbedürftigkeit aufgrund der vorgelegten Tatsachen überwiegend wahrscheinlich macht, dass eine Betreuung eingerichtet wird. Ein Gutachten muss im Rahmen der einstweiligen Anordnung noch nicht vorgelegt werden.

Besteht ein Anspruch auf Aufhebung der einstweiligen Anordnung?

Wenn eine wesentliche Voraussetzung für den Erlass und auch das Fortbestehen einer einstweiligen Anordnung weggefallen ist, muss sie aufgehoben werden.

8. Gerichtliche Genehmigungserfordernis

Wann muss eine Heilbehandlung gerichtlich genehmigt werden?

Darüber gibt § 1904 BGB Auskunft:

1) Die Einwilligung des Betreuers in eine Untersuchung des Gesundheitszustands, eine Heilbehandlung oder einen ärztlichen Eingriff bedarf der Genehmigung des Betreuungsgerichts, wenn die begründete Gefahr besteht, dass der Betreute auf Grund der Maßnahme stirbt oder einen schweren und länger dauernden gesundheitlichen Schaden erleidet. Ohne die Genehmigung darf die Maßnahme nur durchgeführt werden, wenn mit dem Aufschub Gefahr verbunden ist.

(2) Die Nichteinwilligung oder der Widerruf der Einwilligung des Betreuers in eine Untersuchung des Gesundheitszustands, eine Heilbehandlung oder einen ärztlichen Eingriff bedarf der Genehmigung des Betreuungsgerichts, wenn die Maßnahme medizinisch angezeigt ist und die begründete Gefahr besteht, dass der Betreute auf Grund des Unterbleibens oder des Abbruchs der Maßnahme stirbt oder einen schweren und länger dauernden gesundheitlichen Schaden erleidet.

(3) Die Genehmigung nach den Absätzen 1 und 2 ist zu erteilen, wenn die Einwilligung, die Nichteinwilligung oder der Widerruf der Einwilligung dem Willen des Betreuten entspricht.

(4) Eine Genehmigung nach den Absätzen 1 und 2 ist nicht erforderlich, wenn zwischen Betreuer und behandelndem Arzt Einvernehmen darüber besteht, dass die Erteilung, die Nichterteilung oder der Widerruf der Einwilligung dem nach § 1901a festgestellten Willen des Betreuten entspricht.

(5) Die Absätze 1 bis 4 gelten auch für einen Bevollmächtigten. Er kann in eine der in Absatz 1 Satz 1 oder Absatz 2 genannten Maßnahmen nur einwilligen, nicht einwilligen oder die Einwilligung widerrufen, wenn die Vollmacht diese Maßnahmen ausdrücklich umfasst und schriftlich erteilt ist.

Muss eine zwangsweise Unterbringung für eine Heilbehandlung gerichtlich genehmigt werden?

Das regelt § 1906 I Nr. 2 BGB:

(1) Eine Unterbringung des Betreuten durch den Betreuer, die mit Freiheitsentziehung verbunden ist, ist nur zulässig, solange sie zum Wohl des Betreuten erforderlich ist, weil

(...)

2. zur Abwendung eines drohenden erheblichen gesundheitlichen Schadens eine Untersuchung des Gesundheitszustands, eine Heilbehandlung oder ein ärztlicher Eingriff notwendig ist, die Maßnahme ohne die Unterbringung des Betreuten nicht durchgeführt werden kann und der Betreute auf Grund einer psychischen Krankheit oder geistigen oder seelischen Behinderung die Notwendigkeit der Unterbringung nicht erkennen oder nicht nach dieser Einsicht handeln kann.

(2) Die Unterbringung ist nur mit Genehmigung des Betreuungsgerichts zulässig. Ohne die Genehmigung ist die Unterbringung nur zulässig, wenn mit dem Aufschub Gefahr verbunden ist; die Genehmigung ist unverzüglich nachzuholen.

(3) Der Betreuer hat die Unterbringung zu beenden, wenn ihre Voraussetzungen weggefallen sind. Er hat die Beendigung der Unterbringung dem Betreuungsgericht unverzüglich anzuzeigen.

(4) Die Absätze 1 bis 3 gelten entsprechend, wenn dem Betreuten, der sich in einem Krankenhaus, einem Heim oder einer sonstigen Einrichtung aufhält, durch mechanische Vorrichtungen, Medikamente oder auf andere Weise über einen längeren Zeitraum oder regelmäßig die Freiheit entzogen werden soll.

(5) Die Unterbringung durch einen Bevollmächtigten und die Einwilligung eines Bevollmächtigten in Maßnahmen nach Absatz 4 setzen voraus, dass die Vollmacht schriftlich erteilt ist und die in den Absätzen 1 und 4 genannten Maßnahmen ausdrücklich umfasst. Im Übrigen gelten die Absätze 1 bis 4 entsprechend.

Weitere genehmigungsbedürftige Rechtshandlungen sind bei folgenden Tätigkeiten des Betreuers von der Genehmigung des Gerichts abhängig:

- Wohnungskündigung bzw. Aufhebung des Mietvertrags – Abschluss eines Miet-Pachtvertrages über vier Jahre
- Verschiedene Rechtshandlungen im Bereich Vermögenssorge
- Erbausschlagung
- Kreditaufnahme
- Scheidungsklage
- Freiheitsentziehende Maßnahmen

Ist die Verwendung einer Ernährungssonde genehmigungspflichtig?

Zu den vom Gericht genehmigungspflichtigen Maßnahmen zählt auch die sogenannte PEG-Sonde, mit der dem Betreuten Ernährung zugeführt wird. Dieser Eingriff muss vom Gericht genehmigt werden. Dabei ist für den Vertreter des Betreuten darauf zu achten, ob die PEG-Sonde wirklich medizinisch erforderlich war oder sie nur deswegen gefordert worden ist, weil das Heim mit der Ernährung der Patienten überfordert ist.

Ist eine Fixierung genehmigungspflichtig?

Die Fixierung eines Betreuten in einem Heim muss vom Gericht genehmigt werden. Ohne Genehmigung des Gerichts darf eine Fixierung also nicht stattfinden.

Wann müssen freiheitsentziehende Maßnahmen vom Gericht genehmigt werden?

Freiheitsentziehende Maßnahmen müssen dann vom Gericht genehmigt werden, wenn sie einen Betreuten betreffen, der sich in einem Krankenhaus, einem Heim oder einer sonstigen Einrichtung befindet (§ 1906 Abs. 4 BGB).

Kann eine freiheitsbeschränkende Maßnahme (beispielsweise Anordnung von Bettgittern oder Fußfesseln) seitens des Gerichtes genehmigt werden, wenn der Betreuer den entsprechenden Antrag gar nicht gestellt hat, sondern sich die Notwendigkeit nur aus dem Verhalten des Betreuten ergibt?

Nein, dies wäre völlig unzulässig. Ohne ausdrücklichen Antrag des Betreuers kann eine freiheitsbeschränkende Maßnahme nur genehmigt werden, wenn sich aus dem Verhalten des Betreuten ergibt, dass er in die Maßnahme einwilligt.

Kann das Gericht eine freiheitsentziehende Maßnahme anordnen bzw. genehmigen, obwohl der Betreuer eine solche gar nicht beantragt hat, sondern ein Sachverständiger das für notwendig erachtet?

Dies geht nicht. Es gab einen Fall, in dem das Gericht die Genehmigung erteilt hatte, einen Betreuten für einen Zeitraum von zwei Jahren in einer geschlossenen Einrichtung unterzubringen. Dies entsprach dem Antrag des Betreuers. Das Gericht hatte aber zusätzlich, ohne Antrag des Betreuers, noch die zeitweise und regelmäßige Freiheitsentziehung des Betreuten unter Verschließen der Zimmertür (freiheitsentziehende Maßnahme) mit entschieden. Das Gericht kam auf diese Idee, weil der Sachverständige dies im Termin für notwendig erachtete. In dem vom Gericht zu entscheidenden Fall hatte der Verfahrenspfleger dagegen Beschwerde eingelegt und damit Erfolg. Aufgrund der Beschwerde wurde das Abschließen der Zimmertüre wieder aufgehoben.

Ist eine Genehmigung für freiheitsbeschränkende Maßnahmen auch dann erforderlich, wenn der Betroffene sowieso schon (gegen seinen Willen) untergebracht ist und diesbezüglich dann ja schon eine gerichtliche Genehmigung (für die Unterbringung) vorliegt?

Daran könnte man denken, da der reine Wortlaut des § 1906 Abs. 4 BGB so verstanden werden kann, dass eine Genehmigung freiheitsbeschränkender Maßnahmen nur für Betroffene erforderlich ist, die nicht untergebracht sind. Also vermeintlich nur für solche Betroffene, die sich freiwillig in einer Einrichtung befinden. Die überwiegende Auffassung in der Literatur geht jedoch dahin, dass auch in den Fällen, in denen die Betroffenen in einer Einrichtung untergebracht – d.h. nicht freiwillig dort – sind, eine gerichtliche Genehmigung für freiheitsbeschränkende Maßnahmen (z.B. Bettgitter, Fußfesseln, sedierende Medikamente etc.) eingeholt werden muss. Denn auch diese Betroffenen werden –

über die genehmigte Unterbringung hinaus – durch freiheitsentziehende Maßnahmen selbstverständlich genauso in ihren Rechten verletzt wie Personen, die sich freiwillig in der Einrichtung befinden.

Es ist deshalb seitens der Angehörigen und Berater dringend darauf zu achten, dass für die einzelnen freiheitsbeschränkenden Maßnahmen in Pflegeheimen, Krankenhäusern etc. die entsprechenden Genehmigungen jeweils vorliegen – unabhängig davon, ob die Betroffenen sich dort freiwillig oder durch gerichtlichen Unterbringungsbeschluss befinden.

Wie läuft ein Unterbringungsverfahren hinsichtlich der Genehmigung ab?

1. Der Betreuer muss beim Betreuungsgericht die Genehmigung für eine Unterbringung beantragen (zuständig ist das Betreuungsgericht nach §§ 23c Abs. 1 GVG, 312 FamFG).

2. Die Unterbringung kann aber auch aufgrund von Anregungen durch die Familie des Betreuten, durch Krankenanstalten oder Ärzte angeregt werden.

3. Es wird dann ein Verfahren beim zuständigen Betreuungsgericht eingeleitet. Im Rahmen dieses Verfahrens muss der Richter die vorgetragenen Argumente prüfen.

4. Nach § 319, 320 FamFG muss der Unterzubringende, soweit es überhaupt möglich ist, persönlich vom Richter angehört werden.

5. Für den Betroffenen muss ein Verfahrenspfleger bestellt werden, da durch eine Unterbringung massiv in die Rechte des Betroffenen eingegriffen wird. Wenn der Betreute durch einen Rechtsanwalt vertreten wird, kann die Bestellung eines Verfahrenspflegers unterbleiben.

6. Konsequenterweise muss auch ein Gutachten eingeholt werden über die Frage der Notwendigkeit der Heimeinweisung.

7. Anschließend erfolgt die Genehmigung der Unterbringung.

In den meisten Fällen wird es sich allerdings – das sehe ich oft – um drohende Gefahr für den Betreuten handeln (Selbstmord, Selbstschädigung etc.). Wenn Gefahr im Verzug ist, kann sofort die Entscheidung der Unterbringung per einstweiliger Anordnung erfolgen. Es muss dann kein Gutachten mehr eingeholt werden, weil dies ja gar nicht zeitlich möglich wäre, sondern es ist ein ärztliches Gutachten nach § 331 Satz 1 Nr. 2 FamFG ausreichend. Wenn dies vorliegt, wird die Unterbringung nach § 1908i BGB und 1106 BGB genehmigt.

Welche Fragen muss das Gericht bei der Genehmigung für einen Grundstücksverkauf klären?

Für die Entscheidung über die Genehmigung muss das Gericht sich nicht davon leiten lassen, ob das Vermögen des Betroffenen in seinem ursprünglichen Zustand erhalten wird oder nicht. Dies gilt gerade bei Immobilien, die beispielsweise durch Heimeinweisung jahrelang leer stehen und Kosten verursachen. Allerdings sollte vor dem Verkauf geprüft werden, ob nicht die Mieterträge ausreichend sind, um die Kosten zu decken. Die Vermietung ist aber immer abhängig davon, ob auch der Zustand der Mieträume ohne große Investitionen die Vermietung möglich macht. Das Gericht muss bei der Abwägung und Entscheidung die Vor- und Nachteile und Risiken des künftigen Kaufvertrags prüfen. Das Gericht hat ausschließlich die Interessen des Betreuten und nicht die Interessen von Erben zu beachten.

Gerade aus diesem Grund empfiehlt es sich, in Vorsorgevollmachten schon auf die Grundstücksverkaufsmöglichkeiten einzugehen bzw. gewisse Verkäufe von gewissen Immobilien zu untersagen oder zu genehmigen. Diese Regelung würde dann auch im Notfall, falls die Vorsorgevollmacht entzogen wird, Anweisungen an den Betreuungsrichter beinhalten. Gerade in der gegenwärtigen Zeit der Strafzinsen ist zu überlegen, ob nicht auf jeden Fall die Immobilie zur Werterhaltung behalten wird, da die Strafzinsen der Geldanlage bei der Bank nur das Vermögen vernichten.

Was muss das Gericht prüfen für die Genehmigung, dass der Betreuer einen Wohnraummietvertrag kündigen darf?

Der Verlust der Wohnung stellt einen wesentlichen Lebenseinschnitt für jeden Menschen dar. In erster Linie ist seitens des Gerichts die Vernehmung des Betreuten notwendig, ob er überhaupt mit dieser Regelung einverstanden ist oder ob er unbedingt in seiner Wohnung bleiben möchte. Das Gericht muss im Wege der Ermittlungen dann durch ein Gutachten zu der Überzeugung gelangt sein, ob ein Verbleiben in der Wohnung krankheitsbedingt oder aufgrund der gesundheitlichen Situation des Betreuten überhaupt möglich ist.

9. Rechtsbeschwerde

Was ist eine Rechtsbeschwerde?

Es gibt im Betreuungsrecht nach der Beschwerde, die wir in Kapitel V. 6 behandelt haben, auch noch die Rechtsbeschwerde. Hat das Landgericht über eine Beschwerde gegen eine Entscheidung des Amtsgerichts einen Beschluss gefasst, kann unter Umständen gegen diesen Beschluss eine sogenannte Rechtsbeschwerde beim BGH eingelegt werden. Diese Rechtsbeschwerde ist nur zulässig, wenn das Beschwerdegericht oder das Oberlandesgericht in der vorhergehenden Entscheidung die Rechtsbeschwerde ausdrücklich zugelassen hat.

Die gesetzliche Grundlage der Rechtsbeschwerde ist § 70 FamFG. Ich zitiere diesen wie folgt wörtlich:

(1) Die Rechtsbeschwerde eines Beteiligten ist statthaft, wenn sie das Beschwerdegericht oder das Oberlandesgericht im ersten Rechtszug in dem Beschluss zugelassen hat.

(2) Die Rechtsbeschwerde ist zuzulassen, wenn

1. die Rechtssache grundsätzliche Bedeutung hat oder

2. die Fortbildung des Rechts oder die Sicherung einer einheitlichen Rechtsprechung eine Entscheidung des Rechtsbeschwerdegerichts erfordert.

Das Rechtsbeschwerdegericht ist an die Zulassung gebunden.

(3) Die Rechtsbeschwerde gegen einen Beschluss des Beschwerdegerichts ist ohne Zulassung statthaft in

1. Betreuungssachen zur Bestellung eines Betreuers, zur Aufhebung einer Betreuung, zur Anordnung oder Aufhebung eines Einwilligungsvorbehalts,

2. Unterbringungssachen und Verfahren nach § 151 Nr. 6 und 7 sowie

3. Freiheitsentziehungssachen.

In den Fällen des Satzes 1 Nr. 2 und 3 gilt dies nur, wenn sich die Rechtsbeschwerde gegen den Beschluss richtet, der die Unterbringungsmaßnahme oder die Freiheitsentziehung anordnet. In den Fällen des Satzes 1 Nummer 3 ist die Rechtsbeschwerde abweichend von Satz 2 auch dann ohne Zulassung statthaft, wenn sie sich gegen den eine freiheitsentziehende Maßnahme ablehnenden oder zurückweisenden Beschluss in den in § 417 Absatz 2 Satz 2 Nummer 5 genannten Verfahren richtet.

(4) Gegen einen Beschluss im Verfahren über die Anordnung, Abänderung oder Aufhebung einer einstweiligen Anordnung oder eines Arrests findet die Rechtsbeschwerde nicht statt.

Was muss die Begründung zu der Rechtsbeschwerde enthalten?

1. Die Erklärung, inwieweit der Beschluss angefochten und dessen Aufhebung beantragt wird (Rechtsbeschwerdeantrag).

2. Die Angabe der Rechtsbeschwerdegründe, und zwar

a. *Die bestimmte Bezeichnung der Umstände, aus denen sich die Rechtsverletzung ergibt.*

b. Soweit die Rechtsbeschwerde darauf gestützt wird, dass das Gesetz in Bezug auf das Verfahren verletzt sei, die Bezeichnung der Tatsachen, die den Mangel ergeben.

Was ist, wenn in der Entscheidung des Landgerichts in Betreuungssachen nichts zum Thema Rechtsbeschwerde enthalten ist?

Erhält die Beschwerdeentscheidung keine Ausführungen über die Zulassung der Rechtsbeschwerde, ist der Rechtsweg erschöpft. Der BGH kann mit der Sache nicht mehr befasst werden. Das gilt unabhängig davon, welche Erwägungen oder Entscheidungen des Beschwerdegerichts zugrunde lagen, die Rechtsbeschwerde nicht zuzulassen. Dies gilt selbst dann, wenn das Beschwerdegericht sich über die Zulassung keine Gedanken gemacht hat, weil es die grundsätzliche Bedeutung der Sache oder die Abweichung von einer Entscheidung des BGH nicht erkannt hat. Eine Beschwerde gegen die Nichtzulassung der Rechtsbeschwerde hat der Gesetzgeber ausdrücklich nicht gewollt (BGH, 10.5.2012, IX ZP 295/11).

Wie weit bindet eine Nichtzulassung einer Rechtsbeschwerde, die objektiv willkürlich war oder den Instanzenzug unzumutbar und in sachlich nicht zu rechtfertigender Weise verkürzt hätte, bevor eine Gegenvorstellung eingereicht wurde?

Wenn das Beschwerdegericht analog § 44 FamFG auf die Gegenvorstellung hin die Rechtsbeschwerde nachträglich zulässt, ohne festzustellen, dass es objektiv willkürlich gewesen wäre, die ursprüngliche Entscheidung die Rechtsbeschwerde nicht zuzulassen oder das den Instanzenzug unzumutbar und in sachlich nicht zu rechtfertigender Weise verkürzt hätte, ist die Zulassungsentscheidung ein Verfahrensfehler und bindet das Rechtsbeschwerdegericht nicht.

Warum ist die Rechtsbeschwerde nur dann zulässig, wenn diese von der Rechtsmittelinstanz zugelassen worden ist?

Grund ist sicherlich, den BGH mit entsprechenden Verfahren zu entlasten. Rechtsstaatlich ist dies nicht. Beim Betreuungsrecht geht es um Grundrechte der Menschen. Warum hier nicht automatisch gegen jede Entscheidung die Rechtsbeschwerde zulässig ist, ist nicht nachvollziehbar. Letztendlich würde es in der Praxis wahrscheinlich kaum etwas nutzen, wenn hier die gleiche Praxis wie beim Bundesverfassungsgericht üblich wäre. Dort kann zwar jeder sich mit einer Verfassungsbeschwerde gegen Rechtsverletzungen wehren, allerdings wird nur ein ganz geringer Prozentsatz davon als Verfahren übernommen.

Wann ist die Rechtsbeschwerde ohne extra Zulassung zulässig?

Dies ergibt sich aus dem oben zitierten § 70 Abs. 3 FamFG. Beispielsweise, wenn zum ersten Mal eine Betreuung angeordnet wurde. Im Übrigen ergeben sich die Voraussetzungen aus § 70 Abs. 2 FamFG.

10. Anhörungsrüge

Was bedeutet die »Anhörungsrüge«?

Jeder an einem Betreuungsverfahren Beteiligte hat ein Recht, dass er rechtlich gehört wird. Dieses Recht ist im Grundgesetz für ein rechtsstaatliches Verfahren verankert.

Es gibt im Betreuungsrechtsverfahren Entscheidungen, gegen die ein Rechtsmittel nicht möglich ist. Wenn das Recht auf rechtliches Gehör im Rahmen der nicht anfechtbaren Entscheidung verletzt wurde, gibt es aber dann immer noch die Möglichkeit, eine sogenannte Anhörungsrüge oder auch Gehörsrüge einzulegen. Das Verfahren ist relativ kompliziert, und man sollte sich dabei von einem Rechtsanwalt beraten lassen.

Rechtsgrundlage ist § 44 FamFG, der wie folgt lautet:

(1) Auf die Rüge eines durch eine Entscheidung beschwerten Beteiligten ist das Verfahren fortzuführen, wenn

1. ein Rechtsmittel oder ein Rechtsbehelf gegen die Entscheidung oder eine andere Abänderungsmöglichkeit nicht gegeben ist und

2. das Gericht den Anspruch dieses Beteiligten auf rechtliches Gehör in entscheidungserheblicher Weise verletzt hat.

Gegen eine der Endentscheidung vorausgehende Entscheidung findet die Rüge nicht statt.

(2) Die Rüge ist innerhalb von zwei Wochen nach Kenntnis von der Verletzung des rechtlichen Gehörs zu erheben; der Zeitpunkt der Kenntniserlangung ist glaubhaft zu machen. Nach Ablauf eines Jahres seit der Bekanntgabe der angegriffenen Entscheidung an diesen Beteiligten kann die Rüge nicht mehr erhoben werden. Die Rüge ist schriftlich oder zur Niederschrift bei dem Gericht zu erheben, dessen Entscheidung angegriffen wird. Die Rüge muss die angegriffene Entscheidung bezeichnen und das Vorliegen der in Absatz 1 Satz 1 Nr. 2 genannten Voraussetzungen darlegen.

(3) Den übrigen Beteiligten ist, soweit erforderlich, Gelegenheit zur Stellungnahme zu geben.

(4) Ist die Rüge nicht in der gesetzlichen Form oder Frist erhoben, ist sie als unzulässig zu verwerfen. Ist die Rüge unbegründet, weist das Gericht sie zurück. Die Entscheidung ergeht durch nicht anfechtbaren Beschluss. Der Beschluss soll kurz begründet werden.

(5) Ist die Rüge begründet, hilft ihr das Gericht ab, indem es das Verfahren fortführt, soweit dies auf Grund der Rüge geboten ist.

11. Allgemeine Rechtsfragen im Betreuungsverfahren

> **Wer muss die Betreuerkosten zahlen, wenn ein nicht erforderliches Betreuungsverfahren initiiert wurde und die Betreuung später aufgehoben wurde?**

Immer wieder wird seitens der Betreuten, gegen die ein nicht erforderliches Betreuungsverfahren initiiert wurde, die Frage gestellt, warum der Betreuer eigentlich bezahlt werden muss und von wem, selbst wenn später die Betreuung aufgehoben wurde. Der Gesetzgeber geht davon aus, dass es völlig unerheblich ist, ob die rechtlichen Voraussetzungen für die Betreuung gegeben waren oder nicht oder ob die ursprünglich notwendige Betreuung früher hätte wieder aufgehoben werden müssen. Liegt keine Mittellosigkeit des Betroffenen vor, muss der Betreuer von ihm bezahlt werden.

Die Entscheidung des BGH vom 20.8.2014 (XII ZB 479/12) ist für einen Laien nicht verständlich. In der Entscheidung führt er aus, dass, auch wenn die Betreuung aufgrund fehlender und nicht richtig eingeschätzter Voraussetzungen nie hätte angeordnet werden dürfen, sie trotzdem wirksam ist und die entsprechenden Vergütungsansprüche des Betreuers auslöst. Der Betroffene ist in so einem Fall, bei dem im Nachhinein festgestellt wird, dass die Beschwerde nie hätte angenommen werden dürfen, also doppelt belastet: Zum einem ist er ggf. einer völlig ungerechtfertigten Stigmatisierung durch die Betreuungseinrichtung ausgesetzt – zum anderen muss er sie bezahlen.

Es gibt allerdings eine Ausnahme: Wenn die Anregung auf Betreuung von einem Dritten gestellt wurde, kann das Gericht auch anordnen, dass die Kosten von der Staatskasse bezahlt werden. In ganz krassen Fällen, in denen die Betreuungsanregung durch einen Dritten rechtsmissbräuchlich ist bzw. allein dazu dienen soll, den Betroffenen zu drangsalieren und ihm zu schaden, können die Kosten auch diesem Dritten auferlegt werden.

Ist eine Betreuungsanregung während eines Gerichtsverfahrens möglich?

Im Rahmen eines Gerichtsverfahrens hatte der Kläger Bedenken, ob der Beklagte überhaupt prozessfähig ist. Er beantragte deswegen zu entscheiden, ob eine Betreuung gegenüber dem Beklagten angeordnet werden muss. Dieser Fall ist nicht so selten. Das Gericht ordnete eine Beweisaufnahme über die Prozessfähigkeit des Betroffenen an. Das Gericht lehnte den Antrag auf Betreuung ab.

Welche Tatbestände müssen vorliegen, damit eine Betreuung nach § 1908 d BGB wieder aufgehoben wird?

Sobald festgestellt wird, dass der Erfolg, der mit der Betreuung erreicht werden sollte, nicht mehr erreicht werden kann, ist die Betreuung aufzuheben. Dies gilt auch, wenn der Betreuer mit dem Betreuten nicht zusammenarbeiten kann bzw. der Betreute die Zusammenarbeit in jeglicher Form mit dem Betreuer ablehnt.

Welche Aufgaben hat das Betreuungsgericht gegenüber dem Betreuer?

Die Rechte und Pflichten, die das Betreuungsgericht hat, ergeben sich aus § 1837 BGB:

(1) Das Betreuungsgericht berät die Betreuer. Es wirkt dabei mit, sie in ihre Aufgaben einzuführen.

(2) Das Betreuungsgericht hat über die gesamte Tätigkeit des Betreuers und des Gegenbetreuers die Aufsicht zu führen und gegen Pflichtwidrigkeiten durch geeignete Gebote und Verbote einzuschreiten. Es hat insbesondere die Einhaltung der erforderlichen persönlichen Kontakte des Betreuers zu dem Betreuten zu beaufsichtigen. Es kann dem Betreuer und dem Gegenbetreuer aufgeben, eine Versicherung gegen Schäden, die sie dem Betreuten zufügen können, einzugehen.

(3) Das Betreuungsgericht kann den Betreuer und den Gegen-
betreuer zur Befolgung seiner Anordnungen durch Festsetzung von
Zwangsgeld anhalten. Gegen einen Betreuungsverein wird kein
Zwangsgeld festgesetzt.
(4) §§ 1666, 1666a und 1696 gelten entsprechend.

In der Bestimmung im BGB wird zwar eigentlich immer von
»Vormündern« gesprochen, diese Bestimmung ist aber anwendbar auf das Betreuungsrecht. Aus Vereinfachungsgründen habe
ich hier im Gesetzestext die Begriffe »Vormund« mit »Betreuer«,
»Vormundschaftsgericht« mit »Betreuungsgericht« und »Mün-
del« mit »Betreuter« ersetzt.

Wann ist in Betreuungsverfahren eine Verfassungs-
beschwerde zulässig?

Gegen die letzte Entscheidung, die in einem Betreuungsverfahren gefällt wurde, besteht die Möglichkeit einer Verfassungsbeschwerde (Frist ein Monat ab Zustellung der Entscheidung!).
Diese kann der Betreute, soweit er geschäftsfähig ist, sogar selbst
einlegen und benötigt hierfür keinen Anwalt, obwohl ein Experte
hierfür sicherlich mehr als empfehlenswert ist. Allerdings muss
dem Betreuten und auch den Verwandten des Betreuten klarge-
macht werden, dass das Bundesverfassungsgericht fast alle Entscheidungen zurückweist. Man geht davon aus, dass in der Praxis nur 2 bis 3 % der Verfahren überhaupt positiv entschieden
werden.

Wann kann im Rahmen eines Schnellverfahrens beim
Bundesverfassungsgericht eine einstweilige Anordnung
beantragt werden?

Nach der ständigen Rechtsprechung des Bundesverfassungsgerichts kann der Erlass einer einstweiligen Anordnung unter
den Voraussetzungen des § 32 BVerfGG beantragt werden:

(1) Das Bundesverfassungsgericht kann im Streitfall einen Zustand durch einstweilige Anordnung vorläufig regeln, wenn dies zur Abwehr schwerer Nachteile, zur Verhinderung drohender Gewalt oder aus einem anderen wichtigen Grund zum gemeinen Wohl dringend geboten ist.

(2) Die einstweilige Anordnung kann ohne mündliche Verhandlung ergehen. Bei besonderer Dringlichkeit kann das Bundesverfassungsgericht davon absehen, den am Verfahren zur Hauptsache Beteiligten, zum Beitritt Berechtigten oder Äußerungsberechtigten Gelegenheit zur Stellungnahme zu geben.

(3) Wird die einstweilige Anordnung durch Beschluss erlassen oder abgelehnt, so kann Widerspruch erhoben werden. Das gilt nicht für den Beschwerdeführer im Verfahren der Verfassungsbeschwerde. Über den Widerspruch entscheidet das Bundesverfassungsgericht nach mündlicher Verhandlung. Diese muss binnen zwei Wochen nach dem Eingang der Begründung des Widerspruchs stattfinden.

(4) Der Widerspruch gegen die einstweilige Anordnung hat keine aufschiebende Wirkung. Das Bundesverfassungsgericht kann die Vollziehung der einstweiligen Anordnung aussetzen.

(5) Das Bundesverfassungsgericht kann die Entscheidung über die einstweilige Anordnung oder über den Widerspruch ohne Begründung bekanntgeben. In diesem Fall ist die Begründung den Beteiligten gesondert zu übermitteln.

(6) Die einstweilige Anordnung tritt nach sechs Monaten außer Kraft. Sie kann mit einer Mehrheit von zwei Dritteln der Stimmen wiederholt werden.

(7) Ist ein Senat nicht beschlussfähig, so kann die einstweilige Anordnung bei besonderer Dringlichkeit erlassen werden, wenn mindestens drei Richter anwesend sind und der Beschluss einstimmig gefasst wird. Sie tritt nach einem Monat außer Kraft. Wird sie durch den Senat bestätigt, so tritt sie sechs Monate nach ihrem Erlass außer Kraft.

Kann ein zu Betreuender, gegen den ein Betreuungsverfahren eingeleitet wird, Prozesskostenhilfe unter Anwaltsbeiordnung beantragen?

Ja. Allerdings spricht § 114 ZPO davon, dass eine Partei auf Antrag Prozesskostenhilfe erhält, »wenn die beabsichtigte Rechtsverfolgung oder Rechtsverteidigung hinreichende Aussicht auf Erfolg bietet und nicht mutwillig erscheint«. Darunter ist zu verstehen, dass eine Betreuung möglicherweise nicht oder nur eingeschränkt angeordnet wird und dass eine Person als Betreuer gefunden werden kann, mit der der Betroffene nach Möglichkeit einverstanden ist. Wegen der Besonderheit des begehrten Rechtsschutzes im Betreuungsverfahren wird die Auffassung vertreten, dass die Voraussetzungen des § 114 ZPO zu bejahen seien, wenn schwerwiegende Eingriffe in die Rechte und die Lebensstellung des Betroffenen in Betracht kommen (Landgericht Münster).

Gibt es einen Anspruch auf Einsicht in die Betreuungsakte beim Betreuungsgericht, wenn der Fall abgeschlossen ist?

Grundsätzlich gibt es keinen Rechtsanspruch auf Einsichtnahme in abgeschlossene Akten, es sei denn, es wird hierfür ein besonderer Grund vorgetragen. Bei einem Fall, der in der Öffentlichkeit bekannt geworden ist und sich in Amberg abspielte, hat das Amt die Akteneinsicht mit dem Grund abgelehnt, dass der Betroffene ja die Betreuungsakte kennt. Was sicherlich nicht richtig ist, weil es immer vorkommen kann, dass sich in der Gerichtsakte noch mehr Aktenbestandteile befinden, die dem Betreuten während des Betreuungsverfahrens nicht zugänglich gemacht wurden.

Warum ist die Akteneinsicht im Betreuungsverfahren so wichtig?

Aus der Akteneinsicht kann sich oftmals auch eine Untätigkeit des Betreuers ergeben. Nach § 1840 BGB beispielsweise muss der Betreuer mindestens einmal im Jahr über die persönlichen Verhältnisse des Betreuten dem Familiengericht berichten. Der Bericht hat auch Angaben zu den persönlichen Kontakten des Betreuers zu den Betreuten zu enthalten. Der Betreuer hat über seine Vermögensverwaltung dem Familiengericht jährlich Rechnung zu legen. Nach § 1840 Abs. 4 BGB kann das Betreuungsgericht anordnen, dass die Rechnung für längere, höchstens dreijährige Zeitabschnitte zu legen ist, wenn die Verwaltung von geringem Umfang ist.

Warum sollte man den Anwalt mit der Akteneinsicht beauftragen?

Aus § 13 FamFG ergibt sich, dass nur in der Geschäftsstelle Akteneinsicht erfolgen darf. Betreuungsakten sind meistens sehr umfangreich. Aus diesem Grund ist es oftmals schwer, entsprechend Akteneinsicht zu nehmen. Empfehlenswert ist es deswegen, einen Anwalt mit der Akteneinsicht zu beauftragen, damit auch in Ruhe die Akteninhalte kopiert werden können. Denn der Anwalt kann verlangen, dass die Akten in sein Büro versandt werden.

Gibt es eine Auskunftspflicht des Betreuungsgerichts gegenüber Angehörigen?

Das Betreuungsgericht ist nicht verpflichtet, Auskünfte über den Krankheitszustand oder sonstige Tatbestände des Betreuungsverfahrens gegenüber Angehörigen mitzuteilen.

Können auch Personen, die am Verfahren nicht beteiligt sind, bei Gericht Einsicht in die Betreuungsakten verlangen?

Ja. Nach § 13 Abs. 2 FamFG müssen sie ein berechtigtes Interesse glaubhaft machen. Beispielsweise können dies Angehörige sein, die sich am Betreuungsverfahren nicht beteiligt haben, also keinen Antrag auf Beiziehung gestellt haben.

Diesem berechtigten Interesse dürfen keine schutzwürdigen Interessen eines Verfahrensbeteiligten oder eines Dritten entgegenstehen. Bei der Entscheidung, ob Akteneinsicht gewährt wird oder nicht. handelt es sich um eine Ermessensentscheidung des Gerichts. Das bedeutet, dass das Gericht alle infrage kommenden Interessen der Beteiligten gegeneinander abzuwägen hat.

▌Wann erfolgt eine Rechtsanwalts-Beiordnung?

Gemäß § 78 II FamFG ist ein Anwalt beizuordnen, wenn wegen der Schwierigkeit der Sach- und Rechtslage eine Vertretung des Betreuten erforderlich erscheint. Entscheidend sind nicht die objektiven Umstände des Falles, sondern entscheidend sind die subjektiven Fähigkeiten des Betreuten. Durch die Beiordnung eines Rechtsanwalts soll rechtsschutzmäßig weitgehend eine Gleichstellung von unbemittelten mit bemittelten Personen erfolgen.

VI. Betreuungsverfügung

Was sind Ziele und Inhalte der Betreuungsverfügung?

Durch eine Betreuungsverfügung ordnen Sie gegenüber dem Gericht an, welchen Betreuer das Gericht aussuchen soll oder welchen Betreuer das Gericht nicht bestellen soll. Die Betreuungsverfügung ist keine Vollmacht, sondern eine Art Anregung für den Richter, die Person zu nehmen, die man als Betreuer ausgesucht hat. Es sollte auch die Art der Betreuung geregelt werden, da man immer wieder darauf hinweisen muss, dass man einer fremden Person praktisch die gesamte Lebensführung überträgt, wenn man nicht mehr in der Lage ist zu handeln. Regeln Sie deswegen in der Betreuungsverfügung praktisch so viele Lebensbereiche wie möglich.

In welcher Form muss die Betreuungsverfügung verfasst werden?

Die Betreuungsverfügung sollte schriftlich verfasst werden. Sie kann auch mündlich erteilt werden, was aber oftmals zu Beweisschwierigkeiten führen kann. Empfehlenswert ist es, wenn Sie sich vom Hausarzt bestätigen lassen, dass die Unterschrift auch von Ihnen stammt.

Kann man eine Betreuungsverfügung widerrufen?

Der Betroffene ist an seine Betreuungsverfügung nicht gebunden und kann diese jederzeit widerrufen.

Wie sollte der Inhalt der Betreuungsverfügung an den vorgesehenen Betreuer kommuniziert werden?

Der in der Betreuungsverfügung Erwähnte soll von der Betreuungsverfügung wissen und mit dem Inhalt und der Übernahme des Amtes und auch der Honorierung einverstanden sein. Empfehlenswert ist es, ihm auch eine Kopie der Betreuungsverfügung zu geben.

Wann sollte man eine Betreuungsverfügung verfassen?

Empfehlenswert ist es, eine Betreuungsverfügung zu einem Zeitpunkt zu erfassen, wenn man noch genau weiß, was man will, und wenn man noch genau entscheiden kann. Auch bei der Auswahl des Betreuers, den man vielleicht in eine Betreuungsverfügung schon aufnimmt, sollte man sich Zeit nehmen und ihn vielleicht schon eine gewisse Zeit lang bezüglich seiner Zuverlässigkeit testen. Es ist deswegen wichtig, dass man den Betreuer schon vorher, falls man sich für eine Betreuungsverfügung entscheidet, aussucht. Die Amtsgerichte haben alle entsprechenden Listen der Betreuer. Gerade für die Frage, ob ein männlicher oder weiblicher Betreuer, ein Betreuer mit anderen Sprachkenntnissen, mit einem gewissen Niveau oder ohne Niveau, ein Betreuer vielleicht auf der gleichen Interessenbasis möglich ist, ist es notwendig, sich rechtzeitig einen Betreuer auszusuchen. Es muss kein Betreuer sein, der für das Gericht arbeitet, es können auch Angehörige oder Personen aus dem Freundeskreis sein, mit denen man darüber spricht, ob sie bereit wären, als Betreuer tätig zu sein.

Was gehört alles in eine Betreuungsverfügung?

Im Unterschied zur Vorsorgevollmacht beinhaltet eine Betreuungsverfügung keine Bevollmächtigung an eine andere Person, für die Erstellung muss der Betroffene auch nicht geschäftsfähig sein. Die wichtigste Funktion der Betreuungsverfügung besteht darin, für den Fall, dass durch das Betreuungsgericht eine gesetzliche Betreuung eingerichtet werden muss, eine Person zu bestimmen, die zum Betreuer bestellt werden soll.

Als Betreuer sollte man nur Personen auswählen, die einem sehr nahestehen. Man sollte auch bei dem Betreuungsvorschlag einen Ersatzbetreuer bestimmen, wenn man keinen Betreuer hat. Ganz wichtig ist für manche Personen auch, dass man einen Hinweis darauf gibt, wen man, insbesondere aus der Verwandtschaft, auf keinen Fall als Betreuer haben will. Auch ein Besuchsverbot muss geregelt werden, will man, dass bestimmte Personen einen nicht besuchen dürfen, wenn man nicht mehr handeln kann.

Darüber hinaus können in der Betreuungsverfügung noch zahlreiche Leitlinien und Handlungsanweisungen an den Betreuer mit aufgenommen werden. Dies betrifft zum Beispiel Fragen, wem Sie zum Geburtstag oder zu Weihnachten etwas schenken wollen, wo und ggf. in welchem Grab Sie beerdigt werden wollen. Sie sollten auch in der Betreuungsverfügung regeln, welche Art von Essen Sie bevorzugen bzw. überhaupt nicht mögen. Gleiches gilt auch für Kleidung. Sie sollten auch Anordnungen treffen, wenn Sie so lange wie möglich in Ihrer Wohnung verbleiben wollen.

Insbesondere für die Frage, wie man gepflegt werden will, ob im Haus oder ob man einem Pflegeheim zustimmen würde, was mit den eigenen Immobilien geschieht, wenn man Eigentümer ist, will man weiterhin darin wohnen bleiben, will man verbieten, dass Immobilien zu Lebzeiten verkauft werden, etc.

Soweit Sie es noch können, sollten Sie auch darauf hinweisen, ob Sie noch irgendwelche Reisen, Besuche von Gräbern oder Besuche bei Verwandten oder Bekannten durchführen wollen. Wohin wollen Sie in den Urlaub fahren?

Sie sollten untersagen, dass Sie in einem Pflegeheim untergebracht werden, soweit die Pflege zu Hause finanziell und faktisch möglich ist. Sie können auch verfügen, dass das Pflegeheim nicht weiter als eine bestimmte Anzahl von Kilometern von

Ihrer bisherigen Wohnung entfernt ist. Wir kennen aus der Praxis Fälle, in denen Betreuer die Betreuten so weit entfernt unterbrachten, dass sie von Angehörigen nicht mehr kontrolliert werden konnten.

Sie sollten auch darüber entscheiden, ob der Betreuer Besuchsverbote erteilen darf, Sie sollten darauf hinweisen, mit wem Sie unbedingt weiter in Kontakt bleiben wollen. Wer darf Sie besuchen? Wen möchten Sie besuchen?

Sie sollten auf jeden Fall innerhalb der Betreuungsverfügung regeln, was bei Ihrem Ableben oder beim Wegzug in ein Altenheim mit dem Inventar Ihrer Wohnung geschehen soll, damit dieses nicht, was leider öfters mal passiert, auf der Müllhalde landet. Sie sollten auch klären, ob Sie damit einverstanden sind, dass Ihre Immobilie verkauft wird. Haben Sie Ihre Immobilie gegen ein Wohnrecht oder gegen Nießbrauch verkauft, dann sollten Sie darauf hinweisen, dass diese nicht aufgehoben werden dürfen, um Geldmittel für Ihre Betreuung zu erhalten.

Die Betreuungsverfügung ist eine äußerst wichtige Möglichkeit, wenn Sie kein Interesse an einer Vorsorgevollmacht haben oder wenn Sie niemanden gefunden haben oder niemanden finden, dem Sie das Vertrauen für eine Vorsorgevollmacht entgegenbringen. Sie sollten darauf hinweisen, dass Sie insgesamt nicht anders leben wollen als bisher. Eine große Rolle spielt auch bei alten Menschen die Frage der Haustiere. Wollen Sie, dass das Haustier weiterhin bei Ihnen bleibt oder kann, oder soll der Betreuer dieses sofort abschaffen? Soll ein neues Tier bei Tod des Haustieres angeschafft werden?

Für die Betreuungsverfügung sind umfangreiche Besprechungen mit einem Experten nötig, der hier sicher weiterhelfen kann. Das »Forschungsinstitut Betreuungsrecht« der Kester-Haeusler-Stiftung hat auch einen Katalog der einzelnen Punkte aufgestellt, die besprochen werden können. Sie sollten sich aber auch selbst einfach mal überlegen, was Sie an Annehmlichkeiten behalten und wie Sie leben wollen, wenn Sie nicht mehr darüber entscheiden können.

Eine wichtige Frage ist auch, wie Sie im Altersheim untergebracht werden wollen. Es gibt Betreuer, die überhaupt nicht darauf achten, in welcher Form die Unterbringung erfolgt. Sie lassen die Betreuten, die sich noch selbst und andere unterhalten können, in Altenheimen unterbringen, in denen die älteren Menschen schon so schwer krank sind, dass sie nicht mehr reden. Bei Unterbringung in so einem Heim wird eine starke Vereinsamung eintreten und eine beginnende Demenz noch stärker werden.

Als Betreuer sollte man nur Personen auswählen, die einem sehr nahestehen. Man sollte auch bei dem Betreuungsvorschlag einen Ersatzbetreuer bestimmen, wenn man keinen Betreuer hat. Ganz wichtig ist für manche Personen auch, dass man einen Hinweis darauf gibt, wen man, insbesondere aus der Verwandtschaft, auf keinen Fall als Betreuer haben will. Auch ein Besuchsverbot muss geregelt werden, will man, dass bestimmte Personen einen nicht besuchen dürfen, wenn man nicht mehr handeln kann.

Achtung! Bestimmte Klauseln wie »Meine Betreuung sollen meine Kinder übernehmen« sind völlig sinnlos. Man muss hier genau die Person namentlich benennen, die man als Betreuer haben will.

Müssen Sie die Betreuungsverfügung schriftlich verfassen?

Nein, die Betreuungsverfügung muss nicht schriftlich verfasst werden. Eine bestimmte Form ist nicht vorgesehen. Sie sollte aber auf jeden Fall mit Datum und Unterschrift versehen werden. Sie muss auch so gut aufgehoben werden, dass sie bei Gericht überhaupt vorgelegt werden kann. Am besten ist es natürlich, die Betreuungsverfügung sofort dem zu geben, der als Betreuer gewünscht ist.

Muss die Unterschrift unter der Betreuungsverfügung notariell beglaubigt werden?

Nein. Dies kann aber empfehlenswert sein, falls die Gefahr besteht, dass Dritte Ihre Unterschrift eines Tages bestreiten. Es reicht aus, wenn ein oder zwei Zeugen bestätigen, dass Sie die Betreuungsverfügung inhaltlich so wollten. Noch empfehlenswerter ist es, im Rahmen der Erstellung der Betreuungsverfügung eine Videoaufzeichnung anfertigen zu lassen oder selbst anzufertigen, damit man später selbst bzw. der ausgesuchte Betreuer auch nachweisen kann, dass die Verfügung dem Wunsch des zu Betreuenden entsprach. Dies ist gerade für ein Gerichtsverfahren sehr wichtig, weil dort im Rahmen der Betreuungsverfügung oftmals auf die Wünsche wenig eingegangen wird und man gerade durch ein so aussagekräftiges Informationsmaterial wie eine Videoaufnahme doch nachweisen kann, was der Betroffene wünscht. Für einen Richter wird es dann sehr schwierig sein, dagegen Einwände vorzubringen.

Muss ein Arzt die Betreuungsverfügung bestätigen?

An sich ist es nicht notwendig, weil Sie die Betreuungsverfügung auch im Zustand der Geschäftsunfähigkeit erstellen können. Es könnte aber auch passieren, dass irgendjemand behauptet, dass Sie überhaupt keinen freien Willen hatten. Es ist daher empfehlenswert, einen Arzt bestätigen zu lassen, dass Sie wirklich das wollten, was Sie in die Betreuungsverfügung aufgenommen haben, falls Sie nicht mehr ganz gesund sind.

Kann die Betreuungsverfügung zusammen mit einer Vorsorgevollmacht ausgestellt werden?

Ja, das ist oft der Fall. In der Beratung, die ich im Rahmen der Vorsorgevollmacht tätigte, habe ich immer die Vorsorgevollmacht mit der Betreuungsverfügung zusammen als Einheit empfohlen. Leider stelle ich fest, dass viele Gerichte die Anweisungen bezüglich der Betreuungsverfügung nicht beachten, wenn irgendwelche Angehörigen benannt werden oder wenn in der Betreuungsverfügung die Klausel enthalten ist, eine bestimmte Person zum Betreuer auszuwählen.

Es empfiehlt sich, in der Vorsorgevollmacht auch einen Vermerk aufzunehmen, dass der Bevollmächtigte der künftige Betreuer werden soll, falls die Vorsorgevollmacht aufgrund eines Widerrufs unwirksam wird. Über eine Kontrollbetreuung kann praktisch jede Vorsorgevollmacht widerrufen werden, wenn eine rechtsmissbräuchliche Ausübung der Vollmacht vorliegt. Ist diese rechtsmissbräuchliche Ausübung später durch ein Gericht als nicht gegeben festgestellt worden, lebt die widerrufene Vorsorgevollmacht nicht mehr auf. Der Vollmachtgeber hat dann zumindest über die in der Vorsorgevollmacht enthaltene Betreuungsverfügung die Möglichkeit, den Betreuer vorzuschlagen, den er gerne haben will.

Worin besteht der Vorteil der Betreuungsverfügung gegenüber der Vorsorgevollmacht?

Die Betreuungsverfügung wird erst dann wirksam, wenn der Richter die Betreuung angeordnet hat, also wenn die betreffende Person betreuungsbedürftig oder geschäftsunfähig ist. Sie hat für das Vermögen oder die gesundheitliche Versorgung bis dahin keine Auswirkung. Die Vorsorgevollmacht dagegen sollte immer sofort wirksam sein und nicht von der Frage der Geschäftsfähigkeit abhängig sein. Darin liegt das Risiko, dass der Vollmachtnehmer diese missbraucht und von den Konten Gelder abhebt.

Welche Bindungswirkung hat die Betreuungsverfügung gegenüber dem Gericht?

Hinsichtlich der Bindung des Gerichts an die Betreuungsverfügung muss unterschieden werden:

Wenn es sich um eine Betreuungsverfügung handelt, die eine

bestimmte Person zum Betreuer vorschlägt, so muss das Gericht diesem Vorschlag entsprechen, wenn es dem Wohl des Betroffenen nicht zuwiderläuft (§ 1897 Abs. 4 BGB). Das bedeutet, es besteht zwar keine Bindungswirkung der Betreuungsverfügung, jedoch darf das Gericht nur unter engen Voraussetzungen von dem Betreuervorschlag abweichen (s. o.) und muss die Entscheidung auch entsprechend begründen.

Wenn es sich um eine negative Betreuungsverfügung handelt, also nur bestimmt wird, wer nicht zum Betreuer bestellt werden soll, soll das Gericht hierauf Rücksicht nehmen (§ 1897 Abs. 4 BGB). Das bedeutet, auch hier besteht keine Bindungswirkung, das Gericht muss den Wunsch des Betroffenen lediglich berücksichtigen.

Warum ist es gut, in der Betreuungsverfügung auch die Ausgabenbereiche zu regeln?

In einer Fernsehsendung bei Maischberger trat mit mir zusammen eine Dame auf, die Betreuerin ihres Ehemannes war. Sie hatte mit dem Ehemann in einem Jahr Reisen für 50 000 Euro unternommen. Das Gericht hielt der betreuenden Ehefrau die Ausgaben vor und verlangte, dass der Geldbetrag auf das Konto des Mannes zurückbezahlt wird. Als die Frau dieses nicht veranlasste, wurde sie – man kann es kaum glauben – als Betreuerin ihres Ehemannes abgelöst, und es wurde ein neuer Betreuer für den Mann ausgewählt. Dieser Betreuer hatte dann die Aufgabe, die Ehefrau zu verklagen. Er gewann den Prozess, und sie musste die 50 000 Euro zurückzahlen. Man sieht also, wie wichtig es ist, die finanziellen Fragen zu klären, auch bezüglich etwaiger Vermögensanlagen, Vermögenswerte und geplanter Ausgaben. In welcher Form sollen diese weiterhin erfolgen? In welcher Form sollen Vermietungen vorgenommen werden etc.?

Wie lange kann man eine Betreuungsverfügung widerrufen?

Eine Betreuungsverfügung kann der Betreute, auch wenn die Betreuung schon angeordnet wurde, immer widerrufen. Im Widerrufsfall muss das Gericht dann einen neuen Betreuer bestellen, wenn der Widerruf begründet war. Es empfiehlt sich sogar, in die Betreuungsverfügung schon Gründe aufzunehmen, wann der Betreuer nicht tätig werden darf bzw. entlassen werden sollte.

Was bedeutet die räumliche Entfernung des zu bestellenden Betreuers von dem zu Betreuenden?

Die örtliche Entfernung des zu bestellenden Betreuers von dem zu Betreuenden spielt keine Rolle. Bei großer Entfernung ist zu empfehlen, dass man einfach im Rahmen der Betreuungsverfügung der auszuwählenden Person auch das Recht gibt, Hilfskräfte zu beauftragen oder einen weiteren Betreuer auszusuchen. Es würde sich dann um eine sogenannte Tandembetreuung handeln. Bei wichtigen Entscheidungen beispielsweise im gesundheitlichen Bereich empfiehlt sich dann, einen Arzt auszuwählen, der bereit ist, derartige Pflichten zu übernehmen.

Ist der Wunsch des zu Betreuenden, der in der Betreuungsverfügung eine bestimmte Person benannt hat, zu beachten?

Der BGH hat wiederholt ausdrücklich darauf hingewiesen, dass die in einer Betreuungsverfügung benannte Person grundsätzlich zum Betreuer bestellt werden muss. Es besteht dann grundsätzlich für das Gericht kein Auswahlermessen mehr. Es ist die Person zum Betreuer zu bestellen, die der Betroffene wünscht. Der Wille des Betroffenen kann nur dann unberücksichtigt bleiben, wenn die Bestellung der vorgeschlagenen Person seinem Wohl zuwiderläuft. Dies setzt voraus, dass sich aufgrund einer umfassenden Abwägung aller relevanten Umstände Gründe von erheblichem Gewicht ergeben, die gegen die Bestellung der vorgeschlagenen Person sprechen. Es muss die konkrete Gefahr bestehen, dass der vorgeschlagene Betreuer die Betreuung des Betroffenen nicht zu dessen Wohl führen kann.

Muss der Betreute beim Vorschlag für einen Betreuer geschäftsfähig sein?

Nein, der Vorschlag des Betroffenen, eine Person als Betreuer auszuwählen, die er wünscht, ist nach der Entscheidung zahlreicher Gerichte auch bei willensschwachen Menschen zu beachten, wenn der natürliche Wille noch gegeben ist. Nur wenn die konkrete Gefahr besteht, dass der vorgeschlagene Betreuer die Betreuung nicht zum Wohl des Betroffenen führen kann oder will, ist der Vorgeschlagene nicht zum Betreuer zu bestimmen. Allgemeine Befürchtungen nachteiligen Handelns reichen ebenso wenig aus wie die Möglichkeit, dass noch geeignetere Personen zur Verfügung stehen.

Kann man die Betreuungsverfügung auch negativ fassen?

Ja, man kann die Betreuungsverfügung auch negativ in der Form fassen, dass man schreibt, wen man nicht als Betreuer haben will. Dies kommt bei zerstrittenen Familien oft vor. Man sollte rechtzeitig darauf achten, dass nicht eines Tages die Person Betreuer wird, die einen am meisten drangsaliert hat oder bei der man Angst hat, dass sie das Vermögen vernichten wird.

Wie sieht es mit der ärztlichen Betreuung im Rahmen der Betreuungsverfügung aus?

Ihre Vorstellung zur ärztlichen Betreuung sollten Sie nicht nur in einer Patientenverfügung aufnehmen, sondern auch in der Betreuungsverfügung. Sie können dort darauf hinweisen, welcher Arzt die Behandlung durchführen soll. Dadurch kann dem

Betreuungsgericht und dem Betreuer ein großer Teil des Entscheidungsspielraumes entzogen und klar formuliert werden, welche ärztlichen Maßnahmen gewünscht sind und welche nicht.

Wie kann ich auf die Existenz einer Betreuungsverfügung hinweisen?

Hier gilt immer der gleiche Hinweis wie bei der Vorsorgevollmacht: Fertigen Sie eine kleine Karte an, die Sie in Ihrem Geldbeutel aufheben, und weisen Sie dort auf die Existenz der Betreuungsverfügung hin und darauf, wer diese hat. Wenn Ihnen irgendetwas passiert, wird meist zuerst Ihr Geldbeutel von Polizei, Feuerwehr oder Krankenwagen-Personal nach Ihrer Adresse durchsucht – und man findet dann die Karte mit dem Hinweis auf die Betreuungsverfügung.

Wann besteht eine Abgabepflicht für eine Betreuungsverfügung?

Wenn Sie im Besitz einer Betreuungsverfügung eines Dritten sind, der sich dort insbesondere dazu geäußert hat, wer seine Betreuung übernehmen soll, müssen Sie diese unverzüglich an das Betreuungsgericht abliefern, sobald Sie von der Einleitung eines Betreuungsverfahrens zur Bestellung eines Betreuers erfahren haben. Ebenso hat der Besitzer der Betreuungsverfügung das Betreuungsgericht über Schriftstücke, in denen der Betroffene eine andere Person mit der Wahrnehmung seiner Angelegenheiten bevollmächtigt hat, zu unterrichten. Das Betreuungsgericht kann auch die Vorlage einer Abschrift verlangen (§ 1901 c BGB).

Welche Rechtsmittel hat ein Gericht zur Herausgabe der Betreuungsverfügung?

Wer im Besitz einer Betreuungsverfügung ist, muss diese bei Gericht abgeben. Das Gericht kann den Besitzer einer Betreuungsverfügung sogar durch Zwangsgeld dazu zwingen.

Dazu gilt § 1901c BGB:

Wer ein Schriftstück besitzt, in dem jemand für den Fall seiner Betreuung Vorschläge zur Auswahl des Betreuers oder Wünsche zur Wahrnehmung der Betreuung geäußert hat, hat es unverzüglich an das Betreuungsgericht abzuliefern, nachdem er von der Einleitung eines Verfahrens über die Bestellung eines Betreuers Kenntnis erlangt hat. Ebenso hat der Besitzer das Betreuungsgericht über Schriftstücke, in denen der Betroffene eine andere Person mit der Wahrnehmung seiner Angelegenheiten bevollmächtigt hat, zu unterrichten. Das Betreuungsgericht kann die Vorlage einer Abschrift verlangen.

Hat der in der Betreuungsverfügung Benannte bei Bestellung eines anderen Betreuers das Recht, dagegen Beschwerde einzulegen?

Nein, durch die Betreuungsverfügung wird der zur Übernahme der Betreuung berechtigten Person kein subjektives Recht entzogen. Auch aus Artikel 6 GG – Schutz der Familie – ergibt sich hier keine andere Rechtslage.

VII. Patientenverfügung

Was ist eine Patientenverfügung?

Eine Patientenverfügung ist eine Erklärung, die man abgibt für den Fall, dass man nicht mehr in der Lage ist, willentlich und inhaltlich zu erkennen, welche Entscheidung man im Hinblick auf seine eigene Behandlung durch einen Arzt oder im Krankenhaus oder aufgrund von Medikamenten oder medizinischen Geräten treffen will.

Was ist die Rechtsgrundlage einer Patientenverfügung?

Die Rechtsgrundlage der Patientenverfügung, also einer Verfügung, bei der der Patient bestimmt, wie er in der Situation, in der er nicht mehr selbst entscheiden kann, behandelt werden will, also ob die Behandlung fortgesetzt werden oder ob sie abgebrochen werden soll, ergibt sich aus § 1901a BGB. Dort heißt es:

(1) Hat ein einwilligungsfähiger Volljähriger für den Fall seiner Einwilligungsunfähigkeit schriftlich festgelegt, ob er in bestimmte, zum Zeitpunkt der Festlegung noch nicht unmittelbar bevorstehende Untersuchungen seines Gesundheitszustands, Heilbehandlungen oder ärztliche Eingriffe einwilligt oder sie untersagt (Patientenverfügung), prüft der Betreuer, ob diese Festlegungen auf die aktuelle Lebens- und Behandlungssituation zutreffen. Ist dies der Fall, hat der Betreuer dem Willen des Betreuten Ausdruck und Geltung zu verschaffen. Eine Patientenverfügung kann jederzeit formlos widerrufen werden.

(2) Liegt keine Patientenverfügung vor oder treffen die Festlegungen einer Patientenverfügung nicht auf die aktuelle Lebens- und Behandlungssituation zu, hat der Betreuer die Behandlungswün-

sche oder den mutmaßlichen Willen des Betreuten festzustellen und auf dieser Grundlage zu entscheiden, ob er in eine ärztliche Maßnahme nach Absatz 1 einwilligt oder sie untersagt. Der mutmaßliche Wille ist aufgrund konkreter Anhaltspunkte zu ermitteln. Zu berücksichtigen sind insbesondere frühere mündliche oder schriftliche Äußerungen, ethische oder religiöse Überzeugungen und sonstige persönliche Wertvorstellungen des Betreuten.

(3) Die Absätze 1 und 2 gelten unabhängig von Art und Stadium einer Erkrankung des Betreuten.

(4) Der Betreuer soll den Betreuten in geeigneten Fällen auf die Möglichkeit einer Patientenverfügung hinweisen und ihn auf dessen Wunsch bei der Errichtung einer Patientenverfügung unterstützen.

(5) Niemand kann zur Errichtung einer Patientenverfügung verpflichtet werden. Die Errichtung oder Vorlage einer Patientenverfügung darf nicht zur Bedingung eines Vertragsschlusses gemacht werden.

(6) Die Absätze 1 bis 3 gelten für Bevollmächtigte entsprechend.

Welche drei Kriterien müssen vorliegen, damit eine Patientenverfügung überhaupt wirksam ist?

1. Der Patient muss aufgrund der gesundheitlichen Situation nicht mehr in der Lage sein, zu einer Behandlung, ärztlichen Maßnahme, Operation, Medikamentenvergabe oder künstlichen Lebenserhaltung seine Einwilligung zu erteilen. Hier taucht schon das erste Problem auf, weil die Nichteinwilligungsfähigkeit klar feststehen muss.

2. Das Gesetz (§ 1901a BGB) verlangt im ersten Absatz, dass die Patientenverfügung schriftlich festgelegt sein muss. Das Datum der Patientenverfügung sollte ebenfalls angegeben werden, und auch die Unterschrift des Arztes oder Zeugen sollte bestätigen, dass die Patientenverfügung vom Verfasser herstammt. Hat der Patient zwischenzeitlich seine Ansicht

geändert, so müsste dies im Rahmen der Befragungen durch den Betreuer oder Bevollmächtigten dargelegt werden.

3. § 1901a BGB verlangt, dass bestimmte, zum Zeitpunkt der Festlegung noch nicht unmittelbar bevorstehende Untersuchungen des Gesundheitszustandes, Heilbehandlungen oder ärztliche Eingriffe in die Patientenverfügung aufgenommen werden müssen. Hierin liegt das besondere Problem der richtigen, schriftlichen Erfassung des Inhalts in einer Patientenverfügung, da genau dargelegt werden muss, welche konkreten ärztlichen Maßnahmen durchgeführt bzw. eben nicht mehr durchgeführt werden dürfen.

Muss eine Patientenverfügung notariell beurkundet werden?

Nein. Die notarielle Beurkundung einer Patientenverfügung ist nicht notwendig. Wichtig ist nur, dass diese schriftlich vorliegt und eigenhändig unterschrieben wurde. Es gibt auch im Internet zahlreiche Patientenverfügungen, die man nur ankreuzen muss. Auch dies dürfte zulässig sein, obwohl hier wirklich die Empfehlung gegeben wird, derartige Patientenverfügungen nicht zu verwenden, sondern sich durch einen Fachmann beraten zu lassen, insbesondere auch von einem Arzt, der sich auf diesem Gebiet auskennt.

Gibt es eine mündliche Patientenverfügung?

Nein. Nach dem Gesetz muss die Patientenverfügung schriftlich festgelegt werden (§ 1901a I BGB).

Die mündliche Patientenverfügung gegenüber Dritten oder innerhalb des Verwandtenkreises der betroffenen Person ist allerdings nicht völlig unbeachtlich. § 1901a II BGB fordert, dass der Betreuer die Behandlungswünsche oder den mutmaßlichen Willen des Betreuten festzustellen hat. Die Feststellung wird dann oft auch aufgrund derartiger mündlicher Äußerung erfolgen.

Gilt eine Patientenverfügung erst ab dem Zeitpunkt einer schweren Erkrankung?

Nein, gemäß § 1901a III BGB ist das Stadium des Erkrankten in dem Augenblick, in dem die Patientenverfügung erstellt wurde, nicht relevant.

Welchen Sinn hat die Patientenverfügung?

Sinn und Zweck der Patientenverfügung ist, dass sie, falls der Patient nicht mehr in eine Heilbehandlung oder Operation einwilligen kann, letztendlich stellvertretend für seine Entscheidung ist. Der Betreuer hat nach ihr zu handeln. Nur für 10 % der Patienten wird erfahrungsgemäß eine Patientenverfügung notwendig sein. Dies ist ungefähr der Prozentsatz, der nicht einwilligungsfähigen, älteren Menschen, für die eine Patientenverfügung überhaupt sinnvoll ist. 90 % aller Patienten können nach Aussage von Experten noch entsprechende Entscheidungen treffen.

Warum kann eine Patientenverfügung einem Menschen auch im Notfall helfen?

Es gibt Situationen, bei denen die Medizin einem Patienten nicht mehr helfen kann und er unerträglich leiden würde, wenn gewisse Behandlungen oder Medikamentenvergaben weiterhin erfolgen würden. Für derartige Fälle ist es wichtig, eine Entscheidung für den Fall zu treffen, dass man nicht mehr handeln kann, und diese Entscheidungen in einer Patientenverfügung niederzulegen.

Wo muss man die Patientenverfügung aufbewahren?

Die Patientenverfügung gehört, ebenso wie die Vorsorgevollmacht, in die Hände des Bevollmächtigten. Im Notfall muss diese sofort – beispielsweise im Krankenhaus – vorgelegt werden.

Wie wird die Patientenverfügung in der Praxis umgesetzt?

Die Frage der Umsetzung ergibt sich aus § 1901b BGB. Diese Bestimmung lautet wie folgt:

(1) Der behandelnde Arzt prüft, welche ärztliche Maßnahme im Hinblick auf den Gesamtzustand und die Prognose des Patienten indiziert ist. Er und der Betreuer erörtern diese Maßnahme unter Berücksichtigung des Patientenwillens als Grundlage für die nach § 1901a zu treffende Entscheidung.

(2) Bei der Feststellung des Patientenwillens nach § 1901a Absatz 1 oder der Behandlungswünsche oder des mutmaßlichen Willens nach § 1901a Absatz 2 soll nahen Angehörigen und sonstigen Vertrauenspersonen des Betreuten Gelegenheit zur Äußerung gegeben werden, sofern dies ohne erhebliche Verzögerung möglich ist.

(3) Die Absätze 1 und 2 gelten für Bevollmächtigte entsprechend.

Muss man eine Patientenverfügung erstellen?

Keiner kann zur Errichtung einer Patientenverfügung gezwungen werden. Auch Ansprüche, dass beispielsweise vor Vertragsabschluss eines Pflegevertrags eine Patientenverfügung vorgelegt werden muss, sind unzulässig.

Was muss der Helfer, der bei der Erstellung einer Patientenverfügung mithilft, beachten?

Er muss wissen und sollte dies auch dem Patientenverfügungsersteller vermitteln, dass die Entscheidung evtl. endgültig ist. Gerade die medizinische Praxis zeigt, dass später die Betroffenen oft, je nach ihrem sozialen Umfeld, je nach ihrer psychischen Verfassung, je nach Informationsstand, je nach Suggestion von außen, immer wieder andere Entscheidungen treffen. Mal will der Betroffene sterben, mal nicht. Derartige gewichtige Entscheidungen können von einer Stunde zur anderen revidiert werden. Es reicht nicht aus, nur einfach die Patientenverfügung bei Gericht, falls eine entsprechende Entscheidung seitens des

Gerichts notwendig ist, vorzulegen, sondern es ist letztendlich auf die aktuelle Äußerungssituation des Betreuten, besonders auch nach der Erstellung der Patientenverfügung, zu achten, und diese ist evtl. dem Betreuer mitzuteilen.

Kann man eine Patientenverfügung auch widerrufen?

Ja, die Patientenverfügung kann jederzeit widerrufen werden. Der Widerruf muss nicht in Schriftform erfolgen, dennoch ist es empfehlenswert, einen schriftlichen Widerruf festzulegen, damit nicht Personen, die den Widerruf gehört haben, später vergessen, über diesen zu berichten, oder Betreuer oder Bevollmächtigte den Widerruf als Widerruf gar nicht erkennen können oder wollen.

Kann auch ein einwilligungsunfähiger Patient noch die Patientenverfügung widerrufen?

Ja. Auch gegen die ab und zu vertretene Ansicht in der Literatur ist darauf hinweisen, dass auch ein einwilligungsunfähiger Patient die Patientenverfügung widerrufen kann. Dies kann durch eine mündliche Äußerung erfolgen, dies kann auch durch Handlungsweisen erfolgen, indem er gewisse Handlungen im Krankenzimmer versucht zu unterbinden, wie Abstellen von Maschinen, falls er dies noch irgendwie mitbekommt. Gerade die Praxis zeigt immer wieder, dass Patienten, die in einer schon älteren Patientenverfügung geäußert haben, dass sie bei bestimmten Krankheiten nicht eine Verlängerung der Behandlung wünschen, im Alter oft total ihre Ansicht ändern und dies oft nur durch irgendwelche Unmutsäußerungen zeigen können. Man muss deswegen davon ausgehen, dass auch ein einwilligungsunfähiger Patient die Patientenverfügung durch Wort und Tat widerrufen kann.

Betreuer und Patientenverfügung

Während des Betreuungsverfahrens sollte der Betreuer den Betreuten in geeigneter Weise auf die Möglichkeit einer Patientenverfügung hinweisen und ihn bei dessen Wunsch bei der Errichtung einer Patientenverfügung unterstützen (§ 1901 a Abs. 4 BGB).

Sind Angehörige bei der Patientenverfügung immer objektiv?

Nein, bei Angehörigen besteht oft das ganz große Problem, dass sie auf einmal durch eine plötzliche Krankheitssituation des Betreuten, die eventuell zu einer Sterbephase führt, nicht mehr in der Lage sind, irgendeine Entscheidung zu treffen, und dann besser beraten sind, wenn sie die Vollmacht in diesem Bereich aufgeben und die Ersatzbevollmächtigten bitten, hier weiter tätig zu werden, oder in diesem Bereich das Gericht um Hilfe bitten. Angehörige sind teilweise auch für Personen in der letzten Phase ihres Lebens gefährlich, weil man oft nicht die Motivation kennt, warum sie handeln. Es gibt sicherlich Fälle, bei denen auch Angehörige schnelle Entscheidungen im Hinblick auf eine zu erwartende Erbschaft bezüglich des Sterbens treffen wollen. Es gibt aber auch Situationen, die bekannt sind, dass Angehörige das Sterben hinauszögern, um von den Rentenerträgen des Betreuten leben zu können.

Kann jederzeit die künstliche Ernährung mit einer PEG-Magensonde eingestellt werden, wenn durch den Abbruch die Gefahr des Todes droht?

Nein. Erstens muss eine betreuungsgerichtliche Genehmigung nach § 1904 Abs. 2 BGB vorliegen. Diese ist allerdings dann nicht notwendig, wenn der Betroffene einen entsprechend eigenen Willen bereits in einer bindenden Patientenverfügung nach § 1901a BGB niedergelegt hat und diese auf die konkret eingetretene Lebens- und Behandlungssituation zutrifft. Der BGH weist in seinem Beschluss vom 8.2.2017 (XII ZB 604/15) darauf hin, dass die schriftliche Patientenverfügung nur dann eine Wirkung entfaltet, wenn ihr konkrete Entscheidungen des Betroffenen über die Einwilligung oder Nichteinwilligung in bestimmte, bei Abfassung der Patientenverfügung noch nicht unmittelbar bevorstehende ärztliche Maßnahmen entnommen werden können. Dabei soll nach der Ansicht des BGH die Anforderung an die Bestimmtheit einer Patientenverfügung aber auch nicht überspannt werden. Vorausgesetzt werden kann nur, dass der Betroffene umschreibend festlegt, was er in einer bestimmten Lebens- und Behandlungssituation will und was nicht.

Noch einmal zur Klarstellung: Allein der Hinweis »Ich will keine lebenserhaltenden Maßnahmen« in der Patientenverfügung reicht nicht aus. Die Benennung bestimmter ärztlicher Maßnahmen und die Bezugnahme auf ausreichend spezifizierte Krankheiten oder Behandlungssituationen ist notwendig. Es muss also im Einzelfall immer geklärt werden, ob die Patientenverfügung in diesem Bereich ausreichend ist. Diese problematischen Darstellungen hier zeigen deutlich, dass bei der Abfassung einer Patientenverfügung auf der einen Seite ein Experte aus dem Betreuungsrecht, also ein Rechtsanwalt, der sich mit Betreuungsfällen befasst, beratend tätig sein muss. Auf der anderen Seite muss auch ein Arzt die notwendige Darstellung der Behandlungssituation erläutern und helfen, sie in die Patientenverfügung aufzunehmen.

Muss Betreuung angeregt werden, wenn eine wirksame Patientenverfügung vorliegt?

Nein. Wenn eine wirksame Patientenverfügung vorliegt, ist eine Betreuerbestellung nicht notwendig. Dies gilt auch, falls eine Vorsorgevollmacht vorliegt. Im Einzelfall wird der Arzt aber immer wohl einen Familienangehörigen hinzuziehen, der nähere Angaben zur Entstehung der Patientenverfügung machen kann.

Ist der Arzt auch an die Patientenverfügung gebunden?

Ja, er ist an die Patientenverfügung gebunden.

Zum Zwecke der Auslegung und Erläuterung der Patientenverfügung empfiehlt es sich aber, diese mit der Vorsorgevollmacht zu verbinden, um den Bevollmächtigten auch ein Mitspracherecht zu geben. Aus der Praxis sind Fälle bekannt, bei denen die Ärzte die Bevollmächtigten gar nicht mehr angehört haben, sondern nur nach der Patientenverfügung vorgegangen sind. Hier muss der Experte, der eine Vorsorgevollmacht mit Patientenverfügung berät und mit erstellt, auch darauf achten, dass eine Verzahnung zwischen beiden textlich in einwandfreier Weise erfolgt. Beispielsweise kann diese den Bereich des Schlaganfalls, des Komas, die notwendige Wiederbeatmung und vieles mehr betreffen. Es wird Kliniken – auch in vielen Bereichen zu Unrecht – vorgeworfen, dass sie Beatmungspatienten nur deswegen weiter am Leben erhalten, um finanzielle Unterstützungen zu erreichen. Letztendlich sollte gerade auch die Frage der künstlichen Beatmung in der Patientenverfügung geklärt werden. Entscheidend ist aber auch für jeden die persönliche Situation. Jeder Mensch muss auch persönlich entscheiden, wann er nicht mehr weiter behandelt werden will. Tritt dies bei einem bestimmten Krankheitsstadium ein, tritt dies ein, wenn er nicht mehr atmet oder wenn er sich nicht mehr selbstständig ernähren kann? Letztendlich sind dies Fragen, die hier an dieser Stelle nicht näher erläutert werden können. Diese Fragen müssen mit einem Arzt, der auf diesem Gebiet spezialisiert ist, besprochen werden.

Muss immer eine Genehmigung seitens des Gerichts für die in der Patientenverfügung nicht erwähnten Maßnahmen eingeholt werden?

Nein. Wenn zwischen dem Arzt und dem Betreuer oder Bevollmächtigten hinsichtlich des Patientenwillens keinerlei Auslegungsschwierigkeit besteht, diese also beide den gleichen Weg entscheiden, muss nach §1904 Abs. 4 BGB die Genehmigung des Betreuungsgerichts nicht mehr eingeholt werden, um beispielsweise eine lebenserhaltende Maschine abstellen zu können. Es gibt aber noch eine Sicherheit für Betreuer und Bevollmächtigte: Wenn beide davon ausgehen, dass eine wirksame Patientenentscheidung beispielsweise das Abstellen von lebenserhaltenden Maschinen erlaubt, können sie dennoch bei dem Betreuungsgericht die Genehmigung einholen, dass die nunmehr durchzusetzende Entscheidung rechtmäßig ist. Ein derartiger Weg ist insbesondere empfehlenswert für Angehörige, die aufgrund einer Vorsorgevollmacht handeln und sich später nicht vorwerfen lassen wollen, dass sie eine falsche Entscheidung getroffen haben. Im Übrigen verhindert eine derartige Feststellung auch das Risiko von späteren strafrechtlichen Vorwürfen.

Muss der Betreuer bei Entscheidungen über die Beendigung von lebenserhaltenden Maßnahmen immer mitwirken?

Wenn eine wirksame Patientenverfügung vorliegt, dann ist diese so zu bewerten, als wenn der einwilligungsunfähige Patient entschieden hat. Dann ist eine Tätigkeit des Betreuers im Rahmen der Patientenverfügung nicht notwendig.

Eine Ausnahme dürfte allerdings dann gegeben sein, wenn der Betreute bis zur Willenlosigkeit noch andere Äußerungen getätigt hat. In einem solchen Fall muss der Betreuer den mutmaßlichen Willen des Betreuten feststellen. Sei es durch Erkundigung nach außen bei Dritten, sei es in Form von Durchsuchung der Unterlagen mit der Frage, ob der Betreute irgendwelche Aufzeichnungen gemacht hat und wie weit der Hausarzt mit dem Betreuten hierüber gesprochen hat.

Muss die Patientenverfügung neben der schriftlichen Abfassung auch noch in anderer Form erfolgen?

Nein. Empfehlenswert ist es aber, die Patientenverfügung mit einer Videoaufnahme durchzuführen, da man so am besten den wirklichen Willen des Patienten nachweisen kann. Warum dies in der Praxis nicht viel öfter gemacht wird, ist nicht nachvollziehbar.

Was ist, wenn die Medikamentenvergabe oder lebenserhaltende Maßnahmen für den Betreuten, der nicht mehr einwilligungsfähig ist, nicht in der Patientenverfügung erwähnt werden?

Dann ist der Betreuer vom Gesetz her verpflichtet zu klären, ob der Patient gegenüber Dritten oder in sonstigen Schriftstücken oder durch sonstige Äußerung seinen Willen irgendwie früher schon geäußert hat. Deswegen steht eben auch in § 1901a BGB, dass in einem derartigen Fall der Betreuer den mutmaßlichen Willen des Betreuten festzustellen hat und erst, wenn er diesen festgestellt hat, die Entscheidung über lebensverlängernde oder nicht lebensverlängernde Maßnahmen getroffen werden darf.

Wer stellt für die zu unterbindenden Maßnahmen die Einwilligungsfähigkeit des Patienten fest?

Dies kann nur der zuständige Arzt oder das Ärzteteam veranlassen, da dem Betreuer oft die medizinische Kenntnis hierfür fehlt. Gerade der Bearbeiter derartiger Rechtsfälle sollte dringend darauf achten, dass hier auch ein entsprechendes Ärzteteam die Entscheidung getroffen hat und nicht der Betreuer.

Wer prüft, ob die Patientenverfügung widerrufen wurde oder ob sie nach dem Willen des einwilligungsunfähigen Betreuten noch gelten soll?

Diese Prüfung muss der Betreuer vornehmen. Hieran sieht man, welch wichtiges Amt ein Betreuer an sich hat. Umso wichtiger wäre es, auch eine entsprechende Ausbildung für Betreuer zu schaffen. Wie kann ein Betreuer, der keine Ausbildung hat, diese Prüfung vornehmen? Oftmals ist auch ein besonderes Eingehen auf den Patienten notwendig. Sicherlich kann er ohne Probleme prüfen, ob ein Widerruf der Vorsorgevollmacht schriftlich vorliegt. Aber wenn der Widerruf in Form von Äußerungen gegenüber Angehörigen oder Personen erfolgte, die mit dem einwilligungsunfähigen Betreuten zusammenleben, wird es schwieriger, weil diese von dem Betreuer oftmals überhaupt nicht über die Situation informiert werden.

Hier zeigt sich die große Problematik des Betreuungsrechts. Betreuer, die mit Angehörigen nicht reden bzw. die Betreuer, die die Angehörigen nicht informieren, werden selten in der Lage sein, die Frage des Widerrufs durch verbale Äußerung gegenüber Angehörigen oder Dritten ausreichend prüfen zu können. Obwohl diese Prüfungspflicht ausdrücklich in § 1901a Abs. 1 BGB aufgenommen wurde. Hier wäre der Gesetzgeber längst zu veranlassen, die Informationspflicht und notfalls auch eine Art von Beratungspflicht gegenüber Angehörigen/Lebenspartner der Betreuten im Gesetz zu verankern.

Welche Rechtslage ist durch die neue Entscheidung des BGH zur Patientenverfügung vom 6.7.2016 eingetreten?

Die Entscheidung stellt klar, dass ein Bevollmächtigter oder ein Betreuer in eine nach § 1904 Abs. 1 Satz 1, Abs. 2 BGB genannte Maßnahme nur einwilligen, nicht einwilligen oder die Einwilligung widerrufen kann, wenn der Vollmachttext der Patientenverfügung diese hinreichend klar umschreibt. Außerdem regelt sie, dass sich die Entscheidungskompetenz der Bevollmächtigten darauf bezieht, die im Gesetz genannten ärztlichen Maßnahmen zu unterlassen oder am Betroffenen vornehmen zu lassen. Hierzu muss aus der Vollmacht auch deutlich werden, dass die jeweilige Entscheidung die begründete Gefahr des Todes oder eines schweren und länger dauernden gesundheitlichen Schadens zur Folge haben kann. Der wichtigste Satz ist in Absatz 3 der Entscheidung, nämlich, dass die bisher in vielen Patientenverfügungen enthaltende Äußerung, »keine lebenserhaltenden Maßnahmen« zu wollen, nicht die für eine bindende Patientenverfügung notwendige konkrete Behandlungsentscheidung des Betroffenen enthält. Die derartige Äußerung in einer Patientenverfügung würde nur dann eine Auswirkung haben, wenn in der Patientenverfügung die Benennung bestimmter ärztlicher Maßnahmen oder die Bezugnahme auf spezifische Krankheiten oder Behandlungssituationen erfolgt ist.

Diese Entscheidung zeigt, dass eine Patientenverfügung mit einem Arzt zusammen erstellt werden sollte und dass in ihr auch konkrete Behandlungssituationen und Krankheitssituationen erwähnt werden sollten.

> **Was passiert, wenn ein Angehöriger, der eine Vorsorgevollmacht hat, aufgrund seiner persönlichen Belastung im Rahmen der Patientenverfügung keine Entscheidung über den Tod des Patienten treffen will?**

In diesem Fall gibt es nur zwei Möglichkeiten. Entweder gibt er die Vorsorgevollmacht zurück, mit der Konsequenz, dass dann der Ersatzbevollmächtigte tätig wird, oder es wird für den einzelnen Fall der Anwendbarkeit der Patientenverfügung ein Betreuer bestellt. Der Betreuer muss bestellt werden, wenn offensichtlich ist, dass der Angehörige aufgrund seiner Vorsorgevollmacht nicht handeln will. Er wird nur für diesen Bereich als Kontrollbetreuer bestellt.

Was müssen der Arzt und der Betreuer bei dem Inhalt der Patientenverfügung beachten?

Sie gilt nur für die Behandlungsmaßnahmen und Operationen, Medikamente oder sonstige Notwendigkeiten zur Lebenserhaltung, die in der Patientenverfügung erwähnt werden. Soweit solche nicht in der Patientenverfügung Erwähnung finden, ist dann die Patientenverfügung auch nicht anzuwenden, bzw. der Wille des Patienten wird dadurch nicht mehr ersetzt.

Welche Aufgaben hat das Rechtsbeschwerdegericht, wenn es eine Patientenverfügung auslegen muss?

Das Beschwerdegericht kann grundsätzlich eine Patientenverfügung nur dahingehend prüfen, ob gesetzliche oder allgemein anerkannte Auslegungsregeln, sonstige Verfahrenssätze oder Denksätze verletzt sind oder ob die Auslegung auf Verfahrensfehlern beruht. (BGH 14.11.2018, XII ZB107/18)

Wie kann bei der Patientenverfügung der mutmaßliche Wille des Betreuten vom Betreuer festgestellt werden?

Es sollen auch nahe Angehörige oder Vertrauenspersonen des Betreuten diesbezüglich angehört werden. Der Betreuer muss auch klären, ob in der Vergangenheit irgendwelche Äußerungen seitens des Betreuten zur Art und Weise einer medizinischen Behandlung getätigt wurden. Es kann auch sein, dass die Entscheidung des Betreuers anders ist, als sie sich aus diesen Umstands- und Tatbestandsermittlungen ergeben würde, wenn der Betreute sich mit diesem Willen nur schaden würde. Letztendlich muss sein Krankheitsbild bewirken, dass er nicht in der Lage ist, die richtige Entscheidung zu treffen, ansonsten ist natürlich die Entscheidung des Betreuten vom Betreuer zu beachten.

Welche Probleme mit der Patientenverfügung haben sich beim Corona-Virus gezeigt?

Die schweren Erkrankungen durch das Corona-Virus haben Probleme bei der Patientenverfügung aufgezeigt. Die Krankheit lässt sich mit künstlicher Beatmung oder sogar durch Geräte zur völligen Ersetzung der Atmungstätigkeit unter Umständen erfolgreich behandeln. Viele, gerade auch jüngere, Patienten haben in einer Patientenverfügung für den Fall, dass sie einen schweren Unfall haben, sämtliche künstliche Beatmungen untersagt und dabei an eine Situation wie bei Corona überhaupt nicht gedacht. Es empfiehlt sich dringend, die Patientenverfügung an die Möglichkeiten anzupassen bzw. ein Gespräch mit dem zuständigen Arzt darüber zu führen.

Welche Folgen hat die Entscheidung des BGH vom 8.2.2017 für viele Patientenverfügungen?

Man muss davon ausgehen, dass aufgrund der Entscheidung des BGH vom 8.2.2017 (XII ZB 604/15) ein Großteil der vorher entstandenen Patientenverfügungen nicht ausreichend ist, um wirksame Maßnahmen, Behandlungsmethoden oder Medikamente bei einer Behandlung eines nicht mehr handlungsfähigen Patienten zu erlauben oder nicht zu erlauben.

VIII. Vorsorgevollmacht

1. Erstellung — Inhalt — Formalien der Vorsorgevollmacht

▌ Was ist eine Vorsorgevollmacht?

Eine Vorsorgevollmacht ist ein bedeutendes Schriftstück, in dem eine Person jemandem anderen die Vollmacht erteilt, sämtliche Entscheidungen für die Person zu treffen. Der Unterschied zur Betreuungsverfügung, mit der man nur jemanden bestimmt, der eines Tages mal Betreuer werden soll, besteht darin, dass der Bevollmächtigte im Vergleich zum Betreuer viel mehr Rechte hat. Der Betreuer ist ja nur der rechtliche Vertreter des Betreuten in rechtlichen Fragen, während der bevollmächtigte Vertreter für sämtlichen Fragen des Lebens des Vollmachtgebers zuständig ist. Eine Rechtsgrundlage speziell für die Vorsorgevollmacht gibt es im deutschen Gesetz nicht. Allgemeinere Rechtsgrundlage sind die §§ 164 ff BGB.

Eine Vorsorgevollmacht sollte jeder erstellen, um ein Betreuungsverfahren bzw. einen gerichtlichen Betreuer zu verhindern. Wenn sie wirkungsvoll und umsichtig erstellt wurde, können Sie von einem Bevollmächtigten voll und ganz vertreten werden, sodass es keine Erforderlichkeit gibt, durch das Betreuungsgericht eine eventuell fremde Betreuung für Sie einzurichten.

Sollte die Vollmacht einen langen oder kurzen Text haben?

Zu jeder Vorsorgevollmacht gehört an sich auch eine Vereinbarung über das Grundverhältnis, also ob beispielsweise der Vollmachtnehmer unentgeltlich tätig wird oder gegen Honorar, ob er gegenüber den Erben abrechnen muss bzw. welche Ansprüche die Erben gegenüber dem Vollmachtnehmer haben. Letztendlich geht es darum, ob es sich um ein reines Gefälligkeitsverhältnis handelt oder um ein vertragliches Verhältnis, für das das Recht der Geschäftsbesorgung gilt.

Diese Vereinbarung, die neben der Vorsorgevollmacht zu schließen ist, wird Grundvertrag genannt. Im Rahmen des Grundvertrags kann der Vollmachtgeber mit dem Vollmachtnehmer Vereinbarungen darüber treffen, wie und wo er von welchem Arzt behandelt wird – in welchem Krankenhaus, mit welchen Medikamenten, welche Schenkungen vorzunehmen sind, welche Gelder in welcher Form zur Verfügung stehen, ob Immobilien verkauft werden etc.

Diese langatmigen Ausführungen haben in der eigentlichen Vorsorgevollmacht nichts zu suchen, da sie im Rechtsverkehr nur Zweifel bringen würden. Es ist oft auch dann für den Vertragspartner, der derartige Vorsorgevollmachten vorgelegt bekommt, schon schwierig, überhaupt zu klären, ob jetzt die Rechtshandlung im Rahmen der Einschränkungen, die zusätzlich vereinbart worden sind, wirksam ist oder nicht.

Aus diesem Grund gilt eine eindeutige Empfehlung: Die Vorsorgevollmacht so kurz wie möglich halten! Die Zusatzvereinbarung so ausführlich wie möglich vereinbaren!

Wie soll eine Vorsorgevollmacht aufgebaut werden?

1. Als Überschrift muss unbedingt der Hinweis »Vorsorgevollmacht« stehen.
2. Die Person, die als Vollmachtgeber unterschreibt, muss in der Erklärung namentlich benannt werden. Nach dieser

namentlichen Benennung muss diese Person die Erklärung abgeben: Hiermit erteile ich folgender Person Vollmacht bzw. Ersatzvollmacht.

3. Die Person oder die Personen, denen Vollmacht erteilt wird, müssen mit genauer Anschrift und Geburtsdatum erwähnt werden.

4. Als Nächstes sollte ein Ersatzbevollmächtigter benannt werden. Hier taucht ein sehr großes Problem auf: Obwohl diese Regelung in fast jeder Vorsorgevollmacht enthalten ist, ist gar nicht wirklich klar, ab welchem Zeitpunkt der Ersatzbevollmächtigte eigentlich eintritt. Man kann nun in der Vorsorgevollmacht die einzelnen Zeitpunkte benennen, man kann sie aber auch weglassen, hat dann aber das Risiko, dass es im Einzelfall schwierig zu klären sein könnte, ob der Vollmachtnehmer oder der Ersatzbevollmächtigte eintritt.

5. Ein weiteres Problem kann entstehen, wenn man mehrere Bevollmächtigte aufnimmt. Hier hatte das Landgericht Memmingen vor einiger Zeit in einem Fall zu entscheiden, in dem mehrere Personen als Bevollmächtigte benannt waren, ohne dass irgendein Hinweis dazu erfolgte, ob sie auch einzeln handeln können. Wenn dann eine Person wegfällt (in dem zu entscheidenden Fall fiel ein Kind, das mit dem anderen Kind benannt worden ist, aufgrund von Alkoholismus weg), gilt die ganze Vorsorgevollmacht nicht mehr. Wenn also zwei Personen benannt sind, dann sollte jeder einzelnen Person auch die Möglichkeit gegeben werden, einzeln zu vertreten.

6. Auch ob ein Widerruf möglich ist oder nicht, sollte in der Vollmacht enthalten sein. Wenn mehrere Bevollmächtigte tätig sind, kann jeder, der schneller und vielleicht auch gerissener ist, die Vollmacht des anderen widerrufen, wenn der Notfall eingetreten ist..

7. Kontrollbetreuung: Viele wissen nicht, was überhaupt ein Kontrollbetreuer ist. Ein Kontrollbetreuer kann immer dann

seitens des Betreuungsgerichts eingeschaltet werden, wenn Bedenken bezüglich der Wirksamkeit der Vollmacht oder bezüglich der richtigen Ausübung der Vollmacht bestehen. Oft kommen von dritter Seite entsprechende Beschwerden an das Gericht. In der Praxis sind das manchmal Familienangehörige, manchmal Personen, die um die Erbschaft Angst haben, oder auch Personen, die es wirklich ernst meinen, weil die Vollmacht missbraucht wird. Das Gericht bestellt dann einen Betreuer, der Kontrollbetreuer genannt wird. Es hängt vom Beschluss ab, ob der Kontrollbetreuer sogar das Recht erhält, die Vollmacht zu widerrufen. Er hat aber das Recht und die Pflicht, die Ausübung der Vollmacht zu kontrollieren. Der Bevollmächtigte muss ihm Fragen beantworten und auch evtl. Rechnung legen. Aus diesem Grund ist zu empfehlen, eine Person aus dem engsten Personenkreis als Kontrollbetreuer aufzunehmen. Aufgrund der Entscheidung des Oberlandesgerichts München vom 27.10.2006 (23 WX 159/06) kann man in die Vorsorgevollmacht aufnehmen, dass ein Überwachungsbetreuer/Kontrollbetreuer nur bestellt werden soll, wenn dem Gericht konkrete Tatsachen über den Missbrauch der Vollmacht offengelegt werden.

8. Geklärt werden muss auch, ob der Bevollmächtigte Untervollmachten erteilen kann. Es empfiehlt sich, die Untervollmachtsgenehmigung zu erteilen, weil es ja sein kann, dass der Bevollmächtigte mal nicht handeln kann, und dann muss eben ein anderer in Untervollmacht für ihn handeln.

9. Es sollte dann unbedingt geklärt werden, welche Bereiche die Vorsorgevollmacht betrifft. Die wichtigsten Bereiche sind: Der Bereich der Vermögenssorge. Man muss darauf hinweisen, dass auch hier Einschränkungen möglich sind. Man kann die Vermögenssorge bezüglich der Geldentnahme auf gewisse Beträge beschränken. Oder man kann bezüglich der Geldverfügung nur darauf beschränken, soweit es die

Gesundheit des Vollmachtgebers betrifft. Empfehlenswert ist allerdings, die Vollmacht umfassend für alle Vermögensangelegenheiten gelten zu lassen. Je mehr man im Einzelnen hineinschreibt, desto mehr besteht die Gefahr, dass man Teile ausgelassen hat, um hier keine Vollmacht zu erteilen.

Der nächste Bereich ist die ärztliche Versorgung und medizinische Versorgung. Der Text muss identisch mit der Gesetzgebung sein. Er könnte wie folgt lauten: *Der Bevollmächtigte oder die Bevollmächtigten dürfen auch in Untersuchungen meines Gesundheitszustandes in Heilbehandlungen und ärztliche Eingriffe einwilligen. Die Einwilligung im Rahmen meines Gesundheitszustandes gilt auch für besonders risikoreiche Eingriffe, bei denen die Gefahr besteht, dass ich dadurch sterbe oder einen schweren und länger andauernden gesundheitlichen Schaden erleide.*

Der Vollmachtgeber muss jeden Arzt oder medizinisches Personal oder sonstige Personen, die der Schweigepflicht unterliegen, gegenüber den Bevollmächtigten von der Schweigepflicht entbinden. Die Schweigepflichterklärung sollte rein vorsorglich auch vollumfassend sein. Sie sollte auch das Bankgeheimnis oder Steuergeheimnis betreffen. Zusätzlich zur Schweigepflichtentbindung sollte auch das Recht enthalten sein, dass der Bevollmächtigte in alle Verfahrensakten Einsicht nehmen kann. Das gibt nicht nur im Betreuungsverfahren, falls ein solches kommen könnte, Einsichtsmöglichkeiten in die Akten, sondern auch in die Betreuungsakten der Betreuungsbehörden. Selbst wenn man eine Vorsorgevollmacht hat, kann ja bekanntlich auch von dritter Seite ein Betreuungsantrag gestellt werden. Bei einer wirksamen Vorsorgevollmacht wird das Betreuungsverfahren eingestellt. Bis zur Einstellung bleibt das Betreuungsverfahren parallel zur Vorsorgevollmacht bestehen, und deswegen sind diese Vollmachten sehr wichtig.

10. In der Vollmacht muss auch geregelt werden, dass der Bevollmächtigte über den Aufenthalt des Vollmachtgebers bestimmen kann. Es muss auch hier wieder die wörtliche Bestimmung aus dem Gesetz übernommen werden, dass der Bevollmächtigte auch über eine notwendig werdende Einweisung bzw. dauernde oder zeitweise Unterbringung in einem Krankenhaus oder in ein Pflegeheim, notfalls mit Freiheitsentziehung, entscheiden und die Einwilligung in notwendige, unterbringungsähnliche Maßnahmen, wie zum Beispiel Anbringen von Bettgittern bzw. Bauchgurten, oder eine medikamentöse Ruhigstellung erteilen darf. Auch hier fällt immer wieder auf, dass die Generalvollmachten, die viele aufgrund irgendwelcher Mustertexte als Vorsorgevollmacht verwenden, nicht ausreichend für eine Vorsorgevollmacht sind, weil diese Bestimmungen nicht wörtlich in der Generalvollmacht enthalten sind.

Es sollte unbedingt geregelt werden, wo und wie man gepflegt wird. Man sollte regeln, dass man in seiner Wohnung oder seinem Haus gepflegt wird, so weit dies möglich ist.

Man kann auch regeln, ob Besuchs- oder Hausverbote zulässig sind. Immer wieder erleben wir, dass Haus- oder Besuchsverbote gegenüber Angehörigen ausgesprochen werden. Sie können dies ausschließen. Es empfiehlt sich aber auch auf der anderen Seite in der Vorsorgevollmacht eventuell auch ein Haus- oder Besuchsverbot für bestimmte Personen, falls Sie, wenn Sie einmal einwilligungsunfähig sind, in ein Heim kommen.

11. Die Vollmacht endet an sich mit Tod des Vollmachtgebers. Sie können allerdings die Vollmacht über den Tod hinaus wirken lassen, indem Sie sie als transmortale Vollmacht bezeichnen. Die transmortale Vollmacht hat den Vorteil, dass die Bevollmächtigten, bis ein Erbe gefunden wird und dieser in die Erbenstellung wirksam eingesetzt wurde, noch handeln können, als würde der Vollmachtgeber leben.

12. Rechtsgrundlage der Vorsorgevollmacht ist meist ein Auftragsverhältnis. Die Vorsorgevollmacht steckt also nicht im luftleeren Raum: Hintergrund jeder Vorsorgevollmacht ist irgendein Rechtsverhältnis oder ein Gefälligkeitsverhältnis (wenn jemand die Vollmacht nur annimmt, weil er jemandem eine Gefälligkeit tun will). Meist ist die Rechtsgrundlage der Vorsorgevollmacht ein Vertrag, nach Auftragsrecht ein Auftrag. Man kann in der Vorsorgevollmacht kurz darauf hinweisen, beispielsweise: »Rechtsgrundlage der Vorsorgevollmacht ist ein Auftragsverhältnis« oder »Rechtsgrundlage der Vollmacht ist ein Gefälligkeitsverhältnis«.

Der Unterschied ist gravierend. Beim Gefälligkeitsverhältnis bestehen keine Auskunftsrechte gegenüber etwaigen Erben. Im Auftragsrecht bestehen Auskunftsrechte und eventuell auch Schadenersatzansprüche. Es empfiehlt sich daher, die Rechtsgrundlage in einer extra Vereinbarung festzuhalten, insbesondere auch, ob eine Auskunftspflicht gegenüber den Erben besteht und welche Rechte die Erben überhaupt gegenüber den Bevollmächtigten haben.

Noch besser ist es natürlich, auch Regelungen darüber zu treffen, was der Bevollmächtigte darf und was er nicht darf, beispielsweise mit dem Inhalt: »Der Bevollmächtigte darf Gelder nur im Rahmen der Gesundheitssorge ausgeben.« Hier sollte allerdings ein Experte weiterhelfen.

Muss die Vorsorgevollmacht schriftlich erteilt werden?

Nein. Eine Vorsorgevollmacht kann auch mündlich erteilt werden. In der Praxis empfiehlt sich jedoch dringend eine schriftliche Erklärung. Die Vollmacht muss aber nicht handschriftlich verfasst werden wie in Österreich.

Er reicht die Unterzeichnung des Vollmachtgebers. Empfehlenswert ist es, mindestens ein bis zwei Zeugen hinzuzuziehen, die bestätigen, dass der Vollmachtgeber geschäftsfähig war und auch den Inhalt der Vorsorgevollmacht wünschte, weil es sehr oft Streit über den Inhalt und die Handhabung mit der Vollmacht gibt.

Noch besser ist es, einen Videofilm über die Erstellung der Vollmacht aufzunehmen, in dem der Vollmachtgeber noch einmal erklärt, was er will. Auch ein ärztliches Attest, das die Geschäftsfähigkeit bestätigt, ist empfehlenswert.

Eine notarielle Abfassung der Vorsorgevollmacht ist nicht notwendig. Wenn Sie mit der Vollmacht wollen, dass Grundstücksgeschäfte getätigt werden, reicht eine Beglaubigung der Unterschrift durch den Notar aus, die nur wenige Euro kostet.

Soweit es sich um eine Vollmacht über die Anweisung der ärztlichen Behandlung handelt, muss im Übrigen die Vorsorgevollmacht auf jeden Fall schriftlich erteilt werden. Wenn es um ein Unterbringungsverfahren geht, also wenn es darum geht, ob der Vollmachtgeber auf Dauer in ein Heim eingebracht werden soll, also eine sogenannte freiheitsentziehende Maßnahme im Raum steht, muss die Vollmacht entsprechende Hinweise enthalten.

Muss die Vorsorgevollmacht eigenhändig geschrieben werden?

Nein, die Vorsorgevollmacht muss nicht eigenhändig geschrieben sein, sollte aber eigenhändig unterzeichnet werden.

Wo sollte die Vorsorgevollmacht aufbewahrt werden?

Zur Aufbewahrung gibt es nur einen sinnvollen Ort, nämlich in den Händen desjenigen, der bevollmächtigt wird, weil dieser im Notfall die Vollmacht auch sofort vorlegen muss. Eine Kopie der Vorsorgevollmacht oder eine Ausfertigung können Sie bei sich behalten oder bei einer weiteren Person aufbewahren lassen. Im Notfall ist es gut, wenn mehrere Personen wissen, dass eine Vorsorgevollmacht existiert, und diese vorgelegt werden kann. Es empfiehlt sich auch dringend, in der Geldbörse eine Karte aufzubewahren, in der Sie vermerken, wer Ihre Vorsorgevollmacht hat und wie diese Person unter Telefon oder E-Mail oder sonstiger

Adresse zu erreichen ist. Im Notfall wird bei einem Unfall oder Unglück immer als Erstes die Geldbörse geöffnet, um die Adresse des Verunglückten festzustellen.

Soll man Vorsorgevollmachtsformulare aus dem Internet ausdrucken und verwenden?

Diese Formulare beinhalten ein sehr großes Risiko, da sie auf die betreffende Person nicht zugeschnitten sind. In einer Vorsorgevollmacht werden sämtlichen wichtigen Lebensbereiche – womöglich für die ganze restliche Lebensdauer – geregelt. Der Handlungs- und Beratungsbedarf ist weit größer als das, was auf den paar Seiten steht, die aus dem Internet ausgedruckt werden. Viele amtliche Formulare, die ausgedruckt werden können, sind auch irreführend. Oft wird auf einer Seite angeboten, »ja« anzukreuzen, wenn man eine Vorsorgevollmacht will, auf der anderen Seite »nein«, wenn man es nicht will. Es erfolgt aber nicht der Hinweis, dass man automatisch in dem Bereich eine Betreuung bekommen kann, in dem man »nein« ankreuzt. Experten raten deshalb von derartigen Formularen ab. Aber sie sind immer noch besser, als wenn man gar nichts macht.

Soll ein Zeuge eine Vorsorgevollmacht mit unterzeichnen?

Ja, es empfiehlt sich dringend, eine Vorsorgevollmacht in Gegenwart von mindestens ein oder zwei Zeugen – eventuell mit einem Tonaufnahmegerät oder einem Videofilm – anzufertigen, damit man später wirklich nachweisen kann, was der Vollmachtgeber wollte.

Ist es besser, eine oder mehrere Personen zu bevollmächtigen?

Nach dem Vier-Augen-Prinzip ist es gut, zwei Personen als Vollmachtnehmer zu beauftragen. Es muss dann allerdings in der Vorsorgevollmacht geklärt werden, ob eine Person weiter Vollmachtnehmer bleibt, wenn die andere wegfällt.

Wie wird der Vollmachtnehmer kontrolliert?

In einer Vorsorgevollmacht wird selten eine Kontrolle des Vollmachtnehmers vereinbart. Hintergrund ist sicherlich, dass es schon oft schwierig ist, überhaupt Vollmachtnehmer zu finden. Im Rahmen eines Familienverhältnisses kann man aber vereinbaren, dass ein Kontrollbetreuer für gewisse Handlungen, beispielsweise Geldausgaben ab einer bestimmten Höhe eingesetzt wird. Beispiel: Nur für meine gesundheitliche und persönliche Versorgung sind Geldausgaben zulässig, darüber hinausgehende Geldausgaben muss ein von mir eingesetzter Kontrollbetreuer genehmigen. Der Kontrollbetreuer sollte zur Kontrolle mit dem Vollmachtgeber ständig Kontakt halten, um so festzustellen, ob der Bevollmächtigte auch im Sinne des Vollmachtgebers handelt. Die Gefahr, dass der Kontrollbetreuer mit dem Vollmachtnehmer mauschelt, sollte durch die Auswahl der richtigen Personen ausgeschlossen werden.

Muss der Vollmachtgeber jede Einzelheit der Vorsorgevollmachtsurkunde beim Notar verstanden haben?

Es kommt immer wieder der Einwand bei Vorsorgevollmachten, dass die Urkunde von dem Vollmachtgeber gar nicht verstanden worden ist. Nach Ansicht des Oberlandesgerichts München (Beschluss vom 5.6.2009, 33 Wx 278/08) müssen triftige Gegengründe dafür vorgetragen werden, dass der Vollmachtgeber zumindest in wesentlichen Grundzügen die Vollmacht nicht verstanden hat. Es ist nach Ansicht des Oberlandesgerichts München überzogen, wenn man als Ausweis hinreichender kognitiver Fähigkeiten – im Sinne einer notwendigen Basis der Geschäftsfähigkeit – den Nachweis verlangen würde, dass der Vollmachtgeber tatsächlich jede Einzelheit der Urkunde bzw. der hierauf bezogenen Erläuterungen des Notars verstanden hat.

Was bedeutet die Frage bei Vollmachtserstellungen, ob »Insichgeschäfte« erlaubt sind oder nicht?

Dies ist eine Frage, die § 181 BGB betrifft. Inhaltlich bedeutet dies, dass man mit sich selbst nicht aufgrund der Vollmacht Verträge im Namen des Vollmachtgebers und im eigenen Namen schließen kann. Die Frage tritt sehr oft auf, wenn ein Familienangehöriger die Vollmacht hat und dieser beispielsweise das alte Auto des Vollmachtgebers an sich selbst verkaufen will. Dann liegt ein Insichgeschäft vor. Ist in der Vorsorgevollmacht das Insichgeschäft erlaubt, dann ist der Verkauf möglich. Sind Insichgeschäfte verboten, geht es nicht. Im Notfall müsste dann sogar ein Antrag bei dem zuständigen Betreuungsgericht gestellt werden, den entsprechenden Kaufvertrag zu genehmigen bzw. einen nur für dieses Rechtsgeschäft erforderlichen Ergänzungsbetreuer einzusetzen.

Kann man in der Vorsorgevollmacht den Aufgabenbereich des Bevollmächtigten begrenzen?

Die Vorsorgevollmacht sollte an sich umfassend sein. Eine Einschränkung innerhalb der Bereiche, nämlich Vorsorgevollmacht für Vermögen, Aufenthalt und Gesundheit, ist oft nicht empfehlenswert, weil dann in diesen Bereichen, in denen die Vorsorgevollmacht nicht existiert, eine Betreuung angeordnet wird.

Diesen Bedenken kann man dadurch begegnen, indem man zu der Vorsorgevollmacht eine interne Vereinbarung trifft, die gewisse Beschränkungen enthält. In dieser internen Vereinbarung sollte enthalten sein, dass die Rechtshandlungen, die der Vollmachtnehmer vornimmt, im Interesse des Vollmachtgebers liegen müssen. Man kann in der Zusatzvereinbarung auch Vollmachtsbereiche begrenzen. Man könnte auch vereinbaren, dass Aufgaben nur getätigt werden dürfen, soweit diese die gesundheitliche und persönliche Betreuung des Vollmachtgebers betreffen. Es ist eine intensive Beratung notwendig. Eine solche

Zusatzvereinbarung schützt in der Vorsorgevollmacht zwar den Vollmachtgeber insofern nicht, da die Vollmacht nach außen unbeschränkt wirksam ist. Sie kann aber zu Schadensersatzansprüchen gegen den Vollmachtnehmer führen. Diese Ansprüche können auch etwaige Erben geltend machen.

Muss eine Vorsorgevollmacht für den Aufgabenkreis der Gesundheitsfürsorge besonders formuliert werden?

Ja, gerade bei den Generalvollmachten, die als Vorsorgevollmachten gelten sollen, finden wir immer wieder, dass in der Vollmacht nicht die Einwilligung in ärztliche Maßnahmen gemäß § 1904 I BGB enthalten ist. Dort wird aber in Absatz 5 ausdrücklich darauf hingewiesen, dass ein Bevollmächtigter bei solchen Maßnahmen nur einwilligen, nicht einwilligen oder die Einwilligung widerrufen kann, wenn die Vollmacht diese Maßnahmen ausdrücklich umfasst und schriftlich erteilt ist.

§ 1904 BGB lautet insgesamt folgendermaßen:

(1) Die Einwilligung des Betreuers (hier Bevollmächtigte) in eine Untersuchung des Gesundheitszustands, eine Heilbehandlung oder einen ärztlichen Eingriff bedarf der Genehmigung des Betreuungsgerichts, wenn die begründete Gefahr besteht, dass der Betreute (hier Vollmachtgebers) auf Grund der Maßnahme stirbt oder einen schweren und länger dauernden gesundheitlichen Schaden erleidet. Ohne die Genehmigung darf die Maßnahme nur durchgeführt werden, wenn mit dem Aufschub Gefahr verbunden ist.

(2) Die Nichteinwilligung oder der Widerruf der Einwilligung des Betreuers (hier Vollmachtgeber) in eine Untersuchung des Gesundheitszustands, eine Heilbehandlung oder einen ärztlichen Eingriff bedarf der Genehmigung des Betreuungsgerichts, wenn die Maßnahme medizinisch angezeigt ist und die begründete Gefahr besteht, dass der Betreute (hier Vollmachtnehmer) auf Grund des Unterbleibens oder des Abbruchs der Maßnahme stirbt oder einen schweren und länger dauernden gesundheitlichen Schaden erleidet.

(3) Die Genehmigung nach den Absätzen 1 und 2 ist zu erteilen, wenn die Einwilligung, die Nichteinwilligung oder der Widerruf der Einwilligung dem Willen des Betreuten (hier Vollmachtgebers) entspricht.

(4) Eine Genehmigung nach den Absätzen 1 und 2 ist nicht erforderlich, wenn zwischen Betreuer (hier: Vollmachtnehmer) und behandelndem Arzt Einvernehmen darüber besteht, dass die Erteilung, die Nichterteilung oder der Widerruf der Einwilligung dem nach § 1901a festgestellten Willen des Betreuten (hier Vollmachtnehmer) entspricht.

(5) Die Absätze 1 bis 4 gelten auch für einen Bevollmächtigten. Er kann in eine der in Absatz 1 Satz 1 oder Absatz 2 genannten Maßnahmen nur einwilligen, nicht einwilligen oder die Einwilligung widerrufen, wenn die Vollmacht diese Maßnahmen ausdrücklich umfasst und schriftlich erteilt ist.

Ist die einfach erstellte Vorsorgevollmacht für Immobiliengeschäfte ausreichend?

Immer wieder taucht die Frage auf, ob eine privatschriftliche Vorsorgevollmacht dem Vollmachtnehmer auch erlaubt, für den Vollmachtgeber Immobilien zu verkaufen. Die einfach erstellte Vorsorgevollmacht, also ohne notarielle Beurkundung oder Beglaubigung, reicht dafür nicht aus.

Wenn Sie privat eine Vorsorgevollmacht erstellen, ist das ausreichend für ein Immobiliengeschäft, wenn Sie die Unterschrift von einem Notar beglaubigen lassen. Die Beglaubigung kostet nur wenige Euro.

Was ist bei Wohnungseigentum besonders zu beachten?

Immer wieder kommt es vor, dass Bevollmächtigte in der Eigentümerversammlung auftreten und behaupten, aufgrund der Vorsorgevollmacht handeln zu können. Dies ist aber oft nicht ausreichend! Entscheidend ist, ob in der Gemeinschaftsordnung ein

Ausschluss der bevollmächtigten Person enthalten ist. Sieht die Gemeinschaftsordnung vor, dass der Vollmachtgeber sich nur durch Ehepartner oder andere Miteigentümer vertreten lassen kann, so ist die Vorsorgevollmacht nicht ausreichend, um in der Eigentümerversammlung den Vollmachtgeber zu vertreten.

Wird die postmortale Vollmacht in allen anderen Ländern anerkannt?

Das ist das große Problem. Wenn jemand eine Vorsorgevollmacht erstellt, muss er sich auch vergewissern, ob in dem Land, in dem er vielleicht längere Zeit wohnen will, die Vorsorgevollmacht anerkannt wird. In Spanien beispielsweise wird die postmortale Vollmacht nicht anerkannt.

Hat der Bevollmächtigte die Pflicht, die Vollmacht beim Betreuungsgericht abzuliefern?

Es gibt keine automatische Ablieferungspflicht für den Bevollmächtigten bezüglich der Vorsorgevollmacht an das Betreuungsgericht. Es wäre auch völlig sinnlos, sonst müsste ja der Bevollmächtigte seine Vollmacht, mit der er nach außen seine Bevollmächtigung darlegen kann, ans Gericht geben und hätte dann keine Vollmacht mehr.

Darf die Betreuungsbehörde die Vorsorgevollmacht beglaubigen?

Die Beglaubigung der Unterschrift unter der Vorsorgevollmacht darf nach dem zweiten Betreuungsrechtsänderungsgesetz nunmehr auch die Betreuungsbehörde durchführen.

Gibt es nichtige Vorsorgevollmachten?

Ja, wenn die Person, die die Vollmacht erteilt hat, zum Zeitpunkt der Erteilung geschäftsunfähig gewesen ist, ist die Vollmacht nichtig.

Ist eine Vorsorgevollmacht eine Patientenverfügung?

Nein. Immer wieder werden die Begriffe »Vorsorgevollmacht« und »Patientenverfügung« verwechselt. Die Patientenverfügung hat mit der Vorsorgevollmacht überhaupt nichts zu tun. In der Vorsorgevollmacht wird eine dritte Person beauftragt, sämtliche Handlungen vorzunehmen, die für den Vollmachtgeber notwendig sind. In der Patientenverfügung erfolgt eine Regelung, wie im Falle einer unheilbaren Krankheit die ärztliche Behandlung sein soll – also beispielsweise mit lebensverlängernden Maßnahmen oder nicht. Die Patientenverfügung betrifft den Zeitraum, wenn ein Mensch nicht mehr handeln kann.

Ist eine Vorsorgevollmacht unwirksam, wenn sie einer Person erteilt worden ist, die weit entfernt lebt?

Wenn der Vollmachtgeber im Zustand der Geschäftsfähigkeit die Vollmacht erteilt hat und auch in Kenntnis, dass zum Vollmachtnehmer eine große räumliche Entfernung besteht, dann bleibt die Vollmacht wirksam und darf nicht wegen der Entfernung widerrufen werden. Die damit verbundenen Einschränkungen in den Möglichkeiten einer jederzeitigen persönlichen Kontaktaufnahme sowie des sofortigen Eingreifens im Bedarfsfalle werden von dem Vollmachtgeber oft bewusst in Kauf genommen. In einem vom BGH hierzu entschiedenen Fall vom 15.8.2018 (XII ZB 10/18) wird ausdrücklich darauf hingewiesen, dass ein Widerruf der Vollmacht nicht infrage kommt, wenn sich am Ort eine beauftragte Person um den Vollmachtgeber kümmert, also beispielsweise eine in Hausgemeinschaft lebende Pflegekraft im Wege der »Rund um die Uhr-Betreuung« tätig ist.

**Ist es richtig, eine Vorsorgevollmacht von einer Patienten-
verfügung getrennt zu halten?**

Das ist nicht empfehlenswert. Aus der Praxis ist bekannt, dass
sich oftmals Ärzte nicht an den Wunsch des Vollmachtgebers
halten, den er gegenüber dem Vollmachtnehmer geäußert hat,
und sich auf die Patientenverfügung berufen und nach dieser
allein vorgehen. Empfehlenswert ist es, die Patientenverfügung
in die Vorsorgevollmacht aufzunehmen und sie so zu formulieren, dass der Arzt auch nicht ohne Zusammenarbeit mit dem
Vollmachtnehmer handeln kann.

**Wo bleibt die notarielle Originalurkunde der Vorsorge-
vollmacht?**

Gemäß § 45 BeurkG ist die Originalurkunde der Vorsorgevollmacht immer der Verwahrung des Notars überlassen.

**Reicht eine normal beurkundete Vollmacht für
Verbraucherkreditverträge aus?**

Nein. Bei Verbraucherkreditverträgen ist eine notariell beurkundete Vorsorgevollmacht notwendig.

**Reicht die Unterschrift des Vollmachtgebers für die
Wirksamkeit einer Vorsorgevollmacht aus?**

Leider reicht in Deutschland die Unterschrift von einer Person
aus, um die Rechtsgültigkeit der Vorsorgevollmacht zu bestätigen. Dies führt in der Praxis zu sehr vielen Missbrauchstatbestän-
den. Die Vorsorgevollmacht kann man letztendlich manchmal
nur als Jackpot für Erbschleicher ansehen, die sich oftmals an alte
Menschen heranmachen unter dem Vorwand, dass sie das
Schriftstück für irgendetwas anderes benötigen. Oftmals werden
die alten Menschen auch so lange bekniet, dass sie die Vorsorgevollmacht dann unterschreiben. Mit der neuen Vorsorgevollmacht kann die alte Vorsorgevollmacht widerrufen werden.

Viel besser ist es in Österreich: Dort gibt es ein Gesetz, wonach die Vorsorgevollmacht – wenn sie nicht insgesamt eigenhändig geschrieben wurde – nur dann wirksam ist, wenn die Unterschrift durch drei Zeugen bestätigt wurde. Sie müssen bestätigen, dass der Inhalt der Vollmacht so gewünscht wurde.

Was ist der Sinn einer Videoaufnahme bei Erstellung einer Vorsorgevollmacht?

Aufgrund der großen Anzahl von Fällen, die ich in meinem Leben im Betreuungs- und Vorsorgevollmachtsrecht bearbeitet habe, kann ich nur immer wieder sagen, dass die häufigsten Streitpunkte darin bestehen, dass dem Vollmachtgeber oder auch dem Betreuten von dem Bevollmächtigten oder dem Betreuer Lebensumstände und Lebensgewohnheiten aufgezwungen werden, die er so nicht haben möchte bzw. die er in seinem früheren, selbstbestimmten Leben nie akzeptiert hätte. Um derartigen Streitfällen den Boden zu entziehen, empfiehlt es sich, die wichtigsten Fragen, die auch hier im Buch angeschnitten werden, in Gegenwart von Zeugen mit der betroffenen Person zu besprechen und dieses Gespräch möglichst zu filmen, um die Wünsche und Vorstellungen des Betroffenen zu dokumentieren. Derartige Filmaufnahmen empfehle ich bei der Verfassung von Vorsorgevollmachten, Betreuungsverfügungen, Bankvollmachten oder sonstigen Vollmachten. Natürlich muss zu Beginn der Filmaufzeichnung die Erklärung der betroffenen Person erfolgen, dass sie mit der Aufnahme einverstanden ist.

Von wem kann der Bevollmächtigte sich beraten lassen, wenn er sich mit der Vorsorgevollmacht nicht auskennt und nicht weiß, wie er wirklich handeln soll?

Nach § 1837 BGB und nach § 4 BtBG kann sich sowohl der Vollmachtnehmer als auch der Vollmachtgeber aufgrund von Problemen, die er mit der Vollmacht oder mit dem inhaltlichen

Umfang der Vollmacht hat, beim Betreuungsgericht und/oder bei der Betreuungsbehörde beraten lassen.

Welchen Sinn hat das Vorsorgeregister?

Das Vorsorgeregister, das bei der Bundesnotarkammer angelegt wurde, hilft nur den Gerichten, da es nur gegenüber den Gerichten Auskunft erteilt, ob eine Vorsorgevollmacht vorliegt und ob dadurch das Betreuungsverfahren endet. Privatpersonen wird zu Vorsorgevollmachten keine Auskunft erteilt.

Ab wann wird die Vorsorgevollmacht wirksam?

Entscheidend für die Wirksamkeit einer Vorsorgevollmacht ist, dass sie der Bevollmächtigte erhalten hat. Hat der Vollmachtgeber die Vollmacht bei einer Vertrauensperson oder an einem bestimmten Ort hinterlegt und noch nicht dem Vollmachtnehmer ausgehändigt, dann wird sie erst wirksam, wenn der Vollmachtnehmer sie in Besitz nimmt oder von einer dritten Person erhalten hat.

Warum sollte man nicht nur den Bevollmächtigten, sondern auch einen Ersatzbevollmächtigten bestimmen?

Immer wieder hört man von Eheleuten, die sich gegenseitig in einer Vorsorgevollmacht bevollmächtigt haben. In sehr vielen Fällen wird allerdings vergessen, den oder die Ersatzbevollmächtigten ebenfalls in die Vorsorgevollmacht aufzunehmen. Passiert den Eheleuten ein Unfall, bei dem beide nicht mehr handlungsfähig sind, dann erhalten sie einen Betreuer, da sie für die Möglichkeit des Ausfalls des Vorsorgebevollmächtigten nicht vorgesorgt haben.

Aus diesem Grund empfiehlt es sich immer, einen Ersatzbevollmächtigten aufzunehmen.

Sollte die Vorsorgevollmacht auch eine Betreuungsverfügung enthalten?

Immer wieder kommt es vor, dass Betreute in ihrer Vorsorgevollmacht in Verbindung mit einer Betreuungsverfügung erklären, dass sie den Bevollmächtigen auch als Betreuer haben wollen, falls es trotz der Vollmacht doch zu einer (ggf. teilweisen) gesetzlichen Betreuung kommt. Oft passiert es dann aber, dass Gerichte Betreuungsverfügungen nicht anerkennen und die Angehörigen, die in der Betreuungsverfügung erwähnt werden, nicht als Betreuer einsetzen. Der BGH hat mit Urteil vom 25.3.2015 (XII ZB 621/14) deutlich darauf hingewiesen, dass eine derartige Entscheidung des Gerichts nur dann tragbar ist, wenn ein Eignungsmangel des vorgeschlagenen Angehörigen für die Betreuung vorliegt und auch für die Zukunft und bezogen auf den von der Betreuung umfassten Aufgabenkreis begründet werden kann.

Mit wem sollte ich die Vorsorgevollmacht erstellen lassen?

Hierfür ist es empfehlenswert, einen Anwalt aufzusuchen, der nachweisbar Erfahrung in Betreuungsfällen hat. Das Betreuungsrecht ist ein Rechtsgebiet, das bei wenigen Anwälten beliebt ist bzw. praktiziert wird. Die Notare selbst fertigen zwar Vorsorgevollmachten für ihre Kunden an, sie haben aber kaum die Möglichkeit, Missbrauchsfälle zu kennen, weil sie als Rechtsberater vor Gericht nicht tätig sind und somit die Praxisprobleme höchstens aus der Literatur, Zeitschriften oder Büchern kennen. Eine notarielle Beurkundung der Vorsorgevollmacht ist nicht nötig. Für die Vorsorgevollmacht, die auch bevollmächtigen soll, dass Grundstücksgeschäfte getätigt werden, reicht die notarielle Beglaubigung der Unterschrift unter der Vorsorgevollmacht aus. Diese kostet nur wenige Euro.

Kann eine Betreuungsbehörde auch die Unterschrift einer Vorsorgevollmacht öffentlich beglaubigen, ähnlich wie ein Notar?

Durch das Gesetz vom 6.7.2009 ist die Betreuungsbehörde zur öffentlichen Beglaubigung von Unterschriften auf Vorsorgevollmachten befugt. Die Beglaubigung der Unterschrift durch die Betreuungsbehörde genügt den Vorschriften des § 40 BeurkG.

Sind mit dem hohen Alter verbundene gelegentliche Gedächtnisstörungen oder nachlassende Sehschärfe hinreichende Anhaltspunkte, dass eine Vorsorgevollmacht nicht wirksam erteilt wurde?

Diese Frage taucht in sehr vielen Vorsorgevollmachtprozessen auf, weil in den Verfahren, in denen man sich gegen die Wirksamkeit der Vorsorgevollmacht wendet, immer dieser Sachvortrag vorgetragen wird, um die Wirksamkeit der Vollmacht zunichtezumachen. Seitens der Gerichte sind dies aber keine hinreichenden Anhaltspunkte, um an der freien Willensbildung eines Vollmachtgebers zum Zeitpunkt der Vollmachtserteilung zu zweifeln. Wichtig ist ein Hinweis, der von den Anwälten, die Betreuungsverfahren vertreten, immer geprüft werden müsste: dass nicht die Geschäftsfähigkeit für alle Geschäfte maßgeblich für die Vollmachtserteilung ist, sondern die Frage, ob der Betroffene die Vollmacht ohne fremde Willensbeeinflussung und im grundsätzlichen Bewusstsein ihrer Bedeutung erteilt hat. Nach dem Urteil des Oberlandesgerichts München (27.3.2007, 21 U 3903/15) kann cinc zur Abwendung einer Betreuung erteilte Vollmacht noch wirksam sein, auch wenn der Betroffene zu komplizierten Rechtsgeschäften nicht in der Lage wäre. Dies ist eine wichtige Aussage in dem Urteil, die vielfach im Betreuungsverfahren überhaupt nicht überprüft wird. Es wird in vielen Verfahren behauptet, die oder der Betreute seien für die Vollmachtserteilung nicht mehr geschäftsfähig gewesen, ohne diese Überprüfung zu klären.

Kann ein Geschäftsunfähiger eine Vorsorgevollmacht errichten?

Prinzipiell herrscht in der Rechtsprechung die sicherlich richtige Ansicht vor, dass ein Geschäftsunfähiger keine Vorsorgevollmacht errichten kann. Anders sah dies allerdings das Oberlandesgericht München (5.6.2009, 33 Wx 278/08). Auch wenn die Geschäftsfähigkeit eines Vollmachtgebers im Rechtsverkehr nicht mehr gesichert ist, hat das Gericht demnach die Wirksamkeit der Bevollmächtigung dann zu bejahen, wenn keine Zweifel bestehen, dass der Vollmachtgeber das Wesen seiner Erklärung begriffen und diese in Ausübung freier Willensentschließung abgegeben hat.

Das Gericht führt weiterhin aus: Es sollte auch bedacht werden, dass die Regeln über die Geschäftsfähigkeit vorrangig dem Schutz der Betroffenen dienen. Die Rechtsfolge der Unwirksamkeit einer Erklärung, die sie in dem in § 104 Nr. 2 BGB beschriebenen Zustand (»wer sich in einem die freie Willensbestimmung ausschließenden Zustand krankhafter Störung der Geistestätigkeit befindet, sofern nicht der Zustand seiner Natur nach ein vorübergehender ist«) abgegeben oder entgegengenommen haben, soll sie vor Rechtsnachteilen bewahren. Derartige Rechtsnachteile sind aber nicht zu befürchten, wenn jemand eine Vertrauensperson bevollmächtigt und hierbei im grundsätzlichen Bewusstsein der Rechtsfolgen der rechtsgeschäftlichen Vertretungsmacht handelt. Das Oberlandesgericht hat allerdings zur Klarstellung darauf hingewiesen, dass diese Erwägungen nur dann zum Tragen kommen konnen, wenn die zuvor mehrfach betonte Voraussetzung des Bewusstseins von der Bedeutung einer Vollmacht im Einzelfall und dem vorausgegangenen freien Willensentschluss zu ihrer Erteilung keinem begründeten Zweifel unterliegt. Dann können leichtere kognitive Defizite, die für sich genommen im allgemeinen Rechtsverkehr die Betonung des Schutzgedankens in den Vordergrund rücken mögen, von geringerem Gewicht sein.

Wo finde ich Informationen zu Vorsorgevollmachts-formularen oder Inhalten?

Unter der Adresse www.vorsorgevollmacht-stiftung.de sind richtungsweisende Informationen zur Erstellung der Vorsorgevollmacht und Formulare zur jeweiligen Gerichtssache enthalten. Falls Sie Fragen haben, können Sie sich auch direkt wenden an die:

Vorsorgevollmacht-Stiftung
Bahnhofstraße 100
82166 Gräfelfing

2. Geltungsbereich der Vorsorgevollmacht

Gibt es Rechtsgebiete, auf die sich die Vollmacht nicht erstrecken darf?

Die Vollmacht betrifft letztendlich sämtliche private Tätigkeiten des Vollmachtgebers. Allerdings ist eine Ausnahme für den Bereich der Eheschließung gegeben. Der Vollmachtnehmer kann nicht in Vertretung für den Vollmachtgeber eine Eheschließung genehmigen. Er darf auch kein Testament errichten. Auch in gerichtlichen Verfahren kann der Vollmachtnehmer den Vollmachtgeber wegen § 51 Abs. 13 ZPO nicht vertreten.

Ist teilweise Betreuung und teilweise Vorsorgevollmacht möglich?

Der ältere Mensch, der eine Vollmacht ausstellt, kann auch entscheiden, dass er die Vollmacht für gewisse Gebiete nicht erteilen will. Für diese Bereiche gilt dann das Betreuungsrecht. Diese Frage kann beispielsweise dann eine Rolle spielen, wenn der Vollmachtgeber nicht will, dass Immobilien verkauft werden. Er kann dann eben in seiner Erklärung darlegen, dass die Vollmacht nicht für Immobilienverkäufe gilt.

Kann man mehrere Bevollmächtigte für verschiedene Bereiche bevollmächtigen?

Ja, man kann für verschiedene Bereiche mehrere Bevollmächtigte beauftragen, beispielsweise für die ärztliche Versorgung den Hausarzt, für die finanziellen Angelegenheiten einen Anwalt oder Steuerberater. Man ist frei, in welchem Bereich man welchen Bevollmächtigten beauftragt.

Berechtigt die Vollmacht, auch in persönlichen Angelegenheiten des Vollmachtgebers tätig zu werden?

Dies hängt ausschließlich von dem Text und der Formulierung der Vorsorgevollmacht ab. An diesem Problem sieht man, wie wichtig es ist, einen Experten für die Erstellung einer Vorsorgevollmacht hinzuzuziehen. Beabsichtigt der Vollmachtgeber, dass die Vollmacht nicht nur die Wahrnehmung vermögensrechtlicher, sondern eben auch persönlicher Angelegenheiten gegenüber Dritten betreffen soll – und zwar gerichtlich oder außergerichtlich –, dann sollte er auch in diesem Bereich eine uneingeschränkte Vollmacht erteilen.

Erlischt die Vorsorgevollmacht, wenn der Vollmachtgeber geschäftsunfähig wird?

Nein. Es ist der Sinn der Vorsorgevollmacht, dass sie dann weiter gilt. Die Geschäftsunfähigkeit des Vollmachtgebers hat keine Auswirkungen auf die Wirksamkeit der Vorsorgevollmacht.

Gilt das Betreuungsrecht auch für den Vorsorgebevollmächtigten?

In gewissem Umfang ja. Durch das Rechtsinstitut der Vorsorgevollmacht sollte das Einschalten eines Betreuers verhindert werden. Nicht verhindert wird allerdings, dass neben der Vorsorgevollmacht auf einmal plötzlich ein Betreuungsverfahren gegen den Vollmachtgeber eingeleitet wird. Sind nämlich Bedenken gegen die Wirksamkeit oder richtige Ausübung der Vorsorgevollmacht geäußert worden, dann wird vom Gericht ein Betreuungsverfahren eingeleitet, um die Wirksamkeit der Betreuung überprüfen zu können. Um die richtige Ausübung der Vorsorgevollmacht durch den Bevollmächtigten prüfen zu können, kann das Gericht einen Kontrollbetreuer einschalten.

Der Bevollmächtigte darf aber auch gewisse Entscheidungen nur mit vorheriger gerichtlicher Genehmigung treffen, beispielsweise über gefährliche Heilbehandlungen nach § 1904 Abs. 5 BGB und freiheitsentziehende Maßnahmen nach § 1906 Abs. 5 BGB. Für diese Fälle besteht eine Genehmigungspflicht durch das Betreuungsgericht.

Auch bei der freiheitsentziehenden Unterbringung muss er sich eine Genehmigung vom Gericht geben lassen.

Gibt die Vorsorgevollmacht das Recht, Erklärungen Dritter entgegenzunehmen?

Durch die Vorsorgevollmacht erlangt der Bevollmächtigte auch das Recht, Erklärungen und Rechtshandlungen Dritter, die den Vollmachtgeber betreffen, entgegenzunehmen. Allein der Zugang von Erklärungen, beispielsweise einer Kündigung, eines Schreibens des Gerichts oder einer Behörde mit Fristsetzung bedingt, dass die Rechtsfolgen schon einzutreten beginnen. Der Vollmachtgeber muss das Risiko kennen, dass für ihn auch Willenserklärungen, die an den Vollmachtnehmer geschickt werden, rechtswirksame Auswirkungen haben können. Natürlich kann der Umfang in der Vorsorgevollmacht auch gerade wegen dieses Risikos beschränkt werden. Hierzu ist allerdings die Beratung durch einen Rechtsexperten notwendig.

Sind dem Bevollmächtigten Tätigkeiten verboten?

Nach dem Rechtsdienstleistungsgesetz sind dem Bevollmächtigten Tätigkeiten verboten, die nur Rechtsberater durchführen können. Sobald eine Tätigkeit eine rechtliche Prüfung eines entstandenen Problems voraussetzt, ist eine derartige rechtliche Tätigkeit dem Bevollmächtigten nicht erlaubt, da nur Anwälte oder Notare in Deutschland Rechtsberatung durchführen können. Der Bevollmächtigte darf auch keine Steuererklärung für den Vollmachtgeber entwerfen. Schon das Aushandeln und die inhaltliche Kontrolle eines Heimvertrages könnte eine verbotene Rechtsberatung darstellen. Auch soweit bei Immobiliengeschäften eine rechtliche Prüfung notwendig ist, darf der Bevollmächtigte diese nicht durchführen.

Das Rechtsdienstleistungsgesetz verbietet dem Bevollmächtigten selbst dann die Führung von Rechtsstreitigkeiten, wenn vor dem Amtsgericht keine Vertretung durch einen Anwalt notwendig ist und Anlass der Rechtsstreitigkeiten eine rechtliche Beratung ist. Selbst das Vorgehen gegen Gebührenbescheide, die der Bevollmächtigte erhält, beispielsweise von der Gemeinde, kann eine verbotene rechtliche Tätigkeit darstellen. Das besondere Risiko besteht darin, dass der gesamte Vertrag über die Ausübung der Vollmacht unwirksam ist, wenn dem Vollmachtnehmer in dem Zusatzvertrag, der zur Vorsorgevollmacht angefertigt wurde, Rechtsberatungsrechte übertragen wurden. Dies könnte der Schalthebel für Erben sein, eines Tages die Vereinbarung zwischen dem Vollmachtgeber und Vollmachtgeber als nichtig zu bewerten und aufgrund der nichtigen Vereinbarung erhebliche Ansprüche gegenüber dem Vollmachtnehmer zu erheben.

Hat der Vorsorgebevollmächtigte aufgrund der erteilten Vorsorgevollmacht eine gesicherte Rechtsposition gegenüber dem Vollmachtgeber?

Nein. Schon aus der Tatsache, dass der Vollmachtgeber die Vollmacht jederzeit widerrufen kann, sieht man, dass keine gesicherte Rechtsstellung für den Vollmachtnehmer existiert. Er kann auch nicht gegen den Vollmachtgeber mit dem Ziel klagen, eine Vollmacht zu erhalten.

Soll man in der Vorsorgevollmacht klären, wie viel Geld jemand dafür erhält, wenn er die Vorsorgevollmacht ausübt?

Dies muss der Einzelfall klären. In Verwandtschaftskreisen wird man oft keine Gegenleistung vereinbaren. Bei Fremden sollte man auf jeden Fall eine Gegenleistung vereinbaren, da die Tätigkeit im Rahmen der Vorsorgevollmacht sehr zeit- und auch kostenintensiv für den Bevollmächtigten sein könnte, beispielsweise weil dieser ständig größere Fahrten tätigen muss oder auf andere Einnahmen verzichtet.

Was sollte man bei der Vollmachterteilung bezüglich des Abschaltens von lebenswichtigen Maschinen beachten?

Gerade im Rahmen der Vorsorgevollmacht kommt es öfter vor, dass ein Kind die Vorsorgevollmacht hat und das andere Kind die Ersatzvollmacht. Viele Patienten wünschen aber, dass das andere Kind auch mitentscheidet, wenn die Entscheidung getroffen werden muss, ob eine Maschine abgestellt werden soll, die lebenswichtige Funktionen für den Sterbenden hat. Es ist in diesem Fall möglich, die Vollmacht so auszudehnen, dass das andere Kind ebenfalls die Entscheidung mit treffen muss. Hierdurch haben die Eltern auch den Vorteil, dass nicht nur ein Kind alleine die Last der Verantwortung tragen muss und dieses Kind auch später keine Vorwürfe bekommt, dass es alleine verantwortlich für den Tod des Elternteils ist.

Darf ein Vorsorgebevollmächtigter auch zwangsweise ärztliche Maßnahmen gegen den Willen des Vollmachtgebers anordnen, wenn dieser nicht mehr entscheiden kann?

Die Beantwortung dieser Frage ist sehr schwer, und man kann in diesem Fall nur dringend raten, einen Spezialisten, der sich in diesem Rechtsgebiet auskennt, hinzuzuziehen. In der Rechtsprechung geht man davon aus, dass die Maßnahme nur dann zulässig ist, wenn keine andere Maßnahme möglich ist, die den Behandlungserfolg erreicht. Der behandelnde Arzt muss gegenüber dem Bevollmächtigten vorab die Erfolgsaussicht dieser Maßnahme erläutern. Entscheidend ist, dass die Zwangsmaßnahme dann nur erfolgen darf, wenn sie wirklich im Interesse des Patienten und für sein Wohlergehen erfolgt.

Die Hauptvoraussetzung ist allerdings, dass der Patient aufgrund seiner Erkrankung nicht mehr in der Lage ist, überhaupt zu erkennen, warum diese Maßnahme anzuordnen ist und warum dies in seinem Interesse ist. Eine weitere Voraussetzung ist, dass für diese Maßnahme in der Vorsorgevollmacht und in der Patientenverfügung Regelungen enthalten sind. Weitere Voraussetzungen sind, dass die Maßnahme nur im Rahmen eines Krankenhausaufenthaltes durchgeführt werden darf und dass die Genehmigung des zuständigen Amtsgerichts für Betreuungssachen vorliegt.

Darf der Bevollmächtigte auch ärztlichen Maßnahmen zustimmen, die zum Tod des Vollmachtgebers führen können?

Entscheidend ist hierfür, ob in der Vollmacht der entsprechende Hinweis enthalten ist. Aus diesem Grund wird immer wieder vor den Vollmachten aus dem Internet gewarnt, die oftmals von Laien erstellt worden sind. Der Text könnte in etwa so lauten:

Ein Vollmachtnehmer darf in allen Angelegenheiten der Gesundheitssorge entscheiden, ebenso über alle Einzelheiten einer ambulan-

ten oder teilstationären Pflege. Der Vollmachtnehmer ist befugt, meinen in einer Patientenverfügung festgelegten Willen durchzusetzen.

Der Vollmachtnehmer darf insbesondere in eine Untersuchung des Gesundheitszustandes, eine Heilbehandlung oder einen ärztlichen Eingriff einwilligen, diese ablehnen oder die Einwilligung in diese Maßnahmen widerrufen, auch wenn mit der Vornahme, dem Unterlassen oder dem Abbruch dieser Maßnahmen die Gefahr besteht, dass ich sterbe oder einen schweren und länger dauernden gesundheitlichen Schaden erleide (§1904 Abs. 1, 2 BGB).

Der Vollmachtnehmer darf Krankenunterlagen einsehen und deren Herausgabe an Dritte bewilligen. Ich entbinde alle mich behandelnden Ärzte und nicht ärztliches Personal gegenüber meinem bevollmächtigten Vertreter von der Schweigepflicht. Mein Vollmachtnehmer darf alle mich behandelnden Ärzte und nicht ärztliches Personal von der Schweigepflicht gegenüber Dritten entbinden.

Solange es zu meinem Wohle erforderlich ist, darf der Vollmachtnehmer entscheiden

– über meine freiheitsentziehende Unterbringung (§1906 Abs. 1 BGB)

– über freiheitsentziehende Maßnahmen (z. B. Bettgitter, Medikamente u. ä.) in einem Heim oder einer sonstigen Einrichtung (§1906 Abs. 4 BGB)

– über ärztliche Zwangsmaßnahmen (§1906 a Abs. 1 BGB)

– über meine Verbringung in einen stationären Aufenthalt in einem Krankenhaus, wenn eine ärztliche Zwangsmaßnahme in Betracht kommt (§1906 a Abs. 4 BGB).

Gilt die Vorsorgevollmacht auch im Ausland?

Es ist sehr verwunderlich, dass in den meisten notariellen Vollmachten oder in Vorlagen von anderen selbst ernannten Experten überhaupt keine Hinweise dazu enthalten sind, ob die Vorsorgevollmacht auch im Ausland gilt. Anscheinend ist vielen das Haager Übereinkommen über den internationalen Schutz von Erwachsenen (ESÜ) weitgehend unbekannt. Dieses Abkommen vom 2. Oktober 1999 befasst sich nämlich erstmals auch mit der Geltung der Vorsorgevollmachten im internationalen Rechtsverkehr. In Artikel 15 Abs. 1 und 2 wird festgelegt, dass für das Bestehen, den Umfang, die Änderung und die Beendigung einer Vorsorgevollmacht das Recht des Staates gilt, den der Betroffene in seiner Vorsorgevollmacht schriftlich gewählt hat. Wurde in der Vollmacht dazu nichts geregelt, gilt das Recht des Staates, in dem der Betroffene zum Zeitpunkt der Errichtung der Vollmacht seinen gewöhnlichen Aufenthalt hatte, das heißt, in dem der Betreuungsfall eingetreten ist. Wenn der Vollmachtgeber also beim Eintreten des Betreuungsfalls im Ausland lebt, gilt dann das Recht des anderen Staates, auch wenn es sich um einen Deutschen handelt.

3. Transmortale Vollmacht

Was ist eine transmortale Vollmacht?

Eine transmortale Vollmacht ist eine Vollmacht, die über den Tod hinausgeht. Sie hat den großen Vorteil, dass sie den Bevollmächtigten weiter handeln lassen kann, beispielsweise um die Beerdigung durchzuführen, um wirksam alle Verträge zu schließen und Rechtshandlungen vorzunehmen, die zu Lebzeiten des Vollmachtgebers noch möglich gewesen wären.

An sich ändert sich aufgrund des Todes des Vollmachtgebers das Vollmachtverhältnis, und die Vollmacht ist unwirksam. Eine Ausnahme besteht nur darin, dass die Vollmacht als transmortale Vollmacht bezeichnet wird und in der Urkunde auch steht, dass die Vollmacht über den Tod hinaus bis zur Erbeneinsetzung gelten soll. Dies kann manchmal sehr empfehlenswert sein, etwa bei komplizierten Erbschaftsstreitigkeiten. Dann ist es dem transmortalen Vollmachtnehmer möglich, Rechtshandlungen vorzunehmen.

Benötigt der Inhaber einer transmortalen Vollmacht für seine Tätigkeit einen Erbschein oder ein öffentliches Testament mit Eröffnungsniederschrift?

Nein, eine transmortale Vollmacht bedeutet, dass der Bevollmächtigte über den Tod hinaus tätig wird und für den Vollmachtgeber bzw. nach dem Tod des Vollmachtgebers für die Erben handelt.

Welche Rechtswirkung hat eine transmortale Vollmacht, wenn der Bevollmächtigte den Erblasser allein beerbt?

Das Oberlandesgericht Hamm hat hierzu in einer Grundbuchangelegenheit mit rechtskräftigem Beschluss am 10.1.2013 (15 W 79/12) entschieden, dass dann die Vollmacht erlischt, weil eine rechtsgeschäftliche Vollmacht voraussetzt, dass der Vollmachtgeber und die bevollmächtigte Person verschieden sind.

4. Kontrollbetreuer

Was ist ein Kontrollbetreuer?

Die Vorsorgevollmacht ist eine private Angelegenheit des Vollmachtgebers, die aber dazu führen kann, dass der Vollmachtnehmer diese in finanzieller oder anderer Weise missbraucht. Anders als im Betreuungsbereich unterliegt der Vollmachtnehmer nicht der Kontrolle des Betreuungsgerichts. Das Betreuungsgericht kann aber dann tätig werden, wenn missbräuchliche Tatbestände des Vollmachtmissbrauchs bekannt werden. Liegen dem Gericht derartige Tatbestände vor, so wird ein Kontrollbevollmächtigter bestellt, der kontrollieren soll, warum beispielsweise gewisse Geldausgaben getätigt wurden, warum Häuser verkauft wurden etc. Den Widerruf der Vollmacht darf der Kontrollbetreuer nur durchführen, wenn dies in seinem Aufgabenbereich ausdrücklich festgehalten wurde. Empfehlenswert ist es, eine Person aus dem vertrauten Bekanntenkreis des Vollmachtgebers als Kontrollbetreuer in die Vorsorgevollmacht aufzunehmen.

Welche Pflichten hat der Kontrollbetreuer?

Eine Kontrollbetreuung kommt nur dann in Betracht, wenn ein (Vorsorge-)Vollmachtsverhältnis vorliegt. Bei einer gesetzlichen Betreuung ist dies nicht der Fall, weil vom Gericht ein Betreuer eingesetzt wurde. Der Kontrollbetreuer hat die Verpflichtung, die bisherige Tätigkeit des Bevollmächtigten zu überprüfen und, soweit das Betreuungsgericht von ihm Auskunft verlangt, seine Tätigkeit dem Gericht gegenüber darzulegen, insbesondere muss er gemäß §§ 1839, 1908 i Abs. 1 Satz 1 BGB die Situation des Betreuten erläutern.

Welche Funktion hat der Kontrollbetreuer?

Solange der Vollmachtgeber noch den Vollmachtnehmer kontrollieren kann, ist seine Kontrollbetreuung nicht notwendig. Problematisch wird es erst dann, wenn der Vollmachtgeber den Vollmachtnehmer nicht mehr kontrollieren kann und erhebliche konkrete Hinweise vorliegen, dass der Bevollmächtigte unredlich ist. In diesem Fall kann es sein, dass ein Kontrollbevollmächtigter vom Gericht beauftragt wird, um zu klären, ob der Vollmachtnehmer Entscheidungen getroffen hat, die den tatsächlichen Wünschen und Ansprüchen des Vollmachtgebers widersprechen, und ob Gefahr besteht, dass sogar Straftathandlungen vorliegen. Der Kontrollbetreuer ist nicht automatisch bevollmächtigt, die Vollmacht zu widerrufen. Er muss bei Gericht, falls entsprechende Tatbestände vorliegen, den Antrag stellen, dass ihm auch das Recht zum Widerruf der Vollmacht übertragen wird.

Wie kann sich der Vollmachtgeber verteidigen oder wie wird er verteidigt, wenn das Gericht eine Kontrollbetreuung anordnet?

Bei der Anordnung einer Kontrollbetreuung geht es um einen ganz wichtigen Fall für den Vollmachtgeber, weil ihm evtl. dadurch die Vollmacht entzogen wird. Kann er aufgrund seiner gesundheitlichen Beeinträchtigungen seine Interessen in seinem Verfahren nicht wahrnehmen, wird für ihn ein Verfahrenspfleger bestellt. In einem solchen Fall empfiehlt es sich, sofort einen Anwalt zu beauftragen.

Kann der Kontrollbetreuer die Vorsorgevollmacht jederzeit widerrufen?

Die Bestellung eines Kontrollbetreuers im Rahmen eines Beschlusses des Betreuungsgerichts bedeutet noch nicht, dass der Kontrollbetreuer jederzeit die Vorsorgevollmacht widerrufen kann. Es gilt auch hier der Grundsatz der Verhältnismäßigkeit. Er muss erst den Versuch starten, positiv auf den Bevollmächtigten einzuwirken (z. B. Auskunft und Rechnungslegung, Ausübung von Weisungsrechten). Erst wenn diese Maßnahmen nicht zum Erfolg führen, ist die Ermächtigung zum Widerruf der Vollmacht als Ultima Ratio verhältnismäßig (so auch BGH, 14.10.2015, XII ZB 177/15).

Kann man selbst einen Kontrollbetreuer in seine Vorsorgevollmacht aufnehmen, den man vorher ausgesucht hat?

Es empfiehlt sich, einen Kontrollbetreuer selbst vorzuschlagen. Bedenken bestehen seitens der Rechtsprechung bei der Auswahl der Angehörigen, weil hier oftmals ein Interessenkonflikt schon im Voraus gesehen wird.

Was ist, wenn der Kontrollbevollmächtigte die Vorsorge-vollmacht zurückverlangt?

Ich empfehle in diesem Fall, nicht sofort die Vorsorgevollmacht zurückzugeben, sondern erst mal die Rechtslage prüfen zu lassen. Die Rücksendung der Vorsorgevollmacht würde ein sofortiges Erlöschen der Vorsorgevollmacht beinhalten. Entscheidend ist die Frage, ob der Kontrollbetreuer überhaupt die Vollmacht zurückverlangen kann. Auf jeden Fall empfiehlt es sich, sofort einen Anwalt zu beauftragen, auch schon dann, wenn der Kontrollbetreuer tätig wird, weil man als Vollmachtnehmer dann evtl. sofort eine einstweilige Anordnung bei Gericht beantragen muss, damit der Kontrollbetreuer nicht die Vollmacht sofort widerruft. Während des Gerichtsverfahrens über die einstweilige Anordnung ist das Verfahren auf Entziehung der Vollmacht unterbrochen.

Was ist, wenn der Kontrollbetreuer im Rahmen eines Gerichtsverfahrens die Unwirksamkeit einer Vorsorgevoll-macht nicht feststellen kann?

Der BGH hat gerade für Zweifelsfälle ausgeführt, dass ein bloßer Verdacht nicht genügt, um die Vermutung der Wirksamkeit der Vollmachtsurkunde zu erschüttern. Kann die Unwirksamkeit einer Vorsorgevollmacht nicht positiv festgestellt werden, bleibt es bei der wirksamen Bevollmächtigung.

Allerdings gibt es noch eine zweite Hürde: Wenn das Gericht nach den durchgeführten Ermittlungen nicht positiv feststellen kann, ob die Vollmacht wirksam oder unwirksam ist, muss es klären, ob die Rechtswahrnehmung des Vorsorgebevollmächtigten für den Betroffenen wegen der bestehenden Zweifel an der Wirksamkeit der Vollmacht eventuell nicht möglich ist. Es muss also die Akzeptanz der bestehenden Vollmacht geklärt werden. Es muss geprüft werden, ob Dritte die Vollmacht unter Berufung auf die bestehenden Bedenken schon einmal zurückgewiesen haben oder entsprechendes konkret zu befürchten ist.

Wenn die Vollmacht von irgendwelchen Dritten wegen fehlender Akzeptanz zurückgewiesen wird, kann das Gericht auch entscheiden, dass der Betreuer zu bestellen ist, weil die Angelegenheiten des Betroffenen durch einen Bevollmächtigten nicht ebenso gut erledigt werden können. Ergeben sich allerdings keine Anhaltspunkte für die fehlende Akzeptanz der Vollmacht im Rechtsverkehr, so ist von deren ausreichender Akzeptanz im Rechtsverkehr auszugehen (so auch BGH, 3.2.2016, XII ZB 425/14).

Reicht eine abstrakte Gefahrenlage für die Einrichtung einer Kontrollbetreuung aus?

Hierzu hat das Landgericht München am 17.4.2007 entschieden, dass eine Kontrollbetreuung nicht schon aufgrund einer abstrakten Gefahrenlage im Sinne des § 1898 BGB erforderlich ist, sondern erst dann, wenn Bedenken gegen die Redlichkeit oder die Tauglichkeit eines Bevollmächtigten bestehen.

Gibt es Rechtsmittel gegen den Vollmachtswiderruf eines Kontrollbetreuers?

Solange kein neuer Betreuer durch einen weiteren Beschluss des Betreuungsgerichts bestellt wurde, kann der bisherige Bevollmächtigte im Namen des Vollmachtgebers Beschwerde einlegen. Oft kommt der Fehler vor, dass die Bevollmächtigten in eigenem Namen Beschwerde einlegen. Dies ist unzulässig. Ist allerdings die Vollmacht widerrufen und ein neuer Betreuer bestellt worden, gibt es kein Rechtsmittel mehr dagegen.

Wer ist für die Einrichtung der Kontrollbetreuung beim Betreuungsgericht zuständig?

Zuständig ist der Rechtspfleger nach § 3 Nr. 2b 15, Abs. 1 Satz 2 RPflG.

❚ Was passiert, wenn zwei Bevollmächtigte zerstritten sind?

Wenn zwei Personen eine Vorsorgevollmacht haben, die zwar keinen Eignungsmangel aufweisen, aber untereinander so zerstritten sind, dass sie die Vollmacht nicht mehr ausüben können, dann wird die Vorsorgevollmacht unwirksam. In einem solchen Fall hat das Landgericht Memmingen beispielsweise am 21.10.2013 entschieden, dass dann ein Betreuer bestellt werden muss.

5. Widerruf der Vorsorgevollmacht

❚ Kann man die Vorsorgevollmacht auch widerrufen?

Das Zurückziehen der Vorsorgevollmacht durch den Vollmachtgeber ist jederzeit möglich. Es ist weder eine Begründung noch sonst irgendetwas notwendig. Allein die Aufforderung, die Vollmacht zurückzugeben, reicht aus, um nach außen erkennbar werden zu lassen, dass die Vollmacht nicht mehr wirksam ist.

❚ Wie erfolgt der Widerruf einer Vorsorgevollmacht?

Eine Vorsorgevollmacht kann einseitig vom Vollmachtgeber widerrufen werden. Einen Grund hierfür benötigt er nicht.

Die Vollmacht kann allerdings auch über ein Betreuungsverfahren widerrufen werden. Oft kommt dies aufgrund von Streitigkeiten innerhalb der Familienangehörigen vor, die sich über die Vollmacht des Angehörigen ärgern und bei Gericht den Antrag auf Anregung stellen, die Betreuung einzurichten.

Sobald das Gericht in irgendeiner Form erfährt, dass eine Vorsorgevollmacht nicht ordnungsgemäß ausgeführt wird, wird das Gericht einen sogenannten Kontrollbetreuer bestellen. Dieser prüft dann die Frage, ob die Vollmacht widerrufen werden muss.

Wie verhindert man einen Vollmachtswiderruf?

In der Praxis sind immer wieder Fälle bekannt geworden, bei denen ein Kontrollbetreuer relativ schnell auch die Vollmacht widerrufen hat, ohne die Rechtslage wirklich zu überprüfen. Hier empfiehlt sich eine entsprechende Beratung seitens eines Experten, damit dieser in die Vorsorgevollmacht Formulierungen aufnimmt, die beispielsweise folgendermaßen lauten könnten:

Ich wünsche ausdrücklich keine Kontrollbetreuung. Sollte aufgrund von Bedenken bezüglich der Vermögensverwaltung eine Kontrollbetreuung gewünscht werden, um die Vorsorgevollmacht zu widerrufen, so weise ich darauf hin, dass ich in diesem Fall wünsche, dass mein Ersatzbevollmächtigter die Vermögensverwaltung übernehmen soll und kein Betreuer hierfür bestellt wird.

Diese Formulierung ist auch für weitere Gebiete der Betreuung möglich. Sie muss allerdings unbedingt von einem Experten verfasst werden.

Was ist, wenn die Bevollmächtigten überfordert sind?

Die Überforderung der Bevollmächtigten kann zu einem Widerruf der Vollmacht führen. Der BGH hatte einen Fall zu entscheiden, wonach ein erhebliches Immobilienvermögen verwaltet werden musste und mit der Verwaltung große Schwierigkeiten verbunden waren. Es bestanden konkrete Anhaltspunkte, dass die Vollmachtnehmer mit den vorzunehmenden Geschäften überfordert waren. In einem derartigen Fall ist ein Verdacht eines Missbrauchs der Vorsorgevollmacht nicht notwendig, sondern, wenn konkrete Anhaltspunkte dafür vorliegen, dass die Bevollmächtigten nicht mehr entsprechend der Vereinbarung und den Interessen des Vollmachtgebers tätig sind, kann die Vollmacht widerrufen werden (BGH, 16.7.2014, XII ZB 142/14).

Kann die Vorsorgevollmacht widerrufen werden, wenn erhebliche Mängel bei der Ausübung der Vorsorgevollmacht festgestellt werden?

Nein. Der Grundsatz der Verhältnismäßigkeit erfordert grundsätzlich zunächst, also vor Ermächtigung des Betreuers zum Widerruf der Vorsorgevollmacht, den Versuch zu starten, durch einen Kontrollbetreuer auf den Bevollmächtigten positiv einzuwirken, insbesondere durch Verlangen nach Auskunft und Rechenschaftslegung (§ 666 BGB) sowie durch die Ausübung bestehender Weisungsrechte.

Welches Risiko besteht beim Widerruf der Vollmacht?

Hat der Kontrollbetreuer, dem der Aufgabenbereich Widerruf der Vorsorgevollmacht übertragen wurde, die Vorsorgevollmacht widerrufen, kann der ehemalige Bevollmächtigte dagegen kein Rechtsmittel einlegen. Eine Ausnahme gilt nur dann, wenn der ehemalige Bevollmächtigte ein Familienangehöriger ist bzw. eine andere Person, die nach dem Gesetz selbst ein Beschwerderecht hat

Kann ein Geschäftsunfähiger eine Vorsorgevollmacht widerrufen?

Nein, wenn ein Geschäftsunfähiger im Zustand der Geschäftsunfähigkeit einen Widerruf gegenüber dem Vollmachtnehmer mit dem Ziel ausspricht, dass die Vollmacht zurückgegeben werden soll, ist dies unwirksam.

Kann man einen Widerruf einer Vorsorgevollmacht durch einen Betreuer rückgängig machen?

Nein. Leider liegt hier ein Gesetzesfehler vor. Hat der Betreuer den Widerruf zu Unrecht erklärt, weil die entsprechenden Tatbestände hierfür gar nicht vorlagen, dann würde ein Rechtsmittel gegen den Widerruf überhaupt nichts bringen, weil letztendlich der Widerruf immer bedeutet, dass die Vorsorgevollmacht für immer unwirksam ist und nicht durch ein Aufheben der Entscheidung nachträglich wiederauflebt.

Der Gesetzgeber hat zwar nach außen immer wieder erklärt, dass die Vorsorgevollmacht ein Ausdruck eines besonderen Vertrauens darstellt und das ideale Instrument ist, alle Angelegenheiten für den Zeitraum zu regeln, ab dem man ggf. nicht mehr selbst handeln kann. Ein schwerwiegender Fehler im Gesetz bewirkt jedoch, dass ein nicht gerechtfertigter und damit »falscher« Widerruf einer Vorsorgevollmacht durch einen Kontrollbetreuer nicht mehr rückgängig gemacht werden kann. Auch wenn offensichtlich ist, dass der Widerruf niemals hätte erfolgen dürfen, führt dies nicht dazu, dass die Vorsorgevollmacht wiederauflebt, sondern sie ist unwiederbringlich verloren.

Es wird also durch den nicht gerechtfertigten Widerruf durch einen Betreuer in das grundgesetzlich garantierte Selbstbestimmungsrecht des Betroffenen eingegriffen und Art. 2 Abs. 1 GG verletzt. Klarzustellen ist in diesem Zusammenhang, dass auch ein Betreuer nicht befugt ist, eine neue Vorsorgevollmacht für den geschäftsunfähigen Vollmachtgeber zu erstellen.

Welche Rechtsmittel gibt es gegen einen Widerruf der Vorsorgevollmacht?

Gegen den geplanten Widerruf durch den Kontrollbetreuer – soweit diese Aufgaben in dem Kontrollbetreuerbeschluss enthalten sind – muss der Bevollmächtigte sofort seine Rechte wahrnehmen. Es empfiehlt sich, einen Experten zu beauftragen, der unverzüglich eine Beschwerde einlegt. Ganz wichtig ist, dass man bei dem zuständigen Amtsgericht eine einstweilige Anordnung beantragt, damit bis zum Ende des Beschwerdeverfahrens ein Widerruf durch den Kontrollbetreuer nicht möglich ist.

Kann der Widerruf einer Vorsorgevollmacht auf einzelne Bereiche beschränkt werden?

Immer wieder sieht man in der Praxis, dass die Vorsorgevollmacht wegen angeblicher Vermögensgefährdungen widerrufen wird. Es wird nicht getrennt zwischen den einzelnen Bereichen, für die die Betreuung erteilt werden kann. Man sollte bei Gericht darauf drängen, dass der Widerruf, wenn eine Vermögensgefährdung im Raum steht, nur auf die Vermögensangelegenheiten konkretisiert wird. Sehr wichtig ist dies deswegen, weil in einem derartigen Fall der Betreuer nicht die Herausgabe der Vorsorgevollmacht verlangen kann. Er kann nur verlangen, dass sie ihm vorgelegt wird, damit ein Vermerk angebracht wird, dass sie nicht mehr die Vermögensangelegenheiten umfasst (OLG München, 30.4.2009, 33 Wx 81/09).

Kann der Bevollmächtigte gegen den Widerruf der Vollmacht Beschwerde einlegen?

Der Bevollmächtigte selbst hat kein eigenes Beschwerderecht. Es werden immer wieder seitens der Bevollmächtigten Beschwerden gegen den Vollmachtswiderruf eingelegt, die vom Gericht zurückgewiesen werden, da hier jede Rechtsgrundlage fehlt. Die Beschwerde muss im Namen des Vollmachtgebers eingereicht werden. Hintergrund dieser Rechtsfolge ist, dass der Gesetzgeber nach wie vor davon ausgeht, dass das Selbstbestimmungsrecht des Vollmachtgebers weiterhin existiert und er damit auch weiterhin entscheiden kann, ob er den Widerruf will oder nicht.

Welche Rechte hat der Vollmachtgeber, wenn seine Vollmacht im Rahmen einer einstweiligen Anordnung widerrufen werden soll?

Es empfiehlt sich, dann auch gleichzeitig im Rahmen einer einstweiligen Anordnung den Antrag zu stellen, dass die sofortige Entziehung der Vollmacht nicht erfolgt. Geht das Amtsgericht davon aus, dass die einstweilige Anordnung nicht erlassen wird, so ist gegen die Entscheidung des Amtsgerichts die Beschwerde zulässig. Das Beschwerdegericht kann dann durch einstweilige Anordnung die Vollziehung des ersten Beschlusses aussetzen.

Was muss der Vollmachtgeber veranlassen, wenn er eine Vorsorgevollmacht widerrufen hat?

Der Widerruf muss dem Vollmachtnehmer zugehen. Wenn es hier Probleme gibt, kann die Zustellung des Widerrufs auch über den Gerichtsvollzieher veranlasst werden.

Die gesichertste Zustellung ist immer über den Gerichtsvollzieher oder über einen Boten, der dann auch bestätigen kann, dass er die Rückgabe der Vorsorgevollmacht verlangt hat bzw. das Schreiben gelesen hat, in welchem die Vollmachtrückgabe verlangt wurde. Falls es sich um eine notarielle Vorsorgevollmacht handelt, muss auch der Notar informiert werden, damit hier nicht weitere Ausfertigungen der Vollmacht erteilt werden.

Ist die Vorsorgevollmacht zu widerrufen, wenn die Kinder stark zerstritten sind?

Der Streit der Kinder untereinander reicht nicht aus, die Vollmacht bezüglich eines der bevollmächtigten Kinder zu widerrufen. Der BGH hat in einem Fall entschieden, in dem die Kinder einer zu Betreuenden zerstritten waren. Dies lässt laut BGH für sich allein genommen nicht den Schluss zu, dass eines der Kinder ungeeignet ist, die Vermögensangelegenheiten der Vollmachtgeberin wahrzunehmen. Erst wenn klar ist, dass der Vollmachtnehmer von der ihm erteilten Vollmacht in einer Weise Gebrauch macht oder machen wird, die nicht dem Wohl oder dem Interesse des Vollmachtgebers entspricht, gibt es eventuell Gründe, die Vollmacht zu widerrufen.

Kann die leichtsinnige Ausübung der Vorsorgevollmacht im Hinblick auf Schenkungen zu einem Schenkungswiderruf führen?

Hierzu hatte der BGH am 25.3.2014 (XII ZR 94/12) einen Fall zu entscheiden. Eine Mutter hatte ihrem Sohn das Haus geschenkt und sich ein Wohnrecht auf Lebenszeit geben lassen. Ohne Rücksprache mit der Mutter hatte der Sohn sie aufgrund seiner Vorsorgevollmacht in eine stationäre Heimunterbringung verlegen lassen, um das Haus alleine bewohnen zu können.

Aus Sicht des BGH liegt hier ein Fall des groben Undanks vor. Ein Rechtsanwalt muss in derartigen Fällen immer prüfen, ob ein Schenkungswiderruf möglich ist. Gerade bei derartigen Konstellationen habe ich immer wieder erlebt, dass die Kinder versuchen, das Wohnrecht zunichtezumachen. Ich erinnere mich zum Beispiel an diesen ganz klassischen Fall: Der Sohn hatte von seiner Mutter ein Haus geschenkt bekommen. Die Mutter lebte im 1. Stock, der Sohn im Erdgeschoss. Der Sohn war zum Schluss so zerstritten mit der Mutter, dass er eine Hühnerleiter auf der Hinterseite des Hauses gebaut hatte, über die sie in ihre Wohnung gehen musste, damit er sie nicht im Hause sah. Derartige Fälle sind in der Öffentlichkeit weitgehend unbekannt, aber nicht selten, und sie zeigen, zu welchem Missbrauch das Wohnrecht im Rahmen der eigenen Familie führen kann.

Ab wann läuft die Beschwerdefrist gegen den Widerruf der Vorsorgevollmacht ab?

Voraussetzung, dass die Frist überhaupt zu laufen beginnt, ist, dass der Widerruf ordnungsgemäß in Gang gesetzt wurde. Der Gesetzgeber geht davon aus, dass die schriftliche Bekanntgabe des Beschlusses an den Betroffenen, für den die Vollmacht widerrufen werden soll, erst dann erfolgt ist, wenn der Beschluss zugestellt wurde. Die Frist beginnt also erst mit der Überlassung des schriftlichen Beschlusses an den Betroffenen. Die Eröffnung des Beschlusses ohne Aushändigung reicht nicht aus. Wichtig ist allerdings in diesem Zusammenhang auch, dass nach § 17 Abs. 1 des FamFG Wiedereinsetzung in den vorherigen Stand beantragt werden kann, wenn die Frist ohne Verschulden abgelaufen ist. Man kann dann also damit den Fristablauf nachträglich unwirksam machen.

Welcher Fehler wird oft bei Vollmachtswiderruf durch den Kontrollbetreuer gemacht?

Es fällt immer wieder auf und wird auch oft von Interessenvertretern übersehen, die derartige Fälle bearbeiten, dass der Vollmachtswiderruf nicht insgesamt erfolgen muss. Im Rahmen des Verfahrens über Widerruf der Vorsorgevollmacht muss auch geprüft werden, ob der Widerruf sich auf die gesamte Vollmacht beziehen muss oder nur auf den Bereich, in dem Gründe zum Widerruf vorliegen. In sehr vielen Fällen wird einfach die Vollmacht ganz widerrufen, ohne dem Bevollmächtigten Gelegenheit zu geben, noch in seinen anderen Bereichen tätig zu sein.

Es muss in dem Verfahren auch geprüft werden, ob der Vollmachtnehmer, dem die Vollmacht widerrufen worden ist, nicht als Betreuer ausgesucht werden kann. Das passiert aber oft nicht.

6. Allgemeine Rechtsfragen zur Vorsorgevollmacht

An wen muss die Vollmacht ausgehändigt werden, wenn mehrere Bevollmächtigte vorhanden sind?

Haben Sie mehrere Bevollmächtigte bevollmächtigt, so müssen Sie die Vorsorgevollmacht jedem einzelnem Bevollmächtigten aushändigen.

Muss die Vorsorgevollmacht in eine andere Sprache übersetzt werden?

Meiner Ansicht nach sollte die Vorsorgevollmacht immer in die Sprache des Landes übersetzt werden, wo man die meiste Zeit im Jahr verbringt. Verbringt man also die meiste Zeit im englischsprachigen Raum, sollte sie auch in englischer Form vorliegen. Es sollte auch vorher geklärt werden, ob die deutsche Vorsorgevollmacht in diesem Land überhaupt gilt. Für internationale Fragen kann man sich an die Vorsorgevollmacht-Stiftung (www.vorsorgevollmacht-stiftung.de) wenden, die Ihre Anfrage an das Institut für internationales Betreuungsrecht (www.internationales-betreuungsrecht.de) weitergibt.

Ersetzt eine Generalvollmacht eine Vorsorgevollmacht?

Die Generalvollmacht ersetzt eine Vorsorgevollmacht oft nicht, da in ihr meistens nicht die entsprechenden Regelungen aus §§ 1904 Abs. 2, 1906 Abs. 5 BGB enthalten sind. In vielen Generalvollmachten wird der Generalbevollmächtigte nicht bevollmächtigt, auch in medizinische Behandlungen des Vollmachtgebers einzuwilligen. Er wird auch nicht bevollmächtigt, freiheitsentziehende Maßnahmen am Vollmachtgeber durchzuführen. Es ist gefährlich, überhaupt eine Generalvollmacht als Vorsorgevollmacht zu verwenden, wenn nicht ein Experte die Generalvollmacht inhaltlich so gestaltet hat, dass sie die gesetzlichen Voraussetzungen einer Vorsorgevollmacht erfüllt. Immer wieder wird in der Praxis die Ansicht geäußert, »ich brauche keine Vorsorgevollmacht, da ich ja eine Generalvollmacht ausgestellt habe«. Diese Einschätzung ist oft schlichtweg falsch und kann zu fatalen Ergebnissen führen, sodass dann eben doch eine Betreuung angeordnet wird.

Muss über der erforderlichen Vorsorgevollmacht unbedingt »Vorsorgevollmacht« stehen?

Eine Vorsorgevollmacht ist nicht nur die Vollmacht, die ausdrücklich als solche bezeichnet ist. Es genügt, dass sich aus Umständen der Vollmachtserteilung oder aus dem Text der Urkunde der klare Wille des Vollmachtgebers ergibt, eine Vorsorgevollmacht zu erteilen. Die Vollmacht sollte auch nach dem Eintritt seiner Geschäftsunfähigkeit fortgelten (entscheidend ist, ob aus dem Urkundentext der Wille des Vollmachtgebers erkennbar ist, dass die Vollmacht auch für die Zeit gelten soll, in der er nicht in der Lage ist, seinen Willen zu äußern).

Sollte man die Vorsorgevollmacht nicht so gestalten, dass sie erst dann gilt, wenn der Notfall eintritt?

Nein. Hier handelt es sich um einen gravierenden Fehler, der immer wieder auffällt. Laien, die mit dem Vorsorgevollmachtsrecht nicht befasst sind, entwerfen oft Vorsorgevollmachten, die Schwierigkeiten in der Praxis verursachen. Leider haben wir dies auch schon von Experten erlebt, die berufsmäßig Vorsorgevollmachten erstellen. Sätze wie »für den Fall, dass ich nicht mehr in der Lage bin, meine Angelegenheiten zu regeln« können dazu führen, dass die Vollmacht im Notfall letztendlich nicht angewendet werden kann, weil der Fall, »dass man nicht in der Lage ist«, nicht oder nur schwer nachgewiesen werden kann.

Welche Rechtslage gilt zwischen Vollmachtgeber und Vollmachtnehmer?

Wenn nichts vereinbart worden ist, muss man davon ausgehen, dass ein Auftragsverhältnis besteht. Das ist letztendlich für den Vollmachtnehmer gefährlich, da die Erben dann von ihm Auskunft über sämtliche Geschäfte verlangen können, die er getätigt hat. Handelt es sich um Vorsorgevollmachten im Rahmen eines Familienverhältnisses, ist es oft empfehlenswert, in die Vollmacht aufzunehmen, dass es sich um ein reines Gefälligkeitsverhältnis handelt. Dann können die Erben diese Auskunft von ihm nicht verlangen.

Welche Vorteile hat eine Vorsorgevollmacht?

Eine Vorsorgevollmacht hat den Vorteil, dass über die betreffende Person, die die Vorsorgevollmacht erteilt hat, keine Betreuung angeordnet werden darf. Es verbleibt aber ein Restrisiko, wenn ein Kontrollbetreuer eingesetzt wird, der die Vorsorgevollmacht widerruft. Dann lebt die Vorsorgevollmacht nicht wieder auf, auch wenn der Widerruf rechtswidrig war. Der Vollmachtgeber ist dann einem Betreuungsverfahren ausgesetzt bzw. erhält einen Betreuer.

Kann bei zwei Bevollmächtigten der eine Vollmachtnehmer jederzeit gegenüber dem anderen Vollmachtnehmer den Widerruf der Vollmacht erklären?

Mit diesem Fall hatte sich das Oberlandesgericht Karlsruhe schon am 3.2.2010 (19 U 124/09) auseinanderzusetzen. Zwei Töchter hatten Vollmachten. Die eine Tochter warf der anderen Tochter vor, dass sie die Vermögensinteressen gefährden würde, und widerrief die Vollmacht. Das Oberlandesgericht sagte, dass dies nicht möglich sei, weil die Mutter beide Töchter gleichberechtigt in die Vollmacht aufnahm. Der Grund war, dass die beiden sich so gegenseitig kontrollieren sollten. Die Mutter wollte verhindern, dass ein Wettlauf zwischen den Geschwistern entstand, nach dem Motto. Wer am schnellsten die Vollmacht der anderen widerruft, ist dann alleinige Bevollmächtigte. Das Gericht ging in diesem Fall davon aus, dass grundsätzlich nur die Vollmachtgeberin selbst in der Lage sein sollte, einen Widerruf vorzunehmen, und dass die Entscheidung darüber keiner ihrer beiden Töchter übertragen werden sollte.

Ist der Bevollmächtigte beschwerdeberechtigt?

Der Vorsorgebevollmächtigte hat keine Beschwerdebefugnis in eigenem Namen, wenn eine Betreuung angeordnet wurde, obwohl er von dem Vollmachtgeber eine Vorsorgevollmacht hat. Die Beschwerde kann er nur im Namen des Vollmachtgebers einreichen (BGH, 5. 11. 2014, XII ZB 117/14). Hintergrund ist, dass eigene Rechte des Bevollmächtigten durch einen Eingriff in das Recht des Vollmachtgebers nicht verletzt werden.

In wessen Namen darf der Vollmachtnehmer handeln?

Der Vollmachtnehmer darf nicht im eigenen Namen nach außen auftreten. Tritt er aufgrund der Vorsorgevollmacht auf, muss er immer im Namen des Vollmachtgebers handeln, da er diesen ja auch vertritt. Bei kleineren Geschäften, wie Wareneinkauf zum Essen, braucht er natürlich nicht in fremdem Namen aufzutreten.

Welches Honorar ist für Vorsorgevollmachtnehmer üblich?

Ein wichtiger Punkt, den der Vollmachtnehmer mit dem Vollmachtgeber geregelt haben muss, ist die Frage, ob er die Tätigkeit kostenlos ausübt oder gegen Honorar. Immer wieder hört man, dass Vollmachtnehmer sich beschweren, dass die Arbeit zeitaufwendig ist und sie dafür nichts bekommen, weil vergessen worden ist, das Honorar auszumachen. Hierzu gibt es keine empfehlenswerten Sätze. In der Praxis wird oftmals analog zum Betreuerhonorar das Honorar eines Betreuers mit einer akademischen Ausbildung oder den entsprechenden Kenntnissen vereinbart.

Allerdings ist man bezüglich der Honorarhöhe nach oben oder unten völlig frei.

Kann der Vollmachtnehmer die Vollmacht jederzeit kündigen?

Auch der Vollmachtnehmer kann jederzeit die Vollmacht kündigen. Er darf dies allerdings nicht zur Unzeit tun. Kündigt er gerade zu einem Zeitpunkt, wenn wichtige Entscheidungen getroffen werden müssen, die nicht aufschiebbar sind und für die keine Ersatzperson gefunden werden kann, haftet er u. U. aufgrund der nicht zeitgemäßen Kündigung.

An wen muss im Falle einer Vorsorgevollmacht eine Kündigung zugestellt werden?

Ist ein Betroffener dement bzw. nicht mehr einwilligungsfähig, dann muss eine Kündigung – egal ob Arbeitsverhältnis oder Mietverhältnis oder sonstiges Rechtsverhältnis – dem Bevollmächtigten zugestellt werden, damit sie wirksam ist.

Kann der Vorsorgebevollmächtigte Untervollmachten erteilen?

Soweit es in der Vorsorgevollmacht nicht ausgeschlossen ist, kann der Vorsorgebevollmächtigte auch Untervollmachten erteilen. Es empfiehlt sich allerdings, in der Vorsorgevollmacht ausdrücklich darauf hinzuweisen, dass Untervollmachten erteilt werden können. Untervollmachten können allerdings nicht in höchstpersönlichen Bereichen erteilt werden, wie beispielsweise der Behandlung durch einen Arzt oder der geschlossenen Unterbringung. Hierfür gibt es keine Untervollmachterteilung. Wichtig in diesem Zusammenhang ist. Wenn die Hauptvollmacht von dem Vollmachtgeber widerrufen wurde, ist auch die Untervollmacht zu widerrufen, die wirksam ist, solange sie nicht ausdrücklich widerrufen wurde.

Ist eine Vermögensauskunft vom Vorsorgebevollmächtigten möglich?

Der Vorsorgebevollmächtigte darf auch eine Vermögensauskunft abgeben.

Was ist, wenn ein Interessenkonflikt vorliegt?

Wenn beispielsweise der Sohn die Betreuung für seinen Vater übernommen hat und der Vater im Rahmen eines Wohnrechts im Haus des Sohnes wohnt und der Sohn alles daransetzt, den Vater ins Altersheim zu bringen, liegt ein Interessenkonflikt vor, der dazu führen kann, dass ein Kontrollbetreuer bestellt wird, der die Vollmacht widerruft. Allein die Gefahr eines Interessenkonflikts reicht aus, weil das Gericht oft feststellt, dass der Bevollmächtigte seine Vermögensinteressen über die des Vollmachtgebers stellt.

Welche Aufgaben hat ein Bevollmächtigter, wenn sein Vollmachtgeber in ein Heim kommt?

Der Vollmachtnehmer muss wissen, dass hier ein ganzer Strauß von Aufgaben auf ihn wartet. Er muss nicht nur die Finanzierung des Heimaufenthalts und die Auflösung der ehemaligen Wohnung erledigen, sondern er ist auch verpflichtet, die Art und Weise der Pflege im Heim zu kontrollieren. Bei Missständen muss er sofort dagegen vorgehen. In der Praxis hört man allerdings oft, dass dann das Heim bei Gericht den Vollmachtnehmer diffamiert, um einen dem Heim genehmen Betreuer zu bekommen.

Darf der Bevollmächtigte auch Erklärungen an Eides statt abgeben?

Ja, der Vorsorgebevollmächtigte darf auch eine eidesstattliche Versicherung für den Vollmachtgeber abgeben.

Muss der Bevollmächtigte bei allen Rechtshandlungen und allen Rechtsgeschäften die Vollmachtsurkunde vorlegen?

Ja. Wenn er sie nicht vorlegt, wird seine Erklärung – wie beispielsweise die Kündigung eines Mietvertrages – unwirksam. Voraussetzung ist allerdings, dass der andere Geschäftspartner die Erklärung wegen Nichtvorlage der Vollmacht sofort zurückweist.

Muss die Rechtsgrundlage der Vorsorgevollmacht zwischen dem Vollmachtgeber und dem Vollmachtnehmer vereinbart werden?

Ja, dies ist sehr wichtig, weil sonst nicht geklärt wird, welche Pflichten und Rechte der Bevollmächtigte nach Tod des Vollmachtgebers hat. Es kann sein, dass er auf einmal in einen enormen Erbschaftsstreit hineingezogen wird, weil die Erben behaupten, dass der Vollmachtgeber nicht einverstanden war, dass erhebliche Vermögenswerte durch den Vollmachtnehmer verwertet werden. Er kann Auskunftsansprüchen oder Rechnungslegungsansprüchen ausgesetzt sein. Zwischen dem Vollmachtgeber und Vollmachtnehmer muss daher eindeutig geklärt werden: Handelt es sich um ein reines Gefälligkeitsverhältnis? Dann sollte dies auch in die Zusatzvereinbarung oder vielleicht sogar in die Vorsorgevollmacht aufgenommen werden, damit sich keine Auskunfts- oder sonstigen Pflichten nach Ableben des Vollmachtgebers gegenüber Dritten ergeben.

Im Einzelnen muss durch einen Juristen, der diese Vereinbarung aufsetzt, auch geklärt werden, ob ein Anspruch auf Herausgabe der Unterlagen und Daten und Fakten besteht, die der Bevollmächtigte während der Vollmachtzeit erlangte. Entscheidend ist also, ob letztendlich ein Auftragsverhältnis vorliegt oder nicht. Die Rechtsprechung hat bei Ehegatten ein Gefälligkeitsverhältnis angenommen. Allerdings hängt dies auch von der Art und

Weise der Vermögensverwaltung durch den Ehepartner ab. Es empfiehlt sich, die §§ 666, 259 und 206 BGB durchzulesen, damit man weiß, welche Pflichten man aufgrund eines Auftragsverhältnisses hat, falls dies eines Tages vom Gericht angenommen wird. Sicherlich ist es auch schwierig, Bevollmächtigte zu finden, wenn diesen klar wird, welche Pflichten sie haben könnten.

Hat die Erteilung einer Vollmacht dem Vollmachtnehmer ein subjektives Recht auf Beibehaltung der Vollmacht gegeben?

Nein. Die Erteilung einer Vollmacht durch einen Vollmachtgeber begründet kein subjektives Recht auf Beibehaltung dieser Vollmacht, da die Vollmacht jederzeit widerrufen werden kann. Selbst wenn der Bevollmächtigte nicht als Betreuer ausgewählt wird, obwohl dies für den Fall einer Betreuerbestellung in der Vollmachtsurkunde vorgesehen war, liegt dann darin keine Rechtsverletzung vor, und es gibt auch kein Beschwerderecht für eine fremde Vollmachtnehmerin (BayObLG, 9.4.2003, 3Z BR 242/02). Begründet wird diese Entscheidung auch damit, dass dem Bevollmächtigten kein subjektives Recht durch die Erteilung der Vollmacht zugewiesen wird. Die Erteilung der Vorsorgevollmacht liegt grundsätzlich nicht im Interesse des Bevollmächtigten, sondern im Interesse des Betroffenen.

Ist der Vollmachtnehmer immer am Betreuungsverfahren nach § 274 Abs. 3 FamFG beteiligt?

Nein, er ist nicht immer beteiligt, sondern nur, soweit es überhaupt um seinen Aufgabenkreis geht. Wenn der Bevollmächtigte beispielsweise nicht für die gesundheitliche Betreuung bevollmächtigt wurde und die Betreuung deswegen angeordnet wurde, dann ist er nach § 274 Abs. 3 nicht beteiligt, weil sein Aufgabenkreis NICHT betroffen ist.

Kann der Vorsorgevollmachtgeber auf die gerichtliche Genehmigungserfordernis bei Vorsorgevollmachten verzichten?

Der Vorsorgevollmachtgeber kann nicht auf das vom Gericht für bestimmte Maßnahmen des Vorsorgebevollmächtigten geforderte gerichtliche Genehmigungsverfahren verzichten (beispielsweise risikoreiche ärztliche Eingriffe, Abbruch lebenserhaltender Maßnahmen, freiheitsentziehende Maßnahmen wie Aufnahme in eine geschlossene Abteilung eines Pflegeheims oder einer Klinik).

Reicht es aus, wenn in der Vorsorgevollmacht ein Hinweis auf die gesetzlichen Bestimmungen bezüglich der schwerwiegenden Folgen von ärztlichen Maßnahmen erfolgt?

Nein, das reicht nicht aus. Der Vollmachttext muss genau auf die Gefahr des Todes und länger dauernden Schadens bezüglich seiner Gesundheit hinweisen. Der Text muss letztendlich wörtlich so sein, wie er hier auch in diesem Kapitel weiter oben vorgestellt wurde.

Was ist, wenn die Vorsorgevollmacht dazu missbraucht wird, die künstliche Ernährung einstellen zu lassen?

Hier ist der Fall Luxi, der in der Öffentlichkeit bekannt wurde, wegführend gewesen. Es gab eine Vorsorgevollmacht für eine Lebensgefährtin, die die Maschinen abstellen wollte. Die Töchter hatten die Betreuung beantragt, weil die Gefahr bestand, dass die Maschinen abgestellt werden. Das Amtsgericht hielt eine Betreuung nicht für erforderlich. Mit einer einstweiligen Anordnung hat das Landgericht dann den Beschluss des Amtsgerichts aufgehoben und die Betreuung angeordnet. Später wurde das Urteil noch vom BGH bestätigt.

Was ist, wenn Arzt und Bevollmächtigter sich nicht einig sind?

Dann muss das Betreuungsgericht die endgültige Entscheidung treffen.

Gibt es ein Risiko für die postmortale Vollmacht bei mehreren Miterben?

Bei mehreren Miterben besteht die Gefahr, dass einer der Miterben die postmortale Vollmacht gegenüber den anderen Miterben widerruft. Dann kann nur dieser allein handeln. Dieser Widerruf müsste in der Vorsorgevollmacht ausgeschlossen werden. Allerdings sollte die Formulierung ein Experte vornehmen.

Ist die Vollmacht wirklich wirksam, wenn evtl. der Zustand der Geschäftsunfähigkeit bei Erteilung der Vollmacht vorlag?

Ist nicht klar, ob die Vollmacht wirklich wirksam ist, weil evtl. der Zustand der Geschäftsunfähigkeit bei Erteilung der Vollmacht vorlag, dann muss das Gericht gemäß § 26 FamFG durch Einschaltung eines Sachverständigengutachters klären, ob die Geschäftsfähigkeit vorlag. Kann nicht mehr festgestellt werden, ob die Vollmacht damals im Zustand der Geschäftsfähigkeit oder Geschäftsunfähigkeit erteilt wurde, so ist davon auszugehen, dass die Vollmacht wirksam ist.

Wann ist eine Vorsorgevollmacht zu entziehen?

Wenn trotz Vorsorgevollmacht eine Betreuung erforderlich ist, weil der Bevollmächtigte ungeeignet ist, die Angelegenheiten des Betroffenen zu besorgen, insbesondere weil zu befürchten ist, dass die Wahrnehmung der Interessen des Betroffenen durch jenen eine konkrete Gefahr für das Wohl des Betroffenen begründet, ist die Vollmacht zu entziehen, insbesondere wenn erhebliche Bedenken an der Geeignetheit und Redlichkeit des Bevollmächtigten bestehen.

Wann muss trotz vorliegenden Vorsorgevollmachten ein Betreuungsverfahren eingeleitet werden?

Der Fall kann relativ schnell eintreten. Nehmen wir beispielsweise an, ein Vollmachtgeber hat seinen zwei Kindern eine Vorsorgevollmacht erteilt. Wenn es nun aber aber zweifelhaft ist, welche von beiden Vorsorgevollmachten wirksam ist, und wenn der Vollmachtgeber nicht mehr geschäfts- und handlungsfähig ist und nicht mehr sagen kann, was er wollte, wenn also die Klärung von einem Bevollmächtigten oder von beiden Bevollmächtigten nicht mehr herbeigeführt werden kann, so muss für die Klärung hierüber ein Betreuungsverfahren eingeleitet werden.

Diese Fälle gibt es sehr oft, wenn einmal einem Kind die Vollmacht erteilt wurde und später einem zweiten Kind auch Vollmacht erteilt wurde, vielleicht weil es sich mehr um die Eltern kümmerte. Bestehen dann bezüglich der zweiten Vollmacht Bedenken, ob diese wirksam ist, muss ein Betreuungsverfahren eingeleitet werden, um diese Rechtsfrage im Betreuungsverfahren zu klären. Wird im Rahmen eines dortigen Verfahrens geklärt, wer eine Vollmacht hat, so ist das Verfahren dann beendet, weil eine Entscheidung getroffen werden konnte.

Was ist eine bedingte Vorsorgevollmacht?

Eine bedingte Vorsorgevollmacht fängt meist mit dem Satz an: »Für den Fall, dass ich nicht mehr in der Lage bin, meine Angelegenheiten zu regeln ...« Diese Vollmacht ist fast sinnlos, weil derjenige, der mit der Vollmacht irgendwelche Rechtshandlungen für den Vollmachtgeber vornehmen will, nachweisen muss, dass der Fall der Entscheidungsunfähigkeit eingetreten ist. Ob der Nachweis durch ein Gutachten ausreichend ist, erscheint zweifelhaft, weil ja der Empfänger des Gutachtens bezweifeln kann, dass das Gutachten auch echt oder richtig ist. Von einer derartigen Vorsorgevollmacht rate ich dringend ab!

Kann man noch eine Regelung treffen, wenn der Bevollmächtigte und der Ersatzbevollmächtigte wegfallen?

Ja. Es empfiehlt sich dann – oder noch besser generell vorher in der Vorsorgevollmacht –, dem Kontrollbetreuer das Recht zu geben, in diesem Notfall selbst einer dritten Person eine Vollmacht im Namen des Vollmachtgebers zu erteilen. Diese Regelung sollte aber ein Experte auf dem Rechtsgebiet der Vorsorgevollmacht formulieren.

Was versteht man unter öffentlicher »Kraftloserklärung« der Vollmachtsurkunde?

Hier gilt nach § 176 BGB, dass eine Vollmachtsurkunde, die die zur Herausgabe verpflichtete Person (Bevollmächtigter) nicht zurückgibt, durch öffentliche Bekanntmachung für kraftlos erklärt werden kann. Die Kraftloserklärung muss nach den für die öffentliche Zustellung einer Ladung geltenden Vorschriften der Zivilprozessordnung veröffentlicht werden. Mit dem Ablauf eines Monats nach der letzten Einrückung in die öffentlichen Blätter wird die Kraftloserklärung wirksam. Zuständig für die Bewilligung der Veröffentlichung ist sowohl das Amtsgericht, in dessen Bezirk der Vollmachtgeber seinen allgemeinen Gerichtsstand hat, als auch das Amtsgericht, welches für die Klage auf Rückgabe der Urkunde zuständig sein würde. Die Kraftloserklärung ist unwirksam, wenn der Vollmachtgeber die Vollmacht nicht widerrufen kann (siehe auch Anhang, Hinweise und Musterentscheidungen).

Welche Kontrollmöglichkeiten hat der Vorsorgevollmachtgeber?

Der Vollmachtgeber kann im Notfall nicht mehr kontrollieren, was mit seinen Konten und Geldern geschieht. Es empfiehlt sich deshalb, in der Zusatzvereinbarung zur Vorsorgevollmacht die Regelung aufzunehmen, dass der in der Vollmacht benannte

Kontrollbevollmächtigte (oder eine andere, gesondert zu benennende Person) von bestimmten Rechtshandlungen des Bevollmächtigten sofort informiert werden muss und/oder bei Abhebungen von Geldbeträgen ab einer bestimmten Höhe eine Genehmigung des Kontrollbevollmächtigen eingeholt werden muss.

Der Kontrollbevollmächtige sollte mit der Bank vereinbaren, dass ihm oder einer vertrauten Person für den Fall, dass er nicht mehr handlungsfähig ist, ständig Abschriften der Kontoauszüge übermittelt werden oder für ihn ein Internetzugang für die Konten eingerichtet wird. Dadurch besteht dann auch die Möglichkeit einer regelmäßigen Kontrolle, wenn der Vollmachtgeber selbst dazu nicht mehr in der Lage ist. Strafbare oder rechtswidrige Handlungen werden oft erst nach Ableben des Vollmachtgebers bekannt, falls die Erben dies überhaupt merken.

Worauf sollte beim Verfassen der Vorsorgevollmacht zum Bereich Vermögensverwaltung geachtet werden?

In der Vorsorgevollmacht sollte der Bereich »Vermögensangelegenheiten« ausführlich und auf den Einzelfall bezogen dargestellt werden. Es geht hier nicht nur um die Verwaltung des Vermögens und Verfügungen über Konten und Depots, sondern auch um Vermögensgegenstände und Vermögenserwerb.

Kann eine Betreuung angeordnet werden, wenn die Vorsorgevollmacht unter einer aufschiebenden Bedingung steht?

Ja. So einen Fall hatte das Kammergericht Berlin am 24.11.2009 (1W49/09) entschieden. Es ging um die Bestellung eines Betreuers. Mit der bedingten Vorsorgevollmacht sollte dies verhindert werden. Das Gericht führt in den Entscheidungsgründen aus: Die Vollmacht steht unter einer aufschiebenden Bedingung nach § 158 I BGB, die sie einer Betreuung nicht gleichwertig macht.

Die Bevollmächtigte wäre gezwungen, jeweils den Eintritt der Bedingungen nachzuweisen, was im Rechtsverkehr zu Akzeptanzproblemen führen kann. Daher noch mal der Hinweis: Auf keinen Fall bedingte Vollmachten ausstellen, weil diese letztendlich überhaupt nicht praktikabel sind.

Kann eine Vorsorgevollmacht wegen Verstoßes gegen das Rechtsberatungsmissbrauchsgesetz nichtig sein?

Ja. Zu diesem Fall hatte der BGH am 14.5.2002 (XI ZR 155/01) entschieden: Wenn in dem zu der Vorsorgevollmacht vereinbarten Grundgeschäft eine umfassende Rechtsbetreuung enthalten ist, ist das Grundgeschäft nichtig und damit auch die Vorsorgevollmacht unwirksam.

Bei dem vom BGH zu entscheidenden Fall beinhaltete die Vorsorgevollmacht auch das Recht zum Erwerb einer Eigentumswohnung mit allen Rechtsgeschäften, die damit zusammenhängen, wie Mietvertrag, Finanzierungsvermittlungsvertrag, Kaufvertrag, Garantievertrag etc. Es ging also nicht nur um die wirtschaftlichen Belange des Vollmachtgebers, sondern um Rechtsbesorgung, also eine Tätigkeit von erheblichem Gewicht. Der Rechtsgeschäftsbesorgungsvertrag, den der Vollmachtgeber mit dem Vollmachtnehmer parallel zur Vorsorgevollmacht abgeschlossen hatte, war wegen Verstoßes gegen Artikel 1 § 1 RberG nichtig.

Der BGH weist darauf hin, dass das Rechtsberatungsgesetz Rechtssuchende vor unsachgemäßen Erledigungen ihrer rechtlichen Angelegenheiten schützen will und muss. Bei einer rechtlichen Überprüfung eines derartigen Falles muss allerdings auch geprüft werden, ob durch schlüssiges Verhalten des Vollmachtgebers nicht eventuell doch eine Genehmigung der schwebend unwirksamen Geschäfte eingetreten ist.

Worin besteht der zeitliche Unterschied und auch Vorteil der Betreuungsverfügung gegenüber der Vorsorgevollmacht?

Die Vorsorgevollmacht sollte so gestaltet werden, dass sie sofort wirksam wird, also auch, wenn man noch voll geschäftsfähig ist. Ist die Vorsorgevollmacht wirksam, kann sie das Risiko beinhalten, dass Geschäfte oder Rechtshandlungen getätigt werden, die gegen den mutmaßlichen Willen des Vollmachtgebers erfolgen. Die Betreuungsverfügung wird erst dann wirksam, wenn der Betreuungsfall eingetreten ist. Sie hat für das Vermögen oder die gesundheitliche Versorgung bis dahin keine Auswirkung.

Muss der Vollmachtgeber irgendetwas unternehmen, damit die Vollmacht nicht missbraucht werden kann?

Nein. Hier gibt es keine gesetzlichen Vorgaben. Der Vollmachtgeber ist nicht verpflichtet, irgendeine besondere rechtliche Sicherheit in seine Vorsorgevollmacht einzubauen, damit er nicht durch die Ausübung der Vollmacht geschädigt werden kann.

Muss der Vorsorgebevollmächtigte eine eidesstattliche Versicherung/Vermögensauskunft abgeben?

Ein nicht prozessfähiger Schuldner kann bei der Abgabe der Vermögensauskunft und der eidesstattlichen Versicherung gem. § 51 Abs. 3 ZPO auch durch einen Vorsorgebevollmächtigten vertreten werden.

Ein Vorsorgebevollmächtigter ist anders als ein gerichtlich bestellter Betreuer nicht verpflichtet, für den nicht prozessfähigen Schuldner die Vermögensauskunft und die eidesstattliche Versicherung abzugeben (BGH, 23.10.2019, I ZB 60/18).

Worin liegt das Risiko der Vorsorgevollmacht?

Das Risiko der Vorsorgevollmacht ist, dass sie sofort wirksam sein sollte, um überhaupt im Rechtsverkehr akzeptiert zu werden. Vorsorgevollmachten unter dem einleitenden Satz »Für den Fall, dass ich nicht mehr in der Lage bin, meine Angelegenheiten zu regeln, soll folgende Vorsorgevollmacht gelten …« sind zwar sicherlich auch in einem gewissen Maße wirksam, aber in der Praxis überhaupt nicht hilfreich, weil jeder, der mit dieser Vorsorgevollmacht konfrontiert wird, von Ihnen verlangen wird, dass Sie nachweisen müssen, dass die betreffende Person nicht mehr handlungsfähig ist. Nur die Vorsorgevollmachten, die sofort wirksam sind, sind das richtige Mittel, eine Betreuung zu verhindern.

Das Problem ist aber, dass der Vollmachtgeber, wenn er nur allgemein jemandem die Vorsorgevollmacht ohne gewisse Einschränkungen erteilt, das Risiko hat, Vermögen zu verlieren oder in ein Heim abgeschoben zu werden, oder dass für ihn negative Entscheidungen gefällt werden können. Man kann zwar in der Vorsorgevollmacht eine Begrenzung tätigen, dass nur Geldabhebungen bis zu einem gewissen Betrag zugelassen werden, allerdings kann das auch missbraucht werden, wenn der Bevollmächtigte jeden Tag einen solchen Betrag abhebt.

Eine gewisse Risikobegrenzung ist auch die meiner Ansicht nach unbedingt notwendige Zusatzvereinbarung in der Vorsorgevollmacht, in der auch aufgenommen werden sollte, was besonders für die Situation, in der man nicht mehr handeln kann, gewünscht wird. Diese Ergänzungsvereinbarung muss ähnlich wie die Betreuungsverfügung ausreichend gut formuliert sein. Sie muss die besonderen Wünsche enthalten, die der Mensch, der nicht mehr handeln kann, in dieser Situation hat: für seinen dauernden Aufenthalt, für die Art und Weise der Pflege, für die Personen, mit denen er zusammen sein will, für seine Vermögensverfügung, die auch in dieser Situation getätigt werden könnte

(Schenkung), für die Essenswünsche, die er in einer solchen Situation beibehalten will, oder für die Kleidung oder die Haustiere.

Die Zusatzvereinbarung hat zwar keine Auswirkungen auf die Wirksamkeit der Vorsorgevollmacht. Aber man sieht schon anhand dieser Aufzählungen, die ich noch seitenweise fortsetzen könnte, dass sie den großen Vorteil bietet, dass der Bevollmächtigte strafrechtlich und zivilrechtliche Folgen zu erwarten hat, falls ein Missbrauch vorkommt.

Welches Recht auf Einsicht in medizinische Unterlagen des Verstorbenen haben Angehörige, wenn eine Vorsorgevollmacht vorliegt?

Immer wieder erleben wir Anfragen von Angehörigen, ob sie die medizinischen Behandlungsunterlagen eines verstorbenen Vollmachtgebers einsehen können. Eigentlich haben sie nach dem Tod aufgrund der Vorsorgevollmacht kein Einsichtsrecht. Eine Ausnahme ist allerdings dann gegeben, wenn eine postmortale Vollmacht vorliegt. Auch in diesem Fall muss allerdings nicht immer das Einsichtsrecht gegeben werden. Das Oberlandesgericht Karlsruhe hat mit Urteil vom 14.8.2019 (7 U 238/18) entschieden, dass das Einsichtsrecht nur möglich ist, wenn dies nicht gegen den ausdrücklich erklärten oder mutmaßlichen Willen des Verstorbenen spricht.

An wen muss man Schreiben bei mehreren Bevollmächtigten zustellen?

Sind mehrere Bevollmächtigte in der Vorsorgevollmacht enthalten, muss das Schriftstück nicht jedem einzelnen Bevollmächtigten zugestellt werden, sondern es reicht aus, dass es nur einem zugestellt wird.

Kann sich ein Bevollmächtigter der Untreue strafbar machen?

Es ist sehr schnell der Tatbestand der Untreue erfüllt, wenn der Vollmachtnehmer nicht über die Verwendungen der Gelder oder Rechtshandlungen zulasten des Vollmachtgebers Bericht erstatten kann. Es ist klar, dass der Vollmachtnehmer getrennte Konten führen muss und auch entsprechende Unterlagen aufzubewahren sind, damit jederzeit Nachweise, insbesondere gegenüber Erben, vorgelegt werden können.

Darf ein Angehöriger nach dem Tod des Vollmachtgebers Einsicht in die Behandlungsunterlagen des Verstorbenen nehmen, auch wenn dieser sich ausdrücklich dagegen äußerte oder dies nicht dem mutmaßlichen Willen entspricht?

Das Oberlandesgericht Karlsruhe hat mit Urteil vom 14.8.2019 (7 U 238/18) entschieden, dass der Arzt in diesem Bereich ein gewisses Ermessen hat. Dieses Ermessen ist auch nur begrenzt rechtlich überprüfbar. Der Arzt muss auch verhindern, dass mit den Kenntnissen aus den Patientenunterlagen Missbrauch betrieben wird. Der Arzt muss in seiner Erklärung darlegen, dass und unter welchen allgemeinen Gesichtspunkten er sich durch die Schweigepflicht an der Offenlegung der Unterlagen gehindert sieht.

Ist die Eheschließung zwischen Vorsorgevollmachtgeber und Vorsorgevollmachtnehmer möglich?

Ein Vorsorgevollmachtgeber kann einen Vorsorgevollmachtbevollmächtigten heiraten. Entscheidend ist der Gesundheitszustand des Vollmachtgebers bzw. ob dieser eheschließungsfähig ist. Es wird also die natürliche Geschäftsfähigkeit in einem derartigen Fall – falls Bedenken bestehen – geprüft.

Ist ein Familienstreit für die Wirksamkeit einer Vorsorge-vollmacht gefährlich?

Vielfach führt ein heftiger Familienstreit um die Wirksamkeit der Vorsorgevollmacht, aber auch um die Art und Weise, wie man den älteren Menschen, der die Vollmacht erteilt hat, betreut, zu einem Betreuungsverfahren (nach Widerruf der Vorsorge-vollmacht), wenn sich aus dem Streit eine so schwierige Situation für den Bevollmächtigten ergibt, dass er nicht mehr in der Lage ist, die Vollmacht richtig auszuüben.

Wird die Vorsorgevollmacht durch Familienstreit beeinflusst?

Eine Vorsorgevollmacht kann widerrufen werden, wenn ein Zerwürfnis in der Familie besteht und dadurch die Vertretung im Rahmen der Vorsorgevollmacht ausgeschlossen erscheint.

Gibt es Versicherungen für den Bevollmächtigten?

Es gibt spezielle Haftpflichtversicherungen, die die normalen Risiken des Vollmachtnehmers abdecken. Der Bevollmächtigte sollte mit dem Vollmachtgeber vereinbaren, dass er die Prämie für die Versicherung bezahlt bekommt. Die Versicherung deckt Schäden ab, die der Bevollmächtigte in Ausführung seiner Tätig-keit verursachen kann.

Wann haftet ein Bevollmächtigter?

Hat der Bevollmächtigte schuldhaft Fristen versäumt oder Ansprüche verjähren lassen oder hochriskante Kapitalanlagen getätigt, dann haftet er aufgrund des Verschuldens in voller Höhe gegenüber dem Vollmachtgeber und evtl. eines Tages gegenüber den Erben.

Was ist, wenn eine Bank die Vorsorgevollmacht nicht beachtet?

Immer wieder erleben wir in der Praxis Fälle, bei denen Vollmachtnehmer mitteilen, dass die Bank es abgelehnt hat, aufgrund einer Vorsorgevollmacht Auskünfte zu erteilen oder Verfügungen über das Bankkonto vorzunehmen. Begründet wird dies damit, dass die Bank beispielsweise nur auf eigene Vorsorgevollmachtformulare hin reagiert oder sogar noch fälschlicherweise verlangt, dass sie nur notarielle Vorsorgevollmachten akzeptiert. Das Landgericht Detmold hat mit einem Urteil vom 14.1.2015 hierzu entschieden, dass die Bank sich diesbezüglich falsch verhält und Schadensersatz leisten muss. Nur wenn Indizien für eine Fälschung, Änderung oder den Widerruf der Vollmacht erkennbar sind, berechtigen diese Zweifel zu einem entsprechenden Vorgehen der Bank. In dem zu entscheidenden Fall hat die Bank die Anwaltskosten des Klägers bezahlen müssen und hatte auch weiteren Schadensersatz zu leisten. Es gilt Folgendes: Die Bank macht sich schadensersatzpflichtig, wenn sie eine wirksame Vorsorgevollmacht nicht anerkennt.

Benötige ich eine Vorsorgevollmacht wegen der Verschwiegenheitspflicht der Ärzte?

Es ist erstaunlich, wie oft Ärzte das totale Verschwiegenheitsgebot in der Praxis oder in Krankenhäusern verletzen. Immer wieder kommt es vor, dass Ärzte sich mit Angehörigen, Ehepartnern oder Lebensgefährten von Verletzten, die nicht mehr handeln können, über die Art und Weise der Verletzungen und der Behandlungsart unterhalten. Es muss hier noch mal deutlich gesagt werden: Der Arzt, der sich, ohne dass ihm eine Vorsorgevollmacht vorgelegt wurde, mit Dritten – und dies können Ehepartner, Kinder, Geschwister und Verwandte, Lebenspartner oder Freunde sein – über den medizinischen Fall unterhält, macht sich strafbar. Es gibt in Deutschland kein Recht auf Stellvertretung durch Ehepartner, Angehörige, Verwandte oder Lebensgefährten. Der Arzt darf nur nach Vorlage einer Vorsorgevollmacht Auskunft erteilen bzw. medizinische Verhandlungen mit Angehörigen oder Ehepartnern besprechen. Es ist sogar empfehlenswert, in die Vorsorgevollmacht die Personen aufzunehmen, gegenüber denen der Arzt keine Verschwiegenheitspflicht hat und mit denen er über ihre Krankheit reden darf.

Muss der Bevollmächtigte auch über Art und Weise der Krankheitsbehandlung oder über eine Operation oder sonstige notwendige medizinische Maßnahmen informiert werden?

Die ärztliche Informationspflicht, die erst dazu führt, dass die Handlung des Arztes erlaubt ist, bedeutet immer auch, dass der Bevollmächtigte ausreichend über Risiken und Behandlungsart informiert wird.

Wann kann ein Betreuer eine Vorsorgevollmacht herausverlangen?

Immer wieder erleben wir in der Praxis, dass Betreuer die Vorsorgevollmacht widerrufen oder herausverlangen, obwohl sie im Betreuungsbeschluss diese Aufgabe der Vorsorge gar nicht übertragen bekamen. Der Betreuer kann eine Vorsorgevollmacht nur widerrufen und natürlich auch nur dann herausverlangen, wenn ihm diese Befugnis als eigenständiger Aufgabenkreis ausdrücklich zugewiesen wurde.

Was ist der Nachteil der Regelung, dass die Vorsorgevollmacht in Deutschland immer nur vom Vollmachtgeber unterzeichnet werden muss und sonst keine Nachweise darüber notwendig sind, dass der Vollmachtgeber den Inhalt wirklich wollte?

Diese Regelung führt oft zu Missbrauchsfällen in Deutschland. Die österreichische Regelung ist besser. Dort muss die Vorsorgevollmacht entweder eigenhändig geschrieben werden, oder drei Zeugen müssen bestätigen, dass die Unterschrift richtig ist und dass der Inhalt dem Willen des Vollmachtgebers entsprach. In Deutschland ist die Vorsorgevollmacht oftmals auch ein wirksames Mittel für Erbschleicher, sich schon im Vorfeld des Vermögens zu bemächtigen.

Kann die Haftung des Bevollmächtigten durch eine Vereinbarung zwischen Vollmachtgeber und Vollmachtnehmer ausgeschlossen werden?

Hier wird ein Unterschied gemacht zwischen grobem Vorsatz und Vorsatz. Bei grobem Vorsatz kann nach deutschem Recht generell die Haftung nicht ausgeschlossen werden bzw. der Vollmachtgeber kann auf die Ansprüche aus der Haftung bei grobem Vorsatz gegenüber dem Vollmachtnehmer nicht verzichten.

Die Haftung für Vorsatz und Fahrlässigkeit kann aber generell ausgeschlossen werden, soweit die Vereinbarung dies beinhaltet.

Kann eine Vorsorgevollmacht nichtig sein wegen Verstoßes gegen das Rechtsdienstleistungsgesetz?

Das hängt von dem Inhalt der Vorsorgevollmacht ab. Ist in der Vorsorgevollmacht ausführlich die Sach- und Rechtslage ausgeführt worden und ist dafür eine rechtliche Beratung notwendig gewesen, dann kann die Vorsorgevollmacht unwirksam sein. Nach dem sogenannten Rechtsdienstleistungsgesetz dürfen nämlich nur Anwälte und Notare eine derartige Beratung durchführen.

Kann trotz Vorsorgevollmacht ein Einwilligungsvorbehalt angeordnet werden?

Ja, dies ist möglich. Wenn das Gericht Zweifel hat, dass die Erteilung der Vollmacht wirksam ist und eine konkrete Gefährdungssituation besteht, kann es auch, um den Vollmachtgeber zu schützen, einen vorläufigen Einwilligungsvorbehalt bestimmen.

Das hat zur Folge, dass zum Nachteil des Vollmachtgebers keine Rechtshandlungen mehr vorgenommen werden können. Da der Einwilligungsvorbehalt aber von der Einrichtung einer gesetzlichen Betreuung abhängt, muss im gleichen Zug – zumindest für den Aufgabenkreis, für den der Einwilligungsvorbehalt angeordnet wird – eine Betreuung eingerichtet werden. Das bedeutet, dass die Vollmacht für diesen Aufgabenkreis wirkungslos wird. Es ist jedoch möglich – und wird in der Praxis auch oft so gemacht –, dass der Bevollmächtigte dann zum Betreuer bestellt wird. Es ergeben sich dann für den Bevollmächtigten also zwei Wirkungskreise: Zum einen weiterhin als Bevollmächtigter für die übrigen Aufgabenfelder der Vollmacht und zum anderen als Betreuer für den Aufgabenbereich, für den ein Einwilligungsvorbehalt eingerichtet wird.

Was muss passieren, wenn der Bevollmächtigte, obwohl er dringend gebraucht wird, nicht auffindbar ist?

Ist der Bevollmächtigte, obwohl er dringend gebraucht wird, nicht auffindbar und ist auch die Adresse nicht bekannt, ist er verschwunden oder im Ausland beispielsweise aufgrund von irgendwelchen Delikten festgehalten, dann empfiehlt es sich für den Vollmachtgeber, die Vollmacht zu widerrufen. In einem derartigen Fall ist allerdings auch die Zustellung des Widerrufs an den Bevollmächtigten wahrscheinlich nicht möglich. Das Gesetz sieht für einen derartigen Fall die Möglichkeit vor, dass man beim Amtsgericht den schriftlichen Antrag stellt, die Vorsorgevollmacht durch öffentliche Bekanntmachung (§ 176 BGB) für kraftlos zu erklären (siehe Muster einer Zeitungsveröffentlichung im Anhang).

Gilt die Prozessbefugnis auch für den Bevollmächtigten?

Der Vorsorgebevollmächtigte darf auch für den Vollmachtgeber Prozesse führen, da ihm dieses Recht aufgrund einer Sonderregelung in der Zivilprozessordnung gegeben wurde (§ 1902 BGB i. V. m. § 53 ZPO).

Was kann ein Bevollmächtigter veranlassen, wenn er feststellt, dass mehrere Vorsorgevollmachten für verschiedene Personen mit zeitlichem Abstand existieren?

Liegen Vorsorgevollmachten für verschiedene Personen vor, dann ist, falls die Vorsorgevollmachten wirksam ausgestellt wurden, zu entscheiden, wie die zeitliche Reihenfolge ist. Existieren aber Zweifel darüber, welche Vollmacht wirksam ist, ist eine weitere Sachaufklärung (§ 26 FamFG) vor dem Betreuungsgericht notwendig. Es empfiehlt sich dann, dass der Bevollmächtigte, der mit einer derartigen Lage konfrontiert ist, eine Anregung zur Betreuung stellt, weil anders eine Entscheidung gar nicht getroffen werden kann. Normalerweise ist ein Betreuungsverfahren nicht erforderlich, wenn eine wirksame Vorsorgevollmacht vorliegt.

Das Bayerische Oberste Landesgericht hat mit Urteil vom 14.8.2003 (3Z BR 149/03) sehr richtig hierzu entschieden, dass der Streit um die Frage, wer von mehreren Bevollmächtigten wirksam bevollmächtigt worden ist, nicht zulasten des Betroffenen offen gelassen werden kann. Im Verfahren über die Anordnung einer Betreuung muss ermittelt werden, ob zumindest eine der erteilten Vollmachten wirksam ist. Sobald eine der Vollmachten als wirksam seitens des Gerichts angesehen wird, ist die Betreuung zu beenden. Die Bestellung eines Betreuers muss dann nicht mehr erfolgen, weil die Angelegenheiten des vorher zu Betreuenden wirksam durch den Bevollmächtigten geregelt werden können.

Welche Auswirkungen hat der Tod des Vollmachtgebers auf die Vorsorgevollmacht?

Mit dem Tod des Vollmachtgebers endet die Vollmacht nicht. Entscheidend ist, ob die Vollmacht als einfache Vollmacht oder als transmortale Vollmacht bezeichnet wurde. Transmortale Vollmacht heißt, dass sie über den Tod hinaus noch gilt und auch noch Rechtshandlungen vorgenommen werden können. Als einfache Vollmacht sieht man eine Vollmacht an, die mit dem Tod keine weiteren Rechtshandlungen des Vollmachtnehmers erlaubt, allerdings ist auch die einfache Vollmacht nach dem Tod so lange weiter wirksam, bis die Erben sie widerrufen haben.

Kann der Bevollmächtigte eine Bezahlung verlangen, wenn keine Vereinbarungen zwischen ihm und dem Vollmachtgeber darüber getroffen wurden?

Der Bevollmächtigten kann in diesem Fall für seine Tätigkeit keine Bezahlung verlangen. Er kann allerdings verlangen, die notwendigen Auslagen, die ihm bei der Tätigkeit für den Vollmachtgeber entstanden sind wie Fahrtkosten, Benzin, Kosten für zusätzliche Beratung, die im Rahmen der Tätigkeit notwendig wurde, etc. ersetzt zu bekommen.

Welche Haftungsgründe für den Vollmachtnehmer gibt es?

Der Vollmachtnehmer haftet nicht für Verträge, die er im Namen des Vollmachtgebers abschließt, weil ja der Vollmachtgeber durch diese Verträge gebunden wird. Hat der Vollmachtnehmer allerdings die Verträge grob fahrlässig geschlossen, kann u.U. der Vollmachtgeber von dem Vollmachtnehmer Schadensersatz verlangen. Dieser Anspruch kann auch nach dem Tod des Vollmachtgebers von den Erben geltend gemacht werden.

Wo lässt man sich am besten bezüglich einer Vorsorgevollmacht beraten?

Es ist unglaublich, wie viele Personen oder Firmen sich anmaßen, ausreichende Kenntnis für eine Beratung über den Inhalt einer Vorsorgevollmacht zu haben. Mir ist sogar eine Maklerfirma bekannt geworden, die im Rahmen einer öffentlichen Veranstaltung damit geworben hat, dass sie bei der Erstellung von Vorsorgevollmachten berät, weil ja Notare und Anwälte hierfür nur Geld verlangen.

Es muss eindeutig gesagt werden, dass die Vorsorgevollmacht von einem Anwalt erstellt werden sollte, weil er sich, wenn er Betreuungsfälle bearbeitet, auch mit der Problematik der mehr als komplizierten Vorsorgevollmacht befasst hat und dann auch die Rechtsprobleme kennt. Seit dem 1. Juli 2005 dürfen auch die anerkannten Betreuungsvereine bei der Erstellung von Vorsorgevollmachten Beratungen durchführen. Auch dort liegt ein enger Praxisbezug vor, sodass auch dort die Beratung sicherlich empfehlenswert ist. Darüber hinaus beraten auch die Betreuungsbehörden über das Thema Vorsorgevollmacht (§ 4 BtBG).

Zahlt auch die Rechtsschutzversicherung die Kosten für eine Vorsorgevollmacht?

Es gibt einige Rechtsschutzversicherungen, die einen sogenannten Vorsorgerechtsschutz beinhalten. In diesem Vorsorgerechtsschutz sind oft auch die Kosten für die Erstellung der Vorsorgevollmacht enthalten.

Was ist, wenn ein Notar die Beurkundung einer Vorsorgevollmacht ablehnt, weil der Bevollmächtigte in einem anderen Land lebt?

In diesem Fall sollten Sie sich bei der Notarkammer einen Notar benennen lassen, der die Vollmacht beurkundet. Es gibt in einigen Ländern bzw. im Ausland Vorschriften, die verlangen, dass die deutsche Vorsorgevollmacht notariell beurkundet werden muss. Eine Ablehnung durch einen Notar könnte sogar zu Schadensersatzforderung gegen den Notar führen.

Wie kann man durch eine Vorsorgevollmacht Erbschleicherei verhindern?

Eine gut formulierte Vorsorgevollmacht – die nicht missbraucht werden kann – kann oftmals die Erbschleicherei verhindern. Erbschleicher holen sich oft eine Vorsorgevollmacht, mit der sie dann schon zu Lebzeiten das Geld der älteren Menschen abräumen und die älteren Menschen dann auch zwingen, ein neues Testament aufzusetzen.

Wie kann man als Vorsorgebevollmächtigter Erbschleicher erkennen?

Achten Sie darauf, falls Ihre Angehörigen nicht mehr am Telefon so mit Ihnen reden können wie bisher. Dies kann der erste Weg in die Erbschleicherei sein, weil evtl. schon der Erbschleicher hinter den Angehörigen steht und die Telefone kontrolliert.

Achten Sie darauf, dass sich keine fremden Personen – sehr nette und großzügige Nachbarn oder Freunde oder Verwandte, die sich Jahre nicht gerührt haben – auf einmal um den älteren Menschen kümmern wollen. Der Weg zur Erbschleicherei ist dann kurz. Für diese Menschen gilt das Zeitmoment. Sie sind den ganzen Tag mit dem älteren Menschen zusammen und beeinflussen ihn: Oft stellen sie Telefon und Post ab und behaupten, die Angehörigen würden sich um den alten Menschen nicht mehr kümmern.

Wenn Sie schon eine Vorsorgevollmacht für einen älteren Menschen haben, dann lassen Sie sich auch eine Kopie der Kontoauszüge von den Banken geben, nicht dass irgendein Dritter sich an den älteren Menschen heranschleicht und nach und nach das

Geld abhebt. Sie können im Ernstfall kaum nachweisen, dass die persönlichen Abhebungen, bei denen der ältere Mensch immer dabei war, nicht wirklich für ihn waren, sondern dass der Erbschleicher diese jedes Mal eingesteckt hat. Lassen Sie von einem Experten »Hürden« für Ihre Vorsorgevollmacht gegen den Widerruf durch Erbschleicher formulieren.

Schützt die Vorsorgevollmacht vor Erbschleicherei?

Einen sehr krassen Fall hatte ich vor einigen Jahren zu bearbeiten. Eine ältere Dame war aufgrund einer Zeitungsanzeige auf eine Familie aufmerksam geworden, bei der sie schließlich von ihren Bevollmächtigten untergebracht wurde. Später vermuteten ihre Bevollmächtigten, dass es sich bei den »Gastgebern« um Erbschleicher handelte. Es wurde nämlich ein anderer, sehr ähnlicher Fall über die Familie, bei der die Dame lebte, bekannt. Als es zur gerichtlichen Anhörung kam, erzählte die ältere Dame, dass sie doch lieber bei den Erbschleichern bleiben will.

Interessant waren die Ausführungen der Staatsanwaltschaft in dem Verfahren wegen Freiheitsberaubung gegen die sogenannten Erbschleicher. Sie hielt das Verhalten der Erbschleicher, insbesondere die Nichtbeachtung des Willens der Betroffenen, für nicht strafbar. Dies, obwohl es offensichtlich war, dass der geäußerte Wunsch der Betroffenen, bei der fremden Familie bleiben zu wollen, auf Beeinflussung und Suggestion zurückzuführen war. Laut Staatsanwaltschaft ist in diesem Zusammenhang nur bei minderjährigen Kindern, die den erziehungsberechtigten Personen entzogen werden, eine Strafbarkeit (§ 235 StGB) gegeben. Eine entsprechende Vorschrift für volljährige geschäftsunfähige Personen kennt das deutsche Strafrecht nicht. Dies ist letztlich der Freibrief für Erbschleicher. Vielleicht sollte der Gesetzgeber darüber nachdenken, ob das Gesetz diesbezüglich geändert werden sollte, damit diese – im Übrigen immer weiter zunehmenden – Verhaltensweisen endlich wirkungsvoll strafrechtlich verfolgt werden können. Eine gute Formulierung in der Vorsorgevollmacht hätte hier dem Bevollmächtigten geholfen, die betroffene Dame zu retten.

Soll man in der Vorsorgevollmacht Regelungen bezüglich der Aufnahme in ein Alten- oder Pflegeheim tätigen?

In der Vorsorgevollmacht ist dies nicht zu empfehlen, da diese so kurz wie möglich gehalten werden sollte. In dem Zusatzvertrag zur Vorsorgevollmacht würde ich dies aber empfehlen. Hier sollte noch mal darauf hingewiesen werden, dass man im Pflegefall in erster Linie in seiner Wohnung oder in seinem Haus verbleiben will und dass ein Umzug in ein Pflege- oder Altenheim nur dann nötig sein sollte, wenn die Notwendigkeit durch ein Sachverständigengutachten bestätigt wird.

Man sollte auch eventuell darauf hinweisen, ob man in ein Ein- oder Zweibettzimmer ziehen will. Ein älteres Paar wurde in einem Altenheim seit Jahren gut untergebracht. Eines Tages entschied der Betreuer, dass die Eheleute nicht mehr in einem Zimmer sein dürften, sondern jeder einzelne Ehepartner getrennt untergebracht werden müsste! Auch für solche unglaublichen Fälle – nicht gewollte Trennung der Eheleute – sollte man eine Regelung treffen.

Was sollen Partner einer außerehelichen Lebensgemeinschaft bei einer Trennung berücksichtigen?

Auch bei einer Trennung der außerehelichen Lebensgemeinschaft wird oftmals vergessen, die gegenseitig erteilten Vorsorgevollmachten zu widerrufen. Dies kann im Notfall zu unangenehmen Folgen führen, wenn dann der Partner, der nicht mehr handeln kann, auf einmal seinen ehemaligen Lebenspartner als Betreuer erhält, weil die Vorsorgevollmacht auf diesen noch existiert.

IX. Gutachten

Worin liegt die Problematik der Gutachten im Betreuungsrecht?

Ein sehr großes Problem stellen im Betreuungsrecht die Gutachten dar, die seitens der Gerichte eingeholt werden, um Privatpersonen unter Betreuung setzen zu können. Die Probleme betreffen die Qualität der Gutachter und die Fehler, die auch viele Gutachter im Gutachten machen. Sicherlich ist auch die manchmal fehlende Qualifikation der Richter und auch der Juristen, die sich mit diesem Fällen befassen, ein großes Problem, da diese Qualifikation ja nirgendwo im Rahmen der Ausbildung unterrichtet wird.

Nur seit Jahren im Betreuungswesen erfahrene Richter, aber auch erfahrene Anwälte kennen sich auf diesem Gebiet aus und können dem zu Betreuenden wirklich helfen. Man erlebt in der Praxis Fälle, bei denen man wirklich nur staunen kann. Ich habe Betreuungsgutachten gesehen über Betreute, die sich weigerten, einen Gutachter daheim zu empfangen. Der Gutachter hatte dann den Betreuten überredet, mit ihm Kaffee zu trinken, und danach erstellte er ein Gutachten. Derartige Gutachten sind genauso unzulässig wie auch Gutachten, die nicht richtig erstellt wurden oder teilweise abgeschrieben wurden. Es ist also dringend notwendig, sich mit der Materie zu befassen und in die Gutachtenproblematik einzuarbeiten. Im Rahmen der gebotenen Kürze können in diesem Buch nur einige Entscheidungen zitiert werden, die aus der Praxis besonders wichtig sind.

Die besondere Problematik der Gutachten liegt auch darin, dass die betroffene Person kein Rechtsmittel gegen die Anordnung des Betreuungsgerichts hat, ein Gutachten einzuholen!

Auf welche Bereiche muss sich das Gutachten im Betreuungsrecht erstrecken?

Das Gutachten hat sich auf folgende Bereiche zu erstrecken:

1. das Krankheitsbild einschließlich der Krankheitsentwicklung
2. die durchgeführten Untersuchungen und die diesen zugrunde gelegten Forschungserkenntnisse
3. den körperlichen und psychiatrischen Zustand des Betroffenen
4. den Umfang des Aufgabenkreises und
5. die voraussichtliche Dauer der Maßnahme.

Der BGH hat nochmals mit Beschluss vom 24.7.2009 festgestellt, dass ohne persönliche Untersuchung erstellte Sachverständigengutachten grundsätzlich nicht bei der Bestellung eines Betreuers verwertbar sind. Es kommt überhaupt nicht darauf an, ob aus ärztlicher Sicht bereits aufgrund von anderen Erkenntnissen der sichere Schluss auf eine krankheitsbedingte Betreuungsbedürftigkeit gezogen werden kann. Die Pflicht zur persönlichen Anhörung eines Betroffenen besteht nach § 68 Abs. 3 Satz 1 FamFG grundsätzlich auch im Beschwerdeverfahren. Es kann gemäß § 68 Abs. 3 Satz 2 FamFG zwar auch von einer erneuten Anhörung des Betroffenen abgesehen werden. Dies setzt jedoch voraus, dass die Anhörung bereits im ersten Rechtszug ohne Verletzung von zwingenden Verfahrensvorschriften vorgenommen worden ist und von einer erneuten Anhörung im Beschwerdeverfahren keine erneuten Erkenntnisse zu erwarten sind. Zieht das Beschwerdegericht für seine Entscheidung mit einem ergänzenden Sachverständigengutachten eine neue Tatsachengrundlage heran, die nach der amtsgerichtlichen Entscheidung datiert, so ist eine erneute Anhörung des Betroffenen geboten.

Kann jeder Arzt ein Gutachten über die Frage der Anordnung einer Betreuung anfertigen?

Allein die Fachbezeichnung als Arzt bedeutet nicht, dass er ohne Weiteres als Sachverständiger für Gutachten darüber infrage kommt, ob eine Betreuung anzuordnen ist. Die Qualifikation muss noch extra über das Gericht geprüft werden, wenn sie sich nicht aus der Facharztbezeichnung ergibt. Das Gericht muss die Sachkunde des Arztes prüfen und in der Entscheidung darlegen, warum er als Sachverständiger ausgesucht wurde. Stellt der Richter im Verfahren fest, dass der beauftragte Sachverständige ein Arzt mit Erfahrung auf dem Gebiet der Psychiatrie ist, dürfte dies ausreichend sein (BGH, 16. Dezember 2015, XII ZB 381/15).

Was muss man beachten, wenn man gegen ein psychiatrisches Gutachten vorgehen will?

Ein großes Problem im Betreuungsverfahren ist das psychiatrische Gutachten, da es letztendlich über die Frage entscheidet, ob eine Betreuung angeordnet werden soll. Gegen das psychiatrische Gutachten können Argumente seitens des Gerichts oder seitens des Verfahrenspflegers, der vom Richter ausgesucht wird(!), vorgetragen werden. Beiden fehlt oft die entsprechende wissenschaftliche Befähigung, die fachlichen Argumente vorzutragen. Gerade für solche Fälle empfiehlt es sich, einen Rechtsbeistand auszuwählen, der sich mit dem Betreuungsrecht auskennt und der auch den Sachverstand hat, gegen falsche psychiatrische Gutachten vorzugehen.

Wann hat die Untersuchung durch den Sachverständigen stattzufinden?

Wenn der Sachverständige die Person, die zu betreuen ist, untersuchen muss, dann gilt die Regelung, dass er vor Erstellung des Gutachtens den Betroffenen persönlich untersuchen und befragen muss. Wichtig ist es, darauf hinzuweisen, dass der Sachverständige vor der Untersuchung bereits als Sachverständiger bestellt worden sein muss. Er muss auch dem Betroffenen den Zweck der Untersuchung mitteilen.

Was ist, wenn der Sachverständige in seinem Gutachten über die Frage der Fortführung einer Betreuung gegen den Willen des Betreuten erklärt, dass er sie für gerechtfertigt hält?

Eine derartige pauschale Bemerkung reicht für die Frage, ob der Betreute nicht mehr in der Lage ist, einen freien Willen hinsichtlich der Betreuung zu bilden, nicht aus. Das Gericht darf aufgrund dieser Aussage keine Betreuung weiter anordnen. Der Sachverständige muss sein Gutachten auf Tatsachen stützen, die er im Rahmen einer Begutachtung festgestellt hat. Er muss Art und Ausmaß der Erkrankung und deren Auswirkung auf die Fähigkeit zur Willensbildung im Einzelnen wissenschaftlich begründen.

Welche Fehler kommen bei der Gutachtenerstellung und in den Gutachten häufig vor?

Schwerwiegende Fehler liegen oft darin, dass der Gutachter keine klare Aussage dazu macht, ob die Betreuung insgesamt erforderlich ist oder ob es ausreicht, nur in Teilbereichen eine Betreuung anzuordnen. Es ist ein Grundsatz des Betreuungsrechts, dass die Betreuung nur für die Lebensbereiche eingerichtet werden darf, für die keine anderen Hilfen – und damit mildere Mittel – zur Verfügung stehen. Es muss also im Rahmen der Gutachtenstellung in der Regel auch abgeklärt werden, ob z. B. die Gesundheitssorge durch Angehörige übernommen werden kann und es ausreicht, dass für andere einzelne Aufgabengebiete wie z. B. die Vermögenssorge ein (ggf. fremder) Betreuer bestellt wird. Es ist die Aufgabe des Betreuungsgerichts, dem Gutachter bei seiner Beauftragung einen individuellen Fragenkatalog an die Hand zu geben, sodass die gesundheitliche Situation des Betroffenen individuell aufgearbeitet werden und letztendlich auf dieser Grundlage eine Betreuung »nach Maß« eingerichtet werden kann.

Muss ein Gutachten vor der Bestellung eines Betreuers eingeholt werden?

Vor der Bestellung eines Betreuers oder der Anordnung eines Einwilligungsvorbehalts hat eine förmliche Beweisaufnahme durch Einholung eines Gutachtens über die Notwendigkeit der Maßnahme stattzufinden. Der Sachverständige soll Arzt für Psychiatrie oder Arzt mit Erfahrung auf dem Gebiet der Psychiatrie sein. Der Sachverständige hat den Betroffenen vor der Erstattung des Gutachtens persönlich zu untersuchen oder zu befragen. Das Ergebnis einer Anhörung nach § 279 Absatz 2 Satz 2 FamFG (Anhörung der sonstigen Beteiligten, der Betreuungsbehörde und des gesetzlichen Vertreters) hat der Sachverständige zu berücksichtigen, wenn es ihm bei Erstellung seines Gutachtens vorliegt.

Darf ein Sachverständiger einen zu Betreuenden gegen dessen Willen in seiner Wohnung untersuchen?

Hierfür gibt es überhaupt keine Rechtsgrundlage. Wirkt der Betroffene an einer Begutachtung nicht mit, so kann das Gericht gemäß § 283 FamFG nur seine Vorführung anordnen und ggf. die Befugnis aussprechen, die Wohnung des Betroffenen gewaltsam zu öffnen und zu betreten. Diese Maßnahmen dienen freilich allein dem Ziel, den Betroffenen zu finden, um ihn der Untersuchung zuzuführen (BGH, 17.10.2012, XII ZB 181/12). Für den Rechtsanwalt, der derartige Fälle bearbeitet, ist darauf zu achten, dass derselbe Sachverständige nicht mehrfach mit der Erstellung eines Gutachtens beauftragt wird, da er durch mehrmalige Gutachtenerstellung für die gleiche Person befangen sein könnte.

Wer prüft die im Betreuungsverfahren eingeholten Gutachten?

Das Gutachten muss der Richter dahingehend überprüfen, ob es wissenschaftlich begründet wurde, ob innere Logik und Schlüssigkeit vorliegen. Es taucht allerdings die Frage auf, wie weit Richter die entsprechende Ausbildung haben, diese Überprüfung wirklich vorzunehmen. In einer Entscheidung hat der Bundesgerichtshof darauf hingewiesen, dass das Gutachten, das das Amtsgericht eingeholt hat, mangelhaft war. Es fehlte an der Darstellung der vom Sachverständigen durchgeführten Untersuchungen, an Angaben zur Krankheitsentwicklung und an einer wissenschaftlichen Begründung für die Notwendigkeit einer Betreuung. Es fehlt an der hinreichenden Feststellung, dass der Betroffene, der die Betreuung ablehnt, zu keiner freien Willensbildung mehr in der Lage ist. Allein nur die Erklärung des Sachverständigen, dass er annimmt, dass bei dem Betroffenen aus psychiatrischer Sicht keine freie Willensbildung möglich sei, ist mangels hinreichender Begründung nicht nachvollziehbar. Die Ausführung erfolgt deshalb hier so präzise, weil diese Problemstellungen in sehr vielen Gutachten auftauchen. Viele Rechtsanwälte werden auf diese Problematik nicht aufmerksam, wenn sie nicht schon entsprechend viele Betreuungsfälle bearbeitet haben.

Reicht die Übersendung des Gutachtens an den Betreuer aus?

Die Übersendung des Gutachtens an den Betreuer ersetzt nicht die nach dem Gesetz notwendige Bekanntgabe des Inhaltes des Gutachtens an den zu Betreuenden.

Muss ein Sachverständiger vor Erstellung eines Gutachtens im Betreuungsverfahren den Anwalt des Betroffenen vom Termin zur Untersuchung oder Befragung benachrichtigen?

Es ist weder gesetzlich vorgeschrieben noch aus übergeordneten Erwägungen der Wahrung des rechtlichen Gehörs nach Art. 103 Abs. 1 GG geboten, dass der Sachverständige von sich aus den Verfahrensbevollmächtigten des Betroffenen von einem Untersuchungstermin benachrichtigt oder ihn zu einer Teilnahme an der Untersuchung einlädt.

Welche Rechtsfolge hat die fehlende Übergabe des Gutachtens?

Ein wesentlicher Verfahrensmangel liegt nach BGH-Beschluss vom 6.2.2019 dann vor, wenn dem Betroffenen das vor dem Anhörungstermin erstellte Sachverständigengutachten nicht übergeben war bzw. zugestellt wurde.

Kann der behandelnde Arzt auch ein Gutachten erstellen?

Unter Umständen kann auch der behandelnde Arzt ein Sachverständigengutachten erstellen. Voraussetzung ist allerdings, dass er dem zu Betreuenden klar erkennbar gemacht hat, dass er als Gutachter tätig wird. Unzulässig ist auch, dass der behandelnde Arzt, der nunmehr als Gutachter tätig wird, das Gutachten ohne Untersuchung erstellt. Beruft sich der Gutachter, der vorher behandelnder Arzt war, auf seine bisherigen Behandlungsergebnisse und besteht das Gutachten nur aus diesen Ergebnissen, ist das Gutachten nicht verwertbar.

Hat der Betreute ein Recht, zu einem Gutachten Stellung zu nehmen?

Der Betreute muss das Recht und die Gelegenheit haben, zu einem Gutachten, das über die Frage seiner Betreuungsbedürftigkeit erstellt worden ist, eine Stellungnahme abgeben zu können, soweit dies aufgrund seines Gesundheitszustandes möglich ist. Dies ist der Hintergrund, warum auch die Rechtsprechung verlangt, dass der Betreute Kenntnis von dem Inhalt des Gutachtens haben muss. Ausreichend ist nicht, wenn der Sachverständige, der das Gutachten erstellt hat, im Anhörungstermin über die Betreuung nur ergänzend zu seinem schriftlichen Gutachten angehört wurde. Der Betroffene muss sich auf den Anhörungstermin ausreichend vorbereiten können, beispielsweise mit Einwendungen oder Vorhalten – deswegen muss er das Gutachten kennen.

Muss das Gutachten dem zu Betreuenden persönlich übergeben werden?

Der Gesetzgeber verlangt, dass der Inhalt des Gutachtens, also das Gutachten insgesamt, und die betreuungsrechtlichen Maßnahmen dem zu Betreuenden bekannt gegeben werden müssen. Im Unterbringungsverfahren muss das Sachverständigengutachten an den zu Betreuenden persönlich zur Kenntnisnahme übergeben werden.

Reicht die Zustellung des Gutachtens an den Verfahrenspfleger aus?

Wird das Gutachten, das im Rahmen eines Betreuungsverfahrens über einen zu Betreuenden erstellt worden ist, an den Verfahrenspfleger zugestellt, so ersetzt die Zustellung nicht die Zustellung an den Betroffenen, über den die Betreuung angeordnet werden soll. Der Verfahrenspfleger ist nicht Vertreter des Betroffenen im Verfahren. Es gibt allerdings einen Ausnahmefall, wenn das Gutachten einem Verfahrenspfleger bekannt gegeben worden ist und das Gericht von der schriftlichen Bekanntgabe des Gutachtens an den Betroffenen absieht, weil Anlass zur Sorge besteht, dass die Bekanntgabe die Gesundheit des Betroffenen schädigen oder zumindest ernsthaft gefährden würde. Allerdings muss das Gericht auch in diesem Fall davon ausgehen, dass der Verfahrenspfleger mit dem zu Betreuenden über den Inhalt des Gutachtens gesprochen hat (BGH, 28.3.2018, XII ZB 168/17).

Was ist, wenn der Betreuende sich weigert, sich von einem Gutachter untersuchen zu lassen?

Aufgrund der Weigerung des Betreuenden darf der Gutachter nicht die Untersuchung absagen. Ist aufgrund der Dringlichkeit die Untersuchung notwendig, muss notfalls durch das Gericht eine Vorführung des Betreuten angeordnet werden (§ 283 I FamFG).

Was passiert, wenn ein Betroffener, der schon begutachtet wurde, sich weigert, ein weiteres »Obergutachten« erstellen zu lassen?

In einem aktuellen Fall, den ein Gericht zu entscheiden hatte, weigerte sich die Betroffene trotz wiederholter Überzeugungsversuche, eine weitere Begutachtung wegen der damit verbundenen psychischen Belastung zuzulassen. Das Gericht musste deshalb abwägen, die Betroffene entweder zwangsweise zur Begutachtung vorführen zu lassen oder sie zur Vorbereitung des Gutachtens in die geschlossene Abteilung einer psychiatrischen Klinik einweisen zu lassen. Das Gericht entschied sich dafür, die zwangsweise Vorführung nicht anzuordnen mit der Begründung, dass die Erstellung des Obergutachtens sowieso nicht möglich sei, da die Betroffene nicht mitwirken und nicht mit dem Gutachter sprechen würde.

Obwohl gesetzlich die zwangsweise Anordnung möglich war, hat das Gericht im Rahmen der jeweiligen Überprüfung, ob das Handeln überhaupt dem Rechtsstaatsgebot entspricht, entschieden, dass die Vorführung zur zwangsweisen Begutachtung nicht erfolgt.

Welche Voraussetzungen sind notwendig, damit ein zu Betreuender für ein Gutachten zwangsweise vorgeführt werden kann?

Dem Betroffenen muss vorher rechtliches Gehör gewährt werden. Anstelle des rechtlichen Gehörs kann er auch persönlich angehört werden. Ist dies nicht erfolgt, ist die Anordnung zur Untersuchung verfassungswidrig (BverfG, 24.6.2019, 1 BvQ 51/19).

Was ist, wenn der Sachverständige ein Gutachten erstellt und dafür den Betroffenen persönlich untersucht und befragt und noch nicht zum Sachverständigen bestellt wurde?

Der Sachverständige muss bereits vor der Untersuchung und vor der Befragung, also bevor das Gutachten erstellt wird, zum Sachverständigen bestellt worden sein. Er muss auch dem Betroffenen den Zweck der Untersuchung eröffnen (BGH 6.2.2019, XII ZB 393/18,

Was ist, wenn der Betroffene, über dessen Betreuungsbedürftigkeit ein Gutachten erstellt werden soll, beispielsweise von seinen Eltern in deren Wohnung versteckt wird?

Dann ist eine Vorführung gem. § 283 FamFG gar nicht zulässig. Das Gericht muss dann ein Verfahren zur Herausgabe der Person gem. § 1632 Abs. 1 BGB i. V. m. § 1908 BGB gegen die Person, die den Betreuten von der Untersuchung abhalten will, einleiten.

Welche Voraussetzungen müssen vorliegen, um einen Betroffenen für die Erstellung eines Gutachtens zwangsweise vorführen zu lassen?

Zunächst muss der Tatbestand vorliegen, dass der Betroffene sich weigert, ein Gutachten erstellen zu lassen. Entscheidend ist, dass er sich nicht freiwillig untersuchen lassen will und ihm deshalb die zwangsweise Vorführung durch das Gericht angedroht wurde und er dazu vorher angehört wurde. Wenn er sich nach diesen verfahrensrechtlich notwendigen Schritten immer noch weigert, sich untersuchen zu lassen, kann er gemäß § 283 FamFG gewaltsam, ggf. mithilfe von Polizeibeamten und/oder Mitarbeitern der Betreuungsbehörde, zur Untersuchung vorgeführt werden. Praktisch sehen diese Fälle so aus, dass die Wohnung des Betroffenen gewaltsam geöffnet und nach ihm durchsucht wird. Er darf jedoch nicht in der Wohnung gegen seinen Willen untersucht werden, sondern muss von den Mitarbeitern der Betreuungsbehörde und ggf. der Polizei zur Untersuchung und Erstellung des Gutachtens in das Gerichtsgebäude gebracht werden.

Was ist, wenn aufgrund der Aussage des Gutachters im Gutachten die Willensbildung nur unerheblich beeinträchtigt ist?

Dann darf das Gericht nicht den Schluss führen, dass der Betroffene zu einer freien Willensbildung nicht in der Lage ist. Dies müssen Bearbeiter von Betreuungsfällen dringend beachten, weil sich oftmals derartige Formulierungen in Gutachten finden (so BGH, 17.5.17, XII ZB 495/16).

Darf der Betroffene dann gewaltsam aus der Wohnung geholt werden, wenn er sich nicht von einem Gutachter untersuchen lassen will?

Ja, unter bestimmten Voraussetzungen. Hier gilt § 283 FamFG, der wie folgt lautet:

Vorführung zur Untersuchung

(1) 1Das Gericht kann anordnen, dass der Betroffene zur Vorbereitung eines Gutachtens untersucht und durch die zuständige Behörde zu einer Untersuchung vorgeführt wird. 2Der Betroffene soll vorher persönlich angehört werden.

(2) 1Gewalt darf die Behörde nur anwenden, wenn das Gericht dies ausdrücklich angeordnet hat. 2Die zuständige Behörde ist

befugt, erforderlichenfalls die Unterstützung der polizeilichen Voll-
zugsorgane nachzusuchen.

(3) 1Die Wohnung des Betroffenen darf ohne dessen Einwilligung
nur gewaltsam geöffnet, betreten und durchsucht werden, wenn
das Gericht dies zu dessen Vorführung zur Untersuchung aus-
drücklich angeordnet hat. 2Vor der Anordnung ist der Betroffene
persönlich anzuhören. 3Bei Gefahr im Verzug kann die Anord-
nung durch die zuständige Behörde ohne vorherige Anhörung des
Betroffenen erfolgen. 4Durch diese Regelung wird das Grundrecht
auf Unverletzlichkeit der Wohnung aus Artikel 13 Absatz 1 des
Grundgesetzes eingeschränkt.

Muss das Sachverständigengutachten im Betreuungs- verfahren aktuell sein?

Wenn konkrete Anhaltspunkte dafür vorliegen, dass sich die
Sachlage nach Erstellung des Gutachtens verändert hat und diese
neuen Tatsachen für die Entscheidung nicht offensichtlich unerheblich sind, hat der Tatrichter zumindest eine ergänzende Stellungnahme des Sachverständigen einzuholen (BGH 21.9.2016,
XII ZB 606/15). Diese Entscheidung des BGH muss beachtet
werden, weil man genau auf diese Punkte die Beschwerde oder
Rechtsbeschwerde gegen eine Betreuungsanordnung stützen
kann.

Kann ein Gutachter es ablehnen, dass bei der Begutachtung eine Vertrauensperson anwesend ist?

Grundsätzlich ist die Untersuchung durch einen Sachverständigen für die Beteiligten öffentlich. Da aber eine Untersuchung des
Betroffenen erfolgt, ist zum Schutz der Wahrung seiner
Intimsphäre die Beteiligtenöffentlichkeit ausnahmsweise auszuschließen. Der Betroffene hat aber gem. § 12 FamFG das Recht,
vor dem Sachverständigen in Gegenwart eines oder mehrerer
Verfahrensbevollmächtigten als Beistand zu erscheinen.

Die Anwesenheit einer sonstigen Vertrauensperson (die nicht Verfahrensbevollmächtigter ist) kann der Betroffene z. B. bei der richterlichen Anhörung verlangen. In Bezug auf die Begutachtung vor dem Sachverständigen gibt es keine solche zwingende Vorschrift. Es wird aber empfohlen, die Vorschriften zur richterlichen Anhörung auf die Untersuchung vor dem Sachverständigen analog anzuwenden. Das heißt, es soll dem Betroffenen gestattet werden, eine Vertrauensperson bei der Untersuchung dabeizuhaben, wenn er dies wünscht.

Dieser Meinung entspricht auch grundsätzlich die Rechtsprechung. Das Oberlandesgericht Zweibrücken hat mit Beschluss vom 2.3.2000 klargestellt, dass der Betroffene bei medizinischen Untersuchungen das Recht auf die Anwesenheit einer Vertrauensperson hat. Sein Recht, mit einem Beistand zu erscheinen, sei nicht auf die Abgabe von Erklärungen oder die Vornahme von Prozesshandlungen gegenüber dem Gericht beschränkt. Es erstrecke sich vielmehr auf alle verfahrensbezogenen Maßnahmen, die den Beteiligten betreffen.

Ausnahmen hiervon sind meines Erachtens dann zu machen, wenn zu befürchten ist, dass der Betroffene durch die Anwesenheit einer »Vertrauensperson« in einer Weise belastet oder manipuliert wird, die gerade nicht seinem Wohl entspricht, und dadurch die Richtigkeit des zu erstellenden Gutachtens infrage steht.

> **Was kann man dagegen unternehmen, falls vom Amtsgericht/Vormundschaftsgericht die Mitteilung kommt, dass ein Gutachten erstellt werden soll, um festzustellen, ob eine Betreuung notwendig ist?**

Derartige Schreiben bewirken für viele Betroffene einen erheblichen Schock. Eine derartige Anregung können der Nachbar, der Briefträger, die Bank, die Verwandten, praktisch jeder Dritte stellen, soweit der Verdacht der Notwendigkeit einer Betreuung besteht. Eine Beschwerde des Betroffenen wäre als unzulässig zu verwerfen. Die Anordnung der Einholung eines Gutachtens ist keine nach § 58 FamFG anfechtbare Verfügung (so auch LG Landshut, 60 T 1960/05).

> **Kann es passieren, dass ein Betroffener in einem Betreuungsverfahren ein eingeholtes Sachverständigengutachten nicht zur Einsicht erhält?**

Ja, diese Möglichkeit besteht und kommt in der Praxis relativ häufig vor. Grundsätzlich muss das Gutachten dem Betroffenen mit vollem Inhalt – und zwar vor der ersten Anhörung – zur Verfügung gestellt werden, damit er Zeit hat, sich damit auseinanderzusetzen und gegenüber dem Betreuungsgericht eigene Aussagen dazu machen kann.

Ausnahmen von diesem Grundsatz können dann gemacht werden, wenn konkret zu erwarten ist, dass der Betreute schwere gesundheitliche Nachteile dadurch erleiden würde, wenn er das vollständige Gutachten kennt. Wenn so ein Ausnahmefall vorliegt, muss das Gutachten jedoch unbedingt dem zuvor zu bestellenden Verfahrenspfleger ausgehändigt werden, der dies dann in angemessener Weise mit dem Betroffenen bespricht bzw. ihn über den Inhalt in verträglicher Weise informiert. Die reine Bekanntgabe an den Verfahrenspfleger ohne jegliche Besprechung mit dem Betroffenen reicht nur in den absoluten Ausnahmefällen der §§ 288 Abs. 1 und 325 Abs. 1 FamFG aus.

Im Übrigen reicht es auch nicht aus, das Gutachten dem Betreuer zu überlassen, auch wenn dieser den Inhalt mit dem Betroffenen besprechen sollte.

Abschlussbemerkungen

Im April 2020 erreichte mich ein Schreiben der Lebensgefährtin eines Mannes, der aufgrund von Alkoholproblemen von seiner Betreuerin in ein Heim verbracht wurde. Sie schrieb mir:

Von der Betreuerin wurde jede Auskunft über seinen Gesundheitszustand verweigert. Die gesetzliche Betreuerin behandelte ihn und mich sehr abweisend bis beleidigend, erteilte mir gnädigerweise Besuchsrecht, aber jegliche Auskünfte ihn betreffend wurden mir von ihr und dem Pflegeheim verweigert.

Sie löste, ohne Bescheid zu geben, seine Wohnung auf und warf alle seine Sachen weg, selbst die persönlichsten Gegenstände und Erinnerungsstücke (z. B. ein Laptop mit Fotos vieler Jahre), unwiederbringliche wichtige Kontaktdaten etc.

Darf ich ihn aufgrund der Corona-Situation nicht mehr besuchen? Ich mache mir große Sorge, da ich meinen Freund nun schon seit Wochen nicht mehr sehen konnte und keinen Einblick habe, was im Heim vor sich geht …

Zu Hunderten haben mich in den letzten Wochen derartige Schreiben erreicht. Wir sind im Forschungsinstitut Betreuungsrecht der Kester-Haeusler-Stiftung mit Fällen befasst, die letztendlich negativ liefen und laufen. Dies hat sicherlich auch den Inhalt dieses Buches geprägt. Ich habe mit einer großen Menge verzweifelter Menschen gesprochen, die einmal über das mangelnde Informationsrecht als Angehörige zutiefst verletzt waren, aber auch über das Verhalten der Betreuer, die ihr Amt falsch ausüben und nur eine Geldverdienstquelle darin sehen und nicht die menschliche Seite beachten.

Die ungeheure Macht, die ein Betreuer hat, spürte ich praktisch ständig in den Briefen, die ich erhielt. Dass Betreuer keine Besuche durchführen, dass Betreuer Wohnungen und Häuser auflösen und den Inhalt, ohne Angehörige zu fragen, zu Müllverwertung oder der Nachlassverwertung übergeben. Hier wurden jahrzehntealte Unterlagen, Daten, Fotos und Erinnerungen einer gesamten Familie ausgelöscht, weil der Betreuer einfach keine Lust hat, sich mit Angehörigen auseinanderzusetzen!

Ein wichtiges Thema der ständigen Anfragen waren auch die Besuchsverbote, die genauso eine Verletzung der Menschenwürde darstellen, wie auch die mangelnden Informationen der Betreuer gegenüber den Betreuten. Meistens wissen die Betreuten überhaupt nicht, was mit ihrem Vermögen oder Geld geschieht.

2011 wurde mir ein dramatischer Fall geschildert. Eine Dame, die selbst Betreuung beantragt hatte, weil sie mit dem Schreiben und der Darstellung ihrer Probleme nicht zurechtkam, klar begründet nicht durch Demenz, sondern durch ihre schwere körperliche Erkrankung, verlangte für einen Arztwechsel von ihrer Betreuerin die Dokumentation der letzten Ärzte.

Die Betreuerin verwies sie daraufhin an einen Anwalt für Medizinrecht. Sie ließ sich auch nicht sprechen, so wie sie in den fünf Jahren vorher nie auf einen Anruf zurückgerufen hatte. Gespräche mit der Betreuten fanden bei offener Wohnungstür statt und waren auch im Treppenhaus zu hören, obwohl es um die finanzielle Situation ging. Auf den Hinweis, dass es sich um die Privatsphäre handele, sagte sie, das sei doch egal, das gehe keinen was an.

Bei Gericht in Verhandlungen drehte sie aber ihren Charakter völlig um, sie tätschelte das Händchen der Betreuten und tat so, als wäre es nur in deren Interesse, dass die Ansprüche, die sie geltend machte, durchgesetzt werden konnten.

In einem solchen Fall kann einem nur der Rat gegeben werden, möglichst schnell einen Anwalt aufzusuchen, der das Betreuungsrecht kennt und der möglichst nicht beim gleichen Gericht Betreuungsfälle übernimmt.

Man muss hier an dieser Stelle noch mal deutlich sagen, dass es sehr viele sehr gute, sehr zuverlässige und fleißige Betreuer gibt. Leider wird das Berufsbild der Betreuer, das es leider auch gar nicht gibt, weil keine Ausbildung hierfür bisher geschaffen wurde, von einigen wenigen Betreuern und durch falsche Gesetzgebung zunichtegemacht. Betreuer, die völlig überlastet sind und sich um die Betreuten nicht kümmern, sind keine Seltenheit.

Vor einigen Jahren vereinbarte ich mit einer Reporterin von RTL, dass sie sich als Betreuerin bewirbt. Ein Betreuer erklärte ihr, sie könne bei ihm arbeiten, brauche sich aber von Anrufen der Angehörigen nicht stören lassen, weil so und so der Anrufbeantworter liefe und die Besuche bei den Betreuten meist nur alle halben Jahre im Heim erfolgten. Man weiß bei solchen Antworten, dass der Betreuer nur ein einziges Ziel bei der Betreuung hat, die betroffene Person ins Heim abzuschieben, weil er dann richtig Geld verdient.

Dies liegt an dem katastrophalen Bezahlsystem, weil die Betreuer nicht nach Leistung, sondern nur nach Betreuungsfall bezahlt werden. Das ist völlig unmöglich und dient nur dazu, dem Staat Ausgaben zu ersparen. Es ist aber, soweit ich mich an die Gespräche mit Betreuten erinnere, eine der Hauptursachen für die negativen Entwicklungen, die das Betreuungsrecht erlebt hat. Ein Betreuer, der fleißig ist und ein Mitgefühl mit seinen Betreuten hat und mehr Zeit aufwendet als gesetzlich vorgesehen, bekommt dafür nicht mehr als jeder andere. Dies hat auch dazu geführt, dass sich Betreuer aufgrund der Unterfinanzierung oftmals keine richtigen Bürokräfte leisten. Die Betreuer sind durch die katastrophale Regelung der Betreuungspauschale auf ein Gleis gedrängt, auf das sie nie gehörten.

Meiner Ansicht nach müssten dringende Gesetzesänderungen vorgenommen werden. Leider haben die Betreuten keine Lobby und auch keine Interessenvertretung wie die Betreuerverbände. Die Betreuten und die Angehörigen der Betreuten sind meistens auf sich allein gestellt. Die Gerichte sind meistens völlig überlastet. Fragen der Betreuten oder der Angehörigen werden nicht sehr begeistert aufgenommen. Gleiches gilt auch für Angehörige, wenn diese ihre älteren Verwandten oder Partner im Pflegeheim besuchen. Durch die katastrophale Unterbesetzung ist das Personal dort meist so überlastet, dass ein persönliches Zuwort oder eine nähere Erkundigung über den Angehörigen und dessen Pflege meistens gar nicht möglich ist. Die hierfür verantwortlichen Politiker haben in den letzten Jahrzehnten das gesamte System der älteren Menschen immer mehr »runtergespart«. Vielleicht gibt die jetzige Krise auch mal den Politikern Anlass, sich um Gesetzesänderungen und bessere Bezahlung des Personals der Altenheime, Pflegeheime und Krankenhäuser zu kümmern.

Soweit Sie Fragen haben, die nicht durch dieses Buch beantwortet werden konnten, oder wenn Sie von gravierenden Betreuungsmissständen hören, melden Sie sich bitte bei mir! Ich freue ich mich über eine Zuschrift an die

Kester-Haeusler-Stiftung
Dachauer Straße 61
82256 Fürstenfeldbruck
Prof. Dr. Volker Thieler

Anhang

1. Merkblatt über die Verfassungsbeschwerde zum Bundesverfassungsgericht

I. Allgemeines

Jedermann kann Verfassungsbeschwerde mit der Behauptung erheben, durch die öffentliche Gewalt in einem seiner Grundrechte oder in einem seiner in Art. 20 Abs. 4, 33, 38, 101, 103, 104 GG enthaltenen Rechte verletzt zu sein (Art. 93 Abs. 1 Nr. 4 a GG). Das Bundesverfassungsgericht kann die Verfassungswidrigkeit eines Aktes der öffentlichen Gewalt feststellen, ein Gesetz für nichtig erklären oder eine verfassungswidrige Entscheidung aufheben und die Sache an ein zuständiges Gericht zurückverweisen.

Andere Entscheidungen kann das Bundesverfassungsgericht auf eine Verfassungsbeschwerde hin nicht treffen. Es kann z.B. weder Schadensersatz zuerkennen noch Maßnahmen der Strafverfolgung einleiten. Grundsätzlich gibt es auch keinen mit der Verfassungsbeschwerde verfolgbaren Anspruch auf ein bestimmtes Handeln des Gesetzgebers.

Verfassungsbeschwerden gegen gerichtliche Entscheidungen führen nicht zur Überprüfung im vollen Umfang, sondern nur zur Nachprüfung auf verfassungsrechtliche Verstöße. Selbst wenn die Gestaltung des Verfahrens, die Feststellung und Würdigung des Sachverhalts, die Auslegung eines Gesetzes oder seine Anwendung auf den einzelnen Fall Fehler aufweisen sollten, bedeutet dies für sich allein nicht schon eine Grundrechtsverletzung.

II. Form und Inhalt der Verfassungsbeschwerde

Die Verfassungsbeschwerde ist schriftlich in deutscher Sprache einzureichen und zu begründen (§ 23 Abs. 1, § 92 BVerfGG). Die Begründung muss mindestens folgende Angaben enthalten:

1. Der Hoheitsakt (gerichtliche Entscheidung, Verwaltungsakt, Gesetz), gegen den sich die Verfassungsbeschwerde richtet, muss genau bezeichnet werden (bei gerichtlichen Entscheidungen und Verwaltungsakten sollen Datum, Aktenzeichen und Tag der Verkündung bzw. des Zugangs angegeben werden).

2. Das Grundrecht oder grundrechtsgleiche Recht, das durch den angegriffenen Hoheitsakt verletzt sein soll, muss benannt oder jedenfalls seinem Rechtsinhalt nach bezeichnet werden.

3. Es ist darzulegen, worin im Einzelnen die Grundrechtsverletzung gesehen wird. Hierzu sind auch die mit der Verfassungsbeschwerde angegriffenen Gerichtsentscheidungen (einschließlich in Bezug genommener Schreiben), Bescheide etc. vorzulegen. Zumindest muss ihr Inhalt einschließlich der Begründung aus der Beschwerdeschrift ersichtlich sein. Ein Verweis auf eigene Schriftsätze aus anderen Verfahren oder weitere Unterlagen genügt nicht.

4. Neben den angegriffenen Entscheidungen müssen auch sonstige Unterlagen aus dem Ausgangsverfahren (z.B. einschlägige Schriftsätze, Anhörungsprotokolle, Gutachten) vorgelegt (wie unter 3.) oder inhaltlich wiedergegeben werden, ohne deren Kenntnis nicht beurteilt werden kann, ob die in der Verfassungsbeschwerde erhobenen Rügen berechtigt sind.

5. Richtet sich die Verfassungsbeschwerde gegen behördliche und/oder gerichtliche Entscheidungen, so muss aus der Begründung auch ersichtlich sein, dass alle Rechtsbehelfe, Anträge und Rügen im Verfahren vor den Fachgerichten

genutzt worden sind, um die Abwehr des behaupteten Grundrechtsverstoßes zu erreichen. Dazu müssen die im fachgerichtlichen Verfahren gestellten Anträge und sonstigen Schriftsätze beigefügt (wie unter 3.) oder inhaltlich wiedergegeben werden.

6. Beim Bundesverfassungsgericht eingereichte Schriftsätze und sonstige Unterlagen werden Bestandteil der Gerichtsakten und daher grundsätzlich nicht zurückgesandt. Schicken Sie daher bitte nur Schriftsätze und Kopien, die bei den Akten verbleiben können.

III. Weitere Zulässigkeitsvoraussetzungen

1. Beschwerdefrist

Die Verfassungsbeschwerde gegen Entscheidungen der Gerichte und Behörden ist nur innerhalb eines Monats zulässig (§ 93 Abs. 1 Satz 1 BVerfGG). Auch die vollständige Begründung muss innerhalb dieser Frist eingereicht werden (§ 93 Abs. 1 Satz 1 BVerfGG). Werden Informationen, die zu den Mindestanforderungen an die Begründung der Verfassungsbeschwerde (s. oben II.) gehören, erst nach Fristablauf unterbreitet, so bleibt die Verfassungsbeschwerde unzulässig. Eine Verlängerung der Frist durch das Gericht ist ausgeschlossen.

Wenn die Frist ohne Verschulden nicht eingehalten werden konnte, so kann binnen zwei Wochen nach Wegfall des Hindernisses Wiedereinsetzung in den vorigen Stand beantragt und die Verfassungsbeschwerde nachgeholt werden. Die Tatsachen zur Begründung des Antrags sind glaubhaft zu machen. Das Verschulden des Bevollmächtigten steht dem Verschulden eines Beschwerdeführers gleich (§ 93 Abs. 2 BVerfGG).

2. Erschöpfung des Rechtswegs

a) Allgemeines

Die Anrufung des Bundesverfassungsgerichts ist grundsätzlich nur und erst dann zulässig, wenn zuvor der Rechtsweg erschöpft und darüber hinaus alle zur Verfügung stehenden weiteren Möglichkeiten ergriffen worden sind, um eine Korrektur der geltend gemachten Verfassungsverletzung zu erreichen oder diese zu verhindern. Die Verfassungsbeschwerde ist unzulässig, wenn und soweit eine anderweitige Möglichkeit besteht oder bestand, die Grundrechtsverletzung zu beseitigen oder ohne Inanspruchnahme des Bundesverfassungsgerichts im praktischen Ergebnis dasselbe zu erreichen.

Vor Erhebung der Verfassungsbeschwerde müssen daher alle verfügbaren Rechtsbehelfe (z. B. Berufung, Revision, Beschwerde, Nichtzulassungsbeschwerde) genutzt worden sein. Die Erhebung einer Verfassungsbeschwerde zum Landesverfassungsgericht wird jedoch nicht vorausgesetzt. Zu den Möglichkeiten, den geltend gemachten Grundrechtsverstoß schon im Verfahren vor den Fachgerichten abzuwehren, gehören insbesondere auch die ausreichende Darstellung des relevanten Sachverhalts, geeignete Beweisanträge, Wiedereinsetzungsanträge bei unverschuldeter Fristversäumung.

b) Besonderheiten bei Gehörsrügen

Wird die eigenständige und neue Verletzung rechtlichen Gehörs (Art. 103 Abs. 1 GG) durch eine letztinstanzliche gerichtliche Entscheidung gerügt, so ist die Verfassungsbeschwerde nur zulässig, wenn zuvor versucht wurde, durch Einlegung einer Anhörungsrüge (insbesondere § 321a ZPO, § 152a VwGO, § 178a SGG, § 78a ArbGG, § 44 FamFG, § 133a FGO, §§ 33a, 356a StPO) bei dem zuständigen Fachgericht Abhilfe zu erreichen. Die unterlassene Einlegung einer nicht offensichtlich aussichtslosen Anhörungsrüge kann zur Unzulässigkeit der Verfassungsbeschwerde nicht nur in Bezug auf die behauptete Gehörsverletzung, sondern auch hinsichtlich sonstiger Rügen führen, soweit diesen durch die Anhörungsrüge hätte abgeholfen werden können. Hingegen ist die Einlegung einer offensichtlich aussichtslosen Anhörungsrüge für den Beginn der Frist zur Erhebung der Verfassungsbeschwerde nicht maßgeblich. Bei Zweifeln über die Erforderlichkeit und die Erfolgsaussichten einer Anhörungsrüge steht es einem Beschwerdeführer offen, zur Fristwahrung zeitgleich mit der Anhörungsrüge beim Fachgericht Verfassungsbeschwerde zu erheben.

c) Rechtssatzverfassungsbeschwerde
Gesetze, Rechtsverordnungen oder Satzungen können mit der Verfassungsbeschwerde nur ausnahmsweise unmittelbar angegriffen werden, und zwar dann, wenn sich die Betroffenen selbst, gegenwärtig und unmittelbar beschweren. Die Verfassungsbeschwerde muss in diesem Fall binnen eines Jahres seit dem Inkrafttreten der Rechtsvorschrift erhoben werden (§ 93 Abs. 3 BVerfGG).
In der Regel bedürfen Rechtsvorschriften jedoch des Vollzuges, d. h. der Anwendung im einzelnen Fall durch eine behördliche oder gerichtliche Entscheidung, gegen die Betroffene den Rechtsweg vor den zuständigen Gerichten erschöpfen müssen. In aller Regel ist die Verfassungsbeschwerde daher in solchen Fällen erst nach der Entscheidung des letztinstanzlichen Gerichts zulässig (§ 90 Abs. 2 BVerfGG).

IV. Vertretung

Die Verfassungsbeschwerde kann von den Betroffenen selbst erhoben werden. Die Beteiligten können sich in jeder Lage des Verfahrens durch einen Rechtsanwalt oder durch einen Rechtslehrer an einer staatlichen oder staatlich anerkannten Hochschule eines Mitgliedstaates der Europäischen Union, eines anderen Vertragsstaates des Abkommens über den Europäischen Wirtschaftsraum oder der Schweiz, der die Befähigung zum Richteramt besitzt, als Bevollmächtigten vertreten lassen (§ 22 Abs. 1

Satz 1 BVerfGG). Eine andere Person lässt das Bundesverfassungsgericht als Beistand nur dann zu, wenn es dies ausnahmsweise für sachdienlich hält (§ 22 Abs. 1 Satz 4 BVerfGG). Die Vollmacht ist schriftlich zu erteilen und muss sich ausdrücklich auf das Verfahren vor dem Bundesverfassungsgericht beziehen (§ 22 Abs. 2 BVerfGG) und die mit der Verfassungsbeschwerde angegriffenen Hoheitsakte konkret bezeichnen.

V. Annahmeverfahren

Die Verfassungsbeschwerde bedarf der Annahme zur Entscheidung (§ 93a Abs. 1 BVerfGG). Sie ist zur Entscheidung anzunehmen, soweit ihr grundsätzliche verfassungsrechtliche Bedeutung zukommt. Eine Verfassungsbeschwerde hat regelmäßig keine grundsätzliche verfassungsrechtliche Bedeutung, wenn die von ihr aufgeworfenen verfassungsrechtlichen Fragen in der Rechtsprechung des Bundesverfassungsgerichts bereits geklärt sind. Sie ist ferner anzunehmen, wenn es zur Durchsetzung der in § 90 Abs. 1 BVerfGG genannten Rechte angezeigt ist; dies kann auch der Fall sein, wenn dem Beschwerdeführer durch die Versagung der Entscheidung zur Sache ein besonders schwerer Nachteil entsteht (§ 93a Abs. 2 BVerfGG).

Die Ablehnung der Annahme der Verfassungsbeschwerde kann durch einstimmigen Beschluss der aus drei Richterinnen und Richtern bestehenden Kammer erfolgen. Der Beschluss bedarf keiner Begründung und ist nicht anfechtbar (§ 93d Abs. 1 BVerfGG).

VI. Gerichtskosten

Das Verfahren vor dem Bundesverfassungsgericht ist kostenfrei. Das Bundesverfassungsgericht kann jedoch einem Beschwerdeführer oder einem Bevollmächtigten eine Gebühr bis zu 2600 Euro auferlegen, wenn die Einlegung der Verfassungsbeschwerde einen Missbrauch darstellt (§ 34 Abs. 2 BVerfGG).

VII. Rücknahme von Anträgen

Bis zur Entscheidung des Bundesverfassungsgerichts ist grundsätzlich die Rücknahme einer Verfassungsbeschwerde insgesamt oder einzelner Rügen sowie die Rücknahme eines Antrags auf Erlass einer einstweiligen Anordnung jederzeit möglich. Eine Gebühr (vgl. VI) wird in diesem Fall nicht erhoben.

VIII. Allgemeines Register (AR)

Eingaben, mit denen der Absender weder einen bestimmten Antrag verfolgt noch ein Anliegen geltend macht, für das eine Zuständigkeit des Bundesverfassungsgerichts besteht, werden im Allgemeinen Register erfasst und als Justizverwaltungsangelegenheit bearbeitet.

Im Allgemeinen Register können auch Verfassungsbeschwerden registriert werden, bei denen eine Annahme zur Entscheidung (§ 93a BVerfGG) nicht in Betracht kommt, weil sie offensichtlich unzulässig sind oder unter Berücksichtigung der Rechtsprechung des Bundesverfassungsgerichts offensichtlich keinen Erfolg haben können (s. oben V.).

Wird nach Unterrichtung über die Rechtslage eine richterliche Entscheidung verlangt, so wird die Verfassungsbeschwerde in das Verfahrensregister übertragen und weiterbehandelt (§ 64 Abs. 2 GOBVerfG).

(Merkblatt vom BVerfG)

2. Musteranträge und -entscheidungen

An das Amtsgericht
(Ort, an dem das Betreuungsverfahren läuft)

Antrag auf Betreuerwechsel – Betreuer Herr …

Sehr geehrte Damen und Herren,

ich bin die Ehefrau von Herrn … Mein Ehemann hat seit … Jahren einen Betreuer für die Bereiche:
- Vermögen,
- ärztliche Versorgung,
- Aufenthaltsbestimmung und
- Telefon und Post.

Ich stelle fest, dass der Betreuer sich praktisch um nichts kümmert. Er kommt ihn nie besuchen. Er zahlt auch anscheinend einige Rechnungen der Ärzte oder der von ihm genehmigten Besuche bei Physiotherapeuten nicht, sodass es schon zu Mahnbescheiden kam. Er behauptet immer, dass nicht ausreichend Geld vorhanden ist, obwohl genügend Geldmittel vorhanden sind. Oder dass die Briefe nicht zu ihm kamen, obwohl die entsprechenden Institutionen mir Abschriften schicken und ich davon ausgehe, dass nicht so viele Briefe verloren gehen.

Im Übrigen habe ich ihn mehrfach angerufen und gebeten, die Zahlung zu leisten, und er versprach, dies zu erledigen. Ich glaube, er ist nicht in der Lage im Augenblick seinen Beruf voll auszuüben oder hat zu viele Betreuungsfälle. Ich bitte auf jeden Fall, dieses Verhalten zu kontrollieren, und rege an, ihn als Betreuer abzusetzen und einen neuen Betreuer auszuwählen, der sich mehr um den Betreuten im Bereich seines Aufgabenbereichs kümmert. Ich weiß, dass nicht dauernde Besuche notwendig sind. Aber innerhalb des letzten halben Jahres ist der Betreuer nicht ein einziges Mal erschienen, sondern wickelt die Sachen nur telefonisch ab. Wenn ich Glück habe, erreiche ich ihn am Telefon, die meiste Zeit ist aber der Anrufbeantworter angestellt.

Mit freundlichen Grüßen

An das Amtsgericht
(zuständig ist das Amtsgericht an dem Ort, an dem der Betreute lebt)

Betreuungsanregung für Frau/Herrn …

Sehr geehrte Damen und Herren,

ich bin die Nachbarin von Frau/Herrn … in …
Ich rege eine Betreuung meiner Nachbarin aus folgenden Gründen an:

Sie macht einen sehr verwahrlosten Eindruck und kann sich anscheinend um nichts mehr kümmern. Es gibt auch keinen Verwandten – oder sonstige Besucher. Sie lebt allein. Es besteht hier dringende Lebensgefahr, dass sie verhungert oder sich verletzt. Sie muss meiner Ansicht nach mindestens einen Pflegedienst bekommen. Allerdings glaube ich, dass der Zustand so gravierend ist, dass mit einer normalen Pflege die Probleme nicht beseitigt werden können, da sie mir selbst erzählte, dass sie in ihrem Haus nichts mehr machen kann und alles nur rumliegt und sie nichts mehr findet. Ich habe das Gefühl, dass sie auch Sachen sehr schnell vergisst und gar nicht mehr weiß, was sie im Prinzip wirklich will.

Mit freundlichen Grüßen

01/UR II 3/20

Aufgebot

Herr Rechtsanwalt .... hat den Antrag auf Kraftloserklärung einer abhandengekommenen Urkunde bei Gericht eingereicht.

Es handelt sich um eine notarielle General- und Vorsorgevollmacht, Betreuungsverfügung vom ...., URNr. ....

Berechtigte ist laut Urkunde:

Frau ....

Der Inhaber der Urkunde wird aufgefordert, seine Rechte spätestens bis zu dem .... vor dem Amtsgericht .... anzumelden und die Urkunde vorzulegen, da ansonsten die Kraftloserklärung der Urkunde erfolgen wird.

Starnberg, 31.3.2020

Diese Anzeige ist im März 2020 im *Münchner Merkur* erschienen. Die Vorsorgevollmacht ist verloren gegangen. Anscheinend brauchte der Anwalt diese dringend und möchte die verloren gegangene Vorsorgeurkunde deswegen als »erloschen« erklären lassen. Wenn bis 31.7.2020 nicht jemand sich mit der Urkunde meldet, ist die Vorsorgevollmacht erloschen.

Amtsgericht
Abteilung für Betreuungssachen

Az.:

Betreuung für

- Betreute -

- Betreuerin -

- Verfahrenspfleger -

Das Amtsgericht   erlässt durch den Richter am Amtsgericht   am
15.11.2010 folgenden

Beschluss

Durch einstweilige Anordnung wird Folgendes angeordnet:

Die Betreuung wird erweitert.

Die Betreuung umfasst folgende Aufgabenkreise:

- Gesundheitsfürsorge
- Vertretung gegenüber Behörden, Versicherungen, Renten- und Sozialleistungsträgern
- Vermögenssorge
- Aufenthaltsbestimmung
- Abschluss, Änderung und Kontrolle der Einhaltung eines Heim-Pflegevertrages
- Entgegennahme, Öffnen und Anhalten der Post und Entscheidung über Fernmeldever-
  kehr

Die Betroffene bedarf zu Willenserklärungen, die den Aufgabenkreis der Vermögenssorge betreffen der Einwilligung des Betreuers (Einwilligungsvorbehalt).

Das Gericht wird spätestens bis zum   über die Aufhebung oder Verlängerung der
hier getroffenen Regelungen entscheiden.
Die sofortige Wirksamkeit der Entscheidung wird angeordnet.

Gründe:

Die Voraussetzungen für die Erweiterung der Betreuung (§ 293 FamFG) mit dem vorstehend beschriebenen Aufgabenkreis sind gegeben.
Die bestehende Betreuung wurde überprüft.

Es bestehen dringende Gründe für die Annahme, dass die Betroffene aufgrund einer der in § 1896 Abs. 1 Satz 1 BGB aufgeführten Krankheiten / Behinderungen, nämlich
- einer senilen Demenz vaskulärer Art
nicht in der Lage ist, die Angelegenheiten ausreichend zu besorgen, die zum genannten Aufgabenkreis gehören.

Dies folgt aus dem Ergebnis der gerichtlichen Ermittlungen, insbesondere aus
- dem aktuellen Gutachten d. Sachverständigen   vom
- dem unmittelbaren Eindruck, den sich das Gericht anlässlich der Anhörung der Betroffenen in der üblichen Umgebung der Betroffenen verschafft hat

Die bisherigen Aufgabenkreise haben sich als nicht ausreichend erwiesen. Daher war die Betreuung durch einstweilige Anordnung (§§ 300, 301 FamFG) zu erweitern.

Die Anordnung des Einwilligungsvorbehalts erfolgte zur Abwendung einer erheblichen Gefahr für das Vermögen der Betroffenen.
- die Betroffene vertraut ihrer Ex-bevollmächtigten bedingungslos und es deshalb nicht auszuschließen, dass sie ihr rechtswirksam größere Geldbeträge schenkungsweise überträgt

Die Anhörung der Betroffenen war wegen der Eilbedürftigkeit vor Erlass der Entscheidung nicht möglich. Sie wird unverzüglich nachgeholt werden (§ 301 Abs. 1 FamFG).

Die Anordnung der sofortigen Wirksamkeit beruht auf § 287 Abs. 2 Satz 1 FamFG.

Rechtsbehelfsbelehrung:

Gegen diesen Beschluss finden die Rechtsmittel der **Beschwerde** oder der **Sprungrechtsbeschwerde** statt.

Rechtsmittel der Beschwerde:

Die Beschwerde ist nur zulässig, wenn der Wert des Beschwerdegegenstandes 600,00 € übersteigt oder wenn das Gericht des ersten Rechtszugs die Beschwerde zugelassen hat.

Die Beschwerde ist binnen einer Frist von 1 Monat beim
          Amtsgericht

einzulegen.

Die Frist beginnt mit der schriftlichen Bekanntgabe des Beschlusses. Erfolgt die schriftliche Bekanntgabe durch Zustellung nach den Vorschriften der Zivilprozessordnung, ist das Datum der
Zustellung maßgebend. Erfolgt die schriftliche Bekanntgabe durch Aufgabe zur Post und soll die
Bekanntgabe im Inland bewirkt werden, gilt das Schriftstück 3 Tage nach Aufgabe zur Post als
bekanntgegeben, wenn nicht der Beteiligte glaubhaft macht, dass ihm das Schriftstück nicht
oder erst zu einem späteren Zeitpunkt zugegangen ist. Kann die schriftliche Bekanntgabe an
einen Beteiligten nicht bewirkt werden, beginnt die Frist spätestens mit Ablauf von 5 Monaten
nach Erlass (§ 38 Abs. 3 FamFG) des Beschlusses. Fällt das Fristende auf einen Sonntag,
einen allgemeinen Feiertag oder Sonnabend, so endet die Frist mit Ablauf des nächsten Werktages.

Die Beschwerde wird durch Einreichung einer Beschwerdeschrift oder zur Niederschrift der Geschäftsstelle eingelegt. Die Beschwerde kann zur Niederschrift eines anderen Amtsgerichts erklärt werden; die Beschwerdefrist ist jedoch nur gewahrt, wenn das Protokoll rechtzeitig bei einem der Gerichte, bei denen die Beschwerde einzulegen ist, eingeht. Die Beschwerde ist von
dem Beschwerdeführer oder seinem Bevollmächtigten zu unterzeichnen.

Die Beschwerde muss die Bezeichnung des angefochtenen Beschlusses sowie die Erklärung
enthalten, dass Beschwerde gegen diesen Beschluss eingelegt wird.

Die Beschwerde soll begründet werden.

Rechtsmittel der Sprungrechtsbeschwerde:

Gegen diesen Beschluss findet auf Antrag unter Übergehung der Beschwerdeinstanz unmittelbar die Rechtsbeschwerde (Sprungrechtsbeschwerde) statt, wenn die Beteiligten in die Umge-
hung der Beschwerdeinstanz einwilligen und der Bundesgerichtshof die Sprungrechtsbeschwerde zulässt.

Die Sprungrechtsbeschwerde ist nur zulässig, wenn der Wert des Beschwerdegegenstandes
600,00 € übersteigt.

Der Antrag auf Zulassung der Sprungrechtsbeschwerde und die Erklärung der Einwilligung gelten als Verzicht auf das Rechtsmittel der Beschwerde.

Die Zulassung der Sprungrechtsbeschwerde ist durch Einreichung eines Schriftsatzes (Zulassungsschrift) beim
          Bundesgerichtshof Karlsruhe
          Herrenstraße 45a
          76133 Karlsruhe
zu beantragen.

Die Frist für die Einlegung des Antrags auf Zulassung der Sprungrechtsbeschwerde beträgt 1 Monat.

Sie ist eine Notfrist und beginnt mit der Zustellung des in vollständiger Form abgefassten Beschlusses, spätestens aber mit Ablauf von fünf Monaten nach dem Erlass des Beschlusses. Fällt das Fristende auf einen Sonntag, einen allgemeinen Feiertag oder Sonnabend, so endet die Frist mit Ablauf des nächsten Werktages.

Die Zulassungsschrift hat die Bezeichnung des Beschlusses, gegen den die Sprungrechtsbeschwerde gerichtet wird, sowie die Erklärung zu enthalten, dass gegen diesen Beschluss die Zulassung der Sprungrechtsbeschwerde beantragt wird.

In dem Antrag muss dargelegt werden, dass die Rechtssache grundsätzliche Bedeutung hat oder die Fortbildung des Rechts oder die Sicherung einer einheitlichen Rechtsprechung die Entscheidung des Rechtsbeschwerdegerichts erfordert.

Die Sprungrechtsbeschwerde kann nicht auf einen Mangel des Verfahrens gestützt werden.

Für den Antrag auf Zulassung der Sprungrechtsbeschwerde ist die Vertretung durch einen beim Bundesgerichtshof zugelassenen Rechtsanwalt erforderlich, der die Zulassungsschrift zu unterschreiben hat.

Behörden und juristische Personen des öffentlichen Rechts einschließlich der von ihnen zur Erfüllung ihrer öffentlichen Aufgaben gebildeten Zusammenschlüsse können sich durch eigene Beschäftigte oder Beschäftigte anderer Behörden oder juristischen Personen des öffentlichen Rechts einschließlich der von ihnen zur Erfüllung ihrer öffentlichen Aufgaben gebildeten Zusammenschlüsse vertreten lassen. Die zur Vertretung berechtigte Person muss die Befähigung zum Richteramt haben. Sie hat die Zulassungsschrift zu unterzeichnen.

Mit der Zulassungsschrift soll eine Ausfertigung oder beglaubigte Abschrift des angefochtenen Beschlusses vorgelegt werden.

Die schriftliche Erklärung der Einwilligung des Beschwerdegegners ist dem Zulassungsantrag beizufügen oder innerhalb der oben genannten Frist zur Einlegung des Rechtsmittels beim Bundesgerichtshof einzureichen. Sie kann auch von dem Verfahrensbevollmächtigten des ersten Rechtszuges oder zur Niederschrift der Geschäftsstelle eines jeden Amtsgerichts abgegeben werden.

gez.

LANDGERICHT

Aktenzeichen:

- Abschrift -

Die 6. Zivilkammer des Landgerichts   erläßt durch die un-
terfertigten Richter ohne mündliche Verhandlung am

in Sachen

- Betroffener und Beschwerdeführer -

Prozeßbevollmächtigter: Rechtsanwälte

wegen Beauftragung eines Sachverständigen zur Erstellung eines Gutachtens
zu den medizinischen Voraussetzungen der
Betreuung

folgenden

Beschluß:

I.   Die Beschwerde wird verworfen.

II.   Die Entscheidung ergeht gerichtskostenfrei.

Bankverbindung:

369

B e s c h l u s s

In dem Betreuungsverfahren

geboren am
zur Zeit Altenheim

Betreuerin:

Antragsgegnerin:

hat das Amtsgericht   - Vormundschaftsgericht - auf
Antrag der Betreuerin beschlossen:

Der Antragsgegnerin wird der persönliche Umgang mit der Betreuten
außerhalb der von der Betreuerin festgesetzten Besuchsregelung
verboten.

Der Antragsgegnerin wird für jeden Fall der Zuwiderhandlung die
Verhängung eines Zwangsgeldes bis zu 50.000,00 DM angedroht.

G r ü n d e :

Für die Betreute besteht eine Betreuung.

Der Betreuerin ist u.a. auch der Aufgabenbereich "Gesundheitssorge" übertragen worden.

Die Betreute befindet sich zur Zeit in einem Altenheim zur
Kurzzeitpflege.

Die Betreute leidet unter einer seelischen Behinderung im Rahmen
einer Cerebralsklerose.

- 2 -

Sie ist leicht zu ängstigen und zu beunruhigen.

Zwischen den Kindern der Betreuten bestehen erhebliche Spannungen.

Die Betreuerin hat mit Schreiben vom   eine Besuchsregelung gegenüber der Antragsgegnerin ausgesprochen. Danach sollen die Besuche auf eine Stunde im vierwöchigen Rhythmus begrenzt werden und zudem die Betreuerin anwesend sein.

Am   begab sich die Antragsgegnerin in das Altenheim, in dem sich die Betreute aufhält. Sie erklärte gegenüber den Stationsschwestern, sie habe mit der Sozialarbeiterin, Frau Strohmeyer, abgesprochen, dass sie ihre Mutter besuchen dürfe, was nicht der Wahrheit entsprach.

Die Antragsgegnerin verlies daraufhin mit ihrer Mutter das Haus, sie brachte sie später zurück.

Gegenüber der Sozialarbeiterin erklärte sie, dass sie sich auf gar keinen Fall an eine Besuchsregelung halten werde. Nach Rückkehr in das Altenheim war die Betreute sehr verängstigt, ruhig, still und eingeschüchtert.

Die Betreuerin hat zur Durchsetzung der Besuchsregelung den Erlaß einer "einstweiligen Verfügung" beantragt.

Dem Antrag war zu entsprechen.

Die Zuständigkeit des Vormundschaftsgerichtes zur Entscheidung ergibt sich aus §§ 1908 i i.V.m. 1632 Abs. 3 BGB.

Danach kann das Vormundschaftsgericht auf Antrag über Streitigkeiten entscheiden, die den Umgang des Betreuten betreffen.

Die Betreuerin ist zur Regelung des Umgangs befugt.

Bei Vorliegen medizinischer Gründe ist ein Betreuer, dem die Gesundheitssorge übertragen wurde, auch berechtigt, bestimmten Personen den Umgang zu verbieten (Palandt-Diederichsen, § 1896
Randnr. 28 unter Hinweis auf BayObLG FamRz 88, 320). Im übrigen
ist die Regelung des Umgangsrechts Bestandteil der Personensorge,
§§ 1908 i, 1632 Abs. 2 BGB.

Die medizinischen Voraussetzungen zum Treffen der Besuchsregelung
liegen ebenfalls vor.

Wie bereits der Sachverständige,   , in seinem Gutachten ausgeführt hat, "ist die Betreute wegen ihrer seelischen
Behinderung suggestiv und sehr leicht zu ängstigen. Bei allen
Formen der Demenz muß primär auf eine wirksame Entängstigung geachtet werden, um ein behindertengerechtes und würdiges Leben zu
gewährleisten. ... Um dies zu gewährleisten, müßte auch daran gedacht werden, die Besuche der Frau Karin Becker einzuschränken,
weil diese sehr beunruhigend wirken."

Auch die Beobachtungen der Mitarbeiterinnen des Altenheimes, dass
die Betreute nach dem Besuch der Antragsgegnerin sehr verängstigt, ruhig, still und eingeschüchtert war, sprechen für eine
Besuchsregelung.

Letztendlich hat sich auch der jetzt behandelnde Arzt, der die
Betreute seit langer Zeit kennt, für eine Besuchsregelung zum
Schutze der Betreuten ausgesprochen. Die Besuchsregelung ist da-
her zu Recht erfolgt.

Die Antragsgegenerin hat zu erkennen gegeben, daß sie sich an die
Besuchsregelung nicht halten wird. Es war daher eine gerichtliche
Entscheidung geboten.

- 4 -

Die Androhung des Zwangsgeldes beruht auf § 33 FGG.

Amtsgericht

    Richterin am Amtsgericht

Ausgefertigt:

als Urkundsbeamtin der Geschäftsstelle
des Amtsgerichts

Amtsgericht Laufen
Abteilung für Betreuungssachen

Az.:

Betreuung für

- Betreuter -)

Es eigeht durch das Amtsgericht Laufen durch den Richter am Amtsgericht Dr. Burger, Ständiger Vertreter des Direktors am 01.03.2013 folgender

Beschluss

1. Die Untersuchung des Betroffenen durch den diensthabenden Arzt im
   ı wird angeordnet.

2. Die Vorführung des Betroffenen zur Untersuchung durch den Sachverständigen bis spätestens 06.03.2013 wird angeordnet.

3. Die zuständige Betreuungsbehörde darf bei der Durchführung der Vorführung erforderlichenfalls Gewalt anwenden und zur Unterstützung die polizeilichen Vollzugsorgane heranziehen.

4. Die Wohnung des Betroffenen darf auch ohne seine Einwilligung zum Vollzug der Vorführung gewaltsam geöffnet, betreten und durchsucht werden.

Gründe:

Nach dem Ergebnis der bisherigen Ermittlungen besteht Anlass zur Überprüfung der Notwendigkeit einer Unterbringung des Betroffenen.

Dies ergibt sich aus dem Bericht des Betreues auf dem Boden einer ärztlichen Einschätzung Dr. Schmid, Bad Reichenhall, wonach der Betroffene an einer Depression leidet.

Zur Vorbereitung der gerichtlichen Entscheidung ist die Einholung eines Sachverständigengutachtens erforderlich. Es besteht Grund zu der Annahme, dass der Betroffene sich nicht freiwillig zum Sachverständigen begeben wird. Aus Gründen de Verhältnismäßigkeit ist der Beschluss nur dann zu vollziehen, wenn eine ambulante ärztliche Behandlung die zwangsweise Vorführung nicht verhindern kann, mithin ist Frist zur Vorführung bis 06.03.2013 eingeräumt.

Die Vorführung war daher gemäß §§ 322, 283 Abs. 1 FamFG anzuordnen.

Von einer persönlichen Anhörung des Betroffenen wurde abgesehen, weil Eilbedürftigkeit besteht, zudem zur Vermeidung selbstgefährdender Reaktionen ohne Möglichkeit sofortiger erforderlicher Krisenintervention.

Auf die Bestellung eines Verfahrenspflegers wurde gegenwärtig verzichtet, weil Eilbedürftigkeit besteht (§§ 334, 332 FamFG).

Die Erlaubnis zur Gewaltanwendung sowie zum Öffnen, Betreten und Durchsuchen der Wohnung beruht auf §§ 322, 283 Abs. 2 und 3 FamFG.

gez.

Dr. Burger, Ständiger Vertreter des Direktors
Richter am Amtsgericht

Erlass des Beschlusses (§ 38 Abs. 3 Satz 3 FamFG):
Übergabe an die Geschäftsstelle
am 01.03.2013.

gez.

Schnugg, JAng
Urkundsbeamtin der Geschäftsstelle

Für die Richtigkeit der Abschrift (Ablichtung) ,
Laufen, 01.03.2013

Schnugg, JAng
Urkundsbeamtin der Geschäftsstelle

Amtsgericht Deggendorf
Abteilung für Betreuungssachen
Az.:

Betreuung für

- Betroffener -

- Bevollmächtigte -

- Bevollmächtigter -

Es ergeht durch das Amtsgericht   durch den Rechtspfleger   am
29.11.2012 folgender

Beschluss

Der Antrag auf Errichtung einer Kontrollbetreuung vom 18.09.2012 wird zurückgewiesen.

Eine Kontrollbetreuung kann derzeit nicht angeordnet werden.

Gründe:

Der Betroffene hat am 01.09.2008   eine notarielle
General- und Vorsorgevollmacht erteilt.

Bereits im Verfahren   wurde Antrag auf Betreuung gestellt. Es wurde dort auch vorläufige Betreuung und später vorläufige Kontrollbetreuung angeordnet. Die vorläufige Betreuung wurde aufgehoben. Die Frist der vorläufigen Kontrollbetreuung ist abgelaufen.

Eine Verlängerung wurde von der zuständigen Kollegin abgelehnt, da eine Anhörung und Zustellung an den Betroffenen aufgrund unbekannten Aufenthalts nicht möglich war.

Daran hat sich bis jetzt nichts geändert.

Eine Rücksprache mit der Kripo   ergab, dass keine neuen Erkenntnisse über den Verbleib von   vorliegen. Er hält sich jedoch nicht an den bekannten Anschriften in Deggendorf auf.

Seitens des Bevollmächtigten wird der Aufenthalt nicht mitgeteilt, einer Kontrollbetreuung wurde aber widersprochen.

Die Möglichkeit eine Auskunft zu erzwingen besteht nicht.

Vor Entscheidung wurde abgewartet, ob sich aufgrund des medialen Interesses nun neue Erkenntnisse über den Aufenthalt von   ergeben.

Dies ist aber bisher nicht der Fall.

Nach § 1896 Abs. 3 i.V.m. Abs. 1 BGB kann ein Kontrollbetreuer bestellt werden, wenn der Vollmachtgeber aufgrund einer psychischen oder einer geistigen oder seelischen Behinderung nicht mehr in der Lage ist den Bevollmächtigten zu überwachen.

§ 1896 Abs. 1a stellt klar, dass gegen den freien Willen des Betroffenen ein Betreuer nicht bestellt werden darf. Dies muss natürlich auch für einen Kontrollbetreuer gelten.

Voraussetzung für eine Betreuung ist somit, dass geprüft werden kann, ob eine Betreuung für den Betroffenen notwendig ist und der Betroffene der Betreuung zustimmt oder er die Betreuung zwar ablehnt, aber aufgrund geistiger oder seelischer Behinderung seinen Willen nicht frei bestimmen kann oder der Betreute stimmt weder zu, noch lehnt er die Betreuung ab.

Erforderlich ist aber auf jeden Fall eine persönliche Anhörung.

Das ergibt sich bereits klar aus dem Gesetz und auch die Rechtssprechung folgt diesen Grundsätzen.

Für eine Kontrollbetreuung wurde dies bestätigt durch Beschluss des BGH vom 14.03.2012 (vgl. FGPrax 2012, 110).

39

In vorliegendem Fall ist der Aufenthalt des Betroffenen dem Gericht nicht bekannt.

Es kann also nicht geprüft werden, ob die Voraussetzungen des § 1896 Abs. 1, 1a BGB vorliegen oder nicht.

Ohne entsprechende Feststellungen zu § 1896 Abs. 1, 1a BGB kann keine Kontrollbetreuung angeordnet werden.

"Auch in Zweifelsfällen, d.h. wenn nicht festgestellt werden kann, ob der Betroffene außerstande ist, seinen Willen frei zu bestimmen, muss die Bestellung eines Betreuers unterbleiben" (Palandt/Diederichsen, BGB 71.Aufl. §1896 Rn.4).

Die zeigt klar, dass der Anhörung und dem Willen des Betroffenen vom Gesetzgeber eine sehr große Bedeutung zugemessen wurde.

Eine Kontrollbetreuung kann daher derzeit nicht angeordnet werden, da nicht festgestellt werden kann, ob eine Betreuung gemäß § 1896 Abs. 1 Satz 1 BGB notwendig ist und die Bestellung nicht gegen den freien Willen des Betroffenen erfolgt.

Es fehlt eben eine Anhörung des Betroffenen; diese Anhörung ist nach § 278 Abs. 1 FamFG zwingend erforderlich.

Die persönliche Anhörung kann gemäß § 34 Abs. 2 FamFG nur unterbleiben, wenn hiervon erhebliche Nachteile für die Gesundheit des Betroffenen zu besorgen sind oder der Betroffene offensichtlich nicht in der Lage ist, seinen Willen kundzutun.

Die erste Alternative erfordert Nachweis durch ein ärztliches Gutachten, § 278 Abs. 4 FamFG. Ein solches Gutachten liegt nicht vor und kann derzeit auch nicht beschafft werden. Auch ein ärztliches Zeugnis liegt nicht vor.

Die zweite Alternative bedarf der Verschaffung eines persönlichen Eindrucks durch das Gericht (siehe Schulte-Bunert/Weinrich, Kommentar zum FamFG, Randnr. 9 zu § 278 FamFG).

Eine persönliche Anhörung ist daher im vorliegenden Fall erforderlich. Nachdem diese derzeit nicht erfolgen kann, ist die Anordnung einer Kontrollbetreuung derzeit nicht möglich.

Ob im übrigen die weiteren Voraussetzungen für die Anordnung einer Kontrollbetreuung vorliegen, muss dahingestellt bleiben, da es an einer Grundvoraussetzung fehlt.

378

Az.:
UL-Nr: 77/13

Betreuung für

- Betreuter -

- Betreuer -

- Ersatzbetreuerin -

Es ergeht durch das Amtsgericht Laufen durch den Richter am Amtsgericht
folgender

Beschluss

Die vorläufige Unterbringung des Betreuten durch die Betreuer in der geschlossenen Abteilung eines psychiatrischen Krankenhauses bzw. in der beschützenden Abteilung einer Pflegeeinrichtung wird bis längstens **10.04.2013** genehmigt.

Die vorläufig zeitweise oder regelmäßig erfolgende Freiheitsentziehung des Betreuten durch die Betreuer durch

- Anbringen eines Bettgitters
- Bauchgurt im Bett
- Tisch/Brett am Stuhl
- Fixierung der Extremitäten

wird bis längstens **10.04.2013** genehmigt, wobei sich der Durchführende vor und während der Maßnahme jeweils von der Unbedenklichkeit überzeugen muss, sich die Beschränkung immer nur auf das unbedingt erforderliche Maß erstrecken darf, eine schriftliche Aufzeichnung über Art und Dauer zu erstellen ist und das Personal für den Betreuten stets erreichbar sein muss.

Soweit die Freiheitsentziehung nicht mehr erforderlich ist, haben die Betreuer sie zu beenden. Ansonsten wird die Anordnung spätestens mit Fristablauf wirkungslos.

Zur Verfahrenspflegerin wird bestellt:

Die sofortige Wirksamkeit der Entscheidung wird angeordnet.

379

Gründe

Nach dem aktuellen Zeugnis des Arztes · leidet
der Betreute an einer psychischen Krankheit bzw. geistigen/seelischen Behinderung, nämlich
- einer geistigen Behinderung
- mit Verhaltensstörungen und schwerer depressiver Episode, Diagnose nach
  ICD10-Nr. F70.1 sowie F32.2

Es besteht deshalb die Gefahr, dass der Betreute sich tötet oder erheblichen gesundheitlichen Schaden zufügt.

Der Betreute bedarf ärztlicher Behandlung, die derzeit ohne geschlossene Unterbringung nicht geschehen kann.

Der Betreute benötigt zur Zeit die oben im einzelnen aufgeführten mechanischen Beschränkungen, um Verletzungen durch Sturz oder unkontrollierte Bewegungen zu verhindern.

Der Betreute hat zur Zeit keine ausreichende Krankheitseinsicht, er ist zu keiner freien Willensbildung zumindest hinsichtlich der Entscheidungen im Zusammenhang mit der Erkrankung in der Lage.

Dies folgt aus dem Ergebnis der gerichtlichen Ermittlungen, insbesondere aus dem aktuellen Zeugnis des Arztes

Eine endgültige Entscheidung über die Unterbringung war noch nicht möglich. Die Untersuchung und Begutachtung des Betreuten ist noch nicht abgeschlossen. Wegen Gefahr in Verzug konnten noch nicht alle notwendigen Verfahrenshandlungen vorgenommen werden.

Es ist daher eine Entscheidung im Wege der einstweiligen Anordnung nach § 1906 Abs. 1 Nr. 1 BGB erforderlich.

Die Anhörung des Betreuten war wegen der Eilbedürftigkeit vor Erlass der Entscheidung nicht möglich. Sie wird unverzüglich nachgeholt werden (§ 332 FamFG).

Die Genehmigung der vorläufigen Unterbringung/ (und) der sonstigen Freiheitsentziehungen erlischt mit Ablauf der vorgenannten Frist, es sei denn, dass das Gericht über die Fortdauer erneut entschieden hat.

Die Anordnung der sofortigen Wirksamkeit beruht auf § 324 Abs. 2 Satz 1 FamFG.

Rechtsbehelfsbelehrung:

Gegen diesen Beschluss findet das Rechtsmittel der **Beschwerde** statt.

Die Beschwerde ist binnen einer Frist von 2 Wochen bei dem
Amtsgericht

einzulegen. Ist der Betroffene untergebracht, kann er die Beschwerde auch bei dem Amtsgericht einlegen, in dessen Bezirk er untergebracht ist.

Die Frist beginnt mit der schriftlichen Bekanntgabe des Beschlusses. Erfolgt die schriftliche Bekanntgabe

Amtsgericht

Geschäftsnummer:

München, 22.10.2001

Betreuungsverfahren

- Betroffene -

Beschluß

1. Es wird **Betreuung angeordnet** mit folgenden **Aufgabenkreisen:**

   Alle Angelegenheiten, incl. Anhalten, Entgegennahme und Öffnen der Post sowie Entscheidung über Fernmeldeverkehr.

2. Als **Betreuerin** wird **bestellt:**

   Die Betreuerin führt die Betreuung berufsmäßig.

3. Das Gericht wird **spätestens** bis zum 22.10.2006 über eine Aufhebung oder Verlängerung der Betreuung beschließen.

   Bis zu dieser Entscheidung besteht die Betreuung fort.

4. Die sofortige Wirksamkeit wird angeordnet.

G r ü n d e :

wegen gleitender Arbeitszeit sind wir am besten erreichbar: Mo.- Do. 08.30 bis 11.30 Uhr
und 13.00 bis 15.00 Uhr, Fr. 08.00 bis 12.00 Uhr
Individuelle Terminvereinbarungen sind moeglich

381

Es ist erforderlich, für die Betroffene eine Betreuerin mit dem vorstehend umschriebenen Aufgabenkreis zu bestellen, weil sie aufgrund einer der in § 1896 Abs. 1 Satz 1 BGB aufgeführten Krankheiten bzw. Behinderungen, nämlich einer senilen Demenz, nicht in der Lage ist, diese Angelegenheiten selbst zu besorgen.

Dies folgt aus dem Ergebnis der gerichtlichen Ermittlungen, insbesondere aus dem Gutachten d. Sachverständigen Dr. Strempel, Facharzt für Psychiatrie, dem Bericht der Betreuungsbehörde und dem unmittelbaren Eindruck des Gerichts, den sich dieses anläßlich der Anhörung in der üblichen Umgebung der Betroffenen verschafft hat.

Die Betreuerin ist verpflichtet, Änderungen, die eine Einschränkung, Aufhebung oder Erweiterung der Betreuung erforderlich machen, dem Gericht unverzüglich mitzuteilen.

Bei der Auswahl der Betreuerin ist das Gericht dem Vorschlag der Betreuungsbehörde gefolgt.

Die Betreuung ist erforderlich, da erhebliche Zweifel an der Wirksamkeit der Vollmacht vom 2.6.1999 bestehen und die Betroffene ihrem Bevollmächtigten mißtraut.

Bei der Festsetzung der Frist für die Entscheidung über eine Aufhebung oder Verlängerung der Betreuung hat das Gericht die Ausführungen des Sachverständigen berücksichtigt.

Ein Verfahrenspfleger wurde nicht bestellt (§ 67 Abs. 1 Satz 3 FGG), weil aufgrund der durchgeführten gerichtlichen Ermittlungen die Betreuungsbedürftigkeit für die angeordneten Wirkungskreise und auch die Geeignetheit der Betreuerin offenkundig ist.

Die Anordnung der sofortigen Wirksamkeit beruht auf § 69 a Abs. 3 Satz 2 FGG.

Rechtsmittelbelehrung:

Gegen diese Entscheidung ist das Rechtsmittel der Beschwerde zulässig. Sie ist beim Amtsgericht München oder beim Landgericht einzulegen. Die Einlegung erfolgt durch Einreichung einer Beschwerdeschrift oder durch Erklärung zu Protokoll der Geschäftsstelle eines der genannten Gerichte. Eine bereits untergebrachte Person kann die Beschwerde auch bei dem für den Unterbringungsort zuständigen Amtsgericht einlegen.
Die Beschwerde kann darüber hinaus auch zu Protokoll der Geschäftsstelle eines anderen Amtsgerichts erklärt werden.

Richterin am Amtsgericht

Für die Richtigkeit der Abschrift
München, 30.10.2001
Der Urkundsbeamte der Geschäftsstelle
des Amtsgerichts:

3. Begriffserläuterungen

Amtsermittlungsgrundsatz Bei dem Amtsermittlungsgrundsatz muss der Richter nicht auf Antrag einer Partei tätig werden, sondern kann von Amtswegen einen Sachverhalt erforschen.

Amtshaftungsansprüche Aus Artikel 34 GG in Verbindung mit § 839 BGB kann man unter Umständen bei Fehlverhalten eines Richters oder Rechtspflegers im Betreuungsverfahren Amtshaftungsansprüche gegen den Staat geltend machen.

Anhörung Unter Anhörung verstehen wir die Verpflichtung des Gerichts, eine Person, die unter Betreuung gestellt werden soll, vorher anzuhören. Dafür finden Anhörungstermine statt.

Anhörungsrüge Gemäß § 44 FamFG kann man die Anhörungs- oder Gehörsrüge im Rahmen eines Betreuungsverfahrens einlegen, wenn das Recht auf rechtliches Gehör verletzt wurde.

Anregung Unter Anregung verstehen wir quasi eine Art von Antragsform von Personen, die gar nicht antragsberechtigt sind, wie im Betreuungsverfahren, da es hier kein Antragsrecht von Angehörigen oder Dritten gibt, außer von Behörden. Schreiben von Angehörigen an das Betreuungsgericht, dass jemand betreut werden soll oder ein Betreuer abgesetzt werden soll, sind als Anregung anzusehen.

Ärztliche Versorgung Gesundheitliche Versorgung, Beratung und Behandlung durch den Arzt.

Aufenthalt Im Betreuungsrecht besteht die Möglichkeit, dass der Betreuer oder der Bevollmächtigte über den künftigen

Aufenthalt der Person, die er betreut oder von der er bevollmächtigt ist, trifft.

Belastungsvollmacht Die Belastungsvollmacht ist eine Vollmacht für den Betreuer, dass er ein Grundbuchgeschäft, wie Kaufvertrag oder Belastung einer Immobilie des Betreuten, tätigen kann.

Beschwerde Gegen amtsgerichtliche Entscheidungen des Betreuungsgerichts ist als Rechtsmittel die Beschwerde möglich, soweit die Zulässigkeitsvoraussetzung gegeben ist.

Beschwerdeberechtigt Hierunter versteht man das Recht der Betreuer, Angehörigen, Vorsorgebevollmächtigten und Verfahrenspfleger, im eigenen Namen oder im Namen des Betreuten Beschwerde einzulegen.

Betreuer Betreuer werden die Personen oder Institutionen genannt, die vom Familiengericht im Rahmen des Betreuungsrechts für Personen eingesetzt werden, die Hilfe benötigen. Dies sind die einfachen Betreuer. Es gibt auch die Betreuer für qualifizierte Betreuung. Diese erfolgt für Personen, die nicht mehr geschäftsfähig sind. Der Betreuer ist rechtlicher Vertreter des Betreuten und nicht für Pflege und sonstige private Leistungen gegenüber dem Betreuten zuständig.

Betreuerpauschale Die Betreuer erhalten in Deutschland keine stundenweise Honorierung entsprechend Art und Ausmaß ihrer Tätigkeit. Sie erhalten eine Pauschale pro Fall, also pro Betreutem. Egal, ob sie für den Betreuten viel oder wenig tätig waren. Durch das Pauschalsystem wollte und will der Staat sich Kosten sparen.

Betreute Unter Betreuten versteht man Personen, die entweder selbst den Betreuungsantrag gestellt haben oder die aufgrund einer Entscheidung des Amtsgerichts/Betreuungsgerichts unter Betreuung gestellt wurden.

Betreuungsbeschluss Dies ist die Entscheidung des Betreuungsgerichts, ob eine Betreuung angeordnet wird oder nicht.

Betreuungsrecht Das Betreuungsrecht ist das Rechtsgebiet, das das Entmündigungsrecht aufhebt. Soweit ein Mensch nicht in der Lage ist, seine Angelegenheiten zu regeln – aus gesundheitlichen, alters- oder sonstigen Gründen, greift nunmehr das Betreuungsgesetz ein, wenn nicht eine Vorsorgevollmacht vorliegt.

Betreuungsverfahren Das Betreuungsverfahren ist ein Verfahren, das eingeleitet wird, entweder auf eigenen Antrag oder auf fremden Antrag oder von Amts wegen, um die Frage zu klären, ob ein Mensch noch in der Lage ist, seine Angelegenheiten zu regeln.

Betreuungsverfügung Eine Betreuungsverfügung ist eine schriftliche Anweisung an das Gericht, wen man als Betreuer haben will. Hierzu muss man nicht geschäftsfähig sein.

Bevollmächtigter Falls in Deutschland jemand nicht in der Lage ist, seine eigenen Angelegenheiten zu regeln, sei es durch Unfall, Krankheit oder Alter, tritt das Deutsche Betreuungsrecht ein. Soweit in dem Bereich die Hilfe notwendig ist, erhält die betreffende Person eine Betreuung – meist erfolgt die Betreuung im Bereich der Vermögenssorge, der medizinischen Versorgung oder bei Fragen des Aufenthalts. Diese einschneidende Regelung betrifft die Persönlichkeitsrechte der betroffenen Person, die oftmals deswegen kritisiert wird, weil fremde Personen bezüglich der Lebensweise, Lebensart oder Lebenszielsetzung der zu betreuenden Person überhaupt keine Kenntnisse haben. Dies kann man verhindern, indem man jemandem eine Vorsorgevollmacht erteilt, der dadurch Bevollmächtigter wird. In der Vorsorgevollmacht kann man die einzelnen Gebiete regeln, bei denen man keine Betreuung haben will. Fälschlicherweise werden diese Vollmachten oft auch Generalvollmacht genannt, obwohl diese inhaltlich nicht die gesetzlichen Voraussetzungen der Vorsorgevollmacht erfüllt. Der richtige gesetzliche Begriff für Vollmachten ist Vorsorgevollmacht.

Bundesgerichtshof Das höchste Zivilgericht Deutschlands. Herrenstraße 45A, 76133 Karlsruhe. Im Betreuungsrecht ist der BGH zuständig für Rechtsbeschwerden.

Bundesverfassungsgericht Das höchste Gericht Deutschlands. Man kann sich mit einer Verfassungsbeschwerde gegen Verletzung seiner Grundrechte an das Bundesverfassungsgericht wenden. Schlossbezirk 3, 76131 Karlsruhe

Deckelung Deckelung nennt man die Begrenzung der Betreuungsfälle bei den einzelnen Betreuern. Das heißt: Die Betreuer werden nicht nach Zeitaufwand, sondern pro Fall mit einem Pauschalbetrag bezahlt.

Demenz Zustand – altersbedingt oder krankheitsbedingt –, bei dem die Handlungsfähigkeit nachlässt.

Ehrenamtliche Betreuung Die ehrenamtliche Betreuung wird im Gegensatz zur berufsmäßigen Betreuung nicht durch beruflich tätige Betreuer ausgeübt.

Einstweilige Verfügung Es handelt sich hier um ein Schnellverfahren im Prozessrecht, mit dem man eine schnelle Entscheidung bei Gericht erreichen kann. Im Betreuungsrecht kann diese sehr wichtig sein, wenn auch ohne mündliche Verhandlung schnell eine Entscheidung durch den Richter getroffen werden soll.

Einwilligungsvorbehalt Durch den Einwilligungsvorbehalt wird im Betreuungsrecht die Möglichkeit des Betroffenen eingeschränkt, Geschäfte abzuschließen.

Freier Wille Der freie Wille liegt dann nicht mehr vor, wenn eine Entscheidung nach Abwägung des Für und Wider bei sachlicher Prüfung der in Betracht kommenden Gesichtspunkte nicht mehr möglich ist. Oder umgekehrt: Von einer freien Willensbildung kann man nicht mehr sprechen, wenn etwa in Folge einer Geistesstörung Einflüsse dritter Personen den Willen übermäßig beherrschen (OLG Zweibrücken, 3.4.2006, 3 W 28/06).

Gegenbetreuer Der Gegenbetreuer dient letztendlich der Kontrolle des Betreuers und hat Kontroll- und Überwachungsfunktion.

Gerichtsvollzieher Über den Gerichtsvollzieher kann man Schreiben zustellen. Einschreiben mit Rückschein sind gefährlich, weil oft die Empfänger behaupten, dass sie nur ein leeres Kuvert bekommen haben. Das Gegenteil lässt sich nicht beweisen.

Geschäftsunfähigkeit Geschäftsfähig ist eine Person, die in der Lage ist, wirksame Verträge vorzunehmen sowie einseitige Willenserklärungen abzugeben oder entgegenzunehmen. Voraussetzung ist, dass die Person über sieben Jahre alt ist. Unter sieben Jahren ist man geschäftsunfähig. Man kann aber auch aus gesundheitlichen Gründen die Geschäftsfähigkeit verlieren und ist dann geschäftsunfähig. Unter Geschäftsunfähigkeit versteht man die Situation, dass ein Mensch nicht mehr in der Lage ist, seinen Willen zu äußern. Im Betreuungsrecht spielt die Frage der Geschäftsunfähigkeit eine große Rolle.

Gesundheitssorge Im Rahmen der Gesundheitssorge ist der Betreuer oder Vorsorgebevollmächtigte verpflichtet, sich um die körperliche und die geistige Situation, aber auch um die medizinische Versorgung des Betreuten oder Vollmachtgebers zu kümmern.

Gutachten Gutachten sind im Betreuungsverfahren notwendig, um die Frage des gesundheitlichen Zustandes der Person festzustellen, gegen die ein Betreuungsverfahren angeordnet wird oder gegen die im Betreuungsverfahren weitere Maßnahmen angeordnet werden.

Maßregelvollzug Nach § 63 und § 64 des Strafgesetzbuches können psychisch kranke Straftäter oder Straftäter, die an einer Sucht erkrankt sind, zwangsweise in entsprechende Anstalten eingeliefert werden.

Mündelsicher Mündelsicher ist ein Ausdruck, den man bei der Vermögensanlage verwendet. Der Betreuer darf für den Betreuten nur finanzielle Anlagen tätigen, die praktisch völlig sicher sind.

Patientenverfügung Unter Patientenverfügung verstehen wir ein Dokument, das jemand erstellt, um Regelungen bzw. Anweisungen für den Fall zu treffen, dass er nicht mehr handeln kann. Beispielsweise, wenn er nicht mehr in der Lage ist,

Entscheidungen zu treffen, wann er behandelt werden will und wann er nicht mehr behandelt werden will, welche Medikamente er nehmen will oder welche Medikamente er nicht nehmen will.

Rechtsanwaltsbeiordnung Gemäß § 78 II FamFG können Rechtsanwälte zur Vertretung des Betreuten im Betreuungsverfahren beigeordnet werden.

Rechtspfleger Bei der Justiz angestellte Beamte, denen Aufgaben des Betreuungsgerichts übertragen werden können.

Rechtsmittel Unter Rechtsmittel versteht man die gesetzlichen Möglichkeiten, durch einen Antrag bei Gericht gegen eine Entscheidung vorzugehen. Im Betreuungsrecht sind dies beispielsweise die Beschwerde, die Rechtsbeschwerde und die Gegenvorstellung.

Sachwalter Die Betreuer in Österreich werden Sachwalter genannt.

Transmortale Vollmacht Eine transmortale Vollmacht ist eine Vorsorgevollmacht, die über den Tod bis zur Erbenauffindung fortdauert, wenn ein entsprechender Hinweis in der Vorsorgevollmacht erfolgte.

Verfahrenspfleger Nach § 276 FamFG kann der Betroffene im Betreuungsverfahren zur Wahrnehmung seiner Rechte vom Gericht einen Verfahrenspfleger gestellt bekommen.

Vereinsbetreuer Ein Betreuer, der ein Mitarbeiter eines anerkannten Betreuungsvereins ist und teilweise als Betreuer tätig sein darf.

Vermögen Im Betreuungsrecht kann der Betreuer oder der Bevollmächtigte Vollmacht über das gesamte Vermögen des Betreuten/Bevollmächtigten erhalten. Insbesondere geht es um die Frage, was mit dem Vermögen geschieht und wie weit beispielsweise Immobilien im Rahmen der Vermögenssorge verkauft werden. Der Betreuer ist verpflichtet, die Geldmittel, die existieren, auf ein Sonderkonto zu übertragen.

Vorsorgevollmacht Unter einer Vorsorgevollmacht verstehen wir eine Vollmacht, die eine Privatperson ausstellt, um einer anderen oder mehreren Personen Vollmacht zu erteilen für den Fall, dass sie nicht mehr handeln kann. Die Vorsorgevollmacht kann entweder über das Vermögen oder über die ärztliche Versorgung, über Aufenthalt, über Post oder Telefon Vertretungsrechte geben. Mit der Vorsorgevollmacht will die Person erreichen, dass kein Betreuungsverfahren mit einem Betreuungsbeschluss gegen ihn eingeleitet wird.
Die anerkannten Betreuungsvereine und Betreuungsbehörden können im Einzelfall Personen bei der Errichtung einer Vorsorgevollmacht beraten (§ 1908 f IIII BGB).

Wohnrecht Das vereinbarte Recht, in einem Haus auf Lebenszeit oder auf eine vereinbarte Zeit wohnen zu können.

4. Abkürzungserläuterungen

AktG	Aktiengesetz
ArbGG	Arbeitsgerichtsgesetz
BayObLG	Bayerisches Oberlandesgericht
BeurkG	Beurkundungsgesetz
BGB	Bürgerliches Gesetzbuch
BGH	Bundesgerichtshof
BtG	Betreuungsgesetz
BtBG	Betreuungsbehördengesetz
BVerfG	Bundesverfassungsgericht
BVerfGG	Bundesverfassungsgerichtsgesetz
DSGVO	Datenschutz-Grundverordnung
ESÜ	Haager Übereinkommen über den internationalen Schutz Erwachsener. Regelt, dass eine deutsche Vorsorgevollmacht in den Ländern gilt, die das Abkommen anerkannt haben.
FamFG	Gesetz über das Verfahren in Familiensachen und in Angelegenheiten der freiwilligen Gerichtsbarkeit.
FGO	Finanzgerichtsordnung
GBO	Grundbuchordnung
GG	Grundgesetz
GmbH	Gesellschaft mit beschränkter Haftung
GmbHG	Gesetz betreffend die Gesellschaften mit beschränkter Haftung
GOBVerfG	Geschäftsordnung des Bundesverfassungsgerichts
GVG	Gerichtsverfassungsgesetz
KunstUrhG	Gesetz betreffend das Urheberrecht an Werken der bildenden Künste und der Photographie
OLG	Oberlandesgericht
RBerG	Rechtsberatungsgesetz

RPflG	Rechtspflegergesetz
SGG	Sozialgerichtsgesetz
StGB	Strafgesetzbuch
UN	Vereinte Nationen
VwGO	Verwaltungsgerichtsordnung
ZPO	Zivilprozessordnung

5. Register